Mosaik

Xaver Finkenzeller/Jürke Grau
unter Mitarbeit von Ehrentraud Bayer

Alpenblumen

Herausgegeben von Gunter Steinbach
mit 528 Zeichnungen von Prof. Dr. Jürke Grau

Mosaik Verlag

Die Autoren

Xaver Finkenzeller, geboren 1937, lehrt Mathematik an einem beruflichen Gymnasium im Allgäu. Seinen ausgeprägten mykologischen und botanischen Interessen folgend, widmet er sich seit 20 Jahren der Flora im gesamten Alpenraum und ihrer fotografischen Dokumentation. Er ist Mitglied der Bayerischen Botanischen Gesellschaft, der Deutschen Gesellschaft für Mykologie und arbeitet im Naturschutz mit.

Prof. Dr. Jürke Grau, geboren 1937, studierte Biologie, Chemie und Geographie in Hamburg und München, promovierte 1964 in systematischer Botanik und habilitierte sich 1971. Seit 1977 ist er Professor an der Universität München. Er unternahm Forschungsreisen nach Südamerika und wirkte an mehreren internationalen Florenwerken mit.

Der Herausgeber

Gunter Steinbach, geboren 1938, hat sich in zahlreichen Publikationen über die heimische Tier- und Pflanzenwelt einen Namen gemacht. Nach zwei Jahrzehnten Verlagstätigkeit lebt er heute auf seinem Einödhof im Westallgäu. Dort widmet er sich artgerechter Tierhaltung, dem biologischen Gartenbau in Höhenlagen und seinen Veröffentlichungen im Themenkreis Natur.

Bildautoren

W. Enderle: S. 155 o.r.; **P. Kohlhaupt**: S. 27 o.r., 33 o.l., 61 u.l., 61 u.r., 65 u.r., 71 u.r., 83 o.r., 83 u.l., 119 u.l., 123 u.r., 129 o.l., 143 u.l., 151 u.r., 153 u.l., 167 o.l., 167 u.l., 177 o.r., 181 u.r., 187 u.l., 189 o.r., 189 u.l., 191 u.l., 197 u.r., 199 u.l., 199 u.r., 201 u.r., 259 o.l., 271 u.r., 273 o.r.; **M. Pforr**: S. 145 o.l.; **W. Pilz**: S. 187 o.l.; **Dr. E. Pott**: S. 37 o.l.; **E. Rapp**: S. 43 u.r., 45 o.r., 51 o.r., 59 u.r., 75 u.r., 139 o.r., 163 u.l., 175 o.l., 199 o.l., 243 u.l., 267 u.r.; **M. Rogg**: S. 33 u.r., 205 o.r.; **W. Zepf**: S. 97 o.r., 157 u.l., 245 u.r. Alle anderen Fotos stammen von **Xaver Finkenzeller**

Die Grafik auf Seite 19 zeichnete **Fritz Wendler.**

Der Mosaik Verlag ist ein Unternehmen der Verlagsgruppe Bertelsmann

Neue, bearbeitete Sonderausgabe

Druck und Bindung: Graphischer Großbetrieb Pößneck GmbH
Printed in Germany · ISBN 3-576-10558-1

Inhalt

Im Bestimmungsteil verwendete Kürzel und Begriffe:

⊗	Die Art ist gefährdet und deshalb gesetzlich geschützt. Die Schutzbestimmungen weichen in den einzelnen Ländern voneinander ab.
♀	weiblich
♂	männlich
±	mehr oder weniger
ssp.	subspecies = Unterart
N, W, S, O	Nord, West, Süd, Ost
alpin	oberhalb der Baumgrenze vorkommend
montan	unterhalb der Baumgrenze im Bergland vorkommend
subalpin	der obere montane und der untere alpine Bereich; siehe hierzu auch den Abschnitt »Höhenstufen« ab Seite 17
endemisch	Die Pflanze hat ein beschränktes, oft kleines Verbreitungsgebiet.

Blütenblätter und *Kronblätter* stehen für jeweils gleiche Bedeutung.

Weitere Begriffe aus der Pflanzenkunde werden in den Bänden »Wildblumen«, »Beeren, Wildgemüse, Heilkräuter« und »Bäume« zum Teil mit Zeichnungen erläutert.

Breitblättriger Enzian und Mehlprimel (Hochtannberg-Paß)

Zum Buch

Die Alpen beherbergen eine artenreiche, eigenständige Pflanzenwelt. Selbst das Hochgebirge oberhalb der Baumgrenze, eine großenteils karge Urlandschaft, erfreut den Bergwanderer mit farbenprächtigen Blütenpflanzen – Wunder an Schönheit und Lebenskraft.

Dieser Band beschränkt sich auf die *Alpenblumen*. Die große Gruppe der Gräser, wesentlicher Bestandteil der Hochgebirgsflora, fand keine Berücksichtigung. Von den Gehölzen wurden vor allem die Zwergsträucher des Hochgebirges aufgenommen, die landläufig als Blumen gelten, etwa Alpenrosen, Gemsheide, Silberwurz und viele andere. Blumen, die zwar bis in die alpinen Stufen oberhalb der Baumgrenze vorstoßen, aber vor allem in tieferen Lagen verbreitet sind, gelten nicht als Alpenpflanzen und stehen im Band »Wildblumen Mitteleuropas«.

Dank dieser thematischen Konzentration konnten Familien und Gattungen, deren Vertreter für unsere Alpenflora charakteristisch sind, wie Nelken, Kreuzblütler, Steinbrech, Primeln, Enzian, Glockenblumen und Korbblütler, ausführlich und mit vielen leicht verwechselbaren Arten vorgestellt werden. Querschnittartig sind nicht nur die allgemein bekannten und häufigen Arten der Nord-, West-, Süd-, Ost- und Zentralalpen vertreten, sondern auch eher unscheinbare Alpenblumen, sehr seltene und solche mit nur kleinen Verbreitungsgebieten. Der trotzdem handliche Band ist somit als Feldführer im gesamten Alpenraum benutzbar.

Sicheres Bestimmen gewährleisten die nach Sichtbarkeit der Merkmale und des Standortes ausgesuchten Farbbilder, die ausführlichen Pflanzenbeschreibungen und die jeder Art beigestellten Textzeichnungen. Auf kleinem Raum verdeutlichen sie die jeweils wichtigsten Erkennungsmerkmale einer Art beziehungsweise die Abgrenzung zu ähnlichen Arten oder Unterarten (ssp.) anhand von Blatt, Blüte oder Frucht. Die Schreibweise der wissenschaftlichen Artnamen folgt der Flora Europaea (Bd. I–V).

Familien und Gattungen werden jeweils geschlossen vorgestellt, die Arten nicht aus ihrem verwandtschaftlichen Zusammenhang herausgelöst, etwa um sie verschiedenen Lebensräumen zuzuordnen. Aus der hier gewählten, der Pflanzensystematik näherliegenden Darstellungsform wird der botanisch interessierte Leser langfristig Nutzen ziehen, weil die Ermessensfrage, welchem Kapitel eine Art, die in der Natur oft mehrere Lebensräume besiedelt, zuzuordnen ist, entfällt. Auch für den Anfänger bringt diese Lösung Vorteile; zum einen stehen verwandte und deshalb oft ähnlich aussehende Arten vergleichbar nebeneinander, zum andern würde nicht jeder Buchbenutzer den Lebensraum einer gefundenen Pflanze immer richtig einschätzen.

Die dem Bestimmungsteil vorangestellte Einführung möchte die Besonderheit und das Schutzbedürfnis der Alpenflora zum besseren Verständnis bringen. Der so empfindliche, heute mehr denn je durch Menschen gefährdete Lebensraum Hochgebirge fordert den größtmöglichen Schutz der dort heimischen Tier- und Pflanzenwelt. G. S.

Übersicht der Bildsymbole für die 50 Pflanzenfamilien dieses Bandes

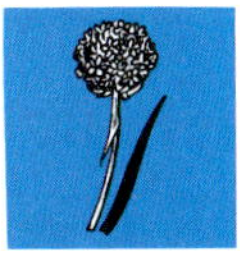

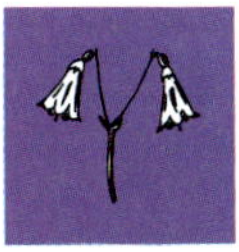

Alpenpflanzen in ihrem Lebensraum

Geographische und klimatische Bedingungen

Die Alpen markieren die deutlichste Klimascheide unseres Erdteils. Im Westen haben sie Anteil am mildfeuchten atlantischen Seeklima, im Osten am gegensatzreichen Kontinentalklima der eurasiatischen Festlandmasse, im Süden am warmen Mittelmeerklima.

Die in unseren Breiten vorherrschenden Westwinde werden am westlichen und nordwestlichen Alpenrand zum Aufsteigen gezwungen. Sie kühlen sich dabei ab, was zu Wolkenbildung und hohen Jahresniederschlagsmengen führt (Stauregen). Fallen die abgeregneten Winde im Lee der Bergketten wieder ab, so bringen sie den betroffenen Gebieten Wärme bei geringeren Jahresniederschlägen. So können sich auf engem Raum krasse Unterschiede der jährlichen Niederschlagsmengen ausbilden: am französischen Westalpenrand über 4000 mm, im östlich davon gelegenen Oberinntal nicht einmal 600 mm!

Vom Durancetal im Südwesten zieht in zunächst nordöstlicher, später östlicher Richtung der Alpenlängstäler ein örtlich bisweilen nur schmaler, durch Alpenquertäler unterbrochener Streifen mit geringen Jahresniederschlagsmengen bis ins Klagenfurter Becken. Hier haben sich die aus Nordwest, West und Süd kommenden Winde abgeregnet. In den übrigen, weitaus größten Teilen der Alpen dagegen fallen im Jahresschnitt höhere Niederschlagsmengen als im flachen Umland. Der Wasserüberschuß der Alpen sammelt sich in den zahlreichen Fließgewässern, welche die alpinen Landschaften mitgestalteten und noch heute prägen.

Winde, die vom Mittelmeerraum her aus südlichen Richtungen gegen den Alpenkamm wehen, bringen seiner Südabdachung Niederschläge und kühlen sich dabei ab. An den Nordabdachungen der Alpenketten erwärmen sie sich zu trockenen Fallwinden hoher Lufttemperatur, als *Föhn* bekannt und von wetterfühligen Menschen gefürchtet. Die von Süd nach Nord laufenden Alpenquertäler bilden verstärkende Föhngassen. Bis ins nördliche Alpenvorland hinein verbessert der Föhn das Klima für den Pflanzenwuchs beträchtlich, weil er das Jahrestemperaturmittel deutlich anhebt.

Die Klima- und Wetterverhältnisse der Alpen werden wie in keinem anderen europäischen Lebensraum durch Höhenstaffelung gekennzeichnet. Druck, Feuchtigkeit und Temperatur der Luft nehmen allgemein mit der Höhe ab; Windgeschwindigkeit, Sonnenscheindauer und Strahlungsintensität des Sonnenlichts sowie sein Anteil an ultravioletten Strahlen, aber auch die nächtliche Abstrahlung nehmen mit der Höhe zu. Mit wachsender Höhe verringert sich die Wärmespeicherfähigkeit der Luft und damit ihre Pufferwirkung zwischen Ein- und Abstrahlung. Dieser den Bergsteigern vertraute Umstand hängt nicht nur mit der zur Höhe hin abnehmenden Luftdichte, sondern auch mit der Abnahme des atmosphärischen Staubanteils zusammen. Die Strahlungswärme auf sonnenbeschienenen Flächen nimmt in der Höhe zu, das gilt aber auch für die Abstrahlung im Schatten oder bei Nacht, so daß sich in alpinen Lagen auf engstem Raum große Temperaturgefälle zwischen sonnenbeschienenen und schattigen Flächen, zwischen Tag und Nacht ausbilden – ein gleichsam kontinentales Kleinklima, das zudem von überaus schnell wechselnden Verhältnissen geprägt wird (Reizklima).

Mit zunehmender Höhe verschieben sich auch die Jahreszeiten: Längere Winter bedingen eine kürzere Vegetationsperiode mit zum Herbst hin verschobenen Sommern. In der alpinen Zone über 2000 Höhenmeter sinkt die mittlere Jahrestemperatur unter die Frostgrenze. Da andererseits Sonnenscheindauer und Strahlungsintensität mit der Höhe zunehmen, ergeben sich Besonderheiten des Höhenklimas, die stark von den jeweiligen Hangrichtungen und Hangneigungen der einzelnen Standorte abhängen. In Hochlagen weist der Alpenwinter in der Regel wesentlich mehr klare Sonnentage auf als der Sommer. Es kommt an solchen Tagen oft zur Umkehrung der üblicherweise vorherrschenden Luftschichtung, zu einer Temperaturinversion. Bei Windstille und Sonnenschein lagert dann die Kaltluft in den Tälern, oft durch eine nach oben scharf abgegrenzte Nebelschicht »verdeckelt«, während sich die sonnseitigen Berghänge um die Mittagszeit so stark erwärmen, daß dort örtlich der Schnee abschmilzt. So kann im Vorfrühling an begünstigten Plätzen oberhalb der Baumgrenze schon die Schneeheide blühen, gleichzeitig in den Tälern eine 1–2 m dicke Schneeschicht von der Sonne nicht einmal erreicht werden. Diese von alpinen Skifahrern gern genutzte Erscheinung steht örtlich im Gegensatz zu der allgemeinen Tatsache, daß die Winterschneedecke bei jeweils 10 weiteren Höhenmetern durchschnittlich einen Tag länger liegt. Die Baumgrenze, etwa bei 1800 m, ist im Mittel nur fünf Monate schneefrei, bei 2400 Höhenmetern beträgt die Aperzeit nur noch zweieinhalb Monate. Der Frühling steigt jährlich vom Tal zu Berg, aber vielerorts grüßt er südseitig und zeitweise schon aus der Höhe herab, wenn in den Tälern noch uneingeschränkt der Winter herrscht. Gefördert werden diese Verhältnisse durch den günstigen Einstrahlungswinkel der Wintersonne auf die südwärts geneigten Bergflanken. Sie können dann die Strahlung mehr oder weniger senkrecht empfangen, während sie beim Sonnenhochstand im Sommer unter einem spitzeren, für die Einstrahlung ungünstigeren Winkel beschienen werden. Windstille vorausgesetzt, müßte diese eingestrahlte Wärme örtlich im Winter größer als im Sommer sein. Dem steht aber der längere Strahlenweg der tiefer stehenden Wintersonne durch die abschwächende Erdatmosphäre entgegen.

Gelber Alpenmohn (Dolomiten)

Zur Geschichte der Alpenflora

Wo heute die Alpen stehen, breitete sich einst die Tethys aus, ein Urmeer, das die nördlichen Landmassen »Laurasia« von den südlichen, »Gondwanaland«, trennte. In jenem Erdaltertum gab es noch keine Blütenpflanzen auf der Erde.

Die Substanz der Ablagerungsgesteine (Sedimente), wie die der Kalkalpen, entstand am Meeresboden aus den Kalkrückständen tierischer Organismen. Nach Hunderten von Jahrmillionen gegen Ende des Erdmittelalters führten Bewegungen der Erdkruste zu Gebirgsbildungen, die im heutigen Alpenraum den Meeresspiegel überstiegen. Zum Hochgebirge falteten sich die Alpen aber erst im Tertiär, dem ersten Abschnitt der Erdneuzeit vor etwa 50 Millionen Jahren. Man bezeichnet sie deshalb als ein erdgeschichtlich »junges« Gebirge, weit jünger als etwa das mittelnorwegische Hochgebirge. Durch gewaltige Schübe in der Hauptrichtung von Süd nach Nord kam es zu massereichen Überschiebungen der Gesteinsdecken, weshalb man die Alpen ein *Deckengebirge* nennt.

Im Tertiär waren alle Tier- und Pflanzenstämme der Erde, bis hin zu den Gattungen, wie wir sie heute kennen, entwickelt, die Erdteile mit einer Pflanzendecke, die der heutigen vergleichbar ist, bedeckt. Klimabedingt wich in Europa die Artenzusammensetzung jedoch stark von der heutigen ab. Im Vergleich zu heute höhere Jahresdurchschnittstemperaturen ermöglichten in unseren Breiten eine subtropische, teilweise sogar tropische Vegetation mit immergrünen Laubwäldern, Mammutbäumen, Sumpfzypressen und Palmen. Durch die Auffaltung der Alpen, ein Vorgang, der sich nicht katastrophal, sondern in Jahrmillionen währender Bewegung der Erdkruste vollzog, entstanden durch den gleichzeitigen erosionsbedingten Abtrag der Gesteine Lebensräume in Höhenlagen mit rauherem Klima. Die wärmeliebenden Pflanzen des damaligen Mitteleuropa konnten das Hochgebirge nicht oder nur mit wenigen Arten besiedeln. Der Alpenraum stand aber über die angrenzenden, zum Teil älteren Gebirge in Verbindung mit Asien und mit dem heutigen Mittelmeergebiet einschließlich Nordafrika. Balkan und Karpaten im Osten, Apennin und Pyrenäen im Süden bildeten Einwanderungsbrükken für Gebirgspflanzen.

Aus dem asiatischen Raum konnten Steppenpflanzen eindringen, deren Lebensansprüche denen der Gebirgspflanze ähneln: Unempfindlichkeit gegen Austrocknung, Winddruck und hohe Temperaturschwankungen, wie sie das kontinentale Klima der baumlosen innerasiatischen Steppen erfordert. Schließlich stand Nordostasien durch eine Landbrücke mit Nordamerika in Verbindung, über die Tiere, zum Beispiel das Pferd, und Pflanzen, zum Beispiel Arnika und Bärentraube, einwanderten und nach Europa gelangten. Der klimatisch und geographisch näherliegende Zuzug von Pflanzen aus dem arktischen Norden blieb aus. Für die kälteunempfindliche arktische Flora war der Weg durch Meere, über die nordosteuropäische Landbrücke durch die dazwischenliegende subtropische Tieflandflora versperrt.

Die reichhaltige tertiäre Alpenflora setzte sich überwiegend aus eingewanderten Arten des Südens (z. B. Gipskraut, Glockenblume, Kugelblume, Narzisse) und des Ostens (z. B. Akelei, Edelraute, Enzian, Primel, Mannsschild) zusammmen.

Im ausgehenden Tertiär trat eine allmähliche Klimaverschlechterung ein, die von einem bei etwa 20 °C angenommenen Jahresmittel (heutiges Jahresmittel München 7,9 °C) im Laufe langer Zeiträume bis zur Eiszeit (Diluvium) führte. Mit ihr begann das Quartär, der gegenwärtige geologische Zeitraum. Im Alpenraum setzte sich die Eiszeit aus fünf großen Kaltzeiten zusammen: Donau-, Günz-, Mindel-, Riß- und Würm-Eiszeit. Nach und nach, das heißt in für ein Individuum kaum vorstellbar langen Zeiträumen, wandelte sich die üppige und baumreiche Pflanzendecke der Ebenen in baumlose Kältesteppen, vergleichbar den heutigen arktischen Tundren. Dem Rückzug der wärmeliebenden Arten in den Süden standen die Alpen entgegen. Die Tier- und Pflanzenwelt

Schweizer Mannsschild (Rätikon)

Europas verarmte deshalb stärker als vergleichbare Gebiete in Nordamerika und Ostasien mit ihren in Nord-Süd-Richtung verlaufenden Gebirgsketten.

So wie unsere Wintereinbrüche von den Höhen in die Täler stoßen, schritt die Vereisung von oben nach unten, von den Gipfelfluren der Alpen durch die Täler ins Vorland hinein vor. Im Norden Europas schob das zu mehreren Kilometern Mächtigkeit anwachsende Inlandeis Skandinaviens seine Gletscherzungen südwärts bis in die Norddeutsche Tiefebene, zu Zeiten größter Vereisung bis an den Harz vor. Die tertiäre Tieflandflora starb weitgehend aus. Die tertiäre Alpenflora wurde vom nachrückenden Eis ins Vorland gedrängt, wo sie wegen der jetzt hier fehlenden Konkurrenz Fuß fassen und überdauern konnte. Aber auch in den Alpen selbst blieben Rückzugsräume eisfrei, vor allem in den Gebieten, die sich auch heute durch verhältnismäßige Wärme und Trockenheit auszeichnen: im Engadin, im Wallis, in den Südalpen. Diese eisumschlossenen »Inseln« (nach einer grönländischen Bezeichnung für Berge, die aus dem Inlandeis ragen, auch »Nunataker« genannt) begünstigten die spätere mehrmalige Neubesiedlung der Alpen durch Hochgebirgspflanzen. Stärkeren Vereisungen folgten Zwischeneiszeiten oder Warmzeiten mit gemäßigtem, zeitweise sogar wärmerem Klima als unserem heutigen in Mitteleuropa.

Wo sie günstige Rückwanderwege vorfand, konnte die während der Vereisung ins Vorland abgedrängte alpine Flora wieder ihre einstigen Höhenlagen einnehmen. Man darf sich diese Klimaschwankungen allerdings nicht nur wie Szenenwechsel auf gleicher Bühne vorstellen. Vielmehr verwandelte jede neue Vereisung schon durch den Schliff der ins Vorland drängenden Gletscherzungen das Relief der Alpen nachhaltig. V-förmige Wassertäler wurden zu U-förmigen Eiströgen ausgehobelt, Bergflanken durch tausend und mehr Meter starke Eispanzer umgeformt. Gesteinsabtrag und Gesteinsverwitterung schufen erst die Untergrundbedingungen für eine Besiedelung der Gesteinsdecken durch Pflanzen. Dazu bedurfte es langer Zeiträume.

Durch Verdrängung der wärmeabhängigen Tertiärflora aus den Ebenen zwischen den Alpen und Skandinavien öffnete die Eiszeit einen Zugang für die arktische Flora nach Süden bis in die Alpen. Über die nordosteuropäische Landbrücke wanderten aber nicht nur hochnordische Pflanzen nach Mitteleuropa und in den Alpenraum ein. Im Gegenzug breiteten sich auch Alpenpflanzen bis nach Skandinavien aus. Dieses Wechselspiel verband die mitteleuropäische alpine Flora zeitweise mit der nordisch-arktischen und bereicherte beide. Während der stärksten Vereisung (Riß-Eiszeit) griffen die Alpengletscher mit ihren Ausläufern bis über den Bodensee und über die Schwäbische Alb hinaus nach Norden. Auch die südlicher gelegenen Pyrenäen lagen unter Eis. Die Schneegrenze sank in Mitteleuropa bis auf etwa 1200 m ab. Die Kältesteppen zwischen den nordeuropäischen und den mitteleuropäischen Vereisungen waren während der Kaltzeiten waldfrei.

Als vor etwa 10 000 Jahren mit dem Ende der Würm-Eiszeit eine allmähliche Erwärmung eintrat und anhielt, konnten viele der vorher verdrängten, aber auch neu eingewanderten Pflanzenarten in Mitteleuropa Fuß fassen. Der Alpenriegel beschränkte allerdings die Rückwanderung aus dem Süden, so daß die eiszeitbedingte Florenverarmung Mitteleuropas keinen vollständigen Ausgleich erfuhr. Mit dem Rückzug des Eises wandelte sich die mitteleuropäische Tundra mit vorwiegender Moos- und Flechtenvegetation in Steppe, die auch höheren Pflanzen, vor allem Gräsern und Zwergsträuchern, günstige Lebensbedingungen bot. Aus dem asiatischen Osten gelangten zahlreiche Steppenpflanzen nach Mitteleuropa, zum Beispiel das Federgras. Mit weiterer Klimaverbesserung folgten ihnen Waldpflanzen, wie Haselnuß und Eichen, und lösten nach und nach die Steppenvegetation ab. Mitteleuropa überzog sich mit Ausnahme der regelmäßig überschwemmten Flußauen, der Sümpfe, Moore und Gebirge mit einer weitgehend geschlossenen Laubmischwalddecke.

Wald drängte die kältebeständigeren Pflanzen einerseits in den arktischen Norden, andererseits in die rauheren, eisfrei gewordenen Hochgebirgslagen der Alpen. Sogenannte glaziale Pflanzen naher Verwandtschaft finden sich heute in weiträumig voneinander getrennten Standorten in der Arktis, in asiatischen Gebirgen und in den Alpen. Hier trafen Steppenpflanzen nur bedingt die ihnen zusagenden Verhältnisse an. Erst der Mensch der Neuzeit schuf in den mitteleuropäischen Kulturlandschaften wieder günstige Bedingungen für diese Pflanzengruppe.

Mit weiterer nacheiszeitlicher Erwärmung konnten in ausreichend feuchten Gebieten auch atlantische Pflanzen nach Mitteleuropa und teilweise in den Alpenraum einwandern, vor allem Buche und Weißtanne und später die Fichte. Auf trocken-warmen Standorten der Süd- und Zentralalpen behaupteten sich bis heute Arven- und Föhrenwälder.

Jeder nicht nur kurzfristige Klimaumschwung verändert die Lebensraumgrenzen von Pflanzengemeinschaften. Die heutige Verbreitung und Zusammensetzung der Alpenvegetation spiegelt neben den gegenwärtigen Klimaverhältnissen auch die bewegte Klimageschichte des Alpenraums und Mitteleuropas wider. Niemand kann mit Sicherheit sagen, ob uns eine neue Eiszeit bevorsteht. Als eine starke und nachhaltige Veränderungskraft tritt jetzt der Einfluß des wirtschaftenden Menschen zutage. Eingliederung von Grünland förderte, Verbauung verringert die Vielfalt der Flora.

Alpen-Süßklee (Lünersee/Rätikon)

Lebensbedingungen

Neben den klimatischen Einflüssen ermöglichen und begrenzen die jeweiligen Bodenverhältnisse das Gedeihen von Landpflanzen. In der Natur wird die Bodenqualität vom mineralischen Untergrund und von der Zufuhr organischer Stoffe bestimmt. Beide Komponenten unterliegen im Gebirge krassen Unterschieden. Anders als im Tiefland, wo die Gesteinsverwitterung stetig und allmählich unter dem Boden sich vollzieht, greifen in den alpinen Zonen über der Waldgrenze die Erosionskräfte unmittelbar das offenliegende Gestein an: Die abgehenden Massen von Wasser, Schnee, Eis und Gesteinsschutt nagen und raspeln am Berg. Die Kohlensäure des Wassers löst Kalkstein auf chemischem Weg, die Sprengkraft des zu Eis erstarrenden und sich dabei ausdehnenden Wassers bearbeitet den Fels auf mechanische Weise.

Dem Gestein aufliegende Bodenschichten nehmen mit der Höhe ab, wobei lage- und formationsbedingt örtlich große Unterschiede auftreten. Die auch im Tiefland die Zusammensetzung der Pflanzengemeinschaft stark beeinflussende Gesteinsart des Untergrunds wirkt im Hochgebirge unmittelbar auf die Pflanzen, weil hier die puffernde Wirkung von Unterboden und Humus stark herabgesetzt ist oder ganz fehlt.

Die aus Kalkschlamm entstandenen Ablagerungsgesteine (Sedimente) machen den Boden basisch (alkalisch). Die Nördlichen und die Südlichen Kalkalpen setzen sich großenteils aus *Kalkspat* (kohlensaurer Kalk) zusammen. Beim *Dolomit*, Hauptgestein der Südtiroler Dolomiten, verband sich Kalk mit Kohlensäuremagnesia. Bringt man einige Tropfen Salzsäure auf stark kalkhaltiges Gestein, so entweicht die Kohlensäure unter Aufbrausen.

Die zweite große Gruppe bilden die *Silikat-Gesteine*. Sie können als untermeerische Ablagerungen aus den Skeletten von Kieselalgen und Strahlentierchen entstanden oder als Tiefengestein vulkanischer Herkunft sein. Kennzeichnende Substanz der Silikatgesteine ist Quarz, kristallisierte Kieselsäure (Siliziumdioxid). Böden über Silikatgesteinen oder auf Quarzsand und dessen Gesteinen wirken mehr oder weniger sauer. Kristallines Gestein verwittert langsam. Die aus Graniten und Gneisen, quarzhaltige Tiefengesteine, aufgebauten Formationen der Zentralalpen zeigen wuchtige, weniger zersägte und zerklüftete Umrisse als die Kalkalpen und die Dolomiten. Die Böden sind hier kalkarm und begünstigen kalkscheue Pflanzenge-

Alpenanemone auf Kalk (Piemonteser Alpen)

Schwefelanemone auf Silikat (Flüelapaß)

meinschaften (Kieselpflanzen). In nicht wenigen Alpengebieten treten Kalk- und Silikatgesteine sehr nahe nebeneinander auf. Eine Reihe ähnlicher Arten bevorzugt Kalk- bzw. Silikatboden.

Kalk:	**Silikat:**
Stengelloser Enzian,	Breitblättriger Enzian,
Alpenanemone,	Schwefelanemone,
Schweizer Mannsschild,	Alpen-Mannsschild,
Behaarte Alpenrose	Rostblättrige Alpenrose

Wo sich eine mächtigere Bodendecke bildete, etwa im Bergwaldgürtel oder im Alpenvorland, können nach erfolgter Moorbildung auch kalkscheue Pflanzen über Kalkgesteinen gedeihen. Torfbildung verhindert dann den Zutritt des kalkhaltigen Grundwassers zur Pflanzendecke, so daß dort Kalkmangel herrscht. Auf *Flysch*, einem erdgeschichtlich älteren, und auf *Molasse*, einem jüngeren Trümmergestein, leben kalkliebende Pflanzengesellschaften. Die Eiszeit formte aus diesem Gesteinsschutt das nördliche Alpenvorland mit seinen sanft geschwungenen Linien.

Abgesehen von Talgründen, wo Schwemmböden zu großer Mächtigkeit anwachsen konnten, zeichnen sich die Böden der Gebirge durch Flachgründigkeit aus. Stärker geneigte Hänge tragen auf Dauer nur so viel Boden, wie die darin wurzelnde Pflanzendecke gegen die Schwerkraft, gegen das abfließende Wasser und den abrutschenden Schnee halten kann. Der in der Regel geringe *Humusanteil* des Bodens und die damit verbundene Nährstoffarmut setzen der Massenentfaltung von Pflanzen im Gebirge enge Grenzen. Die *Lägerflora* im Bereich der Hütten, Viehweiden und gedüngten Wiesen bildet durch den Menschen geschaffene Ausnahmen. Hier wachsen stickstoffliebende Pflanzen wie Alpenampfer, Blauer Eisenhut, Alpen-Kreuzkraut und Guter Heinrich, die bis auf die letztgenannte Art vom Weidevieh gemieden werden.

Der Humusanteil eines Bodens hängt von seiner organischen Zufuhr ab. Starke Humusschichten, etwa im Laubmischwald der Ebene, setzen große Umsätze an Biomasse voraus: massereiche Pflanzen, lange Vegetationsperioden, arten- und individuumreiches Tierleben. Mit zunehmender Höhe verkürzt sich die Vegetationszeit des Jahres drastisch. Alpine Pflanzen entwickeln in der Regel nur wenig jährlich zuwachsende organische Masse und ernähren deshalb auch nur eine verhältnismäßig arten- und individuenarme Tierwelt. Hochgebirgspflanzen entwickelten die oft ins Extrem getriebene Fähigkeit, mit möglichst wenig Grünmasse zur Fortpflanzung zu kommen: Zwergwuchs, kleine Blätter, große, oft stengellose Blüten. Pflanzengesellschaften mit diesen Merkmalen brauchen und erzeugen wenig Humus. Zu ihnen zählen die Schutt- und Geröllpflanzen. Sie suchen sich Bodenkrümel durch ein ausgedehntes Wurzelwerk zwischen Kies und Gesteinsschutt (z. B.: Rundblättriges Täschelkraut, Breitblättriges Hornkraut, Alpen-Leinkraut, Schild-Ampfer, Alpen-Augenwurz, Gletscher-Petersbart) oder stauen den Schutt mit kräftigen Wurzeln (z. B. Gelber Alpenmohn).

Bäume, die massereichsten Gewächse unter den Landpflanzen, stoßen schon bei rund 2000 Höhenmeter an ihre Grenze. Aber die *strauchartigen* Gehölze steigen erheblich weiter, sie gehören sogar zu den kennzeichnenden Arten hochalpiner Pflanzen. Mit der Fähigkeit, auf dürftigstem Untergrund im Bestandsschluß zu wachsen und sich so gegen Erosion, Lawinen, Schnee, Wind und Verdunstung zu schützen, steigen verhältnismäßig große Strauchgehölze wie Bergföhre, Grünerle und verschiedene Weidenarten weit über die Baumgrenze. Sie werden in höheren Lagen von den alpinen Zwergstrauchheiden des Mattengürtels abgelöst. Die kleinsten alpinen Gehölzpflanzen bilden nur mehr wenige Zentimeter hohe Spaliere und Blattrasen, etwa die auch in der Arktis heimische Silberwurz, deren verholzende Sprosse das stattliche Alter von Waldbäumen erreichen können.

Zwergsträucher wie Gemsheide, Schneeheide, Krähenbeere, Bärentraube und Alpenrosen, die jährlich nur ihre Blätter, nicht aber die Sprosse erneuern müssen, sowie immergrüne Arten sind den einjährigen Krautpflanzen unter härtesten Klima- und Bodenbedingungen überlegen. Sie begnügen sich mit magerem Rohhumus, dessen organische Zufuhr großenteils aus abgestorbenen Pflanzenteilen der eigenen Art besteht (Trockentorf). Diese Zwergstrauchheiden der alpinen Hochlagen finden eine recht ähnliche Entsprechung in der arktischen Zwergstrauchtundra des hohen Nordens. Anpassungsfähigkeit an Kälte, starke Temperaturschwankungen, Austrocknung, Wind- und Schneedruck, Überschüttung des Standorts

Stengelloses Leimkraut und Moschus-Steinbrech

und Nährstoffmangel finden sich in jeweils abgewandelter Ausprägung auch bei den Pflanzen der Steppen und Halbwüsten. Von diesen und den hochnordischen Grenzstandorten des Pflanzenreichs unterscheiden sich die hochalpinen Kampfzonen hauptsächlich durch zwei Besonderheiten: die Intensität der Strahlung, die an schneefreien, exponierten Hochlagen ganzjährig anhält, und die Gefährdung des Standorts durch physikalische Gewalten wie Erdrutsche, Grundlawinen, talwärts stürzende Wasser, Steinschlag und Geröllschub. In scheinbarem Gegensatz zu den überwiegend hohen Jahresniederschlagsmengen der Alpen zeigen sehr viele alpine Pflanzenarten ausgeprägte Anpassung an trockene (aride) Lebensräume. Örtlichen Wassermangel auch in regenreichen Gebieten verursachen vor allem zwei Besonderheiten hochalpiner Standorte:

1. Austrocknung der Pflanzen und des Bodens durch starke und stetige Winde,
2. geringe Speicherfähigkeit der dünnen, oft unmittelbar dem Gestein aufsitzenden und nicht durch eine dichte Pflanzendecke beschatteten Humusschicht.

Die Alpenpflanzen schützen sich wie die Arten der Steppe und Halbwüste durch unterschiedliche Gestaltungen gegen Verdunstung: dichte, oft weißflaumige Behaarung (z. B. Edelweiß und Ruhrkraut), kleine, lederig derbe, eingerollte oder wachsüberzogene Blattoberflächen (z. B. Gemsheide und Krähenbeere), nadelför-

in 2700 m Höhe (Arlberg)

mige oder verdickte Blätter als Wasserspeicher (z. B. Mauerpfeffer, Hauswurz und Steinbrech-Arten). Polster-, Horst-, Rosetten- und Spalierbildung setzen nicht nur die Verdunstung herab, sondern bewähren sich auch gegen die mechanische Kraft des Windes (z. B. Schweizer Mannsschild, Netzweide und Stumpfblättrige Weide). Die starke, während der Wintermonate weithin geschlossene Schneedecke des Gebirges ermöglichte es vielen frostempfindlichen Pflanzen, unter ihnen auch immergrüne Arten, alpine Lagen zu besiedeln. An »Windecken«, ausgesetzte Stellen, die durch Winddruck meist schneefrei bleiben, überdauern dagegen nur frostharte Pflanzen.
Sprosse und Blüten werden oft schon in dem ihrer Entfaltung vorausgehenden Herbst als Knospen entwickelt, die Samen einiger Arten erst in dem der Blüte folgenden Jahr ausgereift – eine Anpassung alpiner Arten an die kurzen Sommer hochalpiner Lagen.

Die Höhenstufen

Die alpine Pflanzendecke erfährt ihre markanteste Gliederung durch Höhenstufen. Am Berg drängen sich Biotope, deren Entsprechungen nach geographischer Breite in der Ebene Tausende von Kilometern entfernt liegen, überschaubar zusammen. Ein Bergsteiger, der von den Rebhängen am Südfuß der Alpen bis in die Nähe der Sommerschneegrenze aufsteigt, erlebt Übergänge des Pflanzenteppichs vom Mittelmeerklima bis vergleichsweise zur arktischen Tundra. Der leichten Schematisierbarkeit der Höhenstufen nach Metern steht in der Bergnatur ein buntes Mosaik der Biotope mit der vielfältigsten örtlichen Verzahnung, mit Durchdringungen und Überlagerungen gegenüber. Kein Berg gleicht in seinem Pflanzenkleid dem anderen.
Viele Pflanzenarten des Tieflandes steigen unter günstigen Bedingungen bis in die alpinen Höhenstufen hinauf. Die untere Verbreitungsgrenze von Pflanzen, die nur im Gebirge vorkommen, wird in der Regel nur mittelbar von den örtlichen Klimaverhältnissen, unmittelbar aber vom Wettbewerbsdruck anderer Pflanzen bestimmt. So erklären sich die bisweilen weit in Täler vorgeschobenen Standorte rein alpiner Pflanzenarten auf den Kiesbänken der Bäche und Flüsse. Diese »Schwemmlinge« halten sich nur dort, wo sie dank ihres nährstoffarmen Untergrunds ohne Wettbewerber bleiben.
Eigenschaften, die wir als typisch für alpine Arten ansehen, etwa Zwergwüchsigkeit der grünen Teile, verhindern in tieferen Lagen die Ausbreitung alpiner Arten. Im Kampf ums Licht gewinnen hier großblättrige, schnellwüchsige und hohe Pflanzen die Oberhand. Zwergwüchsigkeit kann im Erbgut der Art begründet sein oder umweltbedingt auch bei Arten auftreten, die in tieferen Lagen großflächigere Gestalten ausbilden. Die meisten Wiesenpflanzen, die auch Berghänge besiedeln, zeigen diese Anpassung mehr oder weniger. Für Trieblängen und Blattgrößen einer Pflanze spielt das Licht eine entscheidende Rolle; es begrenzt bei wachsender Intensität das Längenwachstum, so daß artgleiche Pflanzen auf verschiedenen Standorten sehr unterschiedliche Gestaltungen hervorbringen (Beispiel Löwenzahn). So wie man an der Obergrenze des Waldes von seiner Kampfzone spricht, weil die Auseinandersetzung der Pflanzen mit der Härte des Klimas in verkrüppelten Baumgestalten, die noch vegetieren, aber nicht mehr zum Blühen und Fruchten kommen, seinen Ausdruck findet, so hat jede Pflanzenart ihre Kampfzone am Berg, die, witterungsbedingt, häufigen Schwankungen unterworfen ist. Die Überlebensgrenze nach oben hängt örtlich und geographisch von vielen Faktoren ab, wie Hanglage zur Sonne und

zur vorherrschenden Windrichtung, Niederschlagsmenge, Wasserführung des Untergrunds und Bodenfruchtbarkeit.
Die augenfälligste Verschiebung der Vegetationsstufen um mehrere hundert Meter tritt zwischen den kälteren Nordalpen und den wärmeren Südalpen auf. Die entscheidende Bedeutung der Temperaturverläufe für die obere Verbreitungsgrenze einer Pflanzenart oder Pflanzengesellschaft kann durch Wassermangel gleichsam unterboten werden. In den vom Mittelmeerklima stark beeinflußten Teilen der Südalpen verläuft die Waldgrenze wegen Trokkenheit der höheren Lagen tiefer als in den Nordalpen, während der Schneegrenzenvergleich temperaturbedingt gegenläufig ausfällt. Der größte Mangel bestimmt jeweils die Entfaltungsgrenze einer Pflanzenart.
Die klimatische *Schneegrenze* bezeichnet eine Höhenlinie, ab der Schnee auf waagrechter Fläche unter der Sommersonne nicht mehr abschmilzt. Sie liegt in den Alpen rund 800 m über der Waldgrenze, zwischen 2500 und 3100 m. Hier beginnt die *nivale Stufe* (Schneestufe). Auf Nordhängen und in Vertiefungen greift die tatsächliche Schneegrenze oft viel tiefer hinab; südseitig sowie im steilen Fels bleiben Bergflanken bis zu ihren Gipfeln auch über 4000 m hinaus schneefrei (der Gletscher-Hahnenfuß steigt bis über 4200 m). Als *alpin* im engeren Sinn bezeichnet man alle Biotope der Höhenstufen oberhalb der Waldgrenze, das eigentliche Hochgebirge. Hier liegt der Hauptentfaltungsraum der meisten in diesem Band vorgestellten Alpenpflanzen.
Die vorhergehenden Stufen werden im folgenden deshalb nur kurz gekennzeichnet. Die jeweils erste Zahl der Höhenangaben bezieht sich auf den nördlichen Teil der Alpen, die zweite auf die Südalpen beziehungsweise den Alpensüdrand. Hierbei kann es sich selbstverständlich nicht um genaue Grenzlinien, sondern nur um Durchschnitts- und Annäherungswerte handeln.

1. Die Hügelstufe oder colline Stufe reicht von der Ebene bis 700/800 m und weist ein Jahrestemperaturmittel bis 12 °C auf. Die natürliche Pflanzendecke wäre der Laubwald; heute herrscht hier Kulturland vor, im Norden mehr Grünland für die Viehwirtschaft, im Süden Wein, Getreide und Obst.

2. Die Bergstufe oder montane Stufe reicht bis 1200/1700 m mit Jahrestemperaturmitteln bis 8 °C. Die natürliche Pflanzendecke ist auch hier der Wald: in tieferen Lagen Laubmischwald aus Buche, Eichen, Ahorn, Weißtanne und Fichte, in trockenen Teilen der Zentralalpen herrscht die Lärche, im Süden die Föhre vor. Mit steigender Höhe und an Nordabhängen überwiegt die Fichte.

3. Die Gebirgsstufe oder subalpine Stufe reicht bis 1800/1900 m, in den Zentralalpen bis 2400 m bei Jahresmitteln bis 5 °C. Man kann die Gebirgsstufe in eine untere, mittlere und obere Zone unterteilen. In der unteren herrscht Bergwald mit Fichten, Lärchen und Arven (Zirben) vor, in der mittleren verläuft der Wald aus Hochstämmen in seine Kampfzone mit Krüppelbäumen und weiter in den Krummholzgürtel mit Bergföhren (Latschen) oder unmittelbar in die Zwergstrauchgesellschaften der oberen subalpinen Zone.

4. Die alpine Stufe endet erst in den Gipfeln der Berge. Sie unterscheidet sich nicht scharf von der oberen subalpinen. Mit zunehmender Höhe werden die Gehölze noch niedriger, dem Knieholz folgen alpine Weiden, Alpenrosen, Zwergwacholder, die alpinen Vertreter der Heidekrautgewächse, Krähenbeere, Silberwurz und andere Zwergsträucher. Sie überragen in höheren Lagen die Gräser und Kräuter nicht mehr. Im übrigen bildet die alpine Pflanzendecke, wo sie nicht von Geröll oder nacktem Fels ganz abgelöst wird, Matten und Rasen. Selbst diese letzten Grünflächen werden teilweise noch wirtschaftlich als Jungvieh- und Schafweiden, heute seltener als Wildheuplanken genutzt. In der unteren alpinen Stufe überwiegen Rasen und Polsterpflanzen, in der mittleren und oberen Geröll- und Felspflanzen, die auf begünstigten südseitigen Standorten weit in die *nivale* Stufe (Schneestufe) hineinreichen.
Erheblich höher noch, nämlich bis ins Gletschereis, stoßen Moose, Pilze, Algen sowie die Symbiose der beiden letztgenannten, die Flechten, vor.
Obwohl hier keine annähernd einheitliche Höhengrenze gezogen werden kann, bezeichnet man den Bereich, in dem keine Blütenpflanzen mehr gedeihen, als *Kryptogamengürtel.* Flechten übertreffen die Blütenpflanzen an An-

spruchslosigkeit, da sie unmittelbar dem Fels aufsitzen, auch auf senkrechten oder überhängenden Platten. Sie sind nicht auf Erdreich und Bodenfeuchtigkeit angewiesen und können regenlose Zeiten als Trockenformen mit praktisch stillgelegtem Stoffwechsel überdauern. Sie ertragen sowohl extrem tiefe als auch extrem hohe Temperaturen, wie sie im Strahlungsklima des Hochgebirges in hartem Wechsel auftreten. Flechten können das Gestein durch selbsterzeugte Säuren anlösen und so Mineralien als Nährstoffe gewinnen. Wie Pilze und Algen niedrigster, zum Teil einzelliger Organisation, tragen sie zur Gesteinsverwitterung bei. (Weil sie der Luftverschmutzung nicht gewachsen sind, fehlen sie heute in unseren Städten.) »Tintenstriche« auf Felsen und »Blutschnee« auf Gletschern oder im Firn verursachen einzellige Algen, die von organischem Anflug leben. Sie bilden die Vorhut des Pflanzenlebens am Berg. So verringern sich die Entfaltungsgrößen der pflanzlichen Organismen mit zunehmender Höhe schließlich so weit, daß ihre letzten Vertreter des Hochgebirges nur noch mit dem Mikroskop zu bestimmen sind.

G. S.

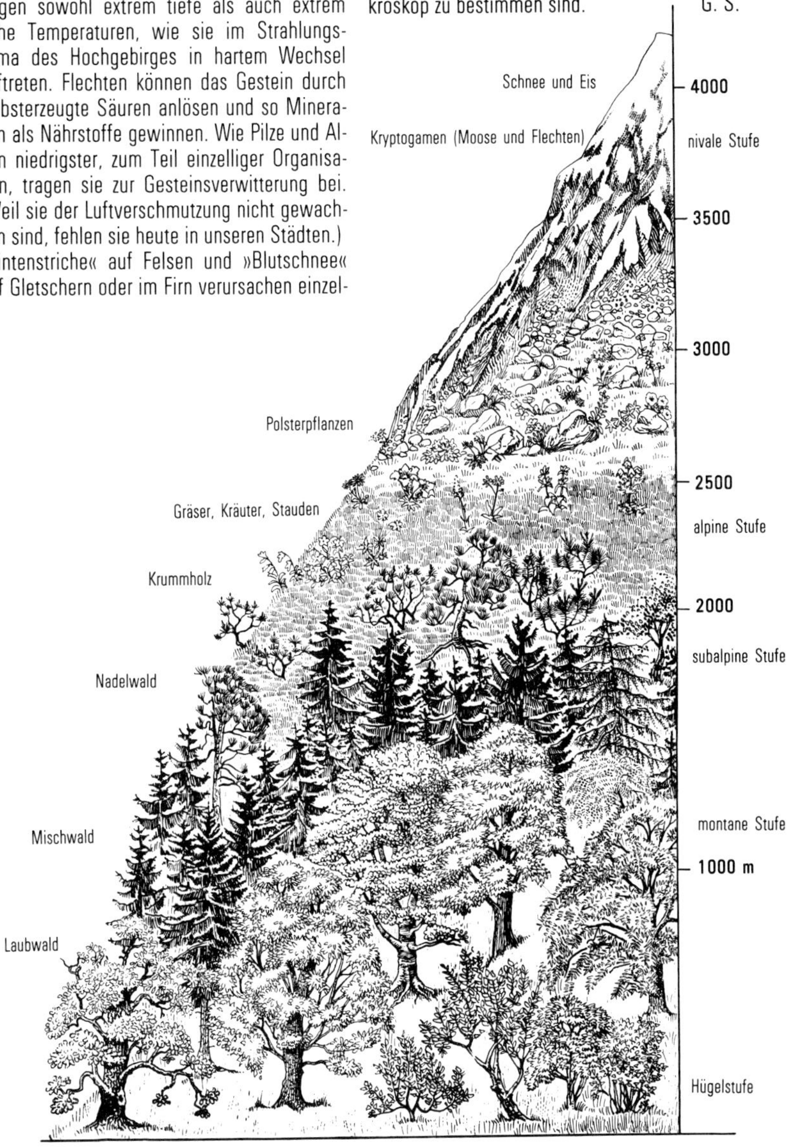

Schnittlauch *Allium schoenoprasum*

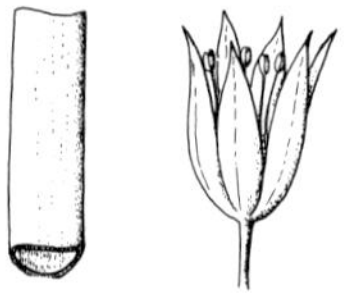

Blatt quer

Merkmale: Ausdauernd, horstbildend, 5–15 cm hoch. Zwiebeln länglich, dünnhäutig, auf einem kurz verzweigten Wurzelstock zusammenstehend. Stengel rund, hohl, meist nur im unteren Teil beblättert. 1–2 Blätter, grün oder graugrün, rund, röhrig, schmal, bis 35 cm lang. Blütenstand doldig, kugelig bis eiförmig, dicht, bis 5 cm im Durchmesser, bis 30blütig, ohne Brutzwiebeln. Hülle 2- bis 3klappig, weiß bis rötlich, bleibend, kürzer oder so lang wie der Blütenstand. Blüten glockig, lila bis purpurn, selten weiß. Blütenhüllblätter lanzettlich. Kapsel von den Blütenhüllblättern ballonartig umgeben.
Blütezeit: Mai bis August.
Standort: Bis etwa 2600 m; nasse Wiesen, feuchte grasige Abhänge, Flußufer.
Verbreitung: Europäische Gebirge, Asien bis Nordamerika.

Südalpen-Lauch *Allium insubricum* ⊗

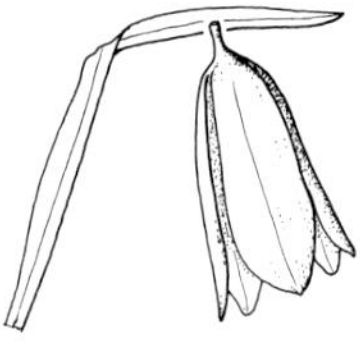

Merkmale: Ausdauernd, 15–30 cm hoch. Zwiebeln länglich auf einem kurzen Wurzelstock, Häute papierartig, dünn, eine zylindrische Hülle bildend. Stengel aufrecht, hellgrün, 2kantig, im unteren Drittel beblättert. 3–4 Blätter, den Stengel im unteren Teil umschließend, flach, bis 5 mm breit, linealisch, grasartig mit stumpfer Spitze. Blütendolde immer nickend, 3- bis 5blütig; Hüllblatt 1klappig, spitz, bleibend. Blüten glockig, bis 2 cm lang, purpurrosa. 6 Blütenhüllblätter, in zwei Kreisen angeordnet, innere etwas breiter und stumpf. 6 Staubblätter, kürzer als die Blütenhülle. Narbe 3lappig.
Blütezeit: Juli bis August.
Standort: 800–2100 m; meist auf Kalk, Felsen, Geröll, Schutthalden, grasigen Hängen.
Verbreitung: Südalpen, zwischen Comersee und Gardasee.

Allermannsharnisch *Allium victorialis* ⊗

Merkmale: Ausdauernd, 30–60 (80) cm hoch, Zwiebeln zylindrisch, dicht netzfaserig. Stengel kräftig, aufrecht, rund, am Grund violett überlaufen, im oberen Teil kantig. 2–3 Blätter an der unteren Stengelhälfte, schmal-lanzettlich bis breit-elliptisch, in einen kurzen Stiel verschmälert, flach. Blütenstand doldig, dicht vielblütig, kugelig bis halbkugelig, bis 5 cm im Durchmesser. Hülle 1- bis 2klappig, weißhäutig, bleibend, kürzer als die ungleich langen Blütenstiele. Blütenhüllblätter grünlich gelb bis weiß, stumpf, zuletzt zurückgebogen. 6 Staubblätter, weit herausragend. Kapsel breit verkehrt-eiförmig.
Blütezeit: Juli und August.
Standort: Etwa 1000 bis über 2600 m; nährstoffreiche, kalkarme Böden, Bergwiesen, feuchte Felsen, Hochstaudenfluren; verbreitet.
Verbreitung: Eurasiatisch-alpin.

Narzissenblütiger Lauch *Allium narcissiflorum*

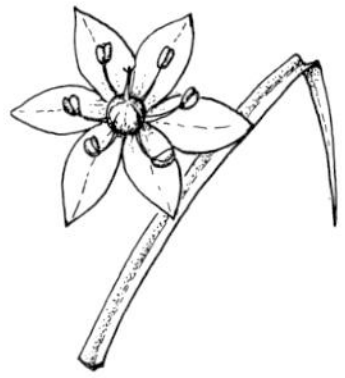

Merkmale: Ausdauernd, 15–35 (50) cm hoch. Zwiebeln länglich auf einem kurzen Wurzelstock zusammenstehend; Zwiebelhäute bräunlich, netzfaserig, als Faserschopf an der Zwiebel bleibend, dieser bis 5,5 cm lang. Stengel aufrecht, grün, fast rund, im oberen Teil zusammengedrückt, 2kantig. 3–5 Blätter, grün, kahl, linealisch, flach. Blütendolde bis 8blütig, anfangs nickend, dann aufrecht. Hülle 2klappig, kürzer als der Blütenstand, bleibend. Blüten glockenförmig, purpurrosa. 6 Blütenhüllblätter, die inneren etwas breiter und stumpf. 6 Staubblätter, kürzer als die Blütenhülle. Narbe 3lappig.
Blütezeit: Juli bis August.
Standort: 1500–2000 m; Kalkfels, Schutt.
Verbreitung: Nur in den Südwestalpen, den Grajischen, Cottischen und Seealpen.

Feuerlilie *Lilium bulbiferum ssp. croceum* ⊗

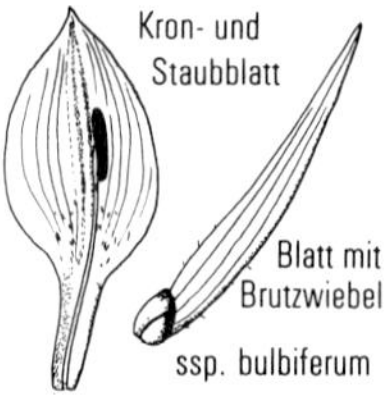

Merkmale: Ausdauernd, 20–90 (150) cm hoch. Zwiebeln klein, im Schnitt dreieckig, mit spitzen, weißen Schuppen. Stengel aufrecht, dunkel gefleckt, im oberen Teil wollig-flockig, in der Mitte dicht beblättert. Blätter wechselständig, schmal-lanzettlich. Blüten einzeln oder bis zu 5, glockig-trichterförmig, in flachen aufrechten Dolden. Blütenhüllblätter bis 8,5 cm lang, orangerot, innen dunkel gefleckt und warzig. Staubblätter halb so lang, Staubbeutel rot.
Blütezeit: Mai bis Juli.
Standort: Von der Ebene bis 2400 m; warme Lagen, Bergwiesen, Waldränder, Abhänge.
Verbreitung: Südmediterran-alpin, Spanien, Süditalien bis zum Balkan.
Bulbillentragende Feuerlilie *(ssp. bulbiferum):* meist Brutzwiebeln in den Blattachseln tragend, Blüte meist leuchtend rot.

Türkenbund *Lilium martagon* ⊗

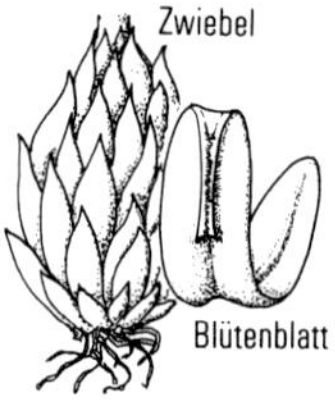

Merkmale: Ausdauernd, 30–60 (160) cm hoch, mit goldgelber, bis 5 cm langer Schuppenzwiebel. Stengel aufrecht, rund, grün oder rot gefleckt, beblättert. Blätter lanzettlich-spatelförmig, zugespitzt, kahl oder nur auf den Nerven unterseits behaart; mittlere quirlig angeordnet, untere und obere einzeln, wechselständig, nach oben hin kleiner. Blüten zu 3–10 in endständiger Traube, Blütenstiele bogig herabgebogen. Blütenhüllblätter lanzettlich, nach außen gerollt; Blütenfarbe sehr veränderlich, von hell- bis dunkel purpurrot mit dunklen Flecken. Staubbeutel orangegelb oder braun-purpurn. Kapseln auf aufrechten Stielen, Samen flach, hellbraun. **Blütezeit:** Juni bis August.
Standort: Bis über 2000 m; Laubwälder, Gebüsche, Bergwiesen; selten, gesellig.
Verbreitung: Fast ganz Europa.

Turbanlilie *Lilium pomponium* ⊗

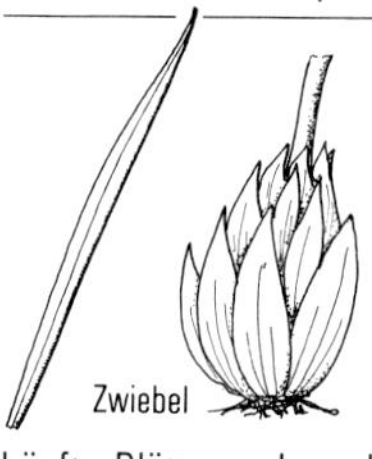

Merkmale: Ausdauernd, 30–90 cm hoch, mit spitzschuppiger Zwiebel. Stengel zylindrisch, aufrecht, kahl, beblättert, Blätter am unteren Stengelteil gehäuft. Blätter sehr schmal, lineal-lanzettlich, bis 13 cm lang, meist 1- bis 3nervig, oberseits kahl, am Rand silbrig bewimpert, untere aufrecht abstehend, nach oben hin dem Stengel genähert. 1–6 Blüten, seltener bis zu 10, in endständiger Traube angeordnet. Blütenstiele herabgebogen mit Tragblättern. 6 Blütenhüllblätter, zurückgerollt, leuchtend scharlachrot, innen dunkel-purpurn gestreift und warzig. Staubbeutel purpurrot, Staubfäden grün. Kapsel verkehrt-eiförmig, Samen flach.
Blütezeit: Mai bis Juli.
Standort: Niedere Lagen bis 2000 m; nur auf Kalk, Fels, Schutt, lockerem Rasen; selten.
Verbreitung: Nur in den Südwestalpen.

Krainer Lilie *Lilium carniolicum* ⊗

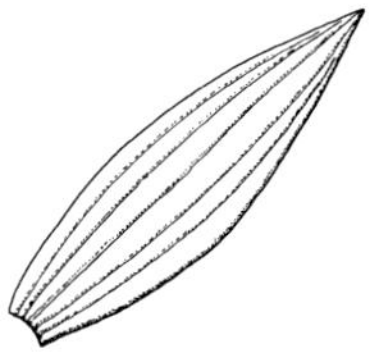

Merkmale: Ausdauernde, 30–100 cm hohe Pflanze mit aufrechtem, kahlem, dicht beblättertem Stengel. Blätter wechselständig, lanzettlich, bis 8 cm lang und 1 cm breit, aufrecht abstehend, am Rand und auf den Nerven unterseits mit kurzen, weißlichen Haaren dicht bewimpert. Blüten einzeln oder wenige, gelborange bis zinnoberrot, nickend, mit 6 turbanartig zurückgeschlagenen Blütenhüllblättern von 3–6 cm Länge, am Grund mit dunklen Punkten gefleckt; Griffel keulig, Staubbeutel orange; unangenehmer Geruch. **Blütezeit:** Juni bis Juli.
Standort: Vom Tal bis 2300 m; auf Schutt, in Wiesen, an buschigen Abhängen, über kalkreichem Boden; nicht häufig.
Verbreitung: Endemisch in den Südostalpen (Karawanken, Julische Alpen) und auf der Balkanhalbinsel (bis NW-Griechenland).

Südalpen-Schachblume
Fritillaria meleagris ssp. burnatii ⊗

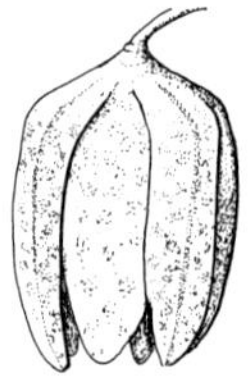

Merkmale: Ausdauernd, 12–30 cm hoch. Zwiebeln kugelig, mit häutigen, dünnen, später verschwindenden Hüllen. Stengel aufrecht, graugrün, einfach, nur im oberen Teil beblättert. Blätter graugrün, derb, meist 4–6 wechselständig stehend, linealisch, stumpf, das unterste bis 10 cm lang. Blüten meist einzeln, breit-glockig, nickend. Blütenhüllblätter bräunlich-purpurfarben, oft nur undeutlich heller schachbrettartig gefleckt, äußere spitz oder stumpf, innere immer stumpf, über dem Grund mit einer grünen Nektardrüse. Staubfäden meist glatt wie der 3spaltige Griffel. Kapsel aufrecht, stumpfkantig.
Blütezeit: April, Mai bis Juli.
Standort: Etwa 1000–2000 m; Bergwiesen, meist auf Kalk; selten.
Verbreitung: Süd- und Südwestalpen.

Hundszahn-Lilie *Erythronium dens-canis*

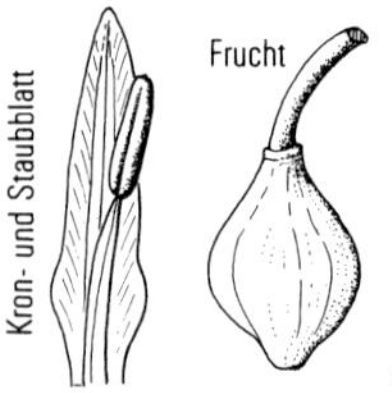

Merkmale: Ausdauernd, 10–40 cm hoch. Zwiebeln eiförmig zylindrisch, weiß, mit am Grund sitzenden Nebenzwiebeln. Stengel aufrecht, wachsig, kahl, mit 1 nickenden Blüte. 2 Blätter, nahe der Stengelbasis, fast gegenständig, eiförmig-elliptisch, dunkelgrün, bräunlich oder hell gefleckt, in einen kurzen, stengelumfassenden Stiel verschmälert. 6 Blütenhüllblätter, frei, leuchtend purpurrosa, oft am Grund gelb gefleckt, stark zurückgebogen; innere am Grund mit je 1 kleinen, seitlichen Zahn. Staubblätter kürzer als die Blütenhülle, Staubbeutel bläulich. Griffel leicht 3spaltig. Kapsel lederig, wenigsamig.
Blütezeit: Februar bis April.
Standort: Bis etwa 2000 m; Laubwälder, Gebüsche, Bergwiesen, Geröll.
Verbreitung: Eurasiatisch, Südeuropa: Spanien bis zum Balkan; nur Südseite der Alpen.

Wildtulpe *Tulipa sylvestris ssp. australis*

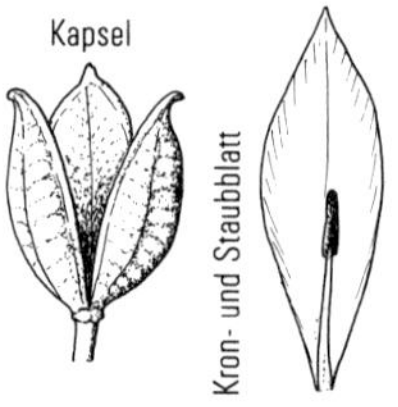

Merkmale: Ausdauernd, 8–45 cm hoch. Zwiebeln eiförmig, an der Spitze innen meist mit einigen geraden Haaren, oft unterirdische Ausläufer treibend. Stengel kahl, meist 1blütig, nicht dicker als 2 mm im Durchmesser, beblättert. 2–3 Blätter. Meist wechselständig, graugrün, etwas fleischig, rinnig, schmal, unterste weniger als 1,2 cm breit, oben kleiner. Blüten vor dem Aufblühen nikkend. 6 Blütenhüllblätter, frei, abfallend, gelb, äußere außen karmesin- bis goldfarben überlaufen, innere mit dunklem Längsstreifen. 6 Staubblätter, kürzer als die Blütenblätter, am Grund etwas verbreitert und bewimpert. Narbe 3lappig. Samen flach.
Blütezeit: April bis Juli.
Standort: 800 bis etwa 2000 m; Bergwiesen.
Verbreitung: Süd- und Südosteuropa, Rußland; im zentralen Mittelmeergebiet seltener.

Frühlings-Lichtblume
Bulbocodium vernum ⊗

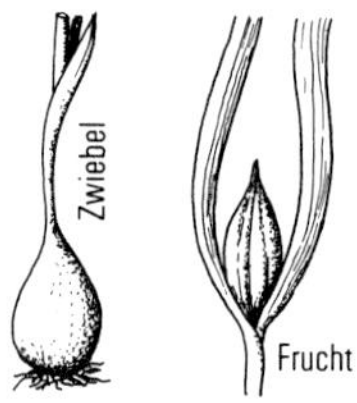

Merkmale: Ausdauernde, 5–15 cm hohe Pflanze mit 2–3 grundständigen, lanzettlichen, rinnigen und kapuzenförmig zugespitzten Blättern, die im Frühjahr gleichzeitig mit den krokus-ähnlichen, lila oder rosa gefärbten, meist einzelnen Blüten erscheinen. 6 Blütenhüllblätter, im oberen Teil bis 5 cm lang, schmal-lanzettlich, unten lang benagelt und zu einer nichtverwachsenen Röhre vereinigt; 6 Staubblätter (beim Krokus nur 3), jeweils an den Blütenhüllblättern angewachsen, die äußeren kürzer als die inneren; 1 Griffel, 3narbig. **Blütezeit:** Februar bis Juni.
Standort: Bis 2100 m; auf Böden, die nur im Frühjahr durchfeuchtet, sonst trocken sind.
Verbreitung: Pyrenäen, Alpen (Seealpen bis Wallis; Kärnten), Apennin, Serbien, Karpaten.

Weißer Germer *Veratrum album*

Merkmale: Ausdauernd, 50–175 cm hoch. Wurzelstock fleischig, oben von Blattresten bedeckt. Stengel aufrecht, einfach, beblättert. Blätter wechselständig, tief längsgefaltet, mit weiter Scheide überlappend; oberseits kahl oder fast kahl, unterseits besonders an den Nerven kurz behaart. Blüten bis 2,5 cm im Durchmesser, in reich verzweigter Rispe. Blütenstiele viel kürzer als die Tragblätter. Blütenhüllblätter bleibend, außen weiß und innen grünlich bis beiderseits weißgrünlich oder gelblich. Kapsel spärlich behaart. *Giftig!* **Blütezeit:** Juni bis August.
Standort: Bis 2700 m; feuchte Wiesen, Flachmoore, Lägerstellen, Waldlichtungen; häufig, gesellig.
Verbreitung: Alpen, Apennin bis Osteuropa.
Nichtblühende Pflanze ähnlich dem **Gelben Enzian,** dieser hat *gegenständige* Blätter.

Schwarzer Germer *Veratrum nigrum*

Merkmale: Ausdauernd, kräftig, 50–100 (130) cm hoch. Wurzelstock kräftig, dick, kurz, im oberen Teil von Blattresten bedeckt. Stengel aufrecht, rund, röhrig, unverzweigt, beblättert. Blätter wechselständig, kahl, vielrippig, faltig, am Grund mit breiter Scheide; untere breit-elliptisch, obere kleiner, schmal-lanzettlich. Blütenstand schmal, meist eine einfache Traube oder eine im unteren Teil verzweigte Rispe, filzig behaart. Blütenstiele meist so lang wie die Tragblätter. Blüten bis 15 mm im Durchmesser. Blütenhüllblätter rötlich-braun bis schwarz, bleibend, elliptisch, abstehend bis zurückgebogen. Kapsel kahl. **Blütezeit:** Juli bis August.
Standort: Bis 1600 m; Bergwälder, Bergwiesen; selten.
Verbreitung: Mittel-, Süd- und Südosteuropa und Asien, französische und südliche Alpen.

Kelch-Simsenlilie *Tofieldia calyculata*

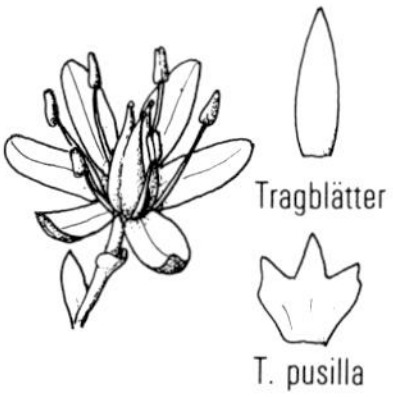

Merkmale: Ausdauernd, grasartig, kahl, 10–35 cm hoch. Stengel aufrecht oder etwas geschlängelt, meist 1- bis 3blättrig. Blätter bleichgrün, ungestielt, schwertförmig, flach, am Grund gehäuft, Stengelblätter kleiner. Blüten meist gelblich, bis zu 30 in einer zylindrischen bis 10 cm langen Traube. Blütenstiele kurz, Tragblatt lanzettlich, unterhalb der Blüte ein 3lappiger Außenkelch *(Calyculus)*. Blütenhüllblätter bis 3,5 mm lang, 6 Staubblätter, 3 Griffel. Kapsel breit-eiförmig.
Blütezeit: Juni bis August, selten bis Oktober.
Standort: Meist auf Kalk, trockene bis feuchte Lagen, von der Ebene bis über 2500 m.
Verbreitung: Weite Teile Europas; Skandinavien, Pyrenäen bis zum Balkan, Rußland.
Kleine Simsenlilie *(T. pusilla)*: kleiner, Blütenstand kopfig, Blüten weißgelblich, Tragblatt 3lappig, kürzer als der Blütenstiel.

Röhriger Gelbstern *Gagea fistulosa*

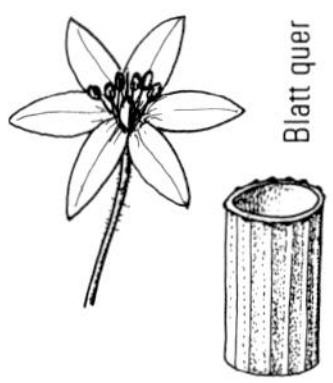

Merkmale: Ausdauernd, niedrig, 10–15 cm hoch, mit 2, von einer gemeinsamen Haut umschlossenen Zwiebeln. Stengel einzeln, aufrecht, kahl, unverzweigt, beblättert. Meist 2 Grundblätter, linealisch, röhrig, im Schnitt fast rund; 2 Stengelblätter, fast gegenständig, breit-lanzettlich, spitz, kahl. 1–5 Blüten, sternförmig, gelb. Blütenstiele mehr oder weniger behaart. 2 Tragblätter, groß, blattartig, spitz. Blütenhüllblätter elliptisch-lanzettlich, stumpf. 6 Staubblätter, etwa halb so lang wie die Blütenhülle. Kapsel dünnwandig, 3kantig.
Blütezeit: März bis Juli.
Standort: 1200–2800 m; feuchte, nährstoffreiche, meist kalkarme Böden, Bergwiesen.
Verbreitung: Gebirge Europas bis Nordostrußland, südlich bis Sizilien, Griechenland; Deutschland: nur in den Allgäuer Alpen.

Spätblühende Faltenlilie *Lloydia serotina*

Merkmale: Ausdauernd, zierlich, 5–15 (40) cm hoch, kahl, Zwiebel länglich, klein, von letztjährigen Blattresten eingeschlossen. Stengel beblättert, oben geneigt. Meist 2 grundständige Blätter, grasartig, fast fadenförmig, so lang oder kaum länger als der Stengel; 2–4 Stengelblätter, spatelförmig. Blüten meist einzeln, glockig, trichterförmig. Blütenhüllblätter stumpf oder abgerundet, weiß, am Grund gelb und mit 3 rötlichen Streifen; am Grund Nektar absondernd. 6 Staubblätter, kürzer als die Blütenhüllblätter. Kapsel rundlich, deutlich 3lappig, Samen sehr klein.
Blütezeit: Juni bis August.
Standort: 1800–3000 m; schattige, früh schneefreie Lagen, windexponierte, meist saure Böden, alpine Rasen, Felsspalten.
Verbreitung: Alpen bis Karpaten, Zentralasien, Nordamerika.

Astlose Graslilie *Anthericum liliago* ⊗

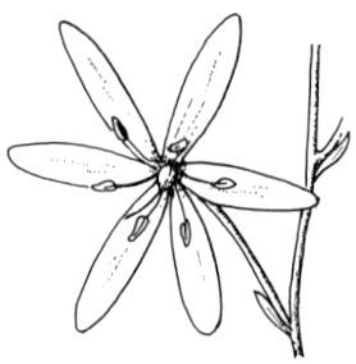

Merkmale: Ausdauernd, 20–80 cm hoch. Wurzelstock kurz, mit etwas fleischigen Wurzeln. Stengel aufrecht oder aufsteigend. Blätter rosettig, grasartig, flach oder leicht rinnig, spitz zulaufend, am Grund dünnhäutig, scheidig umfassend. Blüten 6–10, sternförmig, in meist einfacher Traube. Blütenstiele gegliedert, Tragblätter häutig, schmal, viel kürzer. Blütenhüllblätter weiß, 3nervig, gleich groß, stumpf, viel länger als die 6 Staubblätter. Griffel gekrümmt.
Blütezeit: Mai bis Juli.
Standort: Steinige Hänge, lichte Wälder, Trokkenrasen, bis 1800 m.
Verbreitung: Süd- und Mitteleuropa, Südschweden, Kleinasien, Nordafrika.
Ästige Graslilie *(A. ramosum)*: Blüten kleiner in einer pyramidenförmigen Rispe, Süd- und Mitteleuropa bis Kaukasus.

Trichterlilie *Paradisea liliastrum* ⊗

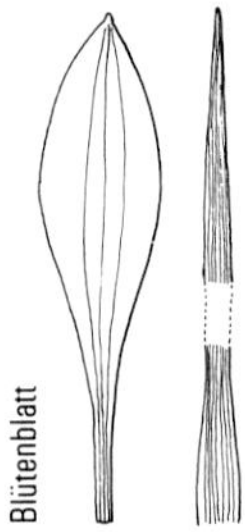

Merkmale: Ausdauernd, 30–50 cm hoch, Wurzeln dünn, Stengel schlank, aufrecht, leicht verzweigt, blattlos. Blätter alle grundständig, grasartig, linealisch, flach, am Grund scheidig verbreitert und stengelumfassend. Blüten glockig-trichterförmig, schneeweiß, duftend, in einer lockeren, meist 4- bis 10blütigen, einseitswendigen Traube. Tragblätter stengelumfassend, spitz, länger als die Blütenstiele. Blütenhüllblätter bis 5 cm lang, deutlich benagelt, spitz, 3nervig, am Grund aufrecht, dann abstehend. 6 Staubbeutel, kürzer als die Blütenhülle. Kapsel eiförmig, dreieckig, Samen dreieckig, schwarz. **Blütezeit:** Mai bis Juli.
Standort: Bis 2500 m; sonnige Lagen auf tiefgründigen, etwas lehmigen Böden, Bergwiesen, Gebüsche, Hochstaudenfluren.
Verbreitung: Pyrenäen, Südalpen, Jura, Apennin, bis Jugoslawien.

Weißer Affodil *Asphodelus albus* ⊗

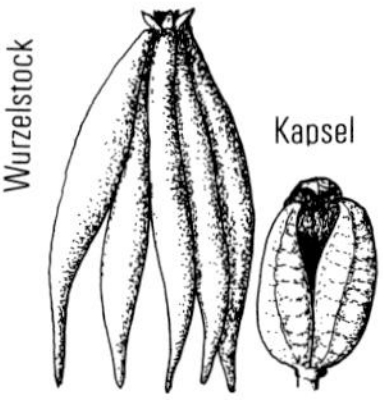

Merkmale: Ausdauernd, 30–120 (150) cm hoch, mit fleischig verdickten, rübenförmigen Wurzeln. Stengel aufrecht, zylindrisch, meist einfach, blattlos. Blätter alle grundständig, aufrecht, bis 60 cm lang, linealisch, spitz zulaufend, am Grund scheidig, stengelumfassend. Blüten in dichter, langer, endständiger, nur selten am Grund leicht verzweigter Traube. Tragblätter dunkelbraun, häutig, bleibend, Blütenstiele gegliedert. Blüten trichterförmig. 6 Blütenhüllblätter, alle gleich, schmal-elliptisch, weiß mit grünem Mittelnerv. 6 Staubblätter, deutlich herausragend, am Grund verbreitert. Kapsel lederig, eiförmig.
Blütezeit: Mai bis Juli, August.
Standort: Etwa 1000–2000 m; kalkliebend, Bergwiesen, Weiden, lichte Wälder, Gebüsch.
Verbreitung: Südeuropa: Spanien, Südwestfrankreich, Südalpen, bis Westbalkan.

Sternblütige Narzisse

Narcissus poeticus ssp. radiiflorus ⊗

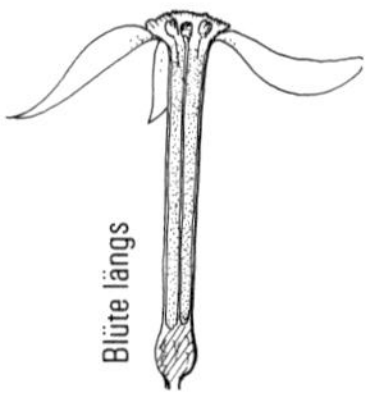

Merkmale: Ausdauernd, 20–50 cm hoch, Knolle groß. Stengel aufrecht, hohl, blattlos, zweiseitig zusammengedrückt. Blätter graugrün, grundständig, linealisch, flach, bis 8 mm breit. Blüten meist einzeln, waagerecht stehend, angenehm duftend, Hochblatt bis 5 cm lang, dünnhäutig. Blütenhülle stieltellerförmig, Röhre grünlich, bis 3 cm lang, freie Abschnitte am Grund verschmälert und kaum überlappend; Nebenkrone kurz, zylindrisch, gelb, rotrandig, gewellt.
Blütezeit: April bis Juni.
Standort: Feuchte Wiesen, Abhänge, Gebüsche, bis etwa 1600 m; gesellig.
Verbreitung: Süd- und Mitteleuropa.
Osterglocke *(N. pseudonarcissus)* ⊗: Blüten gelb, Nebenkrone trompetenförmig, so lang wie die Blütenhüllblätter; Westeuropa.

Alpen-Zwergknabenkraut

Chamorchis alpina ⊗

Merkmale: Eine der kleinsten Orchideen, nur bis 15 cm hoch. Stengel blaßgrün. Blätter nur grundständig, grasähnlich, fleischig, gefaltet, oft den Blütenstand überragend. Dieser ist eine lockere, 5- bis 10blütige, einseitswendige Ähre. Tragblätter kräftig, die unteren die Blüten überragend. Blüten klein, gelbgrün, oft rotbraun überlaufen. Blütenhüllblätter helmartig zusammengeneigt, die 3 äußeren oval, die inneren schmal. Lippe oft gelblich, mit zurückgebogenen Rändern, ungeteilt oder nur schwach 3lappig. Sporn fehlt. Fruchtknoten sitzend.
Blütezeit: Juli bis August (September).
Standort: Bis 2700 m, auf Kalk, an windexponierten, ungeschützten Flächen oberhalb der Baumgrenze; gesellig, doch selten.
Verbreitung: Gebirge Europas.

Frühlingskrokus

Crocus vernus ssp. albiflorus

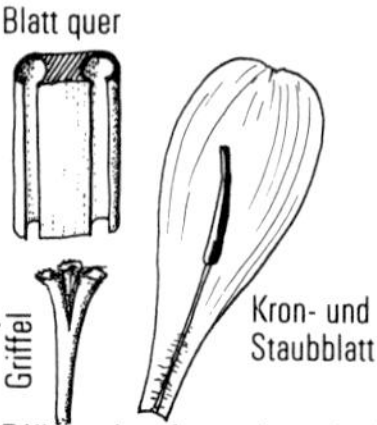

Merkmale: Ausdauernd, 8–15 cm hoch, Knolle flach kugelig, schwach-netzfaserig. Blätter grasartig, schmal, mit umgerolltem Rand und weißen Mittelstreifen, zur Blütezeit oft noch sehr kurz. 1 Blüte, selten 2, oft weiß, purpurn oder gestreift, mit einem häutigen Hochblatt. Blütenhüllblätter am Grund zu einer Röhre verwachsen, äußere Abschnitte etwas größer. 3 Staubblätter, Staubbeutel gelb. Fruchtknoten unterständig, 3 Narben, leuchtend gelbrot. **Blütezeit:** Februar bis Juni.
Standort: Frische, humose Böden, Bergwiesen, bis 2700 m; gesellig.
Verbreitung: Gebirge Süd- und Mitteleuropas; Pyrenäen bis zur Balkanhalbinsel.
Lichtblume *(Bulbocodium vernum)* ⊗ ist ähnlich, aber: 6 Staubblätter, Blütenhüllblätter frei, Blüten und Blätter gleichzeitig.

Grüne Hohlzunge *Coeloglossum viride* ⊗

Merkmale: Stengel 5–35 cm hoch. Blätter oval, nach oben hin kleiner und schmaler werdend. Blütenstand 2–10 cm lang, meist vielblütig (bis 25 Blüten). Tragblätter grün, blattähnlich, untere länger als die Blüten, doch in der Länge veränderlich. Blüten grün, grüngelb bis braunrot. Blütenhüllblätter grün, bräunlich überlaufen oder berandet, helmartig zusammengewölbt, die 3 äußeren breiter, oval, stumpf. Lippe länglich, anfangs eingerollt, dann herabhängend, 3zähnig, seitliche Zähne länger, gelbgrün, bräunlich überlaufen oder berandet. Sporn gelbgrün, sehr kurz.
Blütezeit: Mai bis August.
Standort: Bis 2500 m; kalkfreie, humusreiche Böden, Wiesen, lichte Wälder und Gebüsche, auch Sumpf- und Trockenwiesen; häufig.
Verbreitung: Zirkumpolar in Eurasien und Nordamerika; fehlt im südlichsten Europa.

Narzissen-
gewächse

Schwert-
liliengew.

Orchideen

Weiße Höswurz *Pseudorchis albida* ⊗

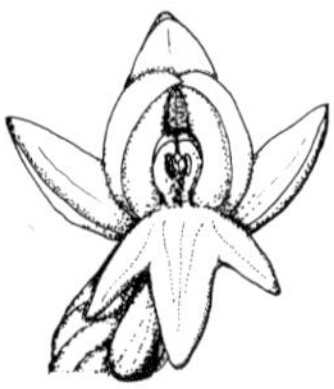

Merkmale: Stengel schlank, 10–30 cm hoch. Blätter frisch grün, breit-lanzettlich. Blütenstände dicht, zylindrisch, bis 6 cm lang. Tragblätter meist länger als die Blüten. Blüten duftend, grünlich bis gelblich weiß, klein, 4–5 mm groß, glockenförmig. Blütenhüllblätter oval, zusammengeneigt. Lippe wie ein Dreizack geteilt, am Grund verschmälert. Sporn dick, nach unten gebogen, kürzer als der halbe Fruchtknoten.
Blütezeit: Mai bis August.
Standort: Saure Böden, Wiesen, Weiden, lichte Nadelwälder, von 1500 bis über 2500 m, selten in tieferen Lagen; häufig.
Verbreitung: Arktisch alpin, Pyrenäen bis Mittelrußland, in Südeuropa nur in höheren Lagen.
Allgemeines: Die Knollen, Unterscheidungsmerkmal der Orchideen, sollten bei geschützten Pflanzen nicht ausgegraben werden.

Schwarzes Kohlröschen *Nigritella nigra ssp. nigra* ⊗

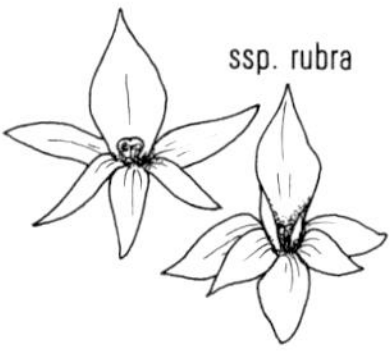

Merkmale: Stengel kantig, beblättert, 5–30 cm hoch. Blätter aufrecht, grasartig, zahlreich. Blütenstand dichtblütig, kugelig. Blüten stark nach Vanille duftend, dunkel-braunrot, selten rosa oder weiß. Untere Tragblätter länger. Fruchtknoten nicht gedreht, daher die ungeteilte Lippe oben. Blütenhüllblätter sternförmig abstehend, die seitlichen inneren schmaler. Sporn kurz, stumpf.
Blütezeit: Juni bis August.
Standort: Kalkhaltige oder saure Böden, meist oberhalb der Baumgrenze.
Verbreitung: Gebirge Europas.
Seltener und früher blühend ist das **Rote Kohlröschen** *(N. nigra ssp. rubra)*: Blütenstand kegelförmig, Blüten leuchtend rot, Lippenrand am Grund eingerollt, Blütenhüllblätter gleich breit, nur auf Kalk; Ostalpen und Ostkarpaten.

Mücken-Händelwurz *Gymnadenia conopsea* ⊗

Merkmale: Stengel schlank, rund, 15–80 cm hoch. Blätter schmal, unterseits deutlich gekielt, die obersten den Tragblättern ähnlich. Diese grün, länger als der Fruchtknoten. Blütenstand lang, zylindrisch. Blüten duftend, meist einfarbig rosaviolett, selten weiß, 8–12 mm groß. 2 Blütenhüllblätter seitlich waagerecht abstehend, 3 zusammengeneigt. Lippe sehr breit, 3lappig. Sporn bis 2mal so lang wie der Fruchtknoten, dünn, sichelförmig gebogen.
Blütezeit: Mai bis August.
Standort: Kalkliebend, moorige, feuchte, auch trockene Böden, bis 2500 m.
Verbreitung: Eurosibirisch, fast ganz Europa.
Die zartere, kleinere **Wohlriechende Händelwurz** *(G. odoratissima)* hat stark nach Vanille duftende, rosa-violette bis purpurne Blüten mit einem deutlich kürzeren Sporn.

Kugelknabenkraut *Traunsteinera globosa* ⊗

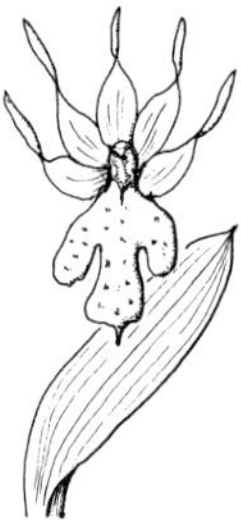

Merkmale: Stengel aufrecht, schlank, 20–60 cm hoch. Untere Blätter oval, schuppenförmig, deutlich länger als breit, mit kleiner aufgesetzter Spitze; 2–3 mittlere Blätter, unterseits blaugrün bereift. Blütenstand kugelig bis kegelförmig, vielblütig, dicht. Tragblätter häutig, schmal, spitz, etwa so lang wie der Fruchtknoten. Blüten rosa-lila, nach Baldrian riechend, bis 14 mm groß. Blütenhüllblätter gespreizt, oberes Drittel in spatelförmige, etwas verdickte Spitze verschmälert. Lippe dunkel gepunktet, tief 3lappig, so lang wie die äußeren Blütenhüllblätter. Sporn herabgebogen, halb so lang wie Fruchtknoten.
Blütezeit: Mai bis August.
Standort: Meist über 1000–3000 m; kalkliebend, immerfeuchte Böden, Bergwiesen.
Verbreitung: Gebirge Mittel- und Südeuropas, Pyrenäen bis zum Kaukasus.

Männliches Knabenkraut
Orchis mascula ⊗

Merkmale: Stengel schlank, 20–40 (60) cm hoch, manchmal oben rötlich. Untere Blätter lanzettlich, nicht immer purpurrot gezeichnet, obere stengelumfassend. Blütenstand bis 15 cm lang, vielblütig. Tragblätter häutig, purpurrot, so lang wie der Fruchtknoten. Blüten rosa bis dunkelviolett, nach Katzenurin riechend. Blütenhüllblätter spitz, 3 größere aufrecht bis zurückgeschlagen, 2 innere kleiner, zusammengeneigt, diese selten auch weiß. Lippe oft heller gefärbt mit dunklen Flecken, tief 3lappig, gefranst. Sporn kräftig, meist aufwärts, so lang wie der Fruchtknoten. **Blütezeit:** April bis Juli.
Standort: Bis etwa 2600 m; feuchte Böden, nicht oder wenig gedüngte Weiden, Bergwiesen, lichte Laubwälder; häufig.
Verbreitung: Nord-, Mittel- und Westeuropa.

Holunder-Knabenkraut
Dactylorhiza sambucina ⊗

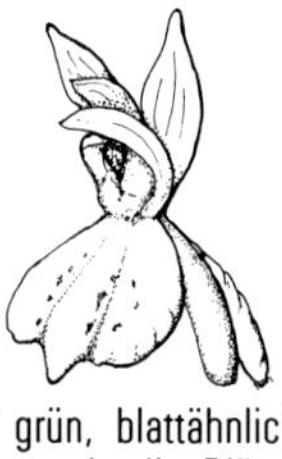

Merkmale: Kräftige, 10–35 cm hohe Pflanze. Stengel oben kantig. Blätter ohne Flecken, nach oben hin kleiner, schmaler. Blütenähre dicht, bis 15 cm lang. Tragblätter grün, blattähnlich, die untersten deutlich länger als die Blüten. Blüten nach Holunder riechend, leuchtend gelb oder orangerot bis purpurfarben. Äußere 2 Blütenhüllblätter aufrecht bis zurückgebogen, innere zusammengeneigt, Lippe breit, 3teilig, Mittellappen schmaler; bei roten Formen am Grund oft gelblich, bei gelben rot gezeichnet. Sporn abwärts gebogen. **Blütezeit:** (März) Mai bis Juni.
Standort: Bis über 2000 m; auf Urgestein, frischen, trockenen, warmen Böden, Wiesen, Lichtungen; nicht häufig, gesellig.
Verbreitung: Europa, Mittel und Nordrußland bis Südskandinavien.

Spitzels Knabenkraut *Orchis spitzelii* ⊗

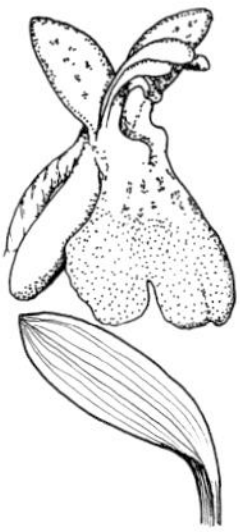

Merkmale: Stengel aufrecht, 10–40 (50 cm) hoch, im oberen Teil purpurn überlaufen. Blätter glänzend, das oberste kleiner. Blüten rosa-violett bis purpur-violett, etwa zu 20 in zylindrischen, 5–10 cm langen Ähren angeordnet. Tragblätter meist purpurrot, häutig, gefaltet, spitz, etwa so lang wie der Fruchtknoten. Blütenhüllblätter grünlich, purpurn überlaufen oder gepunktet, die 2 seitlichen größer, aufrecht, die 3 inneren zusammengeneigt. Lippe rosa, dunkelrot gepunktet, an der Basis heller, 3lappig, Seitenlappen nach hinten gebogen, kürzer als der Mittellappen, dieser gewellt und gefranst. Sporn stumpf, fast gerade abwärts stehend. **Blütezeit:** April bis Juli.
Standort: Bis 1800 m; nur auf Kalk; auf Bergwiesen, in lichten Wäldern.
Verbreitung: Südalpen, Mittelmeergebiet, Insel Gotland.

Alpen-Leinblatt *Thesium alpinum*

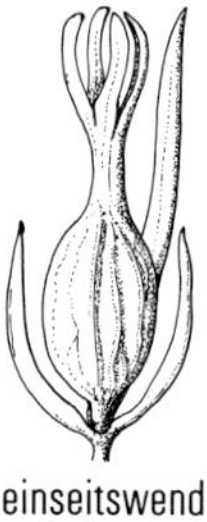

Merkmale: Ausdauernder, 10–50 cm hoher, gelbgrüner Halbschmarotzer mit mehreren, meist unverzweigten, aufsteigenden, kantigen Stengeln. Blätter wechselständig, bis 4 cm lang, 0,7–2 mm breit, schmal linealisch, spitz, 1nervig, kahl. Blütenstand einseitswendig, meist traubig. Jede Blüte unterhalb mit 3 laubigen, auf gleicher Höhe stehenden Hochblättern. Blüten klein, außen grün, innen weiß, trichterförmig, nur aus 4, bis zur Hälfte verwachsenen, bis 0,5 cm langen Kronblättern bestehend. Fruchtknoten unterständig, eine kugelige, erhaben netzaderige, 2–2,5 mm lange Frucht bildend.
Blütezeit: Mai bis Oktober.
Standort: Von der Ebene bis 3000 m. Meist auf kalkhaltigen, mineralkräftigen Böden. Kurzrasige Abhänge, lichte Wälder. Verbreitet.
Verbreitung: Süd- und Mitteleuropa, besonders in den Alpen und Voralpen.

Orchideen

Orchideen

Sandelholz-
gewächse

Krautweide *Salix herbacea*

Merkmale: Linné bezeichnete den teppichartig wachsenden Zwergstrauch als den kleinsten Baum der Erde. Stamm und dünne Zweige unterirdisch kriechend, nur Zweigspitzen oberirdisch, bis 5 cm hoch. Blätter kurz gestielt, dünn, rund, 6–20 mm breit, glänzend hellgrün, kahl, Aderung beiderseits deutlich. Kätzchen endständig, kurz gestielt, fast kugelig, wenigblütig, 4–12 Blüten. Tragblätter gelbgrün, kahl, nur am vorderen Rand seidig bewimpert. Staubbeutel vor dem Ausstäuben und die jungen Früchte leuchtend rot.
Blütezeit: Juni bis August (Oktober).
Standort: 1800 bis über 3300 m, selten tiefer; kalkfreie, gut durchfeuchtete, humusbedeckte schwarze Schuttböden, Schneetälchen.
Verbreitung: Arktisch-alpin, Asien und Nordamerika, südlich bis Pyrenäen, Zentralapennin, Balkanhalbinsel.

Stumpfblättrige Weide *Salix retusa*

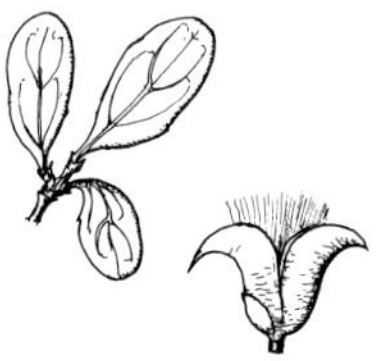

Merkmale: Kriechender, rasenartig wachsender Spalierstrauch. Stamm gekrümmt, knorrig, lokker verzweigt und an den Zweigenden dicht beblättert. Wurzeln lang und zäh, wie Seile. Blätter klein, kurz gestielt, beiderseits grün, im Herbst leuchtend gelb, oberseits glänzend, am vorderen Ende stumpf oder schwach ausgerandet. Kätzchen endständig, meist mehr als 10blütig, sich mit den Blättern entwickelnd. Männliche Kätzchen kurz gestielt, kugelig bis eiförmig, Tragblätter gelb, meist kahl, ungeöffnete Staubbeutel purpurrot. Weibliche Kätzchen länger gestielt.
Blütezeit: (Mai) Juni bis August (Oktober).
Standort: 1700 bis über 2500 m; lange schneebedeckte, frische, meist kalkreiche Böden, Felsen, Pionierpflanze auf Schutt; häufig.
Verbreitung: Gebirge Süd- und Mitteleuropas, Pyrenäen, Apennin, Balkan, Karpaten.

Netzweide *Salix reticulata*

Merkmale: Niederliegender, mattenbildender Spalierstrauch. Stamm kriechend, verzweigt und wurzelnd. Zweige kurz und wenig beblättert. Blattstiele lang, rot. Blätter rundlich, 2–5 cm lang, Rand umgerollt, oberseits runzelig, glänzend dunkelgrün, unterseits bläulich bis gelblich-weiß; Netzaderung oft rötlich überlaufen. Kätzchen endständig, sich nach den Blättern entwickelnd, aufrecht auf langen roten Stielen, schlank walzenförmig. Tragblätter rötlich braun. Ungeöffnete Staubbeutel rotbraun. Fruchtknoten weiß-filzig.
Blütezeit: Juli bis August.
Standort: 1700 bis über 3000 m; kalkreiche, humusreiche, auch steinige Böden, Zwergstrauch- und Rasengesellschaften; häufig.
Verbreitung: Arktisch- und subarktisch alpin, südlich der Pyrenäen bis Karpaten; Asien und Nordamerika.

Grünerle *Alnus viridis*

Merkmale: Sommergrüner, mehrstämmiger, selten über 3 m hoher, meist aufrechter, glatt grau berindeter Strauch. Winterknospen sitzend. Blätter oval, bis 6 cm lang, spitz, doppelt gesägt, Zähne höher als breit, oberseits dunkelgrün, kahl, unterseits heller und nur an den Nerven behaart. Kätzchen mit eingeschlechtigen Blüten, mit dem Blattaustrieb aufblühend. Männliche länglich, hängend. Weibliche unter den männlichen stehend, von Knospenschuppen geschützt, eiförmig-rund, anfangs grün, klebrig, später braun, verholzend, Frucht geflügelt.
Blütezeit: April, Mai bis Juni.
Standort: 1500 bis etwa 2400 m; meist saure, feuchte, lehmige oder steinige Böden, schattige Lagen, Hänge, Bäche, Waldränder.
Verbreitung: Gebirge Mittel- und Südosteuropas, Korsika, Balkanhalbinsel, Nordostrußland.

Weiden-
gewächse

Weiden-
gewächse

Birken-
gewächse

Säuerling *Oxyria digyna*

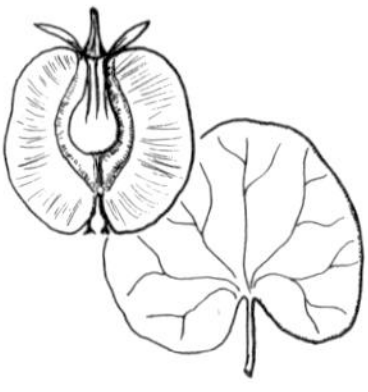

Merkmale: Ausdauernde, krautige, kahle, bis 50 cm hohe Pflanze. Stengel aufrecht oder bogig aufsteigend, unverzweigt, meist blattlos, Blätter meist alle grundständig, breiter als lang, nierenförmig, am Rand glatt oder leicht wellig, säuerlich schmeckend; Blattstiele bis 20 cm lang. Blütenstände endständig, einfach oder verzweigt. Blüten hängend, zwittrig, in Quirlen. 4 Blütenhüllblätter, grün; die äußeren kleiner und abstehend, die inneren viel größer und der Frucht anliegend. Meist 4 Staubblätter, 2 Griffel, Narben pinselförmig. Frucht linsenförmig, grün, später blutrot. **Blütezeit:** Juni bis August.
Standort: Bis etwa 3400 m; kalkarme, feuchte, lange schneebedeckte Böden, Pionierpflanze, Säuerlingsflur; häufig, in Scharen.
Verbreitung: Arktisch-alpin, Eurasien und Nordamerika.

Schildampfer *Rumex scutatus*

Merkmale: Ausdauernder, 10–60 cm hoher Halbstrauch, oft mit unterirdischen Ausläufern. Stengel mehrere, bogig aufsteigend oder niederliegend, vom Grund an verzweigt, in trockenen Lagen oft rot überlaufen. Blätter grün oder bläulich bereift, die unteren langgestielt, spießförmig, bis 5 cm lang, mit deutlichen, oft abstehenden Zipfeln. Blütenstand locker, die seitlichen aufrechten Äste unverzweigt. Blüten hängend, meist eingeschlechtig. Zur Fruchtzeit äußere Blütenhüllblätter den inneren anliegend, Fruchtklappen größer als die Frucht, rötlich, häufig durchscheinend, ohne Schwielen. Frucht scharf 3kantig, grau. **Blütezeit:** Mai bis Juli.
Standort: 250–2700 m; sonnige kalkarme bis kalkreiche Lagen, aus Kulturen verwildert, Geröll, Felsspalten, Weinbergmauern; häufig.
Verbreitung: Gebirge Mittel- und Südeuropas.

Schneeampfer *Rumex nivalis*

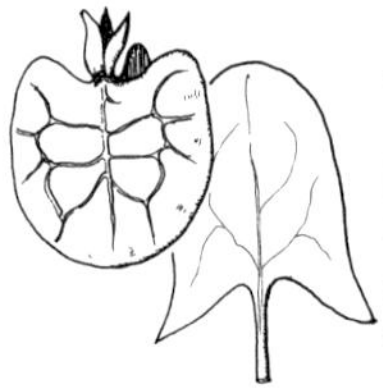

Merkmale: Ausdauernde, krautige Pflanze mit einem dikken Wurzelstock. Stengel mehrere, bogig aufsteigend bis aufrecht, blattlos oder 1- bis 2blättrig. Blätter zumeist grundständig, langgestielt, klein; die ersten im Frühling oval mit abgerundeter Spitze, die folgenden und die sitzenden Stengelblätter spießförmig. Blütenstand locker, selten verzweigt. Blüten zwittrig und eingeschlechtig. Zur Fruchtzeit sind die 3 äußeren Blütenhüllblätter zurückgebogen; Fruchtklappen deutlich größer als die Frucht, rot, rundlich, am Grund herzförmig und mit einer kleinen Schwiele. Frucht gelblich glänzend.
Blütezeit: Juli bis August.
Standort: 1600–2700 m; kalkhaltige, immerfeuchte Böden, Schutthalden, steinige Wiesen, Schneetälchen.
Verbreitung: Ostalpen bis Albanien.

Alpenampfer *Rumex alpinus*

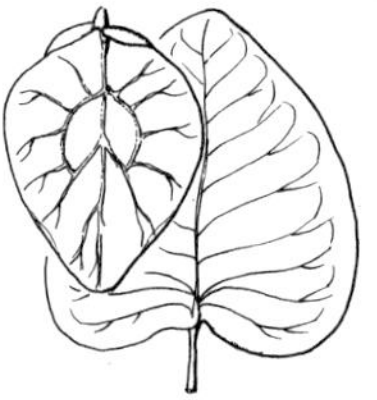

Merkmale: Ausdauernde, kräftige, bis 2 m hohe Pflanze mit kriechendem Wurzelstock. Stengel aufrecht, in der oberen Hälfte verzweigt. Grundblätter bis 50 cm lang, stumpf, herzförmig, am Rand oft wellig. Blattstiele lang, oberseits rinnig. Stengelblätter lanzettlich. Blüten in dichten Quirlen stehend, Blütenstand stark verzweigt, mit aufrechten Seitenästen. Blüten zwittrig, Hülle 6blättrig, grünlich. Zur Fruchtzeit innere Hüllblätter zu Fruchtklappen vergrößert, bis 5 mm lang, rotbraun, ganzrandig; äußere Hüllblätter den inneren angedrückt. Frucht glänzend gelbbraun. **Blütezeit:** Juni bis August.
Standort: 1200–2600 m; feuchte, nitratreiche Böden, Almhütten und Viehlager, selten in Hochstaudenfluren; häufig und meist in dichten Beständen.
Verbreitung: Gebirge Mittel- und Südeuropas.

Lebendgebärender Knöterich
Polygonum viviparum

Merkmale: Ausdauernde, krautige, kahle, 5–25 (40) cm hohe Pflanze, ein- oder zweihäusig. Stengel seitenständig, aufrecht, unverzweigt. Untere Blätter langgestielt, schmal-oval, an beiden Seiten verschmälert, 2–8 cm lang, Rand umgerollt, knorpelig, oberseits dunkelgrün, unterseits graugrün, oft kurz behaart. Blütenstand endständig, dünn, im oberen Teil Blüten, im unteren Teil dunkel-rotbraune, sitzende, häufig beblätterte Brutknospen tragend. Blüten kurz gestielt, hellrosa bis weiß, selten rot, Hülle 5blättrig. 6–8 Staubblätter. **Blütezeit:** Mai bis September.
Standort: Bis über 3000 m; Rasen- und Zwergstrauchgesellschaften, flache Moore, lichte Wälder; verbreitet.
Verbreitung: Arktisch-alpin, Eurasien und Nordamerika.

Schlangenknöterich *Polygonum bistorta*

Merkmale: Ausdauernde, krautige, kahle, 20–100 (120) cm hohe Pflanze mit Ausläufern. Wurzelstock dick, schlangenartig gewunden, von Blattresten bedeckt. Stengel aufrecht, unverzweigt, mit nur vereinzelten Blättern. Blätter oberseits dunkelgrün, unterseits bläulich-grün, am Rand gekerbt-gewellt; untere mit langem geflügelten Blattstiel, oval, bis etwa 20 cm lang, stumpf, am Grund gestutzt oder herzförmig, obere Blätter sitzend, lanzettlich, spitz. Blütenstand endständig, dicht, zylindrisch, bis 15 cm. 5 Blütenhüllblätter, leuchtend rosarot. Meist 8 Staubblätter, herausragend, 3 Griffel. Frucht 3kantig, glänzend.
Blütezeit: Mai bis August.
Standort: Bis 2500 m; kalkarme, nie trokkene, fette Böden, Bergwiesen; häufig.
Verbreitung: Eurosibirisch, im Süden nur in Gebirgen, Nordamerika.

Alpenknöterich *Polygonum alpinum*

Merkmale: Ausdauernde, krautige, 30–50 (100) cm hohe Pflanze. Wurzelstock kurz, unterirdisch kriechend, an den Knoten wurzelnd und aufrechte, einfache oder verzweigte, kantig-gestreifte Stengel treibend. Blätter manchmal leicht gewellt, kurz gestielt, eiförmig-lanzettlich, an beiden Enden verschmälert, oberseits dunkelgrün, unterseits heller, auf den Nerven und am Rand bewimpert. Blüten klein, weiß, gelblich-weiß oder hellrosa, in der endständigen, lockeren Rispe einzeln oder zu 2–3 zusammenstehend. Blütenhüllblätter ± gleich groß. Die 3 kurzen Griffel mit großen, purpurroten Narben. Frucht 3kantig. **Blütezeit:** Juni bis September.
Standort: 700 bis etwa 2000 m; kalkarme, saure, feuchte Böden, Grünerlengebüsch.
Verbreitung: Gebirge Mittel-, Süd- und Osteuropas, bis Südwestasien.

Guter Heinrich
Chenopodium bonus-henricus

Merkmale: Ausdauernd, 10–60 cm hoch, besonders am Anfang klebrig, mehlig, mit gestielten Blasen- und einfachen Haaren besetzt. Stengel bogig aufsteigend bis aufrecht, meist unverzweigt. Blätter hell bis dunkelgrün, bis 10 cm lang, dreieckig, besonders die unteren deutlich spießförmig und lang gestielt, Stiel geflügelt. Blütenstand nur im unteren Teil beblättert. Blüten in Knäueln, zwittrig oder weiblich. 3–5 Blütenhüllblätter, mit dem Samen abfallend, ± frei, schwach gekielt. 5 Staubblätter, doch oft einige unfruchtbar oder fehlend. Frucht abgeflacht. Samen glänzend.
Blütezeit: April bis Oktober.
Standort: Bis etwa 3000 m; sehr stickstoffhaltige oder salzige Böden, Wegränder, Mauern, Almhütten; in Gebirgen häufig.
Verbreitung: Fast ganz Europa.

Knöterich-
gewächse

Knöterich-
gewächse

Gänsefuß-
gewächse

Gletschernelke *Dianthus glacialis* ⊗

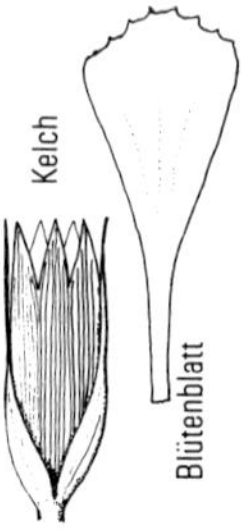

Merkmale: Ausdauernde, 2–8 cm hohe, kahle, rasenförmig wachsende Pflanze mit einfachen, aufrechten Stengeln und zahlreichen, nichtblühenden Blattrosetten. Blätter linealisch, oft stumpf, bis 5 cm lang und 2 cm breit, dicklich; Grundblätter meist länger als Stengel. Blüten einzeln am Stengelende, 15–20 mm breit, purpurrosa; Platte der Kronblätter ungeteilt, vorne gezähnt, gegen den Schlund mit dunkleren Strichen oder Punkten und einzelnen Haaren; Kelch röhrenförmig, 12–16 mm lang, kahl; Kelchschuppen etwa so lang wie der Kelch, eiförmig, allmählich in eine lange Spitze verschmälert; 2 Griffel; Kapsel 4zähnig. **Blütezeit:** Juli bis August.

Standort: Alpin, 1900–2900 m; steinige, kalkhaltige oder saure Böden, kurze Rasen, an windexponierten Hängen oder Graten.

Verbreitung: Östliche Zentralalpen, Karpaten.

Übersehene Nelke *Dianthus pavonius*

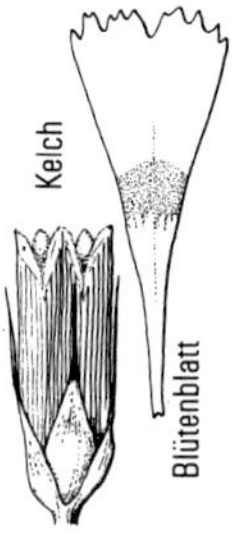

Merkmale: Ausdauernde, 5–20 cm hohe, kahle Pflanze mit rasigem Wuchs und einfachen, aufrechten Stengeln sowie zahlreichen, nichtblühenden Blattrosetten. Blätter linealisch, dünn, steif, unterseits deutlich 3nervig, zugespitzt. Blüten meist einzeln, 20–25 mm breit, purpurrosa bis -rot; Platte der Kronblätter ungeteilt, vorne gezähnt, unterseits fahl- bis grünlichgelb, am Schlund mit Haaren; Kelch 12–16 mm lang, 4–5 mm breit, mit trockenhäutigen, steifen Zähnen; 2–4 eiförmige Kelchschuppen, allmählich in eine Spitze verschmälert, fast so lang wie die Kelchröhre.

Blütezeit: Juli bis August.

Standort: Subalpin und alpin, 1200–3000 m; trockene, steinige Rasen, auch Schutt; meist über Silikat.

Verbreitung: Pyrenäen und Westalpen, vereinzelt in den Südalpen; nicht in der Schweiz.

Steinnelke *Dianthus sylvestris* ⊗

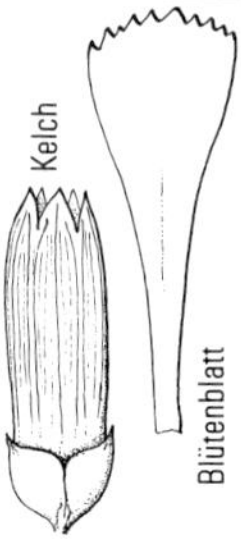

Merkmale: Ausdauernde, rasig wachsende, bis 30 cm hohe, kahle Pflanze mit zahlreichen nichtblühenden Blattrosetten und aufrechten Stengeln. Blätter linealisch, 1–2 mm breit, zugespitzt, gekielt; Grundblätter bis 15 cm lang. Blüten einzeln, 15–30 mm breit, rosa; Platte der Kronblätter länglich-keilförmig, vorne deutlich gezähnt, am Schlund ohne Zeichnung und ohne Haare; Kelch röhrig, 15–20 mm lang, blaßgrün oder rötlich, mit häutig berandeten Zähnen; 2–4 blaßgrüne Kelchschuppen, breit-eiförmig, plötzlich in eine kurze Spitze auslaufend, etwa ein Viertel so lang wie der Kelch.

Blütezeit: Juni bis September.

Standort: Montan bis alpin, 1000–2800 m; trockene, steinige Böden, meist über Kalk, Felshänge, Schutt; gern in warmen Lagen.

Verbreitung: Spanien bis Griechenland.

Alpennelke *Dianthus alpinus* ⊗

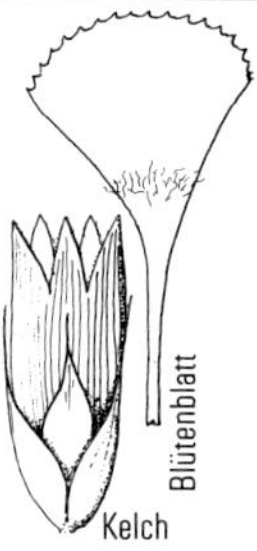

Merkmale: Ausdauernde, bis 20 cm hohe, kahle Pflanze in lockeren Rasen. Blätter länglich-eiförmig bis linealisch, stumpf, über der Mitte am breitesten, einnervig. Blüten meist einzeln, groß, bis 35 mm breit, purpurrot; Platte der Kronblätter gezähnt, am Schlund leicht behaart, tiefpurpurrot und weiß gesprenkelt; Kelch röhrig-glockig, 15–18 mm lang, 2–4 krautige Kelchschuppen, länger als die halbe Kelchröhre, in eine lange Spitze ausgezogen. **Blütezeit:** Juni bis September.

Standort: Subalpin, 1000–2300 m; steinige, lockere Rasen, nur über Kalk.

Verbreitung: Nordöstliche Kalkalpen.

Allgemeines: Alle Nelken haben röhrige, vielnervige Kelche, am Grund jeweils mit schuppenartigen Blättern, Kronblätter ohne Schlundschuppen, in Platte und Nagel gegliedert, 2 Griffel sowie 4zähnige Kapseln.

Seguiers Nelke *Dianthus seguieri* ⊗

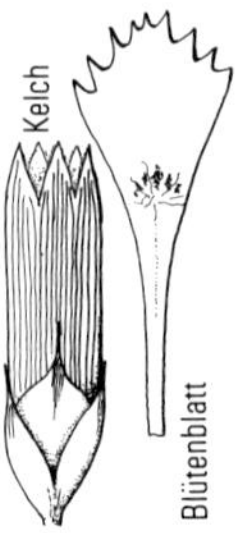

Merkmale: Ausdauernde, 30–60 cm hohe, meist kahle Pflanze in lockeren Rasen mit wenigen, nichtblühenden Trieben. Stengel aufsteigend bis aufrecht, einfach oder oben verzweigt. Blätter schmal-lanzettlich, in der Mitte 2–4 mm breit, meist 1nervig; die den Blütenstand umhüllenden Blätter reichen bis über den halben Kelch hinaus. Blüten in 2- bis 8blütigen Büscheln an den Zweigenden, rosa bis purpurn, am Schlund behaart und mit einem Ring aus dunkelroten Punkten; Platte gezähnt, 7–12 mm lang; Kelch röhrig, 14–20 mm lang, mit spitzen, häutigen Zähnen; Kelchschuppen eiförmig, plötzlich zugespitzt, halb bis fast so lang wie der Kelch.
Blütezeit: Juni bis August.
Standort: Von Tallagen bis 1600 m; trockene, steinige Böden, Felshänge, lichte Wälder.
Verbreitung: Pyrenäen, West- und Südalpen.

Bartnelke *Dianthus barbatus*

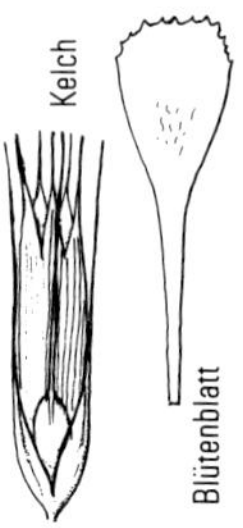

Merkmale: Ausdauernde, 20–60 cm hohe, kahle Pflanze mit aufrechten, meist einfachen Stengeln und wenigen nichtblühenden Trieben. Blätter lanzettlich, bis 12 cm lang und 5–20 mm breit; Blattscheiden deutlich schmäler als die Blattbreite. Blüten kurz gestielt, zu 3–30 in dichten Büscheln am Stengelende, von schmal-lanzettlichen, rauhrandigen Hochblättern umgeben; Krone 12–25 mm breit, oberseits meist dunkelrot, mit helleren Punkten und dunklen Streifen oder am Rand heller; Platte gezähnt, am Schlund behaart; Kelch 15–18 mm lang; 4 eiförmige Kelchschuppen, lang grannenartig zugespitzt, etwa so lang wie der Kelch. **Blütezeit:** Juni bis August.
Standort: Vom Tal bis 2500 m; lichte Wälder, Gebüsche, Wald- und Bergwiesen.
Verbreitung: Pyrenäen, Südostalpen, Apennin, Balkan, Ostkarpaten, Kaukasus.

Prachtnelke *Dianthus superbus* ⊗

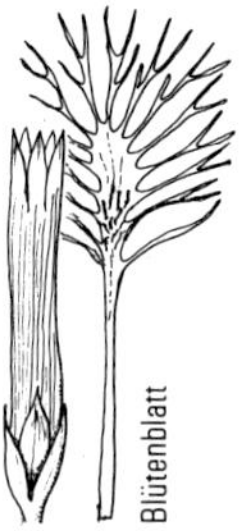

Merkmale: Ausdauernde, 30–60 cm hohe, kahle Pflanze mit aufsteigenden bis aufrechten, oben meist verzweigten Stengeln. Blätter bis 10 cm lang, 3–5 mm breit, schmal-lanzettlich, die unteren stumpflich, die oberen spitz; Blattscheiden 1- bis 2mal so lang wie die Blattbreite. Blüten einzeln oder in wenigblütigen, lockeren Blütenständen, wohlriechend; Platte der Kronblätter 15–35 mm lang, bis über die Mitte unregelmäßig fiederartig eingeschnitten, oberseits rosalila bis hellpurpurn, gegen den Schlund grünlich, mit dunkleren Streifen und Haaren; Kelch 15–30 mm lang, 4–6 mm breit; 2–4 Kelchschuppen, kurz zugespitzt, kürzer als die halbe Kelchröhre.
Blütezeit: Juni bis September.
Standort: Vom Tal bis 2400 m; wechselfeuchte Böden, Torfwiesen, Karfluren, Heiden.
Verbreitung: Fast ganz Europa, Asien.

Fransennelke *Dianthus monspessulanus* ⊗

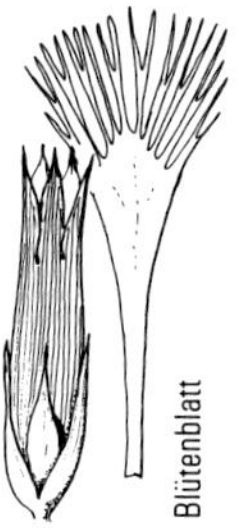

Merkmale: Ausdauernde, 10–50 cm hohe, kahle Pflanze, sehr ähnlich der nebenstehenden Prachtnelke. Blätter linealisch-lanzettlich, kürzer, bis 6 cm lang und 1–3 mm breit, lang zugespitzt. Blüten einzeln oder zu 2–5 in gedrängten Blütenständen, weiß, hellila oder blaßrosa; Platte der Kronblätter kleiner, 12–18 mm lang, nur etwa bis zur Mitte fingerartig zerschlitzt, ungeteiltes Mittelfeld verkehrt-eiförmig, ohne dunklere Streifen, nur schwach behaart; meist 4 lang zugespitzte Kelchschuppen, halb bis fast so lang wie die Kelchröhre; Kelch mit stachelspitzigen Zähnen.
Blütezeit: Juni bis September.
Standort: Montan und subalpin, bis über 2000 m; steinige, kalkreiche Böden, Ruhschutt, Felshänge, lichte Wälder, Gebüsch.
Verbreitung: Südeuropäische Gebirge von Spanien bis zum Balkan; Südalpen.

Gelbes Seifenkraut *Saponaria lutea* ⊗

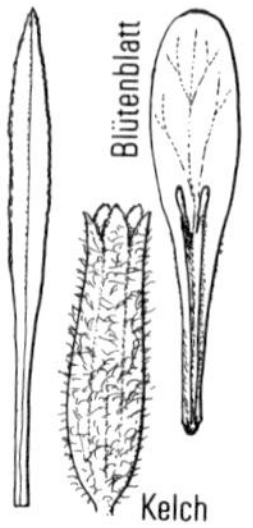

Merkmale: Ausdauernde, in lockeren Polstern wachsende, kurz behaarte Pflanze mit vielen nichtblühenden Trieben und 5–10 cm hohen, aufrechten, unverzweigten Stengeln. Rosettenblätter schmal-lanzettlich, die wenigen Stengelblätter linealisch. Blüten kurzgestielt in kopfigem Blütenstand, 8–10 mm breit; Kronblätter hellgelb, mit violettem Nagel, verkehrteiförmig, ganzrandig, mit etwa 1 mm hohen Schuppen; 2 Griffel; Kelch bis 8 mm lang, dicht behaart, 5zähnig; Kapsel kürzer als Kelch, mit 4 Zähnen aufspringend.

Blütezeit: Juli bis August.

Standort: Meist alpin, 1500–2600 m; auf lockeren, steinigen Böden über Kalk und Silikat, an Fels, in Schutt; ziemlich selten.

Verbreitung: Eine endemische Art der zentralen Westalpen, der Grajischen und der Penninischen Alpen.

Rotes Seifenkraut *Saponaria ocymoides*

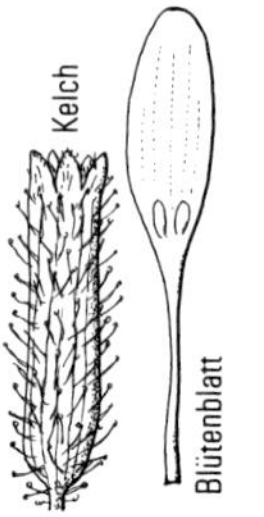

Merkmale: Ausdauernde, bis 30 cm hohe, rasenbildende Pflanze mit niederliegenden, verzweigten, kurzhaarigen Stengeln. Blätter verkehrt-eiförmig, kahl, nur am Grund mit Randwimpern. Blüten kurz gestielt in lockeren Büscheln an den Zweigenden, 6–12 mm breit, hell- bis intensiv purpurrot; Kronblätter länglich, verkehrt-eiförmig, abgerundet oder leicht ausgerandet, mit etwa 1 mm hohen Schlundschuppen; 2 Griffel; Kelch röhrig, rotbraun überlaufen, dicht drüsig behaart, 5zähnig; Kapsel eiförmig, öffnet sich mit 4 Zähnen.

Blütezeit: Mai bis Oktober.

Standort: Von Tallagen bis etwa 2000 m; vorwiegend auf kalkreichen, lockeren und steinigen Böden in wärmeren Lagen; Schutt, Erdabrisse, Böschungen, Latschen, Kiefernwälder.

Verbreitung: Gebirge von Spanien bis Jugoslawien; in warmen Lagen der Nordalpen.

Niedriges Seifenkraut *Saponaria pumilio*

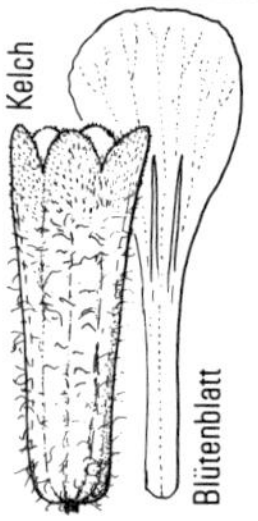

Merkmale: Ausdauernde, bis 10 cm hohe Pflanze, in dichten Polstern wachsend. Blätter linealisch, kahl, etwas fleischig. Stengel niederliegend bis aufsteigend, kurz, mit einzelner, 20–25 mm breiter Blüte. Kronblätter lebhaft rosa, mit breit-eiförmiger, meist deutlich ausgerandeter Platte und weißlichem Nagel; Schlund mit 2teiligen, bis 4 mm hohen, spitzigen Schuppen; 3 Griffel; Kelch röhrig-glockig, aufgeblasen, zottig behaart, grün, oft rot überlaufen; Kapsel kürzer als der Kelch.

Blütezeit: Juli bis September.

Standort: Subalpin und alpin, 1500–2700 m; nur auf kalkarmen Böden, Krummseggenrasen, Zwergstrauchbestände, gerne mit der Alpenazalee, gebietsweise häufig.

Verbreitung: Ostalpen (von Osttirol ostwärts; Dolomiten und Sarntaler Alpen; fehlt in Deutschland), Südostkarpaten.

Alpen-Pechnelke *Lychnis alpina*

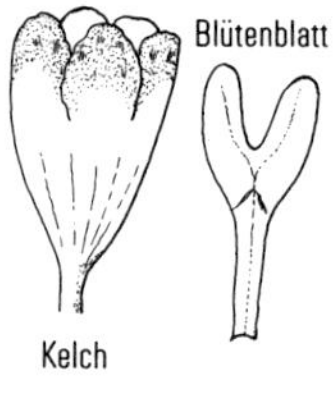

Merkmale: Ausdauernde, 5–15 cm hohe, kahle Pflanze mit aufrechten, unverzweigten, nicht klebrigen Stengeln und grundständigen Blattrosetten. Blätter schmal-lanzettlich, kahl oder am Blattgrund bewimpert. Blüten 8–12 mm breit, blaßpurpurn bis leuchtend rot, kurz gestielt oder sitzend in kopfigem Blütenstand; Kronblätter tief ausgerandet, im Schlund mit kleinen Schuppen; 5 Griffel; Kelch 5 mm lang, glockig, kahl, mit undeutlichen Nerven; Kapsel bis 5 mm lang, öffnet sich mit 5 Zähnen.

Blütezeit: Juni bis August.

Standort: Alpin, bis 3100 m; trockene, kalkarme Böden in windexponierten, sonnigen Lagen, gerne in Nacktried- und Krummseggenrasen, auch im Felsschutt; nicht häufig.

Verbreitung: West- und Zentralalpen, Pyrenäen, Apennin, arktischer Bereich.

Jupiternelke *Lychnis flos-jovis* ⊗

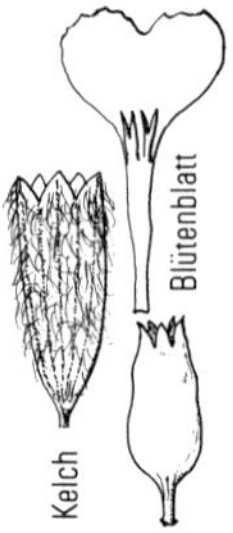

Merkmale: Ausdauernde, bis 90 cm hohe, dicht weißfilzig behaarte Pflanze mit grundständigen Blattrosetten. Grundblätter spatelig bis lanzettlich, gestielt; Stengelblätter lanzettlich bis eiförmig, sitzend. Blüten in kopfigem Blütenstand, kurz gestielt, 15–25 mm breit, hellpurpurn bis karminrot, mit ausgerandeten Kronblättern und bis 3 mm hohen, 2teiligen Schuppen im Schlund; 5 Griffel; Kelch weißwollig behaart; Kapsel kurz gestielt im Kelch, öffnet sich mit 5 Zähnen.
Blütezeit: Juni bis August.
Standort: Montan und subalpin, bis 2000 m; in wärmeren Lagen auf lockeren Böden, in lichten Wäldern, Gebüschen; über Kalk und Silikat.
Verbreitung: Endemische Art der Südwest- und Westalpen, nach Osten seltener werdend, bis ins Unterengadin und Etschtal vordringend.

Elisabethen-Lichtnelke *Silene elisabethae*

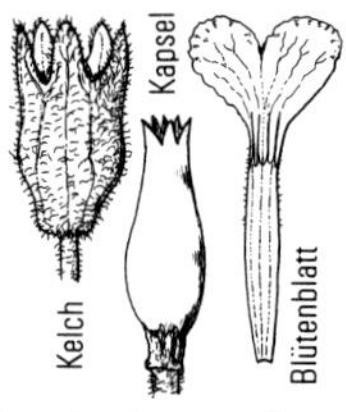

Merkmale: Ausdauernde, bis 30 cm hohe Pflanze mit leicht klebrigen Stengeln und grundständigen Blattrosetten. Grundblätter lanzettlich, kahl, am Rand kurz bewimpert; Stengelblätter drüsig behaart, klebrig. Blüten einzeln oder in armblütigen Trauben, bis 4 cm breit; Kronblätter rot, mit verkehrt-herzförmiger Platte und langem Nagel, im Schlund mit borstenartigen Schuppen; 3 Griffel; Kelch rötlich, bis 25 mm lang, 10rippig, drüsenhaarig; Kapsel kurz gestielt, öffnet sich mit 6 Zähnen.
Blütezeit: Juli bis August.
Standort: Meist subalpin, seltener montan oder alpin, 1500–2500 m; in lockerem Rasen, besonders Polsterseggenrasen, in Felsspalten und -schutt; nur auf Kalk und Dolomit.
Verbreitung: Endemische Art der Südlichen Kalkalpen zwischen Comer See und Gardasee.

Stengelloses Leimkraut *Silene acaulis*

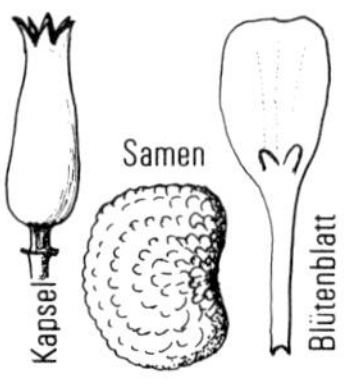

Merkmale: Ausdauernde, in dichten, flachen Polstern wachsende Pflanze mit kurzem, dachziegelig beblättertem Stengel. Blätter linealisch, lederig, am Rand bewimpert. Blüten endständig, fast sitzend oder bis 3 cm lang gestielt; Kronblätter blaß- bis purpurrot, oft leicht ausgerandet, im Schlund meist mit 2höckrigen Schuppen; 3 Griffel; Kelch bis 10 mm lang, kahl, mit 5 Zähnen und 10 Nerven; Kapsel bis 2mal so lang wie der Kelch, kurz gestielt, öffnet sich mit 6 Zähnen; Samen nierenförmig, etwa 1 mm groß, mit Buckelreihen besetzt.
Blütezeit: Juni bis August.
Standort: Subalpin und alpin, bis 3700 m; Grate, Rasen, Schutt; über Kalk und Silikat.
Verbreitung: In verschiedenen Unterarten durch die Alpen verbreitet; Balkan, Karpaten, Apennin, Iberische Halbinsel, Arktis.

Walliser Leimkraut *Silene vallesia*

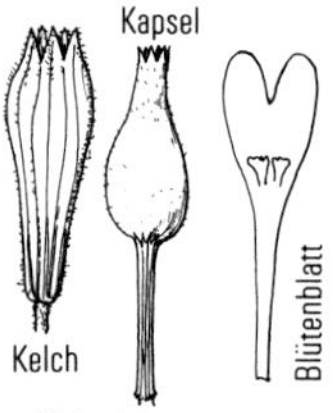

Merkmale: Ausdauernde, bis 20 cm hohe, in lockeren Rasen wachsende Pflanze mit aufsteigenden, drüsig behaarten Stengeln. Blätter schmal-lanzettlich bis linealisch. Blüten einzeln oder in wenigblütigen Büscheln; Kronblätter kleiner als bei der **Elisabethen-Lichtnelke**, bis 25 mm lang, oberseits blaßrosa, unterseits rötlich, 2teilig, mit ovalen, an der Spitze oft zurückgerollten Zipfeln, im Schlund mit 2teiligen Schuppen; 3 Griffel; Kelch weißlich, drüsig behaart, mit sehr kurzen Zähnen und 10 Nerven; Kapsel kürzer als Kelch, lang gestielt (Stiel etwa so lang wie Kapsel), 6zähnig.
Blütezeit: Juli bis August.
Standort: Bis 2100 m; auf steinigen, meist kalkarmen Böden in wärmeren Lagen.
Verbreitung: Westalpen (nach Osten bis Venetien), mittlerer Apennin, Balkan.

Herzblättriges Leimkraut *Silene cordifolia*

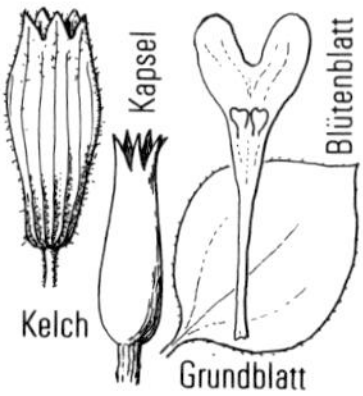

Merkmale: Ausdauernde, bis 20 cm hohe, drüsig behaarte Pflanze, vielstengelig und lockerrasig wachsend. Grundblätter oval, gegen den Stengel verschmälert; Stengelblätter größer, ei- bis herzförmig, zugespitzt, die oberen stengelumfassend. 1–4 kurz gestielte Blüten, bis 15 mm breit; Kronblätter hellrosa bis weißlich, tief gespalten, im Schlund mit kleinen, stumpfen Schuppen; Kelch 10–15 mm lang, leicht blasig, dicht drüsenhaarig, 10nervig, mit 5 kurzen Zähnen; Kapsel 6zähnig, bis 10 mm lang, gestielt (Stiel halb so lang wie Kapsel).
Blütezeit: Juli bis August.
Standort: Subalpin, seltener montan oder alpin, 1000–2400 m; auf kalkarmem Fels, in Spalten, seltener im Schutt.
Verbreitung: Endemische Pflanze der italienischen und französischen Seealpen.

Vierzähniger Strahlensame *Silene pusilla*

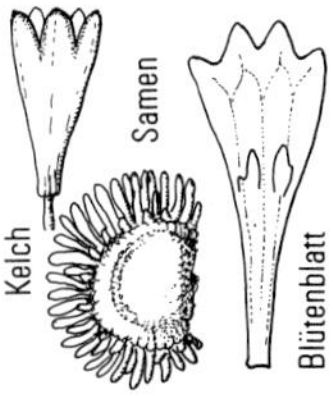

Merkmale: Ausdauernde, 5–20 cm hohe, vielstengelige Pflanze von lockerrasigem Wuchs. Stengel aufsteigend, dünn, kahl, oben klebrig, einfach oder gabelig verzweigt. Blätter linealisch, 5–30 mm lang. Blüten gestielt, in wenigblütigen, lockeren Blütenständen; Kronblätter weiß, vorne ausgerandet bis 4zähnig, im Schlund mit 2teiligen, bis 1 mm hohen Schuppen; 3 Griffel; Kelch kreiselförmig, 3–5 mm lang, kahl, schwach 10nervig, hellgrün, mit 5 rötlichen, stumpfen Zähnen; Kapsel etwa so lang wie der Kelch; Samen flach, am Rand kammförmig bewimpert. **Blütezeit:** Juli bis September.
Standort: Montan bis alpin, bis 2900 m, oft herabgeschwemmt; feuchte, steinige Kalkböden, Fels, Schutt, Bachgeröll; ziemlich häufig.
Verbreitung: Kalkketten der Alpen, Pyrenäen, Südjura, Apennin, Karpaten, Balkan.

Felsen-Leimkraut *Silene rupestris*

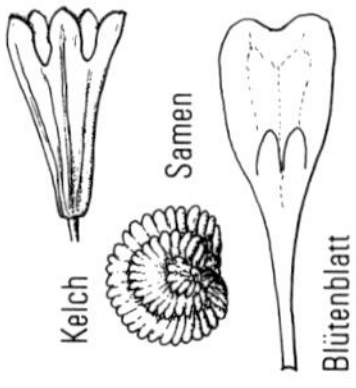

Merkmale: Ausdauernde, bis 25 cm hohe, kahle Pflanze mit aufsteigenden oder aufrechten, gabelig verzweigten Stengeln. Blätter lanzettlich, blaugrün, bis 20 mm lang. Blüten gestielt, in lockeren, wenigblütigen Blütenständen; Kronblätter weiß bis rosa, bis doppelt so lang wie der Kelch, ausgerandet, im Schlund mit kleinen, oft undeutlichen Schuppen; 3 Griffel; Kelch grün, 4–10 mm lang, kreiselförmig, mit 5 deutlichen, eiförmigen Zähnen, 10nervig; Kapsel kürzer als der Kelch, gestielt, 6zähnig; Samen rundlich-nierenförmig, mit körniger Oberfläche.
Blütezeit: Juni bis August.
Standort: 800–2800 m; kalkarme, steinige Böden, Rasen, Fels, Schutt; häufig.
Verbreitung: Seealpen bis Norische Alpen (in den Kalkalpen selten), von Nordeuropa bis Spanien und zu den Karpaten.

Alpen-Strahlensame *Silene alpestris*

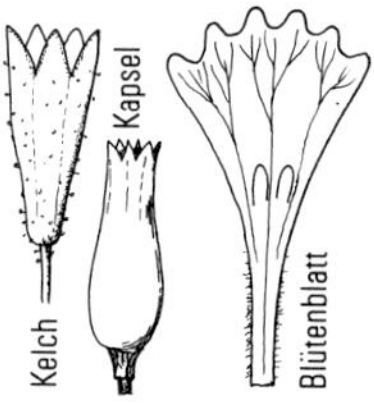

Merkmale: Ausdauernde, bis 30 cm hohe, lockerrasig wachsende Pflanze, dem **Vierzähnigen Strahlensamen** ähnlich, jedoch größer und kräftiger. Stengel kahl, oben klebrig. Blätter lanzettlich bis linealisch. Blütenstände locker, wenigblütig, mit weißen, 8–10 mm breiten Blüten; Kronblätter vorne mit 4–6 Kerbzähnen, im Schlund mit 2teiligen Schuppen, Nagel bewimpert; Kelch eng-glockig, 5–7 mm lang, kurzhaarig, hellgrün, 10nervig, mit eiförmigen Zähnen; Kapsel doppelt so lang wie der Kelch; Samen flach, warzig-buckelig, am Rand mit dünnen Papillen.
Blütezeit: Juni bis August.
Standort: 1200–2500 m, auch herabgeschwemmt; feuchte, steinige Böden über Kalk, Felsschutt, Pionierrasen; ziemlich häufig.
Verbreitung: Nordöstliche und südliche Kalkalpen, selten in den Zentralalpen.

Steinbrech-Leimkraut *Silene saxifraga*

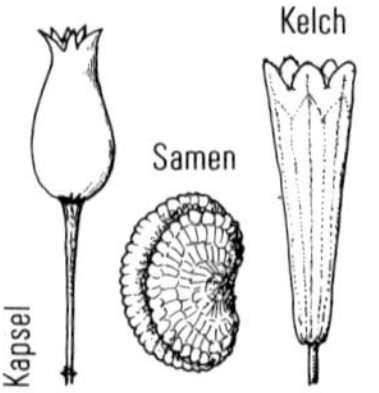

Merkmale: Ausdauernde, bis 20 cm hohe Pflanze. Stengel aufsteigend oder aufrecht, kaum verzweigt, unten kurzhaarig, oben kahl, klebrig. Blätter schmal-lanzettlich oder linealisch, bis 25 mm lang. Blüten lang gestielt, zu 1–3 am Stengelende; Kronblätter 12–20 mm lang, oberseits weiß, unterseits grünlich bis rötlich, tief eingeschnitten mit schmal-eiförmigen Zipfeln, im Schlund mit 2teiligen, kurzen Schuppen; Kelch bis 15 mm lang, weißlich, häutig, kahl, mit kurzen Zähnen und 10 Rippen; Kapsel 6–12 mm lang, etwa so lang wie ihr Stiel, 6zähnig; Samen nierenförmig, mit Warzenringen besetzt. **Blütezeit:** Juni bis August.
Standort: Montan bis alpin, 1000–2400 m; auf steinigen, kalkreichen Böden, Felsen.
Verbreitung: Südalpen; südeuropäische Gebirge von Spanien bis zum Balkan.

Kriechendes Gipskraut *Gypsophila repens*

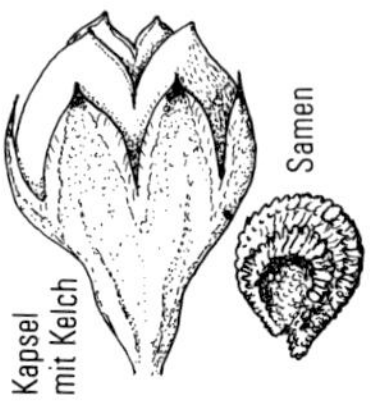

Merkmale: Ausdauernde, bis 25 cm hohe, kahle, blaugrün bereifte Pflanze von lockerrasigem Wuchs. Stengel aufsteigend, oben meist verzweigt. Blätter linealisch-lanzettlich, bis 30 mm lang. Blüten bis 10 mm breit, in rispenähnlichen Blütenständen; Kronblätter weiß bis blaßrosa, abgestumpft oder leicht ausgerandet, im Schlund ohne Schuppen; 2 Griffel; Kelch glockig, bis zur Mitte gespalten, mit eiförmigen Zähnen und trockenhäutigen, weißlichen Verbindungsstreifen; Kapsel 4zähnig, länger als der Kelch; Samen rundlich, dicht mit Kegelwarzen besetzt.
Blütezeit: Mai bis September.
Standort: Bis 3000 m, oft herabgeschwemmt, auf kalkreichen Böden, Fels, Schutt. **Verbreitung:** Kalkgebiete der Alpen, Nordspanien, Auvergne, Apennin, Karpaten; Jura, Harz, Vogelsberg.

Gewimpertes Sandkraut *Arenaria ciliata*

Merkmale: Ausdauernde, 3–10 cm hohe, in lockeren Rasen wachsende Pflanze mit zahlreichen kriechenden, kurz behaarten Stengeln. Blätter eiförmig bis lanzettlich, 2- bis 4mal so lang wie breit, kurz gestielt, vom Blattgrund bis zur Mitte gewimpert (Name). Blüten bis 10 mm breit, zu 1–2 auf kurzhaarigen Stielen an den Zweigenden; Kronblätter weiß, eiförmig, ganzrandig, 1- bis 2mal so lang wie der Kelch; Kelchblätter lanzettlich, spitz, bis 5 mm lang, undeutlich 1- bis 3nervig, hautrandig, an Rand und Nerven etwas behaart; Fruchtknoten kugelig, mit 3 Griffeln; 10 Staubblätter; Kapsel 6zähnig, Samen warzig. **Blütezeit:** Juni bis September.
Standort: Subalpin und alpin, 1400–3200 m; steinige, meist kalkhaltige Böden; häufig.
Verbreitung: Pyrenäen, Alpen, Jura, Karpaten, Balkan, Apennin, Tatra, Nordeuropa.

Zweiblütiges Sandkraut *Arenaria biflora*

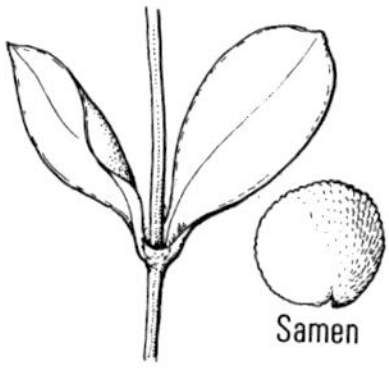

Merkmale: Ausdauernde, rasige Pflanze mit niederliegenden, verzweigten und kurzhaarigen Stengeln. Blätter eiförmig bis rundlich, stumpf oder mit kurzer Spitze, gegenständig, 1nervig, kahl, in einen kurzen, bewimperten Stiel verschmälert. Blüten zu 1–2 an aufrechten, 5–10 mm langen Stielen; Kronblätter weiß, ganzrandig, eiförmig, kaum länger als der Kelch; Kelchblätter 1- bis 3nervig, 4–5 mm lang, schmal-hautrandig, meist kahl; 3 Griffel, 10 Staubblätter; Kapsel mit 6 kurzen Zähnen; Samen rundlich-nierenförmig, fein körnig-warzig. **Blütezeit:** Juli bis September.
Standort: Subalpin und alpin, 1700–3200 m; feuchte, kalkarme Böden mit langer Schneebedeckung, Schneetälchen, offene Rasen, auch im feuchten Geröll und Schutt; ziemlich häufig.
Verbreitung: Silikatgebiete der Ostpyrenäen, Alpen, Karpaten, des Apennins und Balkans.

Breitblättriges Hornkraut
Cerastium latifolium

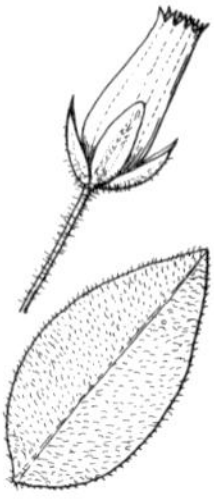

Merkmale: Ausdauernde, bis 10 cm hohe, lockerrasig wachsende Pflanze mit wenigen nichtblühenden Trieben. Blätter 10–35 mm lang, bis 10 mm breit, eiförmig bis lanzettlich, spitz, meist unterhalb der Mitte am breitesten, mit höchstens 0,5 mm langen Haaren. Blüten zu 1–3 an aufrechten Stielen, mit krautigen Tragblättern; Kronblätter weiß, 12–18 mm lang, nur leicht ausgerandet; 5 Griffel; Kelchblätter knapp halb so lang wie Kronblätter, eiförmig, stumpflich, behaart; Kapsel oft mehr als doppelt so lang wie der Kelch, kaum gekrümmt, 10zähnig.
Blütezeit: Juli bis August.
Standort: 1700–3500 m; steinige Böden, Schutt, Geröll, Fels; nur auf Kalk und Dolomit.
Verbreitung: Westalpen (von den Seealpen bis Nordtirol), Nordapennin.

Einblütiges Hornkraut *Cerastium uniflorum*

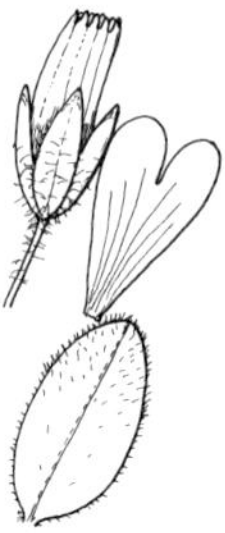

Merkmale: Ausdauernde, in dichten Polsterrasen wachsende Pflanze mit zahlreichen nichtblühenden Trieben, dem **Breitblättrigen Hornkraut** sehr ähnlich. Blätter 5–15 mm lang, bis 5 mm breit, spatelig bis eiförmig-lanzettlich, meist stumpf und oberhalb der Mitte am breitesten, wie der Kelch mit bis 1,5 mm langen Haaren besetzt. 1–3 Blüten in Trugdolden; Kronblätter weiß, 10–16 mm, ziemlich tief eingeschnitten, höchstens doppelt so lang wie der Kelch; Kelchblätter 5–7 mm lang, eiförmig, zugespitzt, behaart; Kapsel fast doppelt so lang wie Kelch, gekrümmt, 10zähnig.
Blütezeit: Juli bis September.
Standort: 1900–3400 m; steinige, feuchte, kalkarme Böden, Schutt, Felsspalten, Pionierrasen.
Verbreitung: Zentralalpen (Cottische Alpen bis Steiermark), Karpaten, nördlicher Balkan.

Steifes Hornkraut
Cerastium arvense ssp. strictum

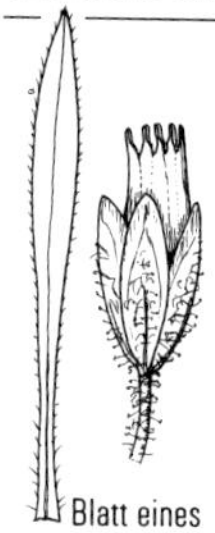
Blatt eines sterilen Triebs

Merkmale: Ausdauernde, 5–15 cm hohe, lockerrasige Pflanze mit aufsteigenden oder aufrechten, behaarten oder kahlen Stengeln. Nichtblühende Triebe ebenfalls aufrecht, höchstens halb so lang wie die blühenden. Blätter schmal-lanzettlich, spitz, bis 15 mm lang, etwas steif, am Grund bewimpert, sonst meist kahl; Blätter im Blütenstand unterseits und am Rand behaart. Kronblätter weiß, 8–12 mm lang, eingeschnitten; Kelchblätter halb so lang, häutig berandet, drüsig behaart, eiförmig; Kapsel etwas länger als der Kelch, leicht gekrümmt. **Blütezeit:** Mai bis September.
Standort: Montan bis alpin, bis 3100 m; steinige lockere Böden, trockene Weiden und Rasen, Felsschutt und Felsritzen.
Verbreitung: In den Alpen häufig (vor allem westliche Zentralalpen), Südjura, Pyrenäen.

Dreigriffliges Hornkraut
Cerastium cerastoides

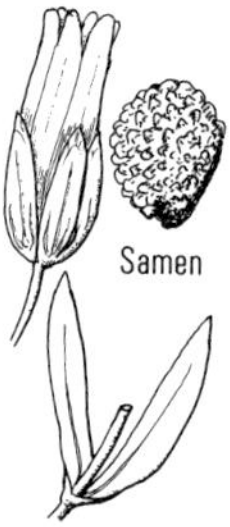

Merkmale: Ausdauernde, 5–15 cm hohe, lockerrasig wachsende Pflanze mit kriechenden, nichtblühenden und aufrechten, blühenden Trieben. Stengel nur im oberen Teil mit behaartem Längsstreifen. Blätter kahl, schmal-lanzettlich, die oberen eiförmig bis rundlich. Blüten weiß, zu 1–3 in endständiger, lockerer Trugdolde; Kronblätter 7–12 mm lang, eingeschnitten, bis doppelt so lang wie der häutig berandete Kelch; Kelchblätter lanzettlich, 5–7 mm lang; meist 3 Griffel und 6zähnige Kapseln (Unterschied zu vorstehenden Hornkraut-Arten); Samen rundlich, mit körnig-runzeliger Oberfläche. **Blütezeit:** Juli bis September.
Standort: Bis über 3000 m; feuchte, kalkarme Schneeböden, Quellfluren, Läger.
Verbreitung: Alpen, europäische und asiatische Gebirge, Arktis.

Wimper-Nabelmiere *Moehringia ciliata*

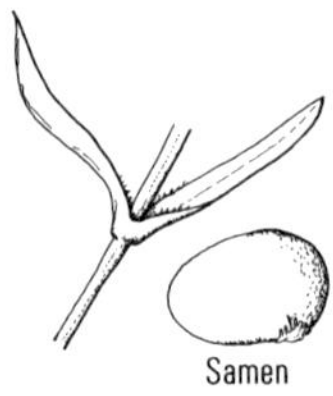

Merkmale: Ausdauernde, lockerrasig wachsende Pflanze mit kriechenden, verzweigten Stengeln; Zweige 2–8 cm hoch, 1- bis 3blütig. Blätter linealisch-lanzettlich, fleischig, kurz zugespitzt, 3–10 mm lang, mit Randwimpern am Grund (Name), schwach 1- bis 3nervig. Blüten weiß, 5zählig, an aufwärts gebogenen Stielen, 4–5 mm breit; Kronblätter schmal-elliptisch, etwas länger als der Kelch, ganzrandig; Kelchblätter 3–4 mm lang, eiförmig, mit schmalem Hautrand, undeutlich 1- bis 3nervig; 3 Griffel, 10 Staubblätter; Kapsel länger als der Kelch; Samen schwarz, glänzend, mit kleinem, gefranstem Anhängsel (= Nabel; Name!) **Blütezeit:** Juni bis September.
Standort: Subalpin und alpin, 1500–3000 m; Kalkschutt und -geröll, steinige Rasen; häufig.
Verbreitung: Kalkgebirge von Nordspanien über die Alpen bis zum nördlichen Balkan.

Moos-Nabelmiere *Moehringia muscosa*

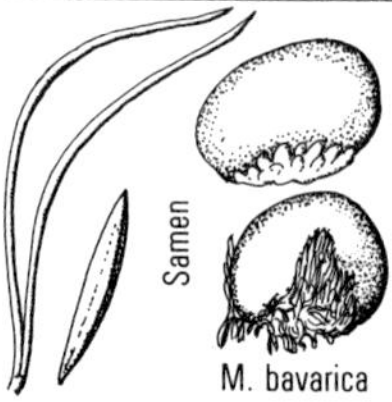

Merkmale: Ausdauernde, lockerrasig wachsende, bis 20 cm hohe, kahle Pflanze mit zarten, niederliegenden bis aufsteigenden Stengeln. Blätter linealisch, 0,5–1,5 mm breit, nicht fleischig, zugespitzt. Blüten stets mit 4 Kron- und Kelchblättern; Kronblätter weiß, etwas länger als die schmal-lanzettlichen, 1nervigen Kelchblätter; 3 Griffel, 8 Staubblätter; Kapsel etwa so lang wie der Kelch, 4zähnig; Samen mit weißem, fast ganzrandigem Anhängsel.
Blütezeit: Mai bis September.
Standort: Vom Tal bis über 2300 m; in schattigen Lagen, Felsen, Blockschutt, Schluchten.
Verbreitung: Kalkalpen, Jura, Karpaten, von Spanien bis zum Balkan. – In den Südalpen wächst die **Fleischige Nabelmiere** *(M. bavarica)* mit fleischigen Blättern, 5zähligen Blüten und Samen mit fransigem Anhängsel.

Frühlingsmiere *Minuartia verna*

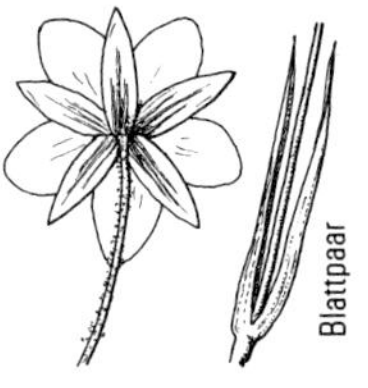

Merkmale: Ausdauernde, 5–15 cm hohe, in lockeren Polsterrasen wachsende Pflanze mit blühenden und nichtblühenden Trieben. Blätter linealisch-lanzettlich, bis 15 mm lang, gerade, oberseits flach, unterseits schwach 3nervig, kahl oder schwach drüsig behaart wie die Stengel. Blüten weiß, meist in lockerer, mehrblütiger Trugdolde; Blütenstiele dünn, drüsenhaarig, meist länger als die lanzettlichen, hautrandigen, deutlich 3nervigen Kelchblätter; Kronblätter eiförmig, etwa so lang wie die Kelchblätter; 3 Griffel; Kapsel 3zähnig, so lang oder etwas länger als der Kelch. **Blütezeit:** Mai bis August.
Standort: Von Tallagen bis 3400 m; feuchte, steinige, kalkhaltige Böden, offene Rasen, Schutt, Fels; ziemlich häufig.
Verbreitung: Alpen, Jura; europäische Gebirge (nicht in Skandinavien).

Leinblütige Miere *Minuartia capillacea*

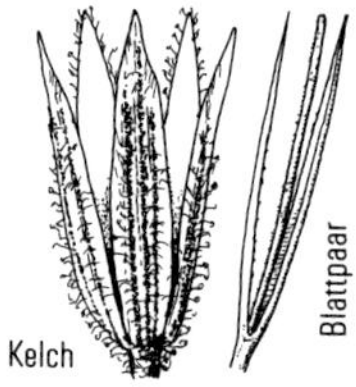

Merkmale: Ausdauernde, 10–30 cm hohe, lockerrasig wachsende Pflanze mit zahlreichen, aufsteigenden bis aufrechten, oben dicht drüsig behaarten Stengeln. Blätter linealisch-pfriemlich, bis 20 mm lang und 0,5 mm breit, spitz, steif, am Rand kurz bewimpert, 1- bis 3nervig. Blüten groß, einzeln oder in wenigblütigen Trugdolden; Kronblätter weiß, bis doppelt so lang wie der Kelch, verkehrt-eiförmig; Kelchblätter 5–7 mm, eiförmig, mit 3 meist nur im unteren Teil sichtbaren Nerven, dicht drüsig behaart wie die Blütenstiele; Kapsel länger als der Kelch, öffnet sich mit 3 Zähnen.
Blütezeit: Juni bis August.
Standort: Montan und subalpin, bis 2000 m; steinige Rasen, Fels, Geröll; nur auf Kalk.
Verbreitung: Südeuropäische Gebirge. Südrand der Alpen, Jura.

Zwergmiere *Minuartia sedoides*

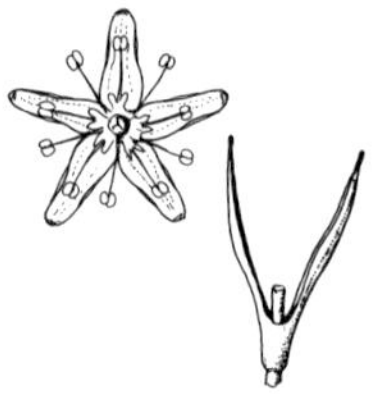

Merkmale: Ausdauernde, bis 5 cm hohe, in dichten, flachen Polstern wachsende Pflanze mit zahlreichen, dicht dachziegelig beblätterten Stengeln. Blätter linealisch, am Rand knorpelig verdickt und rauh, rinnig, unterseits gekielt, 4–6 mm lang, bis 1 mm breit. Blüten einzeln, 5zählig, kurz gestielt oder sitzend; Kronblätter fadenförmig, grünlich, kürzer als die Kelchblätter, jedoch meist fehlend; Kelchblätter schmal-eiförmig, stumpf 2–3 mm lang, hellgrün, 3nervig, schwach-hautrandig, kahl; 3 Griffel, 10 Staubblätter, die äußeren am Grund mit je 2 linealischen Drüsen; Kapsel fast doppelt so lang wie der Kelch. **Blütezeit:** Juni bis September.
Standort: Vor allem alpin, 1800–3800 m; kalkarme, steinige Böden, Schutt, Fels; häufig.
Verbreitung: Pyrenäen, Alpen (verbreitet), Karpaten, Balkan, Schottland.

Alpen-Mastkraut *Sagina saginoides*

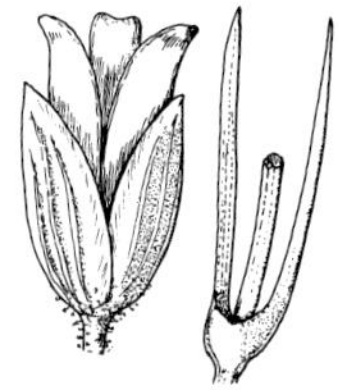

Merkmale: Ausdauernde, 1–10 cm hohe, rasig wachsende, kahle Pflanze mit niederliegenden, aufsteigenden oder aufrechten Stengeln. Blätter 5–15 mm lang, linealisch-lanzettlich, am Grund verwachsen, mit kurzer Stachelspitze, unterseits mit deutlicher Mittelrippe. Blütenstiele dünn, länger als die Stengelglieder, meist 1blütig. 5 weiße, eiförmige Kronblätter, fast so lang wie der Kelch; 5 Griffel, 10 Staubblätter; Kelchblätter bis 3 mm lang, eiförmig, mit weißhäutigem Rand; Kapsel bis doppelt so lang wie der Kelch, öffnet sich mit 5 Klappen.
Blütezeit: Juni bis August.
Standort: Bis 2750 m; feuchte, nährstoffreiche Schneeböden, Lägerstellen, Quellfluren, Weiden, Fettwiesen; zerstreut.
Verbreitung: Mittelgebirge und Gebirge in Europa, Asien, Nordamerika; Arktis.

Alpen-Bruchkraut *Herniaria alpina*

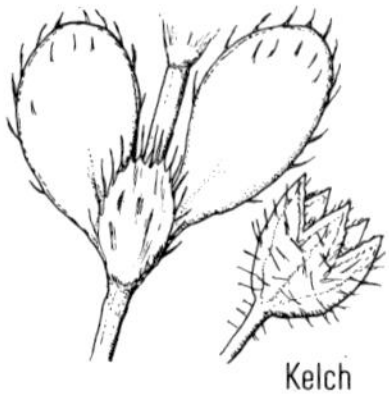

Merkmale: Ausdauernde, in flachen Rasen und Polstern wachsende Pflanze mit kriechenden, stark verzweigten sowie dicht beblätterten und rauhhaarigen Stengeln. Blätter bis 5 mm lang, eiförmig, stumpf, am Rand bewimpert; Nebenblätter bis 2 mm, weißhäutig, gefranst. Blüten kurz gestielt, bis 2,5 mm breit, grünlich, einzeln oder zu wenigen in Knäueln an den Astenden; Kronblätter fehlen oft; 2 sehr kurze Griffel; 5 abstehend behaarte Kelchblätter, bis zur Mitte verwachsen und mit häutigem Rand; Kapsel etwa so lang wie der Kelch.
Blütezeit: Juli bis September.
Standort: Vorwiegend alpin, 1900–3000 m; meist auf Kalkschiefer, im feinen Felsschutt, auf Moränen; ziemlich selten.
Verbreitung: Zerstreut von den Ostpyrenäen bis zur Venediger-Gruppe.

Quendelblättriges Nagelheil *Paronychia kapela ssp. serpyllifolia*

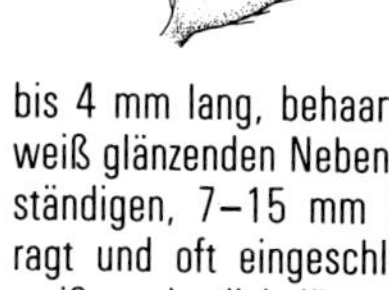

Merkmale: Ausdauernde, bis 10 cm hohe, rasig wachsende Pflanze mit zahlreichen, niederliegend bis aufsteigenden, behaarten Stengeln. Blätter eiförmig, bis 4 mm lang, behaart, mit trockenhäutigen, weiß glänzenden Nebenblättern. Blüten in endständigen, 7–15 mm breiten Knäueln, überragt und oft eingeschlossen von den silbrig weißen, deutlich längeren Tragblättern. Kronblätter fehlen meist; 2 Griffel, 5 Staubblätter; Kelch mit 5 eiförmig-lanzettlichen, bis 2 mm langen, steifhaarigen Kelchblättern.
Blütezeit: Juli bis August.
Standort: Montan und subalpin; steinige Böden in warmen Lagen, Felsspalten, Schutt.
Verbreitung: Von Nordafrika über die nordspanischen Gebirge durch die Pyrenäen zu den Westalpen und zum Apennin.

Berg-Hahnenfuß *Ranunculus montanus*

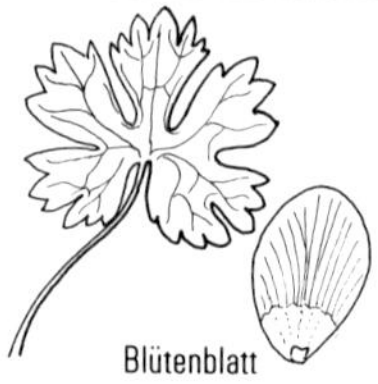

Merkmale: Ausdauernde, bis 30 cm hohe Pflanze mit aufrechtem, beblättertem, 1- bis 3blütigem Stengel. Grundblätter gestielt, glänzend, kahl oder schwach behaart, tief 3teilig, mit unregelmäßig eingeschnittenen bis gezähnten Abschnitten; Stengelblätter sitzend, 3- bis 7teilig, mit breit- bis schmal-eiförmigen Abschnitten, jeweils um die Mitte am breitesten. Blüten 20–30 mm breit, mit 5 goldgelben, verkehrt-eiförmigen Kronblättern; Kelchblätter blaßgelb, behaart; Blütenboden behaart; Blütenstiel nicht gefurcht, rund. Früchte kahl, rundlich, 2–3 mm breit, kurz geschnäbelt.
Blütezeit: Mai bis September.
Standort: Bis 2800 m; feuchte, kalkhaltige Böden, Schutt, Rasen; häufig.
Verbreitung: Nord- und Zentralalpen; Jura.

Bastard-Hahnenfuß *Ranunculus hybridus*

Merkmale: Ausdauernde, 10–20 cm hohe Pflanze mit aufrechtem, beblättertem Stengel, kurzem Wurzelstock und fleischig verdickten Seitenwurzeln. Grundblätter zur Blütezeit vorhanden, gestielt, nierenförmig, ganzrandig, im oberen Teil unregelmäßig eingeschnitten, gesägt oder gekerbt; Stengelblätter meist tiefer zerteilt, die obersten einfach, lanzettlich; alle Blätter derb, blaugrün bereift. Blüten 10–20 mm breit, mit 5 gelben, breit-eiförmigen Kronblättern und kürzeren Kelchblättern; Blütenboden kahl. Früchte kahl, 3–4 mm lang, fast kugelig, ± deutlich geadert, mit kurzem Schnabel. **Blütezeit:** Juni bis August.
Standort: Subalpin und alpin, 1600–2500 m; Felsspalten und -schutt, steinige Rasen, Latschenbereich; über Kalk; teilweise häufig.
Verbreitung: Nördliche und südliche Kalkalpen, nach W bis Tirol und Bergamasker Alpen.

Zwerg-Hahnenfuß *Ranunculus pygmaeus*

Merkmale: Ausdauernde, bis 5 cm hohe Pflanze mit aufrechtem bis bogig aufsteigendem, 1blütigem Stengel, unten kurz behaart. Grundblätter kahl, bis über die Mitte 3teilig, im Umriß nieren- bis breit-herzförmig, gestielt. Stengelblätter sitzend, bis zum Grund 3- bis 5teilig, mit stumpfen, lanzettlichen Abschnitten. Blüten 5–10 mm breit, gelb; Kelchblätter blaßgelb, zerstreut behaart wie der oberste Teil des Blütenstiels, etwa gleich lang wie die eiförmigen Kronblätter; Blütenboden zerstreut behaart; Fruchtstand eiförmig bis zylindrisch, mit vielen kurzschnabeligen Früchten. **Blütezeit:** Juli bis August.
Standort: Alpin, 1800–2800 m; kalkfreie, feuchte Böden, Schneetälchen; selten.
Verbreitung: Vom Unterengadin ostwärts bis zu den Hohen Tauern, Karpaten; vor allem in der arktischen Region.

Gift-Hahnenfuß *Ranunculus thora*

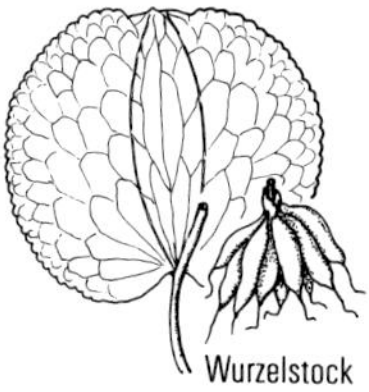

Merkmale: Ausdauernde, 10–30 cm hohe Pflanze mit kurzem Wurzelstock und fleischig verdickten Seitenwurzeln; insgesamt dem **Bastard-Hahnenfuß** (nebenstehendes Bild) ähnlich, Grundblätter jedoch zur Blütezeit vertrocknet; unterstes Stengelblatt oberhalb der Stengelmitte sitzend, rundlich bis nierenförmig, am Grund herzförmig, bis 10 cm breit, mit kerbzähnigem Rand; die weiteren Stengelblätter sind 3teilig, mit zugespitzten Abschnitten, oder einfach, lanzettlich; alle Blätter derb, blau-grünlich überlaufen, kahl. Blüten 10–20 mm breit, gelb; Kronblätter länger als die kahlen Kelchblätter. Früchte wie beim Bastard-Hahnenfuß. **Blütezeit:** Mai bis Juli.
Standort: Montan und subalpin, bis 2200 m; Schutt, steinige Rasen; über Kalk.
Verbreitung: Pyrenäen, Jura, Alpen, Karpaten, Apennin, Balkan.

Gletscher-Hahnenfuß *Ranunculus glacialis*

Merkmale: Ausdauernde, 5–20 cm hohe, meist kahle Pflanze mit aufsteigendem bis aufrechtem, 1- bis mehrblütigem Stengel. Grundblätter dicklich, fleischig, dunkelgrün, bis zum Grund 3teilig, mit mehrfach geteilten Blattabschnitten und meist zugespitzten Zipfeln; Stengelblätter sitzend, unregelmäßig handförmig geteilt, mit lanzettlichen Zipfeln. Blüten aufrecht, 15–30 mm breit, mit 5 weißen, rosa- bis dunkelroten Kronblättern (je nach Alter) und kürzeren, außen dicht rostbraun behaarten Kelchblättern, beim Verblühen nicht abfallend.
Blütezeit: Juli bis September.
Standort: Alpin, 2300 bis fast 4300 m, höchststeigende Blütenpflanze der Alpen; kalkarmer Schutt, Moränen, Geröll, Fels; häufig.
Verbreitung: Alpen, Pyrenäen, Karpaten, Skandinavien, arktische Region.

Seguiers Hahnenfuß *Ranunculus seguieri*

Merkmale: Ausdauernde, bis 15 cm hohe Pflanze mit aufsteigendem bis aufrechtem, beblättertem Stengel, anfangs weißzottig behaart, später verkahlend. Grundblätter gestielt, bis auf den Grund 3- bis 5teilig, mit mehrfach geteilten, spitzzähnigen Blattabschnitten; 1–3 Stengelblätter, den Grundblättern ähnlich. Blüten zu 1–3, aufrecht, gestielt, 20–25 mm breit, mit 5 weißen, breit-eiförmigen, abgerundeten Kronblättern und kürzeren, eiförmigen, kahlen Kelchblättern; Blütenboden zerstreut behaart. Früchte ziemlich groß, 3–5 mm lang und 3–4 mm breit, kugelig, deutlich netznervig, mit hakig gebogenem Schnabel. **Blütezeit:** Juni bis Juli.
Standort: 1800–2400 m; auf feuchtem, kalkhaltigem, mergeligem Schutt.
Verbreitung: Westalpen, Ostalpen (Bergamasker Alpen bis Krain), Apennin.

Alpen-Hahnenfuß *Ranunculus alpestris*

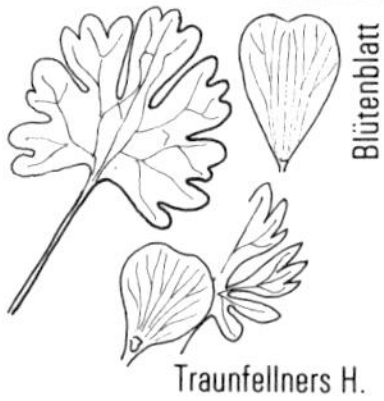

Merkmale: Ausdauernde, 5–15 cm hohe Pflanze mit aufrechtem, kahlem, meist 1blütigem Stengel. Grundständige Blätter rundlich bis nierenförmig, langgestielt, glänzend, mit 3–5 grob und stumpf gezähnten Lappen; Stengelblätter einfach oder 3teilig, mit linealischen Abschnitten. Blüten 20–25 mm, mit 5 weißen, ausgerandeten, herzförmigen Kronblättern; Kelchblätter grünlich, kahl, kürzer als die Kronblätter, wie diese beim Verblühen abfallend; Blütenboden kahl.
Blütezeit: Juni bis September.
Standort: 1300–3000 m; kalkhaltige Rohböden mit langer Schneebedeckung.
Verbreitung: Pyrenäen, Alpen, Apennin, Karpaten. – In den SO-Alpen wächst **Traunfellners Hahnenfuß** *(R. traunfellneri)*: Grundblätter nicht glänzend, bis zum Grund 3lappig, seitliche Abschnitte tief eingeschnitten.

Zweilappiger Hahnenfuß *Ranunculus bilobus*

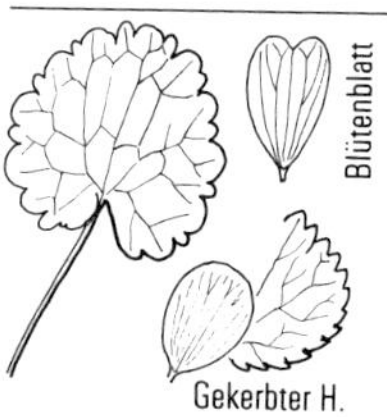

Merkmale: Ausdauernde, 5–15 cm hohe, kahle Pflanze mit aufrechtem, 1- bis 3blütigem Stengel, dem Alpen-Hahnenfuß ähnlich. Stengelblätter linealisch, hochblattartig; grundständige Blätter gestielt, nierenförmig bis rundlich, einfach bis doppelt gekerbt, mit stumpfen, schmalen und breiteren Kerbzähnen, netznervig. Blüten bis 20 mm breit, mit 5 herzförmigen, kurz benagelten Kronblättern und 5 eiförmigen, anliegenden Kelchblättern. **Blütezeit:** Juni bis Juli.
Standort: Vorwiegend subalpin, 1400–2000 m; Felshänge, steinige Weiden; über Kalk.
Verbreitung: Judikarischen Alpen.
In den östlichen Zentralalpen und im Balkan wächst der **Gekerbte Hahnenfuß** *(R. crenatus)* mit vorne abgerundeten Kronblättern und gleichmäßig gekerbten Grundblättern.

Herzblättriger Hahnenfuß
Ranunculus parnassifolius

Merkmale: Ausdauernde, 5–20 cm hohe Pflanze mit aufrechtem bis bogig aufsteigendem, oben weißzottig behaartem, meist mehrblütigem Stengel. Grundblätter herzförmig bis breit lanzettlich, ganzrandig, ± parallelnervig, am Rand und auf den Nerven der Oberseite wollig behaart, Blattstiel am Grund mit breiter Scheide; Stengelblätter ähnlich, jedoch kleiner, fast sitzend. Blüten aufrecht, gestielt, 20–25 mm breit, mit 5 weißen, zum Teil rötlich überlaufenen, breit-eiförmigen, abgerundeten Kronblättern, länger als die eiförmigen, zottig-braunhaarigen Kelchblätter.
Blütezeit: Juni bis August.
Standort: 1700–3000 m; feuchter, grusiger Ruhschutt (Kalk und Schiefer).
Verbreitung: Von den Seealpen bis Kärnten und Steiermark, Pyrenäen, Nordspanien.

Eisenhutblättriger Hahnenfuß
Ranunculus aconitifolius

Merkmale: Ausdauernde, 30–50 (100) cm hohe Pflanze mit aufrechtem, verzweigtem und beblättertem Stengel. Grundblätter lang gestielt, kahl, tief 3- bis 7teilig; Blattabschnitte rautenförmig, über der Mitte am breitesten, unregelmäßig gezähnt; Stengelblätter sitzend. Blütenstiele spreizend, unter der Blüte kurz behaart (kahl dagegen beim ähnlichen **Platanenblättrigen Hahnenfuß**), etwa 1 mm dick. Blüten aufrecht, 10–20 mm breit, mit 5 weißen, eiförmigen Kronblättern, beim Verblühen abfallend wie die kahlen, rot bis stahlblau überlaufenen Kelchblätter.
Blütezeit: Mai bis August.
Standort: Bis 2600 m; Quellfluren, Bachufer, feuchte Wiesen, Wälder, Karfluren.
Verbreitung: In den Alpen häufig; mittel- und südeuropäische Gebirge.

Pyrenäen-Hahnenfuß *Ranunculus pyrenaeus*

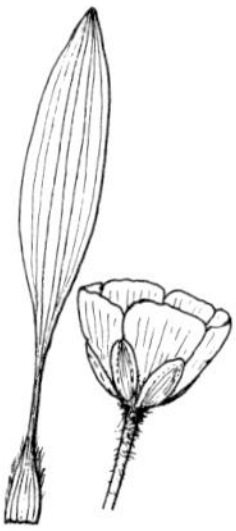

Merkmale: Ausdauernde, 5–20 cm hohe Pflanze mit aufrechtem, meist einfachem und 1blütigem Stengel (seltener verzweigt und mehrblütig). Grundblätter schmal-lanzettlich, ganzrandig, kahl, annähernd parallelnervig, allmählich in den am Grund bescheideten Stiel verschmälert; Stengelblätter ähnlich, kleiner. Blütenstiele gerillt, locker weißwollig behaart. Blüten 20–30 mm breit, aufrecht, weiß, mit 5 breit-eiförmigen, abgerundeten bis gestutzten Kronblättern, deutlich länger als die kahlen, anliegenden, blaß gelbgrünen Kelchblätter; die Frucht ist ein kleines Nüßchen, aufgeblasen, kahl, kurz geschnäbelt. **Blütezeit:** Juni bis August.
Standort: 1500–3000 m; feuchte Weiden und Rasen, auf kalkarmen Böden.
Verbreitung: Seealpen bis Kärnten, vor allem Zentralalpen; Spanien, Pyrenäen, Korsika.

Trollblume *Trollius europaeus*

Merkmale: Ausdauernde, 20–70 cm hohe, kahle Pflanze mit unverzweigten, aufrechten Stengeln. Grundblätter gestielt, handförmig geteilt, Abschnitte eingeschnitten und gezähnt; Stengel mit einfacheren, meist 3teiligen, sitzenden Blättern und endständiger, bis 35 mm breiter Blüte. 5–15 Blütenhüllblätter, goldgelb bis hell- oder grünlichgelb, breit-eiförmig bis rundlich, ganzrandig, kugelig zusammengeneigt. Nektarblätter (Nektarien) schmal, klein, leicht keulenförmig, so lang wie die Staubblätter, hellgelb. Fruchtknoten zahlreich, frei; Früchte 10–12 mm, kurz geschnäbelt. **Blütezeit:** Mai bis Juni.
Standort: Vom Tal bis 2700 m; feuchte Wiesen, Flachmoore, Bachränder, Hochstaudenfluren; gerne über Kalk; in Berglagen häufig.
Verbreitung: Alpen, Spanien, Apennin, Karpaten, Jugoslawien, Rußland, Nordeuropa.

Hahnenfuß-
gewächse

Korianderblättrige Schmuckblume
Callianthemum coriandrifolium

Merkmale: Ausdauernde, kahle, 5–20 cm hohe Pflanze mit niederliegendem bis aufsteigendem, meist 1blütigem Stengel. Grundblätter während der Blüte schon entwickelt, kahl, blaugrünlich, unpaarig gefiedert, Teilblätter 2- bis 3fach fiederteilig, nicht in einer Ebene liegend, stumpf gezähnt; Stengel mit 1–2 sitzenden, den Grundblättern ähnlichen Blättern. Blüten 15–30 mm breit, mit 6–12 weißen, breit-eiförmigen Kronblättern und 5 halb so langen, grünlichen oder weißen Kelchblättern, die beim Verblühen abfallen. Blütenboden kahl; Früchte zahlreich, rundlich.
Blütezeit: Mai bis August.
Standort: Bis 2900 m; durchfeuchtete Böden, Felsschutt; über Kalk und Silikat.
Verbreitung: Pyrenäen, Zentral-, Süd- und Ostalpen, Karpaten, Jugoslawien.

Kerners Schmuckblume
Callianthemum kerneranum ⊗

Merkmale: Ausdauernde, 3–6 cm hohe Pflanze mit kahlem, gekrümmtem, 1blütigem Stengel. 2–3 Grundblätter, während der Blüte noch in der Entwicklung, später ± so lang wie der Blütenstiel, unpaarig gefiedert, Teilblätter 2- bis 3fach fiederteilig, mit langen, linealischen Zipfeln. Blüten 25–35 mm breit, mit 10–20 weißlichen, oft rosa oder lila überlaufenen, schmal-eiförmigen oder keiligen Kronblättern und 5 halb so langen, rötlichen Kelchblättern, die nach der Blüte abfallen; Früchte kahl.
Blütezeit: Mai bis Juli.
Standort: 1600–2000 m; über Kalk, in steinigen Rasen und Weiden, exponierte Kuppen.
Verbreitung: Südalpen um den Gardasee.
Allgemeines: Im Gegensatz zu den Hahnenfuß-Arten haben die Schmuckblumen mehr als 5 Kronblätter.

Monte-Baldo-Windröschen
Anemone baldensis ⊗

Merkmale: Ausdauernde, 5–15 cm hohe, abstehend behaarte Pflanze mit aufrechtem, 1blütigem Stengel. Grundblätter lang gestielt, 3teilig, mit gestielten, bis zum Grund 3teiligen Blattabschnitten, die tief eingeschnitten sind; Stengelblätter ähnlich in der unteren Stengelhälfte, sitzend oder kurz gestielt. Blüten lang gestielt, endständig, einzeln, 25–40 mm breit, mit 6–10 eiförmig zugespitzten, weißen Blütenblättern, außen zottig behaart. Fruchtstand eiförmig, mit zahlreichen schwarzbraunen, geschnäbelten Früchtchen, von weißen Wollhaaren dicht eingehüllt.
Blütezeit: Juni bis August.
Standort: Subalpin und alpin, 1800–3000 m; feiner Kalkschutt, steinige Rasen; zerstreut.
Verbreitung: Alpen (vor allem Südalpen), Pyrenäen, Karpaten, Gebirge in Nordamerika.

Narzissenblütiges Windröschen
Anemone narcissiflora ⊗

Merkmale: Ausdauernde, 20–50 cm hohe, abstehend behaarte Pflanze mit aufrechtem Stengel. Grundblätter lang gestielt, bis zum Grund 3- bis 5teilig, mit tief eingeschnittenen Abschnitten; Stengelblätter in hochblattartigen Quirlen unter den endständigen Blütendolden sitzend, tief eingeschnitten. Dolden 3- bis 8blütig, mit 20–30 mm breiten Blüten; Blütenblätter weiß, außen oft rötlich überlaufen, kahl, verkehrt-eiförmig, nach der Blüte abfallend. Früchte kahl, mit geschnäbeltem, nicht verlängertem Griffel (Unterschied zu den Küchenschellen-Arten).
Blütezeit: Mai bis Juli.
Standort: 1500–2500 m; Rasen, Hochstaudenfluren, Latschengebüsch; kalkliebend.
Verbreitung: Alpen, Jura, Vogesen, Sudeten; Spanien bis Balkan; Asien und Nordamerika.

Hahnenfuß-
gewächse

Schwefel-Küchenschelle
Pulsatilla alpina ssp. apiifolia ⊗

Merkmale: Ausdauernde, 20–50 cm hohe Pflanze mit behaarten, aufrechten und 1blütigen Stengeln. Grundblätter zur Blütezeit kaum entwickelt, danach gestielt, 3teilig, mit gestielten, wieder 3teiligen Teilblättern und fiederteiligen Abschnitten mit zugespitzten Zipfeln; in der oberen Stengelhälfte 3 hochblattartige Stengelblätter, den Grundblättern ähnlich. Blüten endständig, bis 6 cm breit, meist mit 6 gelben Blütenblättern (Unterschied zur Alpen-Küchenschelle), außen oft bläulich oder violett überlaufen, behaart. Fruchtstand und Früchtchen wie bei der Alpen-Küchenschelle. **Blütezeit:** Mai bis August.
Standort: Subalpin und alpin, 1400–2700 m; saure Böden, Rasen, Zwergstrauchheiden.
Verbreitung: Verbreitet in den Silikatgebieten der Alpen; Pyrenäen, spanische Gebirge.

Frühlings-Küchenschelle
Pulsatilla vernalis ⊗

Merkmale: Ausdauernde, 5–15 cm hohe Pflanze mit zottig behaartem Stengel. Grundblätter überwintern, neue erscheinen erst nach der Blüte (nur bei dieser Art so!), lederig derb, gestielt, gefiedert, mit 3–5 tief eingeschnittenen Teilblättern; Hochblätter am Grund verwachsen, in linealische, zottig behaarte Zipfel zerschlitzt. Blüten einzeln, endständig, aufrecht oder nickend, erst glockig, dann ausgebreitet, meist mit 6 Blütenblättern, innen weiß, außen bläulich, rosa oder blaßviolett, dicht goldbräunlich behaart. Fruchtstand wie bei Alpen-Küchenschelle, Früchtchen behaart.
Blütezeit: April bis Juli.
Standort: Montan bis alpin, 1300–3600 m; saure, trockene Böden, Zwergstrauchbestände.
Verbreitung: In den Alpen verbreitet; mittel- und südeuropäische Gebirge, Nordeuropa.

Alpen-Küchenschelle *Pulsatilla alpina* ⊗

Früchtchen Blütenblatt

Merkmale: Ausdauernde, 10–50 cm hohe, dicht behaarte Pflanze mit aufrechtem, einfachem Stengel. Grundblätter zur Blütezeit wenig entwickelt, später lang gestielt, doppelt 3teilig, Abschnitte der Teilblätter fiederteilig, mit gesägt-gezähnten Zipfeln; 3 hochblattartige, am Grund nicht verwachsene Stengelblätter in der oberen Stengelhälfte. Blüten einzeln, endständig, 4–6 cm breit; meist 6 weiße, eiförmige Blütenblätter, außen oft blau, lila bis rötlich überlaufen und zottig behaart, ausgebreitet. Fruchtstand auffallend haarschopfartig durch die bis 5 cm langen, federig behaarten Griffel (Unterschied zu Windröschen). **Blütezeit:** Mai bis Juli.
Standort: Subalpin bis alpin, bis 2700 m; steinige Rasen, Weiden; über Kalk; häufig.
Verbreitung: Kalkalpen, Jura, südeuropäische Gebirge.

Hallers Küchenschelle *Pulsatilla halleri* ⊗

Früchtchen

Merkmale: Ausdauernde, 5–30 cm hohe Pflanze mit aufrechtem, weißzottig behaartem Stengel. Grundblätter nicht überwinternd, entwikkeln sich erst mit Beginn der Blüte, gefiedert, mit 5–7 fiederteiligen, spitzzipfligen Teilblättern; oberseits von 2–4 mm langen Seidenhaaren bedeckt; Hochblätter am Grund verwachsen, in linealische, seidenhaarig-zottige Zipfel zerschlitzt. Blüten einzeln, endständig, aufrecht, glockig, später ausgebreitet, hell- bis blauviolett, außen behaart, meist mit 6 eiförmig zugespitzten, 20–30 mm langen Blütenblättern. Früchtchen mit bis 40 mm langen, behaarten Griffeln in haarschopfartigem Fruchtstand. **Blütezeit:** Mai bis Juli.
Standort: Vorwiegend subalpin und alpin, bis 3000 m; kalkhaltige, trockene Böden, offene Rasen, Geröll, Felsspalten; nicht häufig.
Verbreitung: Seealpen bis Wallis, Steiermark.

Berg-Küchenschelle *Pulsatilla montana*

Merkmale: Ausdauernde, 10–20 cm hohe, behaarte Pflanze mit aufrechtem Stengel und endständiger, nickender Blüte. Grundblätter langgestielt, erst während der Blüte erscheinend, im Herbst absterbend, gefiedert, mit fiederteiligen Abschnitten und schmalen zugespitzten, behaarten Zipfeln (schmaler als bei **Hallers Küchenschelle**), Blätter ohne seidigen Glanz; Hochblatthülle mit verwachsenen, tief zerschlitzten, linealischen Zipfeln, stark behaart. Meist 6 Blütenblätter, schwarz- bis dunkelblauviolett, 20–30 mm lang, außen zottig behaart. Früchtchen rauhhaarig, Griffel bis 30 mm lang, abstehend behaart.
Blütezeit: April bis Mai.
Standort: Vom Tal bis über 2000 m; kalkhaltige Böden in sehr trockenen Lagen.
Verbreitung: Alpen (Südwestalpen, Wallis, Vintschgau, Südalpen), Karpaten, Balkan.

Einseles Akelei *Aquilegia einseleana* ⊗

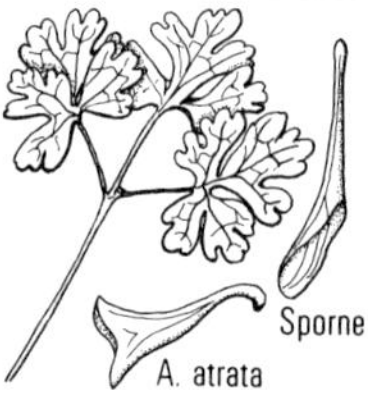

Merkmale: Ausdauernde, 15–40 cm hohe Pflanze mit aufrechtem, einfachem, beblättertem Stengel. Grundblätter gestielt, doppelt 3teilig, mit sitzenden, stumpf gezähnten oder tief gekerbten Abschnitten; untere Stengelblätter einfacher, obere lanzettlich; Blätter oberseits kahl. 1–6 blauviolette Blüten, nickend, klein, 20–30 mm, mit eiförmigen Kelch- und gespornten Blütenblättern, beide gleichfarbig; Sporn bis 10 mm lang, meist gerade. **Blütezeit**: Juni bis Juli.
Standort: Montan und subalpin, 600–1800 m; steinige Rasen, Geröll, Fels; über Kalk.
Verbreitung: Selten in den Nördlichen Kalkalpen, häufiger in den Südlichen Kalkalpen. Weiter verbreitet ist die **Dunkle Akelei** *(Aquilegia atrata)* mit dunkel purpurvioletten Blüten, aus denen die Staubblätter hervorragen; Sporne hakenförmig einwärts gebogen.

Alpenakelei *Aquilegia alpina* ⊗

Merkmale: 20–80 cm hohe Staude mit aufrechtem, beblättertem, wenigblütigem Stengel. Grundblätter gestielt, 3teilig, mit gestielten, bis zum Grund geteilten Teilblättchen und sitzenden, unregelmäßig eingeschnittenen, stumpf gezähnten Abschnitten; Stengelblätter ähnlich, im oberen Teil einfacher bis lanzettlich. Blüten meist einzeln, nickend, ziemlich groß, 60–90 mm, hellblau bis blau, mit 5 gleichfarbigen Blüten- und Kelchblättern; Blütenblätter tütenförmig, gestutzt, mit bis 20 mm langem, gekrümmtem Sporn; Kelchblätter breit-eiförmig, lang zugespitzt, 30–45 mm lang; zahlreiche gelbe Staubblätter, kürzer als die Blütenblätter; 5 Fruchtknoten. **Blütezeit**: Juli bis August.
Standort: 1200–2600 m; feuchte, kalkhaltige Böden, Grünerlengebüsch, Rasen.
Verbreitung: Zerstreut bis selten von den Seealpen bis Vorarlberg; Apennin.

Alpen-Waldrebe *Clematis alpina* ⊗

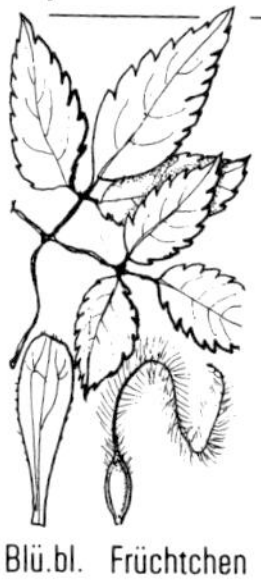

Merkmale: Ausdauernder, 30–200 cm langer, kriechender oder kletternder Schlingstrauch mit verholzenden Trieben. Blätter langgestielt, gegenständig, mit 3 bis zum Grund geteilten Teilblättern und lanzettlichen, gesägt-gezähnten Blattabschnitten. Blüten 25–40 mm groß, einzeln, nickend, gestielt, mit meist 4 abstehenden, lanzettlichen, hellblau bis violetten Blütenblättern; Innenkrone gelblich weiß, halb so lang wie die Blütenhülle, mit 10–12 spatelförmigen Nektarblättern; Früchtchen klein, mit langem, abstehend behaartem Griffel.
Blütezeit: Mai bis August.
Standort: Montan bis alpin, 1000–2400 m; meist über Kalk; Schutthalden, Felsen, Gebüsch, Waldränder.
Verbreitung: Pyrenäen, Alpen (vor allem Ostalpen), Apennin, Karpaten, Balkangebirge.

Blüten in der Regel hellblau bis violett

Hoher Rittersporn *Delphinium elatum* ⊗

Sporn

Merkmale: Ausdauernde, bis 200 cm hohe Pflanze mit aufrechtem, einfachem, zerstreut behaartem Stengel. Alle Blätter stengelständig, langgestielt, handförmig, bis über die Mitte 3- bis 7teilig, mit eingeschnitten-gesägten Abschnitten. Blüten blau bis blauviolett, in großer, ± dichter, endständiger Traube, mit geteilten bis lanzettlichen Tragblättern; 5 Blütenblätter, die 4 unteren eiförmig, das oberste mit langem, oft runzeligem Sporn; 4 freie Nektarblätter, dunkelbraun, innen weiß behaart, die beiden oberen gespornt; meist 3 kahle, bis 15 mm lange Balgfrüchte.
Blütezeit: Juli bis August.
Standort: Vorwiegend subalpin, bis 2000 m; Hochstaudenfluren, Grünerlengebüsch.
Verbreitung: In verschiedenen Unterarten von den französischen Alpen über die Ostalpen, Karpaten und den Balkan bis nach Asien.

Rispiger Eisenhut *Aconitum paniculatum* ⊗

A. variegatum

Merkmale: Ausdauernde, 60–170 cm hohe Pflanze mit kahlem, beblättertem und meist verzweigtem Stengel. Blätter bis zum Grund 3- bis 5teilig, Blattabschnitte mit zugespitzten Zipfeln, netznervig, am Grund bis auf den Mittelnerv verschmälert. Blüten in end- und seitenständigen, lokkeren Trauben auf langen, aufrecht-abstehenden, drüsig-klebrig behaarten Blütenstielen. Blüten blau bis violett; Helm geschnäbelt, etwa so breit wie hoch, darunter 2 Honigblätter mit kopfförmigem Sporn; 3 Balgfrüchte. **Blütezeit:** Juli bis August.
Standort: Bis 2400 m; feuchte Böden, Hochstaudenfluren, Grünerlengebüsch, Bachufer.
Verbreitung: Von den Seealpen bis zum Balkan; Apennin, Karpaten.
Der **Gescheckte Eisenhut** *(Aconitum variegatum)* hat kahle Blütenstiele und einen Helm, der meist höher als breit ist.

Blauer Eisenhut *Aconitum napellus* ⊗

Merkmale: Ausdauernde, 40–150 cm hohe Pflanze mit einfachem, dicht beblättertem Stengel. Blätter bis zum Grund 5- bis 7teilig, kahl, die Abschnitte tief eingeschnitten, mit lanzettlichen oder linealischen Zipfeln. Blüten blau bis violett, in dichtblütiger, meist einfacher Traube. Helm kahl oder behaart, meist breiter als hoch; wie bei anderen Eisenhut-Arten sind im Helm 2 langgestielte, freie Nektarblätter eingeschlossen, deren stumpfe, aufwärts gebogenen Sporne Nektar absondern (Nektarien). Meist 3 kahle, 15–20 mm lange Balgfrüchte; Samen 3kantig, mit geflügelten Kanten.
Blütezeit: Juni bis Oktober.
Standort: Bis über 2500 m aufsteigend; feuchte oder überdüngte Weiden, Hochstauden- und Karfluren, Bachufer, Schluchtwälder.
Verbreitung: In verschiedenen Formen durch fast ganz Europa, besonders in Berglagen.

Wolfs-Eisenhut
Aconitum lycoctonum ssp. lycoctonum ⊗

A. anthora

Merkmale: Ausdauernde, 50–150 cm hohe Pflanze mit aufrechtem, behaartem Stengel. Blätter bis 15 cm breit, fast bis zum Grund 5- bis 7teilig, Abschnitte grob gesägt, am Rand und auf den Nerven der Unterseite behaart. Blüten in einfachen oder verzweigten, locker- bis dichtblütigen Trauben, Zweige bogig aufgerichtet; Blütenstiele ± so lang wie der Helm; Blüten walzenförmig, blaßgelb; Helm doppelt so hoch wie breit, darunter 2 Nektarien mit geradem Stiel und hakenförmig gebogenem Sporn.
Blütezeit: Juni bis August.
Standort: Bis 2400 m; feuchte Wiesen, schattige Wälder, Hochstaudenfluren; häufig.
Verbreitung: Alpen, Jura, Vogesen, Schwarzwald, bis Belgien; Karpaten, Balkanhalbinsel.
Der **Gifteisenhut** *(Aconitum anthora)* hat linealische Blattzipfel; Helm so hoch wie breit.

Schneerose, Christrose *Helleborus niger* ⊗

Merkmale: Ausdauernde, 15–30 cm hohe, kahle Pflanze mit aufrechtem, meist einfachem Stengel. Grundblätter überwinternd, lang gestielt, lederig, matt oder glänzend, bis zum Grund 5- bis 7teilig, mit lanzettlichen, vorne gesägten Abschnitten; Stengel mit 1–2 eiförmigen, blaßgrünen Hochblättern, 1blütig. Blüte endständig, 5–10 cm breit, zur Blütezeit weiß oder rosa, später rot oder grünlich; 5 Blütenblätter, breit-eiförmig, ausgebreitet, mit den Rändern sich überdeckend, nicht abfallend; Nektarblätter (Nektarien) klein, gelb bis grünlich, tütenförmig; Balgfrüchte bis 3 cm lang, am Grund verwachsen.
Blütezeit: November bis Mai.
Standort: Von Tallagen bis 1900 m; steinige, kalkhaltige Böden, buschige Hänge, Wälder.
Verbreitung: Süd- und Nordalpen (westwärts bis Vorarlberg), Apennin, Kroatien.

Gelber Lerchensporn *Corydalis lutea*

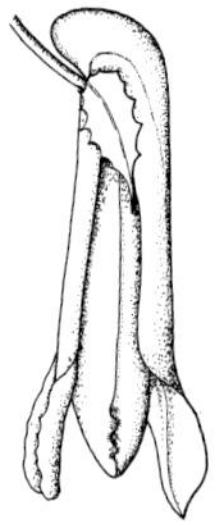

Merkmale: Ausdauernde, 10–40 cm hohe Pflanze mit waagerechtem, knotigem Wurzelstock und vielen aufrechten, verzweigten, reichbeblätterten, zarten Stengeln. Blätter langgestielt, bis 14 cm lang, doppelt gefiedert, Fiederblättchen gestielt, verkehrt-eiförmig, oben mit einem kurzen aufgesetzten Spitzchen, bisweilen nochmals eingeschnitten. Blüten langgestielt, in dichten reichblütigen Trauben. Krone gelb, bis 2 cm lang, mit 4 ungleichen, freien, röhrig zusammenneigenden Kronblättern, 2lippig. Im Innern 2 am Grund verbreiterte Staubblätter. Die beiden kurzen Kelchblätter weißlichgelb, zart. Kapsel lanzettlich, nickend. **Blütezeit:** Mai bis Oktober.
Standort: Bis 1700 m; bevorzugt im Schatten, in Kalkfelsspalten, auch auf Urgestein.
Verbreitung: Südalpen; eingebürgert an vielen Orten Mittel- und Westeuropas.

Pfingstrose *Paeonia officinalis* ⊗

Merkmale: Ausdauernde, 30–100 cm hohe Pflanze mit aufrechtem, einfachem, beblättertem Stengel. Blätter gestielt, mehrfach 3teilig, bis 30 cm groß, unterseits hell-graugrün, anliegend behaart, oberseits dunkelgrün, kahl. Blüten einzeln, endständig, groß, 7–13 cm breit, leuchtend rot, schalenförmig; 5–8 Kronblätter, breit-eiförmig (über der Mitte bis 5 cm breit), 4–7 cm lang; 5 ungleiche Kelchblätter, breit-eiförmig bis schmallanzettlich, grün bis rot, nach der Blüte nicht abfallend; zahlreiche gelbe Staubblätter; 2–3 Balgfrüchte, frei, aufrecht bis abstehend, weißfilzig behaart. **Blütezeit:** Mai bis Juni.
Standort: Bis 1700 m aufsteigend; steinige, kalkhaltige Böden, Felshänge, Gebüsch.
Verbreitung: Südeuropa (von Portugal bis Albanien), Kleinasien; vereinzelt in den Südalpen (Tessin, Südtirol, Gardaseegebiet, Krain).

Alpen-Sockenblume *Epimedium alpinum*

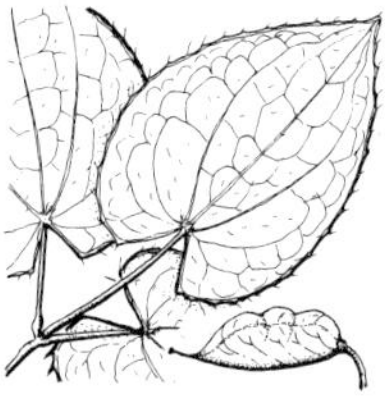

Merkmale: Ausdauernde, 20–40 cm hohe Pflanze mit kriechendem Wurzelstock und meist nur einem bogig-aufrechten einblättrigen Stengel. Blatt doppelt 3zählig gefiedert. Teilblätter 4–8 cm lang, herzförmig, lang gestielt, mit hellen, nach vorne gerichteten Stacheln, oberseits dunkelgrün, unterseits mattgrün und zerstreut mit kurzen, krausen, rötlichen Haaren. Blüten etwa 1 cm breit, zu wenigen einer lockeren Rispe. Krone mit 4 gelblichen, gespornten Kronblättern. Die äußeren 4–6 Kelchblätter bis 4 mm, grün bis rötlich, abfallend, die inneren dunkelrot, doppelt so groß. Frucht ein bis 2 cm langer, kurz geschnäbelter Balg. **Blütezeit:** Mai bis Juli.
Standort: Montan; bis höchstens 1200 m; schattige warme Laubwälder, selten.
Verbreitung: Von Albanien bis in die Südalpen, westlich bis Piemont. Häufiger in Gärten.

Hahnenfuß-
gewächse

Erdrauch-
gewächse

Berberitzen-
gewächse

Bursers Alpenmohn *Papaver burseri*

Merkmale: Ausdauernde, polsterbildende, 8–20 cm hohe, zierliche, milchsaftführende Pflanze mit Wurzelstock, dem mehrere, aufrechte, meist kahle, 1blütige Stengel entspringen. Blätter alle grundständig, lang gestielt, ca. 5 cm lang, meist doppelt gefiedert oder bis zu 3fach fiederteilig, mit 3–4 entfernt stehenden Fiederpaaren. Fiedern gestielt, 0,5–3 mm breit, lanzettlich, mit begrannter Spitze, borstig. Knospen nickend. Blüten bis 5 cm breit, mit 4 weißen, selten schwefelgelben Kronblättern. Zahlreiche Staubblätter. Fruchtknoten mit 4 auf halbe Länge herablaufenden Narbenstrahlen, die eine gewölbt zugespitzte Narbenkrone bilden.
Blütezeit: Juli bis August. **Standort:** Alpin; bis über 2000 m; beweglicher Kalkschutt.
Verbreitung: Nordostalpen. Vom Toten Gebirge bis zum Wiener Schneeberg.

Sendtners Alpenmohn *Papaver sendtneri*

Merkmale: Ausdauernde, 5–20 cm hohe, derbe, milchsaftführende, in kleinen Polstern wachsende Pflanze mit mehreren aufrechten, dicht steif gelbhaarigen, 1blütigen Stengeln. Alle Blätter grundständig, lang gestielt, etwa 5 cm lang, einfach oder seltener doppelt gefiedert, mit meist 2 genäherten Fiederpaaren. Fiedern lanzettlich, 1,5–2,2 mm breit, vorwärts gebogen. Beiderseits spärlich oder dichter mit langen borstigen Haaren. Blüten bis 5 cm breit, mit 4 weißen, seltener rosa, am Grund grünlichgelben oder schwärzlichen Kronblättern. Narbenkrone flach, mit 5 nur kurz herablaufenden Narbenstrahlen. 2 Kelchblätter. Kapsel ellipsoidisch. **Blütezeit:** Juli bis August. **Standort:** Alpin; 1300–2600 m; beweglicher Kalkschutt, Kalkfelsen oder Dolomit.
Verbreitung: Nur in den Nördlichen Kalkalpen, vom Pilatus (Schweiz) zum Dachstein.

Gelber Alpenmohn *Papaver rhaeticum*

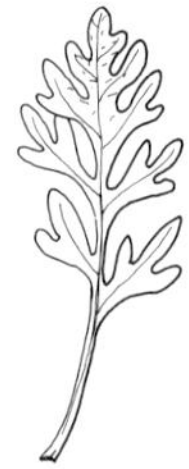

Merkmale: Ausdauernde, 5–20 cm hohe, derbe, milchsaftführende, kleine polsterbildende Pflanze mit Wurzelstock und mehreren einblütigen, steif behaarten oder kahlen Stengeln. Alle Blätter grundständig, lang gestielt, bis 8 cm lang, einfach gefiedert, mit meist 2 genäherten Fiederpaaren. Fiedern breit-lanzettlich, 2- bis 3lappig, stumpf, 1–6 mm breit, vorwärts gebogen, meist behaart. Blüten 4–5 cm breit, goldgelb. Fruchtknoten mit flacher Narbenkrone mit 5–7 nur kurz herablaufenden Strahlen. 2 Kelchblätter dicht dunkelbraun behaart und früh abfallend. Kapsel ellipsoidisch, etwa 14 mm lang. **Blütezeit:** Juli und August.
Standort: 1800–3000 m; beweglicher Hochgebirgsschutt, Kalk- oder Urgestein.
Verbreitung: Im Westen in den Ligurischen, Cottischen und den Seealpen; im Osten von den Bergamasker bis zu den Julischen Alpen.

Kerners Alpenmohn *Papaver kerneri*

Merkmale: Ausdauernde, polsterbildende, 8–15 cm hohe, milchsaftführende, zierliche Pflanze. Wurzelstock von abgestorbenen Blattscheiden umhüllt, mehrere aufrechte, 1blütige, meist kahle Stengel tragend. Alle Blätter grundständig, etwa 5 cm lang, einfach bis doppelt gefiedert, mit 3–4 entfernt stehenden Fiederpaaren. Fiedern elliptisch, meist spitz, lang gestielt, bis 2 mm breit, bisweilen zerstreut borstig. Blüten 3–4 cm breit, meist goldgelb, selten orangerot, Narbenkrone spitz-kegelförmig, mit 5 lang herablaufenden Narbenstrahlen. 2 zottige, früh abfallende Kelchblätter. Kapsel (kurz) keulenförmig, etwa 10 mm lang.
Blütezeit: Juli bis August.
Standort: 1900–2200 m; lang schneebedeckter Kalkschutt; stellenweise häufig.
Verbreitung: Südostalpen; Karawanken und Steiner Alpen. Außerdem in Jugoslawien.

Alpen-Gänsekresse *Arabis alpina*

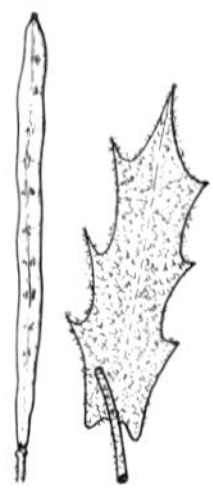

Merkmale: Ausdauernde, 10–40 cm hohe, rauhhaarige Pflanze (einfache und Sternhaare) mit aufrechten, verzweigten und beblätterten Stengeln. Grundblätter in Rosetten, kurz gestielt, eiförmig, entfernt gezähnt; Stengelblätter wechselständig, eiförmig, gezähnt, mit herzförmigem Grund den Stengel umfassend. Blüten gestielt, weiß, in ± dichter Traube; 4 Kronblätter (wie bei allen Kreuzblütlern), 6–10 mm lang, schmal-eiförmig bis keilig; 4 grüne, hautrandige Kelchblätter, 3–4 mm lang; Griffel höchstens 1 mm lang; Schoten 20–60 mm lang, bis 2 mm dick, gestielt, in verlängertem Fruchtstand.
Blütezeit: Frühling bis Herbst.
Standort: Bis 3200 m; feuchte, kalkhaltige Böden, Schutt, Geröll, Fels.
Verbreitung: Kalkgebiete der Alpen, europäische Gebirge, Arktis; oft herabgeschwemmt.

Zwerg-Gänsekresse *Arabis pumila*

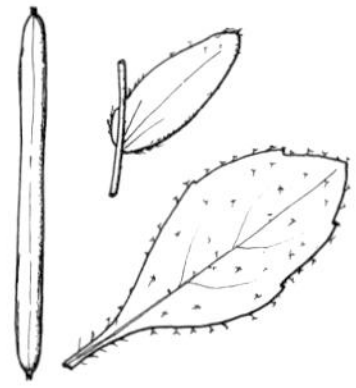

Merkmale: Ausdauernde, 5–20 cm hohe, in kleinen Polstern wachsende Pflanze mit aufrechtem, einfachem und beblättertem Stengel. Grundblätter in Rosetten, kurzgestielt, verkehrt-eiförmig, auf Rand und Fläche behaart (einfache und Sternhaare) wie die unteren Stengelblätter, die oberen nur am Rand gewimpert; 1–4 sitzende, gegen den Grund abgerundete Stengelblätter. Blüten weiß, auf 2–6 mm langen Stielen in armblütiger Traube; 4 Kronblätter, 5–8 mm lang, verkehrt, eiförmig; 4 grüne Kelchblätter mit breitem, häutigem Rand; Schoten 20–40 mm lang, 2 mm dick, auf 5–10 mm langen Stielen; Fruchtklappen mit deutlichem Mittelnerv.
Blütezeit: Juni bis September.
Standort: Vorwiegend subalpin und alpin, bis über 3000 m; kalkreiche Böden, Schutt, Fels.
Verbreitung: Alpen, Apennin, Abruzzen.

Blaue Gänsekresse *Arabis caerulea*

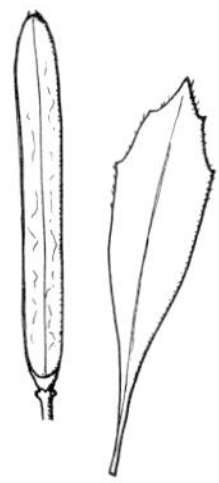

Merkmale: Ausdauernde, 2–12 cm hohe Pflanze mit mehreren aufrechten, einfachen Stengeln, bis zum Blütenstand mit einfachen und gabeligen Haaren besetzt. Grundblätter in Rosetten, kurzgestielt, länglich-eiförmig, vorne 3- bis 7zähnig, an Rand und Stiel mit einfachen Haaren bewimpert; 1–3 Stengelblätter, schmal-eiförmig, in den leicht stengelumfassenden Grund verschmälert, 3- bis 7zähnig, die obersten ganzrandig. Blüten hell blaulila bis weißlich, auf 2–3 mm langen Stielen in gedrängter Traube. Kronblätter 4–5 mm lang, schmal-spatelig; Kelchblätter linealisch, aufrecht. Schoten bis 30 mm lang und 3 mm breit, in gedrängtem Fruchtstand.
Blütezeit: Juni bis September.
Standort: Vorwiegend alpin, 1900–3500 m; feuchter, kalkreicher Schutt, Schneetälchen.
Verbreitung: Ausschließlich in den Alpen.

Glanz-Gänsekresse *Arabis soyeri ssp. jacquinii*

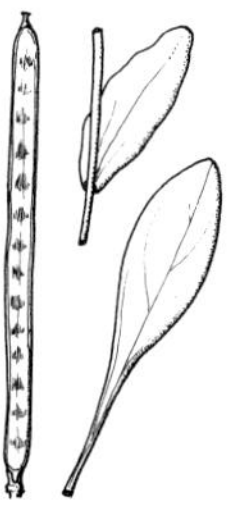

Merkmale: Ausdauernde, 10–30 cm hohe, meist kahle Pflanze mit mehreren aufrechten, einfachen Stengeln und glänzenden Blättern. Grundblätter in Rosetten, kurzgestielt, eiförmig, ganzrandig oder schwach gezähnt; Stengelblätter zahlreich (5–12), eiförmig, mit verschmälertem Grund sitzend, teilweise undeutlich gezähnt. Blüten weiß, auf 3–5 mm langen Stielen in dichtem, doldenartigem Blütenstand. 4 Kronblätter, 6–7 mm lang, schmal-spatelig; 4 Kelchblätter, 3–4 mm lang, aufrecht, eiförmig, an der Spitze violett überlaufen; Schoten bis 50 mm lang und 2,5 mm breit, gestielt, in verlängertem Fruchtstand. **Blütezeit:** Juni bis September.
Standort: Subalpin und alpin, bis 2800 m; Bachufer, Quellfluren, Schutt; auf Kalk.
Verbreitung: Alpen, Pyrenäen, Karpaten.

Resedenblättriges Schaumkraut
Cardamine resedifolia

Merkmale: Ausdauernde, 2–15 cm hohe, kahle Pflanze mit aufrechten bis aufsteigenden, kantigen, meist verzweigten Stengeln. Grundblätter in Rosetten, gestielt, einfach oder 3teilig mit breit-eiförmigem Endlappen; Stengelblätter fiederteilig, mit 2–6 spateligen Seitenlappen und größerem, eiförmigem Endlappen, Blattstiele am Grund geöhrt. Blüten weiß, auf 2–4 mm langen Stielen in gedrängter Traube; Kronblätter keilförmig, 4–6 mm lang; Kelchblätter 2–3 mm lang, an der Spitze violett. Schoten 12–25 mm, mit kurzem Schnabel; Samen rundlich, breit geflügelt. **Blütezeit:** Juni bis August.
Standort: Subalpin und alpin, 1500–3200 m; kalkarme, feuchte Böden, Felsschutt, -spalten.
Verbreitung: Spanien bis Balkan; in den Alpen verbreitet, seltener in den Nordalpen.

Haselwurzblättriges Schaumkraut
Cardamine asarifolia

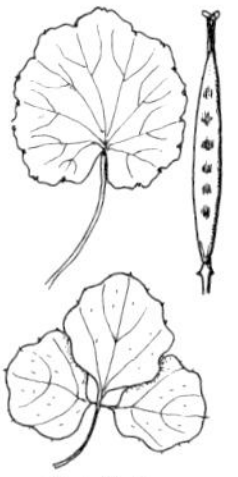
C. trifolia

Merkmale: Ausdauernde, 25–70 cm hohe, kahle Pflanze mit aufrechtem, meist einfachem Stengel. Grundblätter lang gestielt, groß, rundlich bis nierenförmig, unregelmäßig seicht und breit gezähnt; Stengelblätter ähnlich, nach oben kleiner werdend, gestielt. Blüten weiß, in doldenartiger, reichblütiger Traube. Kronblätter verkehrt-eiförmig, 6–10 mm lang; Kelchblätter halb so lang, grün; Staubbeutel violett. Schoten 20–30 mm lang, bis 2 mm dick, in den kurzen Griffel zugespitzt.
Blütezeit: Mai bis August.
Standort: Montan und subalpin, 800–2100 m; Quellfluren, Bachufer; kalkmeidend.
Verbreitung: Pyrenäen, West- und Südalpen.
Das **Dreiblättrige Schaumkraut** *(Cardam. trifolia)* hat 3teilige Blätter mit rundlichen, gestielten Abschnitten (Ostalpen, Balkan).

Alpen-Schaumkraut
Cardamine bellidifolia ssp. alpina

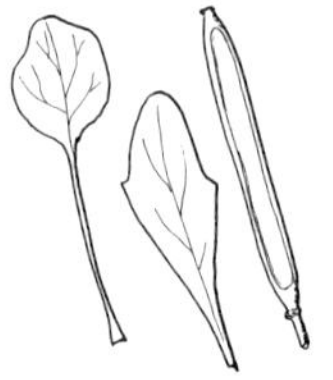

Merkmale: Ausdauernde, 2–10 cm hohe, kahle Pflanze mit aufrechtem, unverzweigtem, kantigem Stengel. Grundblätter in Rosetten, ei- bis rautenförmig, ganzrandig oder undeutlich stumpf gezähnt, gestielt; 1–3 Stengelblätter, nicht geöhrt, meist ganzrandig und mit verschmälertem Grund sitzend; alle Blätter fleischig-dicklich. Blüten weiß, kurzgestielt in doldenähnlicher Traube; Kronblätter 4–5 mm lang, Kelchblätter halb so lang, grün, an der Spitze violett; Schoten 10–15 mm lang, bis 2 mm dick, sehr kurz geschnäbelt. **Blütezeit:** Juli bis August.
Standort: Vorwiegend alpin, 1900–3300 m; auf feuchten, kalkarmen Böden, Schneetälchen, Quellfluren, Weiden.
Verbreitung: In den Pyrenäen und Alpen verbreitet, selten oder zerstreut in den Nordalpen.

Fieder-Zahnwurz *Cardamine heptaphylla*

Blütenblatt

Merkmale: Ausdauernde, 30–60 cm hohe, kahle Pflanze mit aufrechtem, einfachem Stengel und wechselständigen Blättern. Grundblätter meist fehlend; 3 oder mehr gefiederte Stengelblätter, mit 5–9 lanzettlichen, ungestielten und gezähnten Teilblättern, kahl oder am Rand bewimpert. Blüten in lockerem, die Blätter weit überragendem Blütenstand; Kronblätter weiß oder blaßlila, 15–20 mm lang, breit-eiförmig bis spatelig, in einen Nagel verschmälert; Kelchblätter etwa halb so lang, grün; Staubbeutel gelb. Schoten aufrecht an abstehenden Stielen, 40–80 mm lang, 4–5 mm breit, in den bis 10 mm langen Griffel verschmälert. **Blütezeit:** April bis Juni.
Standort: Bis 1800 m; kalkhaltige Böden in schattigen Lagen, Buchenwälder.
Verbreitung: Pyrenäen, mittelfranzösische Gebirge, Alpen, Apennin.

Fiederspaltige Rauke
Murbeckiella pinnatifida

Merkmale: Ausdauernde, 5–20 cm hohe Pflanze mit mehreren aufsteigenden bis aufrechten, meist verzweigten und beblätterten Stengeln, flaumig behaart mit 3strahligen Sternhaaren. Grundblätter in Rosetten, gestielt, die ersten eiförmig, stumpf gezähnt, die folgenden fiederteilig, mit größerem Endlappen, flaumig von kleinen Sternhaaren; Stengelblätter ähnlich, fiederteilig, die oberen ungestielt. Blüten weiß, gestielt, in doldenartigen Trauben; Kronblätter bis 4 mm lang, verkehrt-eiförmig, Kelchblätter bis 2 mm, hautrandig. Schoten linealisch, bis 30 mm lang und 1 mm dick.
Blütezeit: Juni bis August.
Standort: Subalpin und alpin, 1400–3000 m; feuchte, kalkarme Böden, Fels und Schutt.
Verbreitung: Pyrenäen, Zentralmassiv, Südwest- und Westalpen bis ins Wallis.

Walliser Levkoje
Matthiola fruticulosa ssp. valesiaca

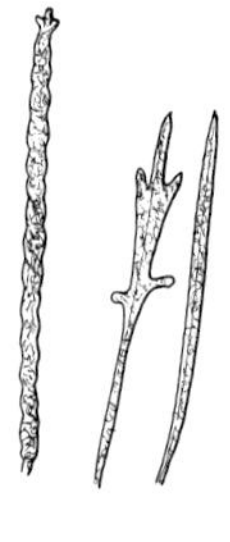

Merkmale: Ausdauernde, 5–30 cm hohe, von Stern- und Drüsenhaaren graufilzige Pflanze mit mehreren einfachen, aufrechten, nicht beblätterten Stengeln. Grundblätter linealisch-lanzettlich, ganzrandig, seltener mit einzelnen Zähnen, am Rand oft eingerollt. Blüten blaßviolett bis rot oder trübpurpurn, in lockerer, 5- bis 20blütiger Traube; Kronblätter 15–25 mm lang, länglich oder verkehrt-eiförmig; Kelchblätter 8–12 mm lang, aufrecht, eng anliegend. Schoten an 1–3 mm langen, aufrechten Stielen, 5–10 cm lang und bis 2 mm dick, zylindrisch, mit gelblichen Drüsenhaaren, ohne Mittelnerv und Griffel, Narbe kurz 2teilig. **Blütezeit:** Mai bis Juli.
Standort: 700–2000 m; Kalkfels, Schutt, steinige Rasen. **Verbreitung:** Gebirge von Spanien bis zum Balkan; Südalpen.

Alpen-Breitschötchen *Braya alpina* ⊗

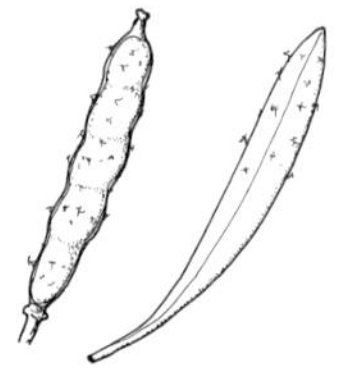

Merkmale: Ausdauernde, 5–15 cm hohe Pflanze, locker mit angedrückten, gabeligen Haaren besetzt, mit aufrechten, oben meist verzweigten, violettbraun überlaufenen Stengeln. Grundblätter in Rosetten, schmal-spatelförmig bis lanzettlich, in den bewimperten Stiel verschmälert, ganzrandig oder schwach gezähnt; 1 bis mehrere sitzende, linealische Stengelblätter. Blüten gestielt, in gedrängter, doldenartiger Traube; Kronblätter weiß, später rötlich bis violett überlaufen, 3–4 mm lang; Kelchblätter grün, mit violetter Spitze. Schoten an aufrechten Stielen, 5–11 mm lang, mit ± behaarten, leicht gewölbten Klappen. **Blütezeit:** Juni bis August.
Standort: Alpin, 2000–3000 m; Felsschutt, steinige Rasen, Moränen; auf Kalkschiefer.
Verbreitung: Zerstreut in den Ostalpen (vor allem Brennergebiet bis Hohe Tauern).

Rainfarnblättrige Rauke
Hugueninia tanacetifolia

Merkmale: Ausdauernde, kräftige, 30–100 cm hohe Pflanze mit aufrechten, beblätterten, von Sternhaaren flaumigen Stengeln. Untere Blätter bis 30 cm lang, zur Blütezeit meist vertrocknet; Stengelblätter bis 15 cm lang, von Sternhaaren flaumig, tief fiederteilig, eingeschnitten, jederseits mit 4–10 schmallanzettlichen, gesägten bis fiederschnittigen Teilblättchen. Blüten gelb, in reichblütiger, doldenartiger Rispe; Kronblätter bis 4 mm lang, keilig verschmälert; Kelchblätter bis 3 mm lang, gelblich. Schoten 8–15 mm lang, bis 1,5 mm dick, fast 4kantig, mit kurzem Griffel.
Blütezeit: Juni bis August.
Standort: Subalpin und alpin, 1700–2500 m; Bachufer, Hochstauden- und Lägerfluren.
Verbreitung: Nur Westalpen (bis Wallis).

Schweizer Schöterich *Erysimum helveticum*

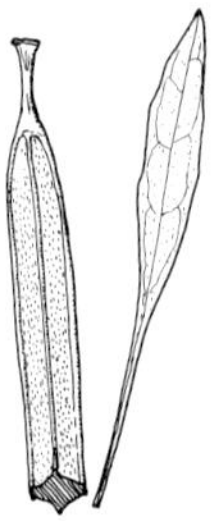

Merkmale: Meist ausdauernde, halbstrauchige, 5–50 cm hohe Pflanze mit aufrechtem bis aufsteigendem, kantigem, meist einfachem Stengel. Grundblätter in Rosetten, mit Stengel oder steril, wie die Stengelblätter linealisch-lanzettlich, in den Blattstiel verschmälert, ganzrandig oder schwach geschweift-gezähnt, von 2strahligen Haaren grau. Blüten gelb, in armblütigen Trauben; Kronblätter 14–22 mm lang, mit langem Nagel und verkehrt-eiförmiger Platte; Kelchblätter 8–12 mm lang, linealisch, weißhäutig berandet. Schoten 30–90 mm lang, bis 1,5 mm dick, aufrecht bis waagerecht abstehend, 4kantig, auf den Flächen dicht grauhaarig; Narbe breiter als der 2–4 mm lange Griffel. **Blütezeit:** Juni bis August.
Standort: Montan bis alpin, bis 2500 m; felsige Hänge, Schutt, Trockenrasen; zerstreut.
Verbreitung: Pyrenäen, Alpen, Apennin, Balkan.

Richers Schnabelsenf *Rhynchosinapis richeri*

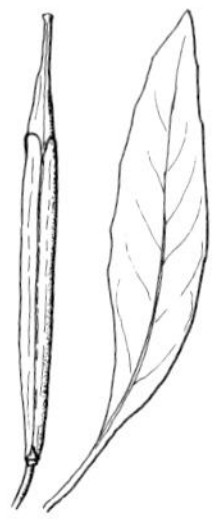

Merkmale: Ausdauernde, 20–60 cm hohe, kahle Pflanze mit aufrechten, beblätterten Stengeln. Grundblätter in Rosetten, wie die Stengelblätter länglich-eiförmig, in den langen Stiel verschmälert, ganzrandig bis unregelmäßig und wenig tief gezähnt. Blüten gelb, gestielt, anfangs in dichter, doldenartiger, später verlängerter Traube; Kronblätter 12–20 mm lang, mit langem Nagel; Kelchblätter bis 10 mm lang, aufrecht. Schoten auf 8–15 mm langen Stielen, waagerecht abstehend, 50–80 mm lang, kahl, mit deutlich 3nervigen Fruchtklappen und bis 20 mm langem, 2schneidigem Schnabel. **Blütezeit:** Juni bis August.
Standort: Subalpin und alpin, 1600–2400 m; kalkarme Böden, Schutt, Felsspalten, Weiden.
Verbreitung: Endemische Art der Westalpen (vom Monte Viso bis zum Mont Cenis).

Bergkohl *Brassica repanda*

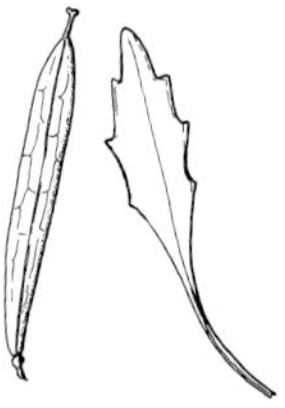

Merkmale: Ausdauernde, 5–15 cm hohe, rasig wachsende, kahle Pflanze mit aufsteigendem bis aufrechtem, einfachem und blattlosem Stengel. Grundblätter gestielt, bis 4 cm lang, spatelförmig bis lanzettlich, meist gezähnt, fleischig, glänzend. Blüten gestielt, in dichter Traube; Kronblätter groß, gelb, deutlich genagelt, 10–15 mm lang; Kelchblätter grün bis gelb-grünlich, 5–6 mm lang, aufrecht. Schoten auf 4–12 mm langen Stielen, aufrecht abstehend, 20–50 mm lang, 3–4 mm dick, kahl, mit 2–3 mm langem Schnabel; Fruchtklappen mit deutlichem Mittelnerv und undeutlichen Seitennerven.
Blütezeit: Juni bis August.
Standort: Subalpin und alpin, 1500–2600 m; Kalk- und Schieferschutt, steinige Rasen.
Verbreitung: Endemische Art der Südwestalpen; Seealpen bis Savoyer Alpen.

Blasenschötchen *Alyssoides utriculata*

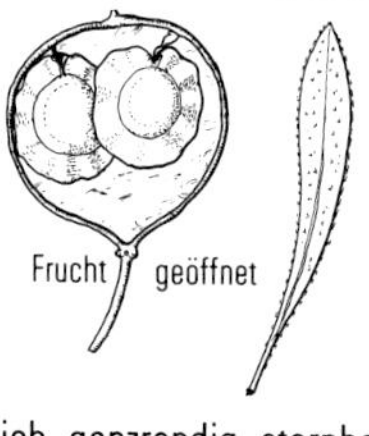

Merkmale: Ausdauernde, 20–50 cm hohe Pflanze mit einfachen, kahlen, beblätterten Stengeln, am Grund verholzt. Grundblätter schmal-spatelig bis lanzettlich, ganzrandig, sternhaarig, in den bewimperten Stiel verschmälert; zahlreiche kahle Stengelblätter, lanzettlich, mit verschmälertem Grund sitzend. Blüten gelb, in dichter, vielblütiger Traube; Kronblätter 15–20 mm lang, mit rundlicher Platte und langem Nagel; Kelchblätter bis 10 mm lang, linealisch, weißhäutig berandet. Schoten eiförmig-kugelig, 12–15 mm lang, 8–10 mm dick, mit langem, später abgebrochenem Griffel, aufrecht abstehend; Samen rundlich, geflügelt. **Blütezeit:** April bis Juni.
Standort: Montan und subalpin, bis 2200 m; kalkhaltige Böden, Felsspalten, Schutt, Rasen.
Verbreitung: Südwestalpen (Seealpen bis Wallis), Apennin, Balkanhalbinsel.

Karawanken-Steinkresse *Alyssum ovirense*

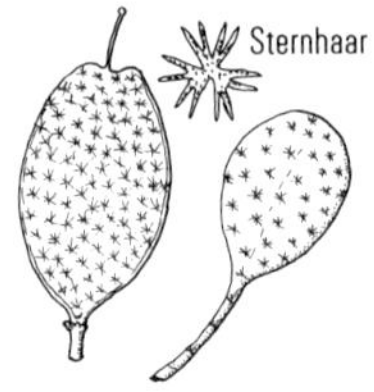

Merkmale: Ausdauernde, 5–15 cm hohe Pflanze mit niederliegenden, verholzenden Trieben und sterilen Blattrosetten oder aufsteigenden bis aufrechten sternhaarigen Stengeln. Grundblätter rundlich bis eiförmig, ganzrandig, plötzlich in den Stiel verschmälert; Stengelblätter länglich-lanzettlich, stumpf, am Grund stielartig verschmälert, mit 10- bis 16strahligen, 0,5 mm breiten Sternhaaren besetzt. Blüten gelb, in reichblütigen Trauben; Kronblätter 6–8 mm lang, schmal-keilförmig, vorne abgerundet oder leicht ausgerandet; Kelchblätter 4 mm lang, abfallend nach der Blüte. Schötchen 7–9 mm lang, elliptisch, sternhaarig. **Blütezeit**: Mai bis August.

Standort: Subalpin und alpin, 1800–2600 m; Kalkfelsen und -schutt, Geröll.

Verbreitung: Von Ost- und Südostalpen bis Montenegro.

Brillenschötchen *Biscutella laevigata*

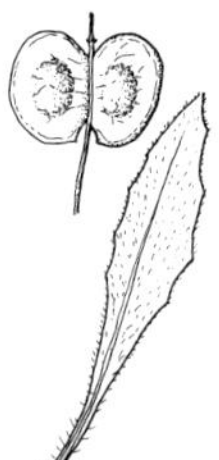

Merkmale: Ausdauernde, 15–50 cm hohe Pflanze mit mehreren aufrechten, beblätterten und verzweigten Stengeln. Grundblätter bis 12 cm lang und 2 cm breit, länglich-lanzettlich, in den Blattstiel verschmälert, ganzrandig bis grob buchtig gezähnt, borstig bewimpert oder fast kahl; Stengelblätter kleiner, sitzend. Blüten gelb, gestielt, in lockeren, verzweigten Trauben; Kronblätter 4–8 mm lang, schmal-eiförmig, mit kurzem Nagel; Kelchblätter gelbgrün, 2–3 mm lang, abstehend. Schötchen flachgedrückt, brillenförmig, bis 14 mm breit und 7 mm hoch, mit deutlicher Mittelnaht und geflügeltem Rand sowie 3–5 mm langem Griffel. **Blütezeit**: Mai bis August.

Standort: Bis 2800 m; steinige Rasen, Fels, Schutt, Geröll, meist über Kalk; häufig.

Verbreitung: Pyrenäen, Alpen, Apennin, Karpaten, Tatra, Balkan.

Alpen-Steinkresse *Alyssum alpestre*

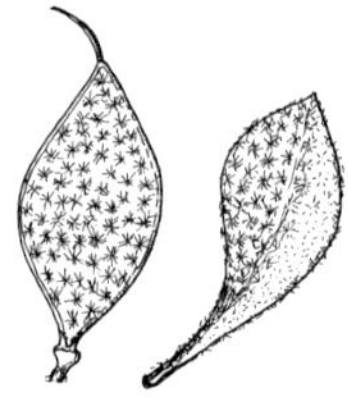

Merkmale: Ausdauernde, 5–20 cm hohe, niederliegende bis aufrechte Pflanze mit verholzenden und verzweigten, dicht sternhaarigen und beblätterten Trieben, zahlreichen nichtblühenden Rosetten und aufsteigenden bis aufrechten Stengeln. Blätter 4–10 mm lang, 2–4 mm breit, eiförmig bis länglich-lanzettlich, in kurzen Stiel verschmälert, von ungestielten Sternhaaren graugrün. Blüten gelb, gestielt, in reichblütigen Trauben; Kronblätter 2–3 mm lang, keilförmig, vorn abgerundet; Kelchblätter etwas kürzer, sternhaarig; Schötchen rundlich bis ungleich elliptisch, 4–5 mm lang, 3–4 mm breit, sternhaarig; Griffel bis 2 mm lang, nicht eingesenkt.

Blütezeit: Juni bis August.

Standort: Subalpin und alpin, 1600–3100 m; Felsspalten, Schutt, steinige Rasen.

Verbreitung: Seealpen bis Wallis.

Steinschmückel *Petrocallis pyrenaica*

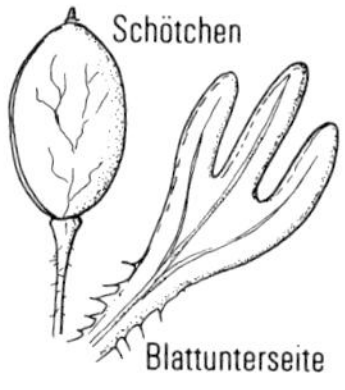

Merkmale: Ausdauernde, bis 8 cm hohe, polsterbildende Pflanze mit sehr kurzen, blattlosen Stengeln. Grundblätter in Rosetten, starr, mit deutlichen Längsnerven (Unterseite), 4–8 mm lang, keilförmig, vorne bis gegen die Mitte 3- bis 5teilig, am Rand bewimpert mit einfachen Haaren. Blüten lila, kurzgestielt, in gedrungenen, wenigblütigen Doldentrauben auf flaumig behaarten, aufrechten Schäften; Kronblätter 4–5 mm lang, eiförmig bis spatelig, mit Nagel, doppelt so lang wie der elliptische, hautrandige, meist rötlich überlaufene Kelch. Schötchen elliptisch, kahl, zusammengedrückt, trocken deutlich netznervig. **Blütezeit**: Juni bis Juli.

Standort: Vorwiegend alpin, 1700–3000 m; Felsspalten, Schutt und Geröll; auf Kalk.

Verbreitung: Pyrenäen, Kalkgebiete der Nord- und Südalpen; Karpaten.

Rundblättriges Täschelkraut *Thlaspi rotundifolium*

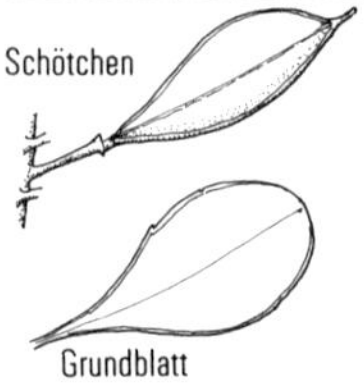

Merkmale: Ausdauernde, 5–15 cm hohe Pflanze mit zahlreichen, im Geröll kriechenden Trieben und kahlen, dicklichen, bläulich-grünen Blättern. Grundblätter der blühenden Triebe in Rosetten, rundlich bis eiförmig, in den Stiel verschmälert, ganzrandig oder etwas gezähnt; Stengelblätter wechselständig, eiförmig, sitzend, mit geöhrtem Grund stengelumfassend. Blüten hell-rotviolett, in dichten, doldenartigen Trauben; Kronblätter 6–9 mm lang, geädert; Kelchblätter 2–4 mm lang, violett überlaufen. Schötchen waagerecht abstehend, länglich eiförmig, mit gekielten Fruchtklappen. **Blütezeit:** Juni bis September. **Standort:** 1500–3400 m; feuchter, beweglicher Schutt, Geröll; meist über Kalk, seltener auf Silikat und Serpentin. **Verbreitung:** In verschiedenen Unterarten durch die Alpen.

Kerners Täschelkraut *Thlaspi kerneri*

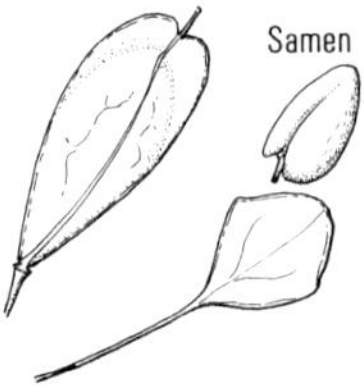

Merkmale: Ausdauernde, 5–10 cm hohe, kahle, lockerrasig wachsende Pflanze mit aufrechten Stengeln und bläulich-grünen, fleischigen Blättern. Grundblätter in Rosetten, fast kreisrund, oft stumpf gezähnt, plötzlich in den Stiel verschmälert; Stengelblätter eiförmig bis lanzettlich, sitzend, mit herzförmigem Grund stengelumfassend. Blüten weiß, in gedrängten, doldigen Trauben; Kronblätter 5 mm, verkehrt-eiförmig, mit schmalem Nagel; Kelchblätter halb so lang, grün; Schötchen abstehend gestielt, bis 6 mm lang, verkehrt-eiförmig, gestutzt oder schwach ausgerandet, mit schmal geflügelten Fruchtklappen, kurzem Griffel; 1- bis 3samig je Fach. **Blütezeit:** Juni bis Juli.
Standort: Subalpin und alpin, 1600–2400 m; steinige Rasen, Schutt, Geröll; über Kalk.
Verbreitung: Südostalpen bis Jugoslawien.

Felsen-Bauernsenf *Iberis saxatilis* ⊗

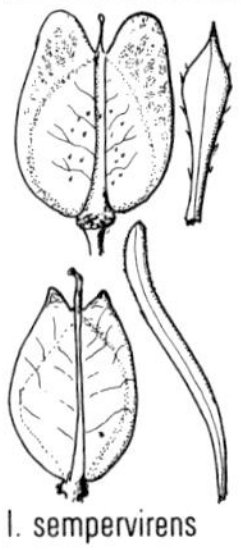

Merkmale: Ausdauernde, 5–15 cm hohe Pflanze mit holzigen, niederliegenden und verzweigten Stengeln sowie aufrechten, behaarten, blütentragenden Ästen. Blätter immergrün, lederig, bis 15 mm lang und 2 mm breit, schmal-lanzettlich, ganzrandig, kahl oder bewimpert, mit kurzer Stachelspitze. Blüten weiß oder rosa, gestielt, in gedrängter Traube; äußere Kronblätter doppelt so lang wie die inneren; Kelchblätter weißhäutig berandet. Schötchen bis 8 mm lang, zusammengedrückt, geflügelt, besonders gegen die ausgerandete Spitze zu. **Blütezeit:** April bis Juli.
Standort: Bis 2100 m; Kalkfels, Schutt.
Verbreitung: Südwest- und Südalpen, Jura; von Spanien bis zum Balkan.
Der **Immergrüne Bauernsenf** *(I. sempervirens)* hat viel längere Blätter ohne Stachelspitze, kahle Äste und größere Kronblätter.

Felsen-Steinkresse *Aethionema saxatile*

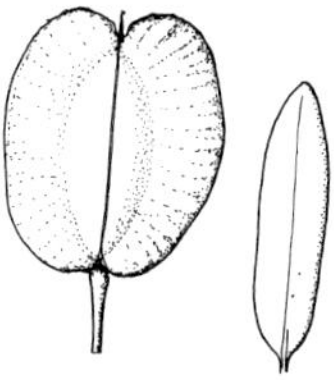

Merkmale: Ein- bis mehrjährige, 5–25 cm hohe, kahle Pflanze mit einfachem oder verzweigtem, aufrechtem, bis aufsteigendem Stengel. Keine Grundblätter; Stengelblätter eiförmig bis lanzettlich, ganzrandig, dicklich, blaugrün wie der Stengel, kurz gestielt. Blüten rosarot oder weiß, in endständiger, dichter Traube; Kronblätter 2–4 mm lang, eiförmig bis spatelig, doppelt so lang wie die aufrechten, hautrandigen Kelchblätter. Schötchen bogig abstehend gestielt, rundlich, 5–7 mm breit, mit strahlig gestreiftem, 2–3 mm breitem Flügelrand, an der Spitze ausgerandet, mit kurzem Griffel.
Blütezeit: April bis Juli.
Standort: Von Tallagen bis über 2000 m; steinige Rasen, Schutt, Flußschotter; über Kalk.
Verbreitung: In den Alpen nicht häufig; vorwiegend im Mittelmeergebiet.

Immergrünes Hungerblümchen *Draba aizoides*

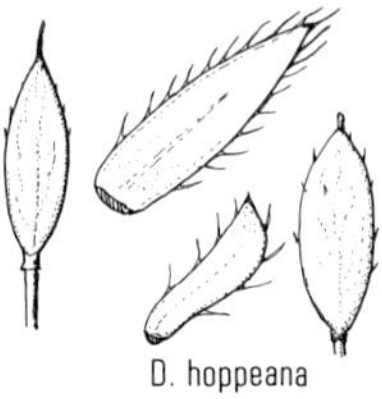

Merkmale: Ausdauernde, 5–10 cm hohe, in kleinen Rasen wachsende Pflanze mit aufrechten, einfachen, kahlen und blattlosen Stengeln. Blätter in dichten Rosetten, lederig, bis 20 mm lang, schmal-lanzettlich, am Rand steifhaarig bewimpert, keine Sternhaare. Blüten gelb, in ± reichblütigen Trugdolden; Kronblätter 4–6 mm lang, verkehrt-eiförmig; Kelchblätter 3–4 mm lang, gelbgrün. Schötchen lang gestielt, lanzettlich, in den 2–3 mm langen Griffel zugespitzt, oft kahl. **Blütezeit:** April bis August.
Standort: Montan bis alpin, bis über 3000 m; Felsritzen, Schutt, steinige Rasen; über Kalk.
Verbreitung: Pyrenäen, Alpen, Jura, Balkan.
Hoppes Hungerblümchen *(Draba hoppeana)* ist kleiner, wenigblütig; Blätter kürzer, gekielt; Schötchen kurzgestielt, Griffel bis 1 mm lang.

Filziges Hungerblümchen *Draba tomentosa*

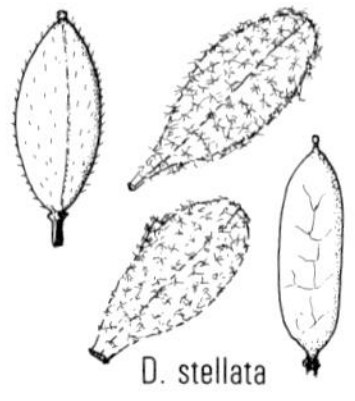

Merkmale: Ausdauernde, 3–10 cm hohe Pflanze mit aufrechtem, dicht sternhaarigem Stengel. Grundblätter in Rosetten, eiförmig, von Sternhaaren filzig; Stengelblätter ähnlich, teilweise gezähnt. Blüten weiß, an abstehenden, sternhaarigen Stielen in gedrängter, doldenartiger Traube; Kronblätter abgerundet oder leicht ausgerandet, 4–5 mm lang; Kelchblätter bis 2,5 mm lang, behaart. Schötchen 5–10 mm lang, zusammengedrückt, elliptisch, mit einfachen Haaren besetzt. **Blütezeit:** Juni bis August.
Standort: Alpin, 2000–3400 m; Kalkfels.
Verbreitung: Kalkalpen von Savoyen bis Ostalpen; Apennin, Karpaten, Tatra, Balkan.
Ähnlich ist das **Sternhaarige Hungerblümchen** *(Draba stellata)*: Blätter locker behaart, Schötchen kahl, mit längerem Griffel; endemisch in den nordöstlichen Kalkalpen.

Kugelschötchen *Kernera saxatilis*

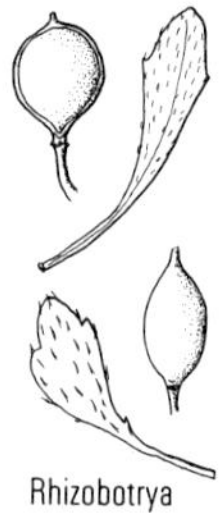

Merkmale: 10–40 cm hohe Staude mit dünnem, kantigem, aufrechtem Stengel, unten anliegend behaart, oben kahl. Grundblätter in Rosetten, kurz gestielt, spatelförmig, ganzrandig, gezähnt oder fiederteilig, behaart; Stengelblätter kleiner, die oberen sitzend, kahl. Blüten weiß, in lockeren, wenigblütigen Trauben; Kronblätter verkehrt-eiförmig, bis 4 mm lang, nach der Blüte abfallend; Kelchblätter bis 2 mm, kahl. Schötchen bis 3 mm, ± kugelig.
Blütezeit: Juni bis August.
Standort: Montan bis alpin, bis 2700 m; steinige Rasen, Felsspalten, Schutt; auf Kalk.
Verbreitung: Kalkketten der Alpen, Pyrenäen, Jura, Apennin, Karpaten, Balkan.
In den Dolomiten wächst das **Alpen-Kugelschötchen** *(Rhizobotrya alpina)*: 2–5 cm hoch, Blätter stumpf gezähnt, borstig behaart; Kronblätter 2 mm lang, Schötchen eiförmig.

Alpen-Gemskresse *Hutchinsia alpina*

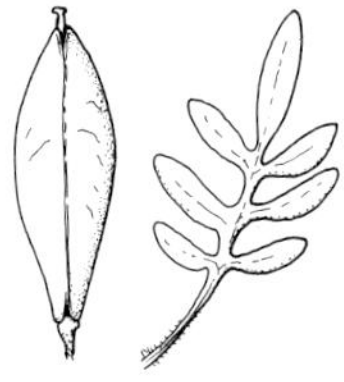

Merkmale: Ausdauernde, 5–15 cm hohe Pflanze mit mehreren aufsteigenden bis aufrechten, meist blattlosen, flaumig behaarten Stengeln. Grundblätter in Rosetten, gestielt, die unteren ganzrandig bis 3teilig, die übrigen fiederschnittig, mit kahlen, dicklichen Abschnitten. Blüten weiß, in gedrängten, doldenartigen Trauben, später verlängert; Kronblätter 3–5 mm lang, breit-eiförmig, mit Nagel; Kelchblätter bis 2,5 mm lang, grün, weißhäutig berandet. Schötchen 4–5 mm lang, lanzettlich, zusammengedrückt, in den kurzen Griffel zugespitzt; Fruchtklappen spärlich netznervig, mit Rückennerv.
Blütezeit: Mai bis August.
Standort: Bis über 3000 m; feuchter Schutt, Schneetälchen, auf kalkhaltigen Böden.
Verbreitung: Nordspanien, Alpen, Apennin, Karpaten, bis Montenegro.

Rosenwurz *Rhodiola rosea*

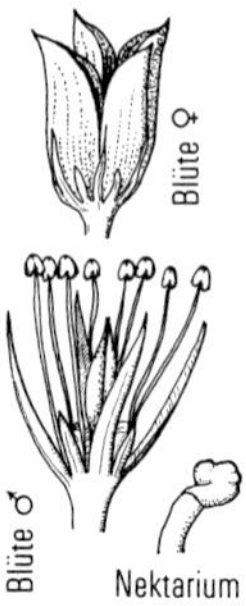

Merkmale: Ausdauernde, bis 40 cm hohe, kahle Pflanze mit aufrechten, einfachen Stengeln, ohne nichtblühende Triebe. Blätter flach, lanzettlich, fleischig, blaugrün, teilweise gezähnt, wechselständig. Blüten in dichten Scheindolden, 4zählig und eingeschlechtig (im Bild männliche Blüten), das andere Geschlecht meist noch verkümmert vorhanden; 4 Kronblätter, 2–4 mm lang, gelb, gegen die Spitze rot, bei weiblichen Blüten oft fehlend; 8 Staubblätter; Kelchblätter 1–2 mm lang, gelb oder rot, spitz; 4 Balgfrüchte. **Blütezeit:** Mai bis August.
Standort: Subalpin und alpin, 1000–3000 m; Fels, Blockschutt, Rasen; über Silikat und Kalk. **Verbreitung:** Pyrenäen, in den Alpen zerstreut, Balkan, Arktis. **Allgemeines:** Die nachfolgenden Dickblattgewächse haben 5- bis 7zählige, zwittrige Blüten.

Rundblättrige Fetthenne *Sedum anacampseros*

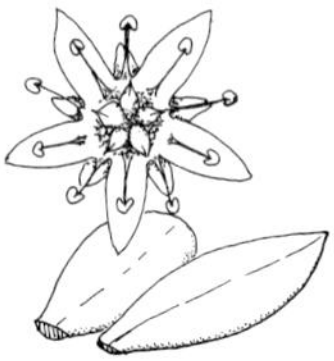

Merkmale: Ausdauernde, 10–30 cm hohe, kahle Pflanze mit bogig aufsteigenden Stengeln und mehreren nichtblühenden, gegen die Spitze dicht beblätterten Trieben. Blätter flach, fleischig, ganzrandig, elliptisch-lanzettlich bis eiförmig-rundlich, stumpf, sitzend, wechselständig. Blütenstand vielblütig, doldenartig bis halbkugelig, mit 5zähligen Blüten; Kronblätter länglich, 4–5 mm lang, schmutzigrot, unterseits blaulila mit grünem Kiel, mit kapuzenförmiger Spitze; Kelchblätter 3–4 mm lang; 5 Balgfrüchte 4 mm lang, mit 1 mm langer, dünner Spitze.
Blütezeit: Juni bis August.
Standort: Subalpin und alpin, 1400–2500 m; Felsen, Schutt, Rasen; über kalkarmen Böden.
Verbreitung: Seealpen bis Venezianische Alpen, Pyrenäen, Apennin.

Dunkler Mauerpfeffer *Sedum atratum*

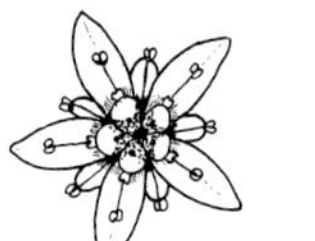

Merkmale: Zweijährige, 3–10 cm hohe, kahle, aufrechte Pflanze ohne nichtblühende Triebe, grün, meist rotbraun überlaufen. Blätter keulenförmig-zylindrisch, stumpf, fleischig, oberseits kaum abgeflacht, 3–5 mm lang, 2 mm dick, wechselständig. Blütenstand 3- bis 6blütig, mit dichtgedrängten, 5zähligen Blüten; Kronblätter 3–4 mm lang, schmal-eiförmig, weißlich, grünlich oder rötlich, zugespitzt, bis doppelt so lang wie die eiförmig zugespitzten, 2 mm langen Kelchblätter; 10 Staubblätter; 5 sternförmig ausgebreitete Balgfrüchte.
Blütezeit: Juni bis August.
Standort: Von 1000–3000 m; auf offenen, kalkhaltigen Böden, lockere Rasen, Schutt, Felsspalten; häufig.
Verbreitung: Von den Pyrenäen durch die Alpen bis zur Balkanhalbinsel.

Alpen-Mauerpfeffer *Sedum alpestre*

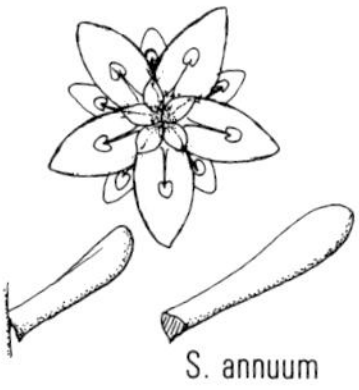

Merkmale: Ausdauernde, 2–8 cm hohe, kahle Pflanze, lockere Rasen bildend, mit bogig aufsteigenden Stengeln und nichtblühenden, jedoch dicht beblätterten Trieben. Blätter keulig-zylindrisch, fleischig, 3–6 mm lang, 2 mm dick, manchmal rotbräunlich überlaufen, ohne Sporn am Stengel sitzend, wechselständig. Blütenstand wenigblütig, mit kurzgestielten, 5–8 mm breiten, 5zähligen Blüten; Kronblätter eiförmig, stumpf, gelb, bis doppelt so lang wie die Kelchblätter; 10 gelbe Staubblätter; Balgfrüchte mit kurzer Spitze. **Blütezeit:** Juni bis August.
Standort: Subalpin und alpin, 1000–3000 m; Schneetälchen, Moränen; über Silikat.
Verbreitung: Pyrenäen, Alpen, Vogesen, Karpaten, Apennin, Korsika. Ähnlich ist der **Einjährige Mauerpfeffer** *(Sedum annuum)* mit gespornten Blättern, ohne sterile Triebe.

Behaarter Mauerpfeffer *Sedum villosum*

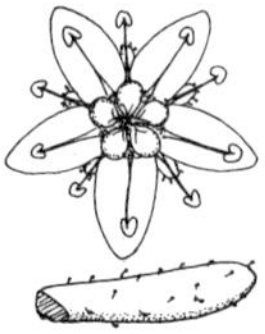

Dickblättr. M.

Merkmale: Zweijährige bis ausdauernde, 5–20 cm hohe, meist aufrechte Pflanze, oft ohne nichtblühende Triebe; Stengel und Blätter dicht drüsig behaart (Name!); Blätter fleischig, länglich-linealisch, stumpf, oberseits abgeflacht, unterseits leicht gewölbt, 3–5 mm lang, sitzend, aufrecht-abstehend, wechselständig. Blütenstand 3- bis 10blütig, doldenartig, mit 5zähligen Blüten. Kronblätter eiförmig, 3–5 mm lang, rosarot, mit dunklerem Mittelstreifen, bis doppelt so lang wie Kelchblätter; Staubbeutel rot. **Blütezeit:** Juni bis August.
Standort: Montan bis alpin, 1100–2500 m; Quellfluren, Moore, feuchter Schutt; zerstreut.
Verbreitung: Vor allem europäische Gebirge.
Der **Dickblättrige Mauerpfeffer** *(Sedum dasyphyllum)* mit blaugrünen, bis 5 mm dicken Blättern wächst auf trockenem Fels und Schutt bis 2500 m Höhe.

Berg-Hauswurz
Sempervivum montanum ⊗

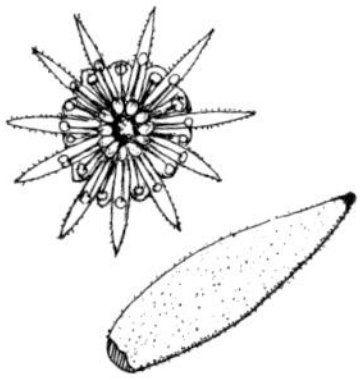

Merkmale: 5–20 cm hohe Staude mit erst kugeligen, dann ausgebreiteten, 1–5 cm breiten Rosetten. Rosettenblätter lanzettlich, grün, oft mit rötlicher, stumpfer Spitze, am Rand und auf den Flächen dicht drüsig behaart, keine Randwimpern. Stengel wie Stengelblätter drüsig-zottig, oft rot überlaufen, mit 3–10 ausgebreiteten Blüten, je 20–30 mm breit. Kronblätter meist 12, weinrot, am Rande drüsig, 2- bis 4mal so lang wie die Kelchblätter, schmal lanzettlich; Staubfäden rotviolett. **Blütezeit:** Juli bis September.
Standort: 1500–3200 m; auf meist sauren Böden, Felsen, Schutt, Rasen; häufig.
Verbreitung: Pyrenäen, Alpen, Karpaten, Apennin, Korsika. – Ähnlich ist die **Dolomiten-Hauswurz** *(S. dolomiticum)*, Blätter schwach drüsig, am Rand bewimpert; Dolomiten.

Dach-Hauswurz *Sempervivum tectorum* ⊗

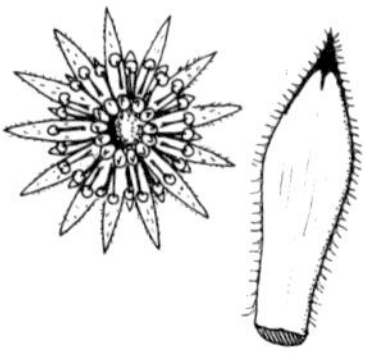

Merkmale: Ausdauernde, 10–60 cm hohe Pflanze mit drüsig-wollig behaartem Stengel und 3–8 cm breiten, offenen Rosetten. Rosettenblätter 20–40 mm lang, 10–15 mm breit, länglich-lanzettlich bis eiförmig, mit deutlicher Spitze, auf den Flächen meist kahl, am Rande abstehend gewimpert, dunkel- bis blaugrün, oft ganz oder teilweise rot gefärbt; Stengelblätter sitzend. Blütenstand reich- und dichtblütig, bis 40 und mehr Blüten; 12–16 Kronblätter, 10 mm lang, sternförmig ausgebreitet, hell- bis purpurrosa, oft rotlila gestrichelt; Staubfäden purpurn; Kelchblätter lanzettlich, halb so lang wie die Kronblätter.
Blütezeit: Juni bis September.
Standort: Von Tallagen bis 2800 m; auf kalkfreien Böden, steinigen Wiesen, an Felsen.
Verbreitung: Von den Pyrenäen über die Alpen bis zur Balkanhalbinsel.

Spinnweben-Hauswurz
Sempervivum arachnoideum ⊗

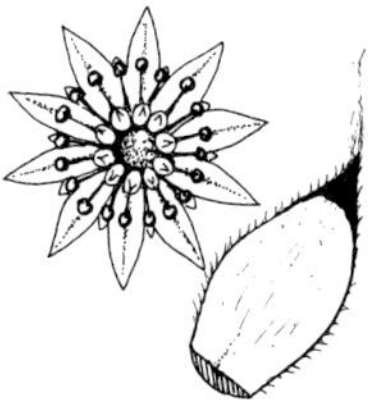

Merkmale: 5–15 cm hohe Staude mit zahlreichen kugeligen oder abgeflachten, 5–30 mm breiten Rosetten; Rosettenblätter lanzettlich, drüsenhaarig, am Rand bewimpert, an der Spitze mit langen, weißen Wollhaaren, die die Blätter ± dicht spinnwebartig überziehen; Stengel mit lanzettlichen Blättern, mit braunroten Spitzen, locker drüsig behaart. Blüten 10–20 mm breit, in 5- bis 15blütigem Blütenstand; 8–12 Kronblätter, breit-lanzettlich, sternförmig ausgebreitet, lebhaft hell- bis karminrot mit dunklerem Mittelnerv; Staubfäden purpurn; Kelchblätter halb so lang wie Kronblätter.
Blütezeit: Juni bis September. **Standort:** Bis 3000 m; Felsen, Schutt, steinige Weiden, Mauern; auf kalkfreien Böden. **Verbreitung:** Alpen, Pyrenäen, Apennin, Karparten.

Großblütige Hauswurz
Sempervivum grandiflorum ⊗

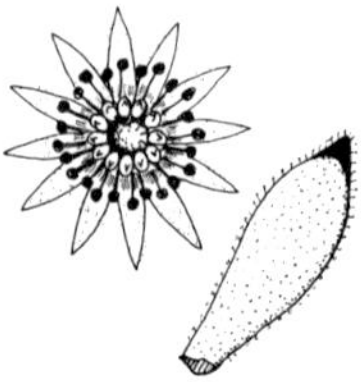

Merkmale: Ausdauernde, 10–30 cm hohe Pflanze mit sternförmig ausgebreiteten, 4–15 cm breiten Rosetten; Rosettenblätter keilig-länglich, kurz zugespitzt, an der Spitze rotbraun, sonst grün, überall drüsig behaart, nach Harz duftend. Stengel wie Stengelblätter ebenfalls drüsenhaarig. Blüten groß, 20–30 mm breit meist 12 ausgebreitete Kronblätter, gelb, etwa 3mal so lang wie die Kelchblätter, am Grund mit purpurviolettem Fleck; Staubfäden purpurviolett.
Blütezeit: Juni bis August.
Standort: Subalpin und alpin, 1700–2500 m; steinige Rasen, Fels, Schutt; über Silikat.
Verbreitung: Grajische und Penninische Alpen. An Serpentinfels der Steiermark wächst **Pittonis Hauswurz** *(Sempervivum pittonii),* mit kleinen Rosetten, blaßgelben Staubfäden.

Wulfens Hauswurz
Sempervivum wulfenii ⊗

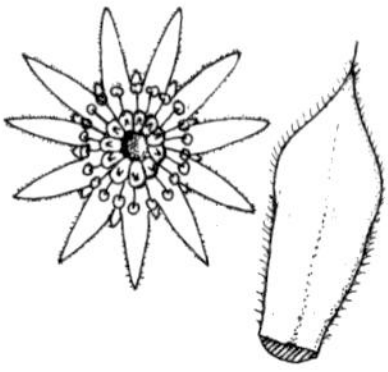

Merkmale: Ausdauernde, 10–30 cm hohe Pflanze mit aufrechtem, beblättertem, im oberen Teil drüsenhaarigem Stengel. Rosetten 4–8 cm breit, sternförmig ausgebreitet; Rosettenblätter, im Gegensatz zur **Großblütigen Hauswurz** *(S. grandiflorum)* mit Stachelspitze und auf beiden Seiten kahl, nur am Rand drüsig bewimpert, blaugrün, an Grund und Spitze meist rötlich. Blüten in dichtem Blütenstand, 20–30 mm breit, gelb, mit 12–18 langsam zugespitzten Kronblättern, am Grund mit rotem Fleck; Staubfäden rot mit gelben Staubbeuteln; Kelchblätter lanzettlich.
Blütezeit: Juli bis August.
Standort: 1700–2800 m; meist auf sauren Böden; Felsen, Blockschutt, offene Rasen.
Verbreitung: Ostalpen-Pflanze, vom Bergell bis in die Hohen und Niederen Tauern.

Allionis Hauswurz *Jovibarba allionii* ⊗

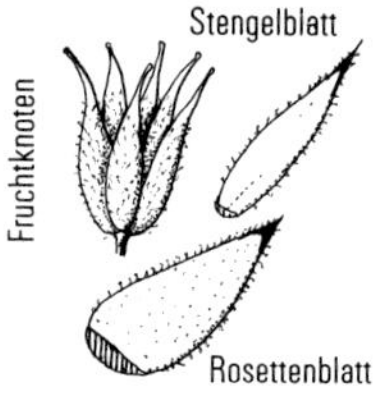

Merkmale: Ausdauernde, 5–20 cm hohe Pflanze mit zahlreichen, ± kugeligen und unfruchtbaren Rosetten; Rosettenblätter hellgrün, mit rötlichen Spitzen, drüsig behaart, gekrümmt; Stengelblätter ähnlich, jedoch kleiner, wie der Stengel dicht drüsig behaart. Blüten gelb, im Gegensatz zur Gattung Sempervivum jedoch eng röhrig-glockig, mit 6 lanzettlichen, an den Rändern deutlich gefransten Kronblättern, 15–20 mm lang; Fruchtknoten langsam zugespitzt, gleichmäßig mit Drüsen besetzt; Kelchblätter etwa halb so lang wie Kronblätter.
Blütezeit: Juli bis September.
Standort: Subalpin und alpin, 1500–2400 m; an Felsen, in steinigen, schuttdurchsetzten Weiden, über Kalk und Silikat.
Verbreitung: Endemische Art der Westalpen; von den Seealpen bis in die Grajischen Alpen.

Kugel-Hauswurz *Jovibarba hirta*

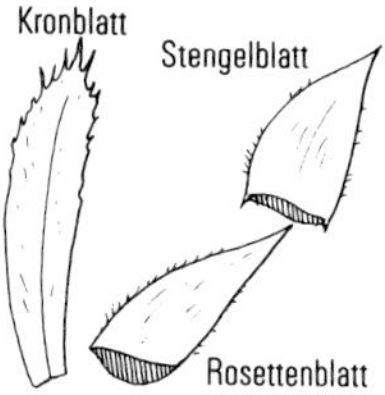

Merkmale: Ausdauernde, 15–25 cm hohe Pflanze mit ± zahlreichen, meist offenen, 3–7 cm breiten, unfruchtbaren Rosetten; Rosettenblätter breit-lanzettlich, 15–20 mm lang, 5–6 mm breit, grün, seltener rot überlaufen, am Rand bewimpert; Stengelblätter durchweg breiter als die Rosettenblätter, 15–20 mm × 7–10 mm, eiförmig bis lanzettlich, auf den Flächen drüsenhaarig, am Rand bewimpert, am Grund fast stengelumfassend. Blüten röhrig-glockig, 15–17 mm lang, mit 6 blaßgelben, am Rand gefransten Kronblättern und 12 Staubblättern; Kelchblätter lanzettlich, drüsig behaart und bewimpert.
Blütezeit: August bis September.
Standort: Bis 2000 m; an Felsen, sonnigen Hängen; über Kalk und Serpentin.
Verbreitung: Ostalpen, Karpaten, Illyrisches Gebirge.

Gegenblättriger Steinbrech
Saxifraga oppositifolia

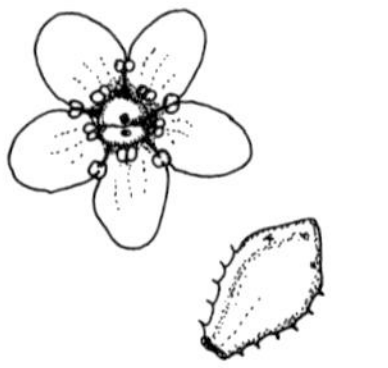

Merkmale: Ausdauernde, 1–5 cm hohe, in dichten Rasen oder flachen, lockeren Polstern wachsende Pflanze mit aufsteigenden, beblätterten einblütigen Blütenstengeln. Blätter fast immer gegenständig, über 2 mm lang, eiförmig, dick, bläulich-grün, mit 1–3 manchmal kalkausscheidenden Gruben an der nicht zurückgebogenen Spitze, am Rand mit Wimperhaaren. Blüten einzeln, 5 Kronblätter, verkehrt-eiförmig, jung rosa- bis weinrot, später rotviolett bis bläulich; 10 bläuliche Staubbeutel; 2 Griffel (wie bei den meisten Steinbrechgewächsen); Kelchblätter höchstens halb so lang wie die Kronblätter, bewimpert. **Blütezeit**: April bis September.
Standort: Vorwiegend alpin, bis über 3500 m; feuchter Schutt, steinige Böden, Felsspalten.
Verbreitung: In den Alpen verbreitet; Arktis.

Gestutzter Steinbrech *Saxifraga retusa*

Merkmale: Dem **Gegenblättrigen Steinbrech** *(S. oppositifolia)* ähnliche Pflanze. Blätter glänzend-dunkelgrün, 2–4 mm lang, gegenständig, nach rückwärts gebogen, vorne mit 3–5 kalkausscheidenden Gruben, nur in unterer Blattrandhälfte bewimpert. Stengel 5–15 mm hoch, kahl, aufrecht, mit meist 2–4 Blüten. Kronblätter 4–5 mm lang, 2 mm breit, rct, eiförmig; Kelchblätter halb so lang, ohne Wimpern; Staubfäden rot, länger als Kronblätter, Staubbeutel orange.
Blütezeit: Mai bis August.
Standort: Subalpin und alpin, 2000–3000 m; Silikatfelsen, -schutt, Gratbereich; zerstreut.
Verbreitung: Pyrenäen, Westalpen bis Tessin, Nordalpen (Steiermark, Salzburg).
Ähnlich ist der **Purpur-Steinbrech** *(Saxifraga purpurea)* auf Kalkschiefer der Südwestalpen, mit drüsig behaartem Stengel und Kelch.

Zweiblütiger Steinbrech *Saxifraga biflora*

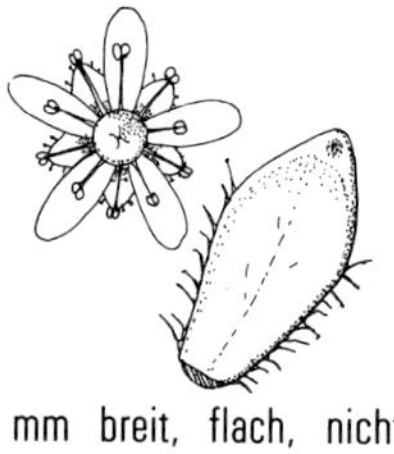

Merkmale: Ausdauernde, 1–5 cm hohe, in lockeren Polstern wachsende Pflanze mit zahlreichen, niederliegenden Trieben. Blätter breit-eiförmig, 5–9 mm lang, 3–6 mm breit, flach, nicht zurückgebogen, am Rand abstehend bewimpert, mit nur einer, nie kalkausscheidenden Grube, oft rötlich auf der Unterseite. Blütenstengel flaumig behaart, mit gegenständigen Blättern und mehreren Blüten. 5 Kronblätter, schmal-eiförmig, in der Mitte bis 2 mm breit, 3nervig, rosa bis purpurrot, auch weißlich; Blütenboden innen auffallend gelb; Staubfäden kürzer als Kronblätter, Staubbeutel orange, rosa oder schwarz; Kelchblätter bewimpert, drüsig behaart, eiförmig.
Blütezeit: Juni bis August.
Standort: 2000–4200 m; feuchter, wenig beweglicher Kalk- und Schieferschutt.
Verbreitung: Seealpen bis Ostalpen.

Fetthennen-Steinbrech
Saxifraga aizoides ⊗

Merkmale: Ausdauernde, 5–20 cm hohe, lockerrasig wachsende Pflanze mit zahlreichen nichtblühenden, locker beblätterten Trieben. Blätter 10–25 mm lang, 2–4 mm breit, linealisch-lanzettlich, glänzend grün, fleischig, starr, vorne kurz stachelspitzig, am Rand entfernt bewimpert, meist mit einem, nicht kalkausscheidendem Grübchen. Blütenstengel aufsteigend, locker beblättert, vor allem oben drüsig behaart, mit 2–10 Blüten. Kronblätter ausgebreitet, 3–6 mm lang, linealisch bis schmal-elliptisch, zitronengelb bis orange mit dunkleren Punkten oder dunkelrot, bis doppelt so lang wie die Kelchblätter. **Blütezeit**: Juni bis September.
Standort: Montan bis alpin, 600–3100 m; Quellfluren, feuchter Schutt und Fels; häufig.
Verbreitung: Pyrenäen bis Balkan; Arktis.

Blüten oft gelb bis orange

Kies-Steinbrech *Saxifraga mutata* ⊗

Merkmale: Ausdauernde, 10–60 cm hohe, lockerrasig wachsende Pflanze mit wenigen, bis 12 cm großen Blattrosetten. Blätter 10–60 mm lang, 7–12 mm breit, länglich-zungenförmig bis linealisch, stumpf, fleischig, lederig, dunkelgrün glänzend, mit knorpeligem Rand, ungezähnt, steif bewimpert am Grund. Stengel mit zahlreichen, mehr spateligen Blättern, drüsig behaart, schon unterhalb der Mitte verzweigt, mit reichblütigem, rispigem Blütenstand. Kronblätter 5–8 mm lang, linealisch-lanzettlich, spitz, zitronengelb bis tieforange, doppelt so lang wie die eiförmigen, drüsigen Kelchblätter.
Blütezeit: Juni bis August.
Standort: Montan und subalpin, 800–2200 m; feuchte Felsen (Nagelfluh, Sandstein, Mergel, Kalk und Schiefer); tonige Böden.
Verbreitung: Alpen und Alpenvorland.

Zungen-Steinbrech *Saxifraga callosa*

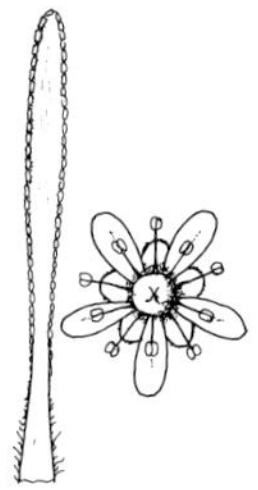

Merkmale: Ausdauernde, 20–60 cm hohe Pflanze mit zahlreichen nichtblühenden Rosetten. Rosettenblätter graugrün, in Größe und Form veränderlich, linealisch bis länglich-lanzettlich, 30–100 mm lang, 3–6 mm breit, vorne leicht zugespitzt, lederig-fleischig, ganzrandig, gekerbt erscheinend durch die kalkausscheidenden Grübchen, am Grund oft rötlich. Stengel schlank, bogig herabhängend, ab der Mitte mit rispig verzweigtem, dichtem und reichblütigem, ± kahlem, oft einseitswendigem Blütenstand; Blütenstiele dünn, rötlich, mit 4 und mehr Blüten. Kronblätter weiß, 6–9 mm lang, 3nervig, am Grund oft rot punktiert. **Blütezeit:** Mai bis Juli.
Standort: Montan und subalpin, 500–2000 m; an Kalkfelsen, zum Teil massenhaft.
Verbreitung: Seealpen, Ligurische Alpen, Apennin, Sardinien, Sizilien.

Löffelblättriger Steinbrech *Saxifraga cochlearis*

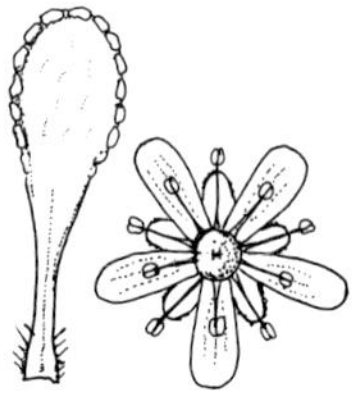

Merkmale: Ausdauernde, 5–40 cm hohe Pflanze mit zahlreichen nichtblühenden Rosetten in flachen Polstern. Rosettenblätter 8–40 mm lang, 3–6 mm breit, spatelig bis löffelförmig, an der Spitze mit breit-rundlichem, stumpfem oder leicht zugespitztem Abschnitt, graugrün; Blattrand etwas eingerollt, nicht gezähnt, mit zahlreichen, kalkausscheidenden Grübchen besetzt. Stengel dünn, rotbraun, drüsig behaart, aufrecht oder bogig aufsteigend, ab der Mitte dicht rispig verzweigt, mit 1–3 weißen Blüten je Rispenast; Kronblätter länglich eiförmig.
Blütezeit: Juni bis Juli.
Standort: Montan und subalpin, bis 1900 m; in Ritzen und Spalten von Kalkfelsen, zerstreut.
Verbreitung: Seealpen, Ligurische Alpen.
Ähnelt dem **Trauben-Steinbrech.**

Strauß-Steinbrech *Saxifraga cotyledon*

Merkmale: Ausdauernde, 20–80 cm hohe, stattliche Pflanze mit bis 15 cm breiten Rosetten. Rosettenblätter 20–60 mm lang, 10–15 mm breit, nach vorne verbreitert, stachelspitzig oder stumpf, lederig, Rand mit nach vorne gerichteten Sägezähnen und feinen Kalkschüppchen. Stengel aufrecht bis überhängend, dicht drüsig, fast vom Grund an mit rispig verzweigtem, pyramidenförmigem Blütenstand und reichblütigen Ästen. Kronblätter weiß, 6–10 mm, eiförmig, 3mal so lang wie die Kelchblätter. **Blütezeit:** Juni bis August.
Standort: Von Tallagen bis 2600 m; in feuchten Felsspalten auf Silikat; häufig.
Verbreitung: Pyrenäen, Alpen (nach Osten bis Vorarlberg), Karpaten, Nordeuropa.
Ähnlich auffallend ist der in den Seealpen wachsende **Mercantour-Steinbrech** *(S. florulenta)* mit 3griffeligen, rosafarbenen Blüten.

Trauben-Steinbrech
Saxifraga paniculata ⊗

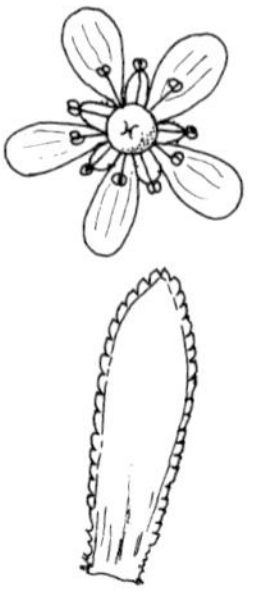

Merkmale: Ausdauernde, 5–40 cm hohe Pflanze mit zahlreichen nichtblühenden, in flachen Polstern wachsende Rosetten. Rosettenblätter graugrün, fleischig, 10–50 mm lang, 2–8 mm breit, länglich-ei- bis spatelförmig, stumpf oder spitz, sternförmig ausgebreitet oder an der Spitze einwärts gebogen, am Rand mit feinen Sägezähnen und zahlreichen kalkausscheidenden Grübchen. Stengel aufrecht, drüsig, entfernt beblättert, ab der Mitte rispig verzweigt, mit 1–3 Blüten je Rispenast. Kronblätter rundlich bis eiförmig, 4–6 mm lang, weißlich, oft mit roten Punkten, bis 3mal so lang wie die Kelchblätter.
Blütezeit: Juni bis September.
Standort: 300–3400 m; Felsen, Schutt, offene Rasen; über Kalk und Silikat; häufig.
Verbreitung: Gebirge Eurasiens, Amerikas.

Krusten-Steinbrech *Saxifraga crustata*

Merkmale: Ausdauernde, 10–30 cm hohe Pflanze mit zahlreichen nichtblühenden Blattrosetten, dem **Trauben-Steinbrech** *(S. paniculata)* ähnlich, jedoch etwas zierlicher. Rosettenblätter 10–60 mm lang, 2–3 mm breit, lang und schmal-linealisch, gegen den Grund etwas verschmälert und langhaarig bewimpert, graugrün, oft von einer Kalkkruste überzogen (Name!), an der Spitze bogig nach außen gekrümmt; Blattrand undeutlich gekerbt, meist ganzrandig, dicht mit kalkausscheidenden Grübchen besetzt; Fruchtknoten wie beim Trauben-Steinbrech nicht oberständig.
Blütezeit: Juni bis August.
Standort: Montan bis alpin, 300–2800 m; an Kalkfelsen und offenen, kalkreichen Böden.
Verbreitung: Endemische Pflanze der südöstlichen Kalkalpen (östlich der Etsch bis zum Balkan).

Rätischer Steinbrech
Saxifraga hostii ssp. rhaetica

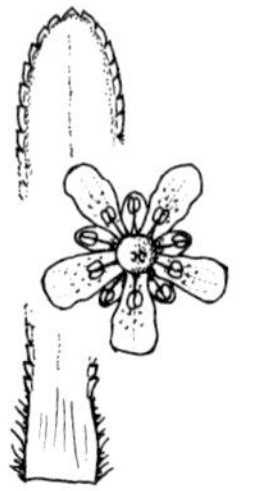

Merkmale: Dem **Trauben-Steinbrech** *(Saxifraga paniculata)* sehr ähnlich, auch sind die unterscheidenden Merkmale nicht immer scharf ausgeprägt: Insgesamt größer, bis 60 cm hoch; Rosettenblätter länger, 20–100 mm lang, 5–10 mm breit, etwa 5- bis 10mal so lang wie breit (beim Trauben-Steinbrech 2- bis 5mal so lang wie breit), am Grund mit borstigen Wimpern, Sägezähne am Blattrand nach vorne gerichtet; Blattform bandartig, nach vorne kaum verbreitert, schwach zugespitzt; Blattspitze nach außen abwärts gebogen; Rispenäste dichter drüsig behaart, meist mit mehr als 3 Blüten. **Blütezeit:** Juni bis August.
Standort: 1000–2500 m; Felsspalten, Schutt; über Kalk, häufig. **Verbreitung:** Comer See bis Ortler; *ssp. hostii* (mit stumpfer Blattspitze) bis in die O- und SO-Alpen.

Moos-Steinbrech *Saxifraga bryoides* ⊗

Merkmale: Ausdauernde, 3–10 cm hohe, in dichten, flachen Polstern wachsende Pflanze mit zahlreichen nichtblühenden, eng beblätterten Trieben. Grundblätter rosettenartig gedrängt, schmal-lanzettlich, 2–6 mm lang, höchstens 1 mm breit, starr, gegen die feine Stachelspitze leicht einwärts gebogen, mit bewimpertem Rand. Blütenstengel aufrecht, meist einfach, mit 1–3 wechselständigen, kurzen Blättern, nur mit einer Blüte. Kronblätter eiförmig, 4–6 mm lang, weißlich, am Grund mit orangegelben Punkten, bis 3mal so lang wie die drüsigen, stachelspitzigen Kelchblätter; Fruchtknoten oberständig.
Blütezeit: Juli bis August.
Standort: Alpin, bis 4000 m; Felsspalten, Schutt, Rasen, stets auf Silikat; häufig.
Verbreitung: Von den Pyrenäen über die Alpen bis zu den Karpaten und dem Balkan.

Bursers Steinbrech *Saxifraga burserana* ⊗

Merkmale: Ausdauernde, 3–8 cm hohe, in Rasen oder Polstern wachsende Pflanze mit zahlreichen, dicht dachziegelig beblätterten, nichtblühenden Trieben. Blätter 6–9 mm lang, hellgraugrün bis graublau, mit schmalem, knorpeligem Rand, linealisch-lanzettlich, in eine feine Stachelspitze verschmälert, scharf 3kantig, am Grund mit steifen, kurzen Haaren bewimpert, gegen die Spitze mit 7 Punkten. Stengel aufrecht, rötlich, drüsig behaart, nur mit einer Blüte. Kronblätter weiß, 10–15 mm lang, mit dunkleren Nerven, verkehrt-eiförmig, vorne abgerundet bis leicht gekerbt, etwa doppelt so lang wie die drüsigen Kelchblätter. **Blütezeit:** März bis Juni.
Standort: 1600–2500 m, gelegentlich bis in Tallagen; in Fels und Schutt, nur auf Kalk.
Verbreitung: Kalkalpen östlich von Inn und Oglio.

Vandellis Steinbrech *Saxifraga vandellii*

Merkmale: Ausdauernde, bis 10 cm hohe, in dichten und festen Polstern wachsende Pflanze mit dicht dachziegelig beblätterten, säulenförmigen Trieben, die nach der Blüte noch jahrelang weiterwachsen. Grundblätter grün, gerade, lanzettlich, 6–10 mm lang, 1–2 mm breit, in eine Stachelspitze verschmälert, 3kantig, gegen den Grund wimperzähnig, oberseits mit 5–7 kalkausscheidenden Gruben. Blütenstengel aufrecht, locker beblättert, drüsig behaart, mit 3–7 Blüten in doldenartigem Blütenstand. Kronblätter weiß, 7–10 mm lang, bis 4 mm breit, verkehrt-eiförmig, mit rötlichen Nerven, bis 3mal so lang wie die Kelchblätter. **Blütezeit:** Mai bis Juli.
Standort: Montan bis alpin, 1000–2600 m; in Ritzen sonniger Kalkfelsen; selten.
Verbreitung: Vom Comer See bis in die Judikarischen Alpen und in die Ortler-Gruppe.

Tombea-Steinbrech *Saxifraga tombeanensis*

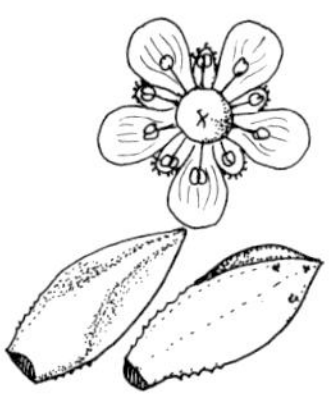

Merkmale: Ausdauernde, 5–12 cm hohe, in festen Polstern wachsende Pflanze mit zahlreichen, dicht dachziegelig beblätterten, säulenförmigen, nichtblühenden Trieben. Grundblätter länglich-eiförmig, lanzettlich bis rautenförmig, 2–4 mm lang, 1–2 mm breit, mit einwärtsgebogener Stachelspitze, am Rand bewimpert, oberseits mit 3–5 Grübchen, unterseits mit 2 tiefen Längsfurchen. Stengel mit linealischen Blättern, drüsig behaart, mit 2–6 großen, weißen Blüten in doldenartigem Blütenstand. Kronblätter bis 12 mm lang, verkehrt-eiförmig, mit 5–7 Nerven, keilig verschmälert, bis 3mal so lang wie Kelch. **Blütezeit:** Mai bis Juni.
Standort: Montan bis alpin, 1000–2300 m; an steilen Kalk- und Dolomitfelswänden; selten. **Verbreitung:** Endemisch in den Judikarischen Alpen, Monte Baldo, Brenta.

Polster-Steinbrech *Saxifraga diapensioides*

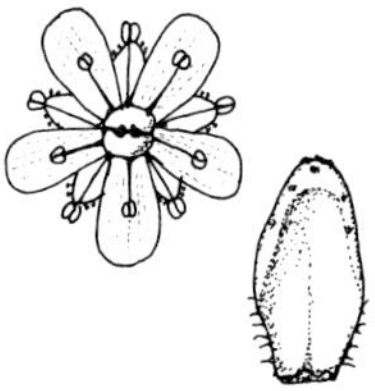

Merkmale: Ausdauernde, 3–8 cm hohe, in dichten, harten Polstern wachsende Pflanze mit dachziegelig beblätterten, säulenförmigen Trieben, insgesamt dem **Tombea-Steinbrech** *(S. tombeanensis)* sehr ähnlich. Grundblätter hell-graugrün, am Trieb schief aufrecht bis anliegend angewachsen, 4–6 mm lang, 1–2 mm breit, länglich-eiförmig, stumpf, am Grund kurz bewimpert, unterseits schwach gekielt, oberseits mit 5–7 kalkausscheidenden Grübchen. Blütenstengel und linealische Stengelblätter dicht langdrüsig behaart, mit 2–9 weißen Blüten. Kronblätter 6–8 mm lang, 3–5 mm breit, länglich-eiförmig, vielnervig, bis 3mal so lang wie der drüsige Kelch. **Blütezeit:** Juni bis August.
Standort: Kalkfelsen; 1000–2900 m, selten.
Verbreitung: Westalpenpflanze, von den Seealpen bis ins Wallis.

Sparriger Steinbrech *Saxifraga squarrosa*

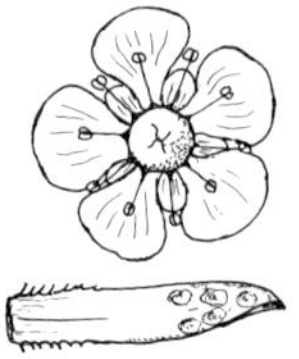

Merkmale: Ausdauernde, 4–10 cm hohe, in festen Polstern wachsende Pflanze mit dicht dachziegelig beblätterten, säulenförmigen Trieben. Rosettenblätter länglich-linealisch, steif, aufwärtsgerichtet und nur an der Spitze etwas nach außen gebogen, nie spatelförmig (Unterschiede zum **Blaugrünen Steinbrech** = *S. caesia*), am Grund bewimpert, vorne kurz zugespitzt, mit 3–5 kalkausscheidenden Grübchen. Blütenstengel ± drüsig, auch kahl, beblättert, mit 2–7 weißen Blüten in doldenartigem Blütenstand. Kronblätter 4–6 mm lang, verkehrt-eiförmig bis rundlich, mit 3–5 Nerven, 2- bis 4mal so lang wie die Kelchblätter.
Blütezeit: Juli bis August.
Standort: 1200–2700 m, Kalkfelsen; häufig.
Verbreitung: Endemisch von den Judikarischen Alpen bis zu den Karawanken.

Blaugrüner Steinbrech *Saxifraga caesia* ⊗

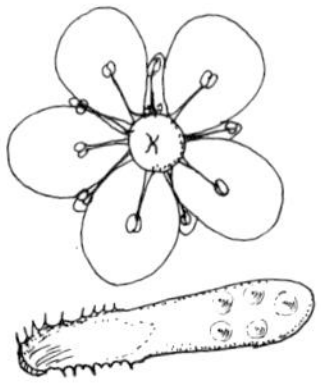

Merkmale: Ausdauernde, 3–15 cm hohe, in dichten, flachen Polstern wachsende Pflanze, dem **Sparrigen Steinbrech** *(S. squarrosa)* sehr ähnlich. Blätter 3–6 mm lang, größer und breiter als beim Sparrigen Steinbrech, dicklich, spatelförmig, stumpf, vom Grund an zurückgebogen und nach außen gekrümmt, blaugrün, mit 5–7 kalkausscheidenden Grübchen, oft von einer graulichen Kalkkruste überzogen, am Grund abstehend bewimpert. Stengel kaum beblättert, mit 1–5 weißen Blüten; Kronblätter eiförmig, 5nervig, mindestens 2mal so lang wie der Kelch.
Blütezeit: Juli bis September.
Standort: Montan bis alpin, bis 3000 m; nur über Kalk; Fels, Ruhschutt, Rasen; häufig.
Verbreitung: Von den Pyrenäen durch die Kalkgebiete der Alpen bis zum Balkan.

Furchen-Steinbrech *Saxifraga exarata*

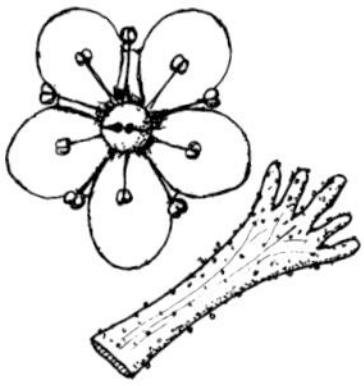

Merkmale: Ausdauernde, 3–12 cm hohe, in dichten, weichen Polstern wachsende Pflanze mit zahlreichen, aufrechten, beblätterten Trieben. Rosettenblätter dicht drüsig behaart, 4–15 mm lang, in Größe und Form veränderlich, meist länglich-keilförmig mit 3–7 stumpfen, auseinanderspreizenden Abschnitten vorne, durch die hervortretenden Blattnerven ± deutlich gefurcht. Blütenstengel aufrecht, wenig beblättert, drüsig, mit 2–10 Blüten in doldenartig gedrängtem Blütenstand. Kronblätter eiförmig, doppelt so breit und mindestens doppelt so lang wie die Kelchblätter, sich an den Rändern öfters überdekkend, vorne abgerundet, milchweiß bis blaßgelb oder rötlich. **Blütezeit**: Juli bis August.
Standort: Vorwiegend alpin, 1800–3600 m; Felsspalten, Schutt, auf kalkarmer Unterlage.
Verbreitung: Alpen, Balkan, Kleinasien.

Moschus-Steinbrech *Saxifraga moschata* ⊗

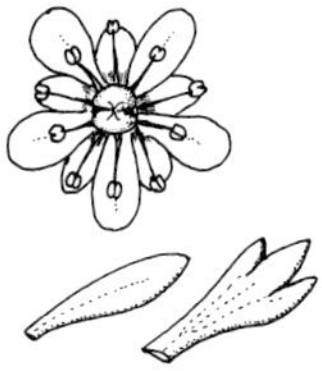

Merkmale: Ausdauernde, 1–10 cm hohe, in dichten Polstern wachsende Pflanze. Rosettenblätter linealisch bis schmal-lanzettlich, ungeteilt oder mit 2–3 nach vorne gerichteten, ungleichen Abschnitten, flach, lockerdrüsig bis kahl. Zahlreiche Blütenstengel, aufrecht, drüsig, mit wechselständigen Blättern, den Grundblättern ähnlich, mit 1–5 Blüten. Kronblätter 3–4 mm lang, ± so breit und bis doppelt so lang wie die Kelchblätter, schmal-eiförmig, cremefarbig bis gelbgrünlich, seltener weißlich oder orange bis purpurn, sich mit den Rändern nicht überdeckend; Kelchblätter eiförmig.
Blütezeit: Juli bis August.
Standort: Subalpin und alpin, 1200–4000 m; Felsspalten, Schutt, steinige Rasen; über Kalk.
Verbreitung: Von den Pyrenäen über die Alpen (häufig) bis zum Balkan und Kaukasus.

Presolana-Steinbrech *Saxifraga presolanensis*

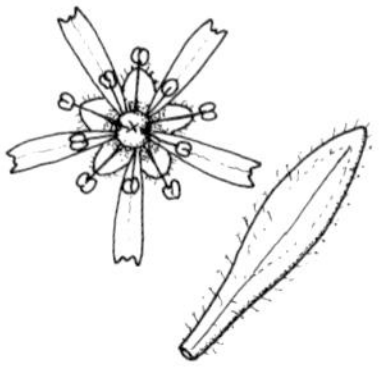

Merkmale: Ausdauernde, bis 15 cm hohe, gelbgrüne, von langen Drüsenhaaren klebrige Pflanze, dichte, weiche Polster bildend. Rosettenblätter schmal-spatelig bis länglich-lanzettlich, 12–15 mm lang, ganzrandig, an Rand und Flächen drüsig behaart, dachziegelig deckend, abgestorben und trokken von silbergrauer Farbe. Stengel dünn, drüsig, mit wenigen, wechselständigen Blättern und 2–4 Blüten. Kronblätter blaß-gelbgrünlich, entfernt stehend, 3–4 mm lang, schmal-keilförmig bis fast linealisch, schmäler als Kelchblätter, oft ausgerandet und mit kleinem Zähnchen in der Ausbuchtung; Kelch halb so lang wie Krone. **Blütezeit:** Juli bis August.
Standort: 1750–2350 m; steile oder überhängende Kalkfelsen, Höhlen, Klüfte.
Verbreitung: Nur Bergamasker Alpen, selten.

Seguiers Steinbrech *Saxifraga seguieri*

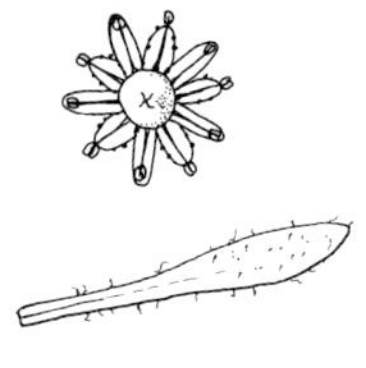

Merkmale: Ausdauernde, 2–6 cm hohe, in Rasen oder flachen Polstern wachsende Pflanze. Rosettenblätter lanzettlich bis spatelförmig, 5–30 mm lang, 1–4 mm breit, dunkelgrün, ganzrandig, überall dicht mit kurzen Drüsen besetzt, auf den Flächen oft verkahlend, abgestorben von brauner Farbe. Stengel mit 0–2 kurzen, wechselständigen Blättern und 1–2 Blüten. Kronblätter länglich-eiförmig, abgerundet, gelblich, so lang oder etwas länger und deutlich schmäler als die Kelchblätter, 3nervig; Staubblätter so lang wie Kronblätter; Kelchblätter dicht drüsig, mit eiförmigen Zipfeln. **Blütezeit:** Juli bis August.
Standort: Subalpin und alpin, 1600–3000 m; durchfeuchteter, feiner Ruhschutt (Silikat, Kalkschiefer), Schneetälchen; ziemlich häufig.
Verbreitung: Von den Grajischen Alpen bis zu den Dolomiten.

Blattloser Steinbrech *Saxifraga aphylla* ⊗

Merkmale: Ausdauernde, 1–3 cm hohe, in lockeren Polstern wachsende Pflanze mit zahlreichen niederliegenden, beblätterten Trieben. Rosettenblätter hellgrün, spatelförmig bis lanzettlich, 3–10 mm lang, an der Spitze breiter und mit 3–5 Zähnen, selten ganzrandig, zerstreut drüsig behaart bis kahl. Blütenstengel aufrecht, kurzdrüsig, ohne Blätter, bis 10 cm verlängert, mit 1–2 endständigen Blüten. Kronblätter schmal-linealisch, zugespitzt, 2–3 mm lang, 0,5 mm breit, 1- bis 2mal so lang, jedoch nicht halb so breit wie die Kelchblätter, blaßgelb; Kelchblätter stumpf. **Blütezeit:** Juli bis September.
Standort: Meist alpin, 1500–3200 m; grober Kalkschutt mit langer Schneebedeckung.
Verbreitung: Ostalpen, oft häufig, vom Berner Oberland bis zum Schneeberg, vor allem in den Nördlichen und Südlichen Kalkalpen.

Fettkraut-Steinbrech *Saxifraga sedoides* ⊗

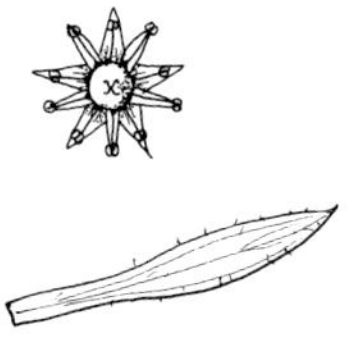

Merkmale: Ausdauernde, 2–5 cm hohe, in lockeren Rasen wachsende Pflanze. Rosettenblätter lanzettlich bis spatelförmig, 5–15 mm lang, flach, ganzrandig, zerstreut drüsenhaarig bis kahl, mit heller, stacheliger Spitze. Stengel aufrecht, mit langen, abstehenden Drüsenhaaren, 0–2 wechselständigen Blättern und 1–2 Blüten. Kronblätter 2–3 mm lang, lanzettlich, kürzer bis etwas länger, aber viel schmäler als die Kelchblätter und wie diese stachelspitzig, blaß-gelbgrün bis zitronengelb; Kelchblätter zur Blütezeit ± waagrecht ausgebreitet (bei ähnlichen Arten den Kronblättern anliegend).
Blütezeit: Juni bis September.
Standort: Subalpin und alpin, 1600–2800 m; feuchter Kalkschutt, schattige Felsspalten.
Verbreitung: Kalkalpen östlich von Comer See und Salzach; Pyrenäen, Apennin, Jugoslawien.

Facchinis Steinbrech *Saxifrage facchinii*

Merkmale: Ausdauernde, bis 5 cm hohe, in kleinen Rasen oder flachen Polstern wachsende Pflanze mit nichtblühenden Rosetten. Blätter linealisch-lanzettlich, abgerundet, 6 mm lang, bis 2 mm breit, Fläche und Rand drüsenhaarig. Stengel kurz, die Rosetten nur wenig überragend, drüsig, mit 1–4 Blüten. Kronblätter blaßgelb bis hell- oder dunkelpurpurn, verkehrt-eiförmig bis keilig, vorne gestutzt oder leicht ausgerandet, nur wenig länger als die eiförmigen, drüsig behaarten Kelchblätter. **Blütezeit:** Juli bis August.
Standort: Alpin, 2000–3300 m; Felsspalten, feuchter Feinschutt; auf Kalk; nicht häufig.
Verbreitung: Südtiroler Dolomiten.
Im Kalkschiefer der Zentralalpen wächst der **Flachblättrige Steinbrech** *(S. muscoides)* mit dichten, festen Polstern und größeren, weißlichen bis blaßgelben Kronblättern.

Dreizähniger Steinbrech *Saxifraga depressa*

Merkmale: Ausdauernde, 5–10 cm hohe, lockerrasig wachsende Pflanze, dem **Mannsschild-Steinbrech** *(S. androsacea)* ähnlich, jedoch kräftiger. Grundblätter in Rosetten, dicklich, bis 30 mm lang und 6–10 mm breit, keilförmig, vorne meist tief 3zähnig, mit längerem Mittelzahn, am Rand und auf den Flächen kurzdrüsig behaart wie die 0–2 Stengel- und Tragblätter. Stengel aufrecht, kräftig, mehrblütig (bis zu 10 Blüten), drüsig, Kronblätter weiß, 3nervig, 4–5 mm lang, verkehrt-eiförmig, doppelt so lang wie die Kelchzipfel; Kelchblätter stumpf eiförmig. **Blütezeit:** Juni bis August.
Standort: Alpin, 2000–2850 m; in schattigen Lagen auf feuchtem Schutt, vorwiegend auf Porphyr.
Verbreitung: Endemische Art der westlichen Dolomiten.

Aufsteigender Steinbrech *Saxifraga ascendens*

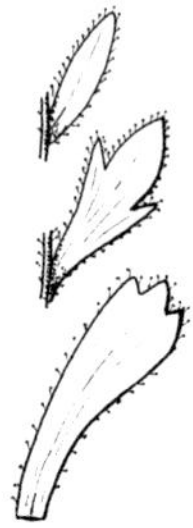

Merkmale: Zweijährige, 3–20 cm hohe, dicht drüsig behaarte, lockerrasig wachsende Pflanze ohne nichtblühende Triebe. Rosettenblätter gedrängt, sitzend, keilförmig, mit 3–5 Zähnen an der Spitze, überwinternd; Stengelblätter ähnlich, die oberen jedoch lanzettlich und ungezähnt. Stengel kräftig, mehrblättrig, aufrecht, einfach oder verzweigt, oft rötlich überlaufen. Blütenstand gedrungen, vielblütig, doldenartig bis kopfig, Blütenstiele kürzer als Blüte. Kronblätter 3–5 mm, weiß, 3nervig, verkehrt-eiförmig, abgerundet bis leicht ausgerandet, doppelt so lang wie die Kelchzipfel. **Blütezeit:** Juni bis August.
Standort: 1800–3100 m; Lägerstellen, feuchter Grus, Gratrasen, offene Böden.
Verbreitung: Alpen, Pyrenäen, Apennin, Karpaten, Kaukasus, Skandinavien, Nordamerika.

Mannsschild-Steinbrech *Saxifraga androsacea*

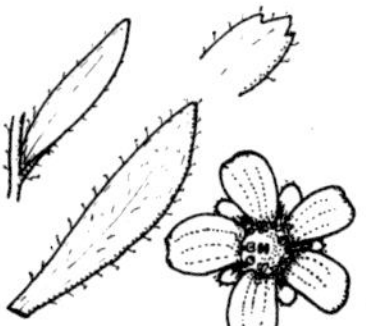

Merkmale: Ausdauernde, 2–10 cm hohe, einzeln oder in kleinen Gruppen wachsende Pflanze mit nichtblühenden Trieben. Blätter fast alle am Grund, rosettenartig gedrängt, lanzettlich bis spatelförmig, 5–25 mm lang, 2–5 mm breit, ganzrandig, seltener an der Spitze mit 1–3 kurzen Zähnen, am Rand abstehend drüsenhaarig. Stengel aufrecht, ebenfalls drüsig behaart, mit 0–3 wechselständigen Blättern und 1–3 Blüten. Kronblätter weiß, 5–7 mm lang, verkehrt-eiförmig, abgerundet bis ausgerandet, 3nervig, doppelt so lang und breiter als die eiförmigen Kelchblätter. **Blütezeit:** Mai bis August.
Standort: Subalpin und alpin, 1400–3400 m; Schneetälchen, feuchter Kalkschutt; häufig.
Verbreitung: Durch die Alpen verbreitet; Pyrenäen, Karpaten, Balkan, ostasiatische Gebirge.

Piemonteser Steinbrech
Saxifraga pedemontana

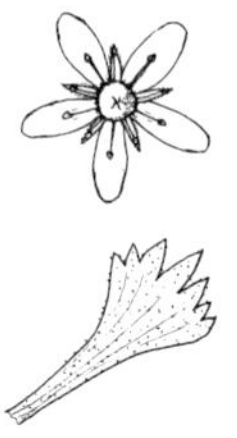

Merkmale: Ausdauernde, 6–20 cm hohe, polsterbildende Pflanze mit nichtblühenden, dicht beblätterten Trieben. Grundblätter in Rosetten, flach, schwach fleischig, vielnervig, hand- bis keilförmig, in den Stiel verschmälert, überall dicht drüsenhaarig, fast bis zur Mitte in 3–7, nach vorne gerichtete Abschnitte geteilt. Stengel kräftig, aufrecht, wenig beblättert, drüsig behaart, mit 3–10 Blüten in gedrängtem, doldenartigem oder rispigem Blütenstand. Kronblätter weiß, verkehrt-eiförmig, keilförmig verschmälert, 10–15 mm lang, 3nervig; Kelch drüsenhaarig, bis halb so lang wie Krone. **Blütezeit:** Juni bis August.
Standort: Subalpin und alpin, 1500–2800 m; schattige Felsen, Schutt; auf Silikat.
Verbreitung: Von den Seealpen bis in die Kottischen und Grajischen Alpen.

Rundblättriger Steinbrech
Saxifraga rotundifolia ⊗

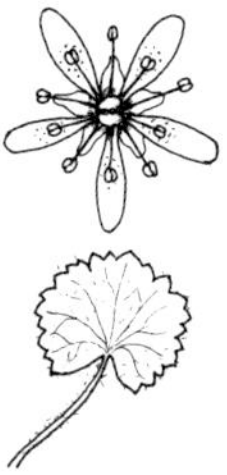

Merkmale: Ausdauernde, 10–70 cm hohe Pflanze ohne nichtblühende Triebe. Grundständige Rosettenblätter lang gestielt, 2–5 cm breit, rundlich bis nierenförmig mit herzförmigem Grund, grob-kerbzähnig, etwas fleischig, beiderseits zerstreut weichhaarig; untere Stengelblätter ähnlich, gestielt, die obersten einfacher und kleiner, sitzend. Blüten langgestielt, in lockeren Rispen mit stark drüsenhaarigen Ästen. Kronblätter 6–11 mm, länglich-eiförmig, weiß, oben mit roten, am Grund mit gelben Punkten, 2- bis 3mal so lang wie die Kelchblätter.
Blütezeit: Juni bis September.
Standort: Vom Tal bis 2500 m; Bachufer, Hochstauden, Grünerlengebüsch; häufig.
Verbreitung: Alpen und Vorland, Pyrenäen, südeuropäische Gebirge, Kaukasus.

Sternblütiger Steinbrech *Saxifraga stellaris*

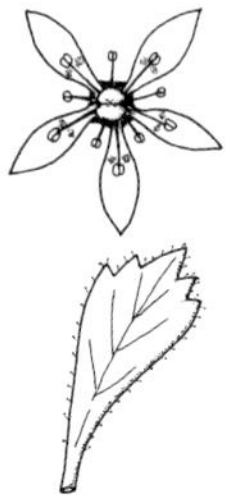

Merkmale: Ausdauernde, bis 30 cm hohe, in dichten oder lockeren Rasen wachsende Pflanze mit Blattrosetten an den Ausläufern und blattlosem, drüsigem oder kahlem, aufrechtem Stengel. Grundblätter ei- bis keilförmig, bis 5 cm lang und 2 cm breit, fleischig, glänzend, spärlich behaart oder kahl, an der Spitze grob gezähnt. Blütenstand mit 3–15 langgestielten Blüten. 5–6 Kronblätter, lanzettlich, 3–7 mm lang, weiß, am Grund mit gelben Punkten; Kelchblätter lanzettlich, halb so lang wie Kronblätter, rötlich, zur Blütezeit zurückgeschlagen, dem Blütenstiel anliegend.
Blütezeit: Juni bis September.
Standort: Montan bis alpin, 1200–3000 m; Quellfluren, Bachufer, feuchter Schutt; häufig.
Verbreitung: Von den spanischen Gebirgen über die Alpen und Karpaten zum Balkan und Apennin; verschiedene Unterarten.

Nickender Steinbrech *Saxifraga cernua*

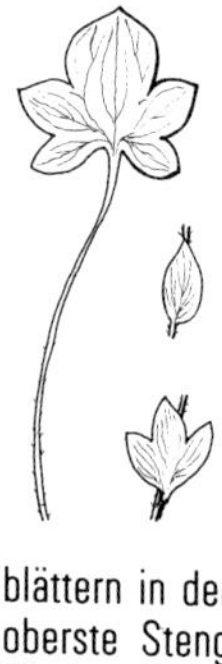

Merkmale: Ausdauernde, 10–15 cm hohe Pflanze mit einfachem, aufrechtem, behaartem und beblättertem Stengel, oben meist leicht nikkend. Grundblätter in Rosetten, 10–20 mm breit, im Umriß herz- bis nierenförmig, bis zur Mitte in 3–7 breite Lappen geteilt, locker drüsig behaart, wie bei den Stengelblättern in den Blattachseln mit Brutzwiebeln; oberste Stengelblätter ungelappt, länglich-eiförmig, sitzend. Stengel nur mit 1 Blüte. Kronblätter weiß, kahl, 8–12 mm, verkehrt-eiförmig, gegen den Grund keilig verschmälert, bis 4mal so lang wie die stumpfen Kelchzipfel.
Blütezeit: Juli.
Standort: Subalpin und alpin, 1800–2800 m; feuchte, schattige Felsabsätze, -höhlen, Lägerstellen; über Kalk und Gneis; selten.
Verbreitung: Nur an wenigen Stellen in den Alpen; vor allem im arktischen Bereich.

Spinnweben-Steinbrech
Saxifraga arachnoidea

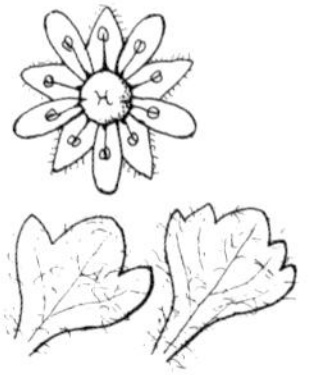

Merkmale: Ausdauernde, lockerrasig wachsende Pflanze mit niederliegend-aufsteigenden, 10–30 cm langen, reich verzweigten Stengeln, wie die Blätter mit langen, klebrigen Drüsenhaaren überzogen, die die ganze Pflanze spinnwebenartig einhüllen (Name!). Grundblätter nicht in Rosetten, im Umriß nierenförmig bis rundlich, bis 20 mm breit, vorne mit 3–5 groben Zähnen, dünn, fast durchscheinend, gelbgrün, in den kurzen Blattstiel keilig verschmälert; obere Stengelblätter kleiner, sitzend. Blüten zu 1–3 an gabelig verzweigten Stengeln. Kronblätter blaßgelb, eiförmig, etwas länger als die Kelchblätter.
Blütezeit: Juni bis August.
Standort: 600–1700 m; in regengeschützter Lage unter Kalkfelsen, Überhängen; selten.
Verbreitung: Judikarien, Bergamasker Alpen.

Bergamasker Wiesenknopf
Sanguisorba dodecandra

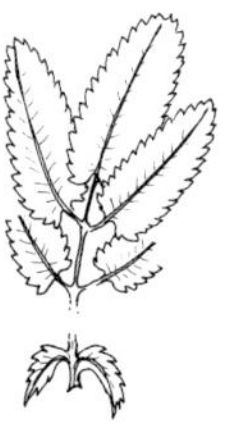

Merkmale: Ausdauernde, kahle, bis 1,5 m hohe Pflanze. Wenige Grundblätter, zur Blütezeit oft absterbend, elliptisch, bis 50 cm lang, gefiedert, mit meist 5–10, ovallänglichen, gestielten, grob gezähnten Fiederpaaren, unterseits bleichgrün. Stengelblätter kleiner. 3–10 Blütenstände, zylindrisch, bis 10 cm lang, auf aufrechten Stielen nickend. Blüten meist zwittrig. Kronblätter und Außenkelch fehlend. 4 Kelchblätter, gelbgrün bis weißlich. 4–15 Staubblätter, weit herausragend. Kelchbecher zur Fruchtzeit trocken und hart, mit 4 geflügelten Kanten, dazwischen etwas behaart.
Blütezeit: Juli bis September.
Standort: Bis etwa 2000 m; meist kalkarme, sonnige, feuchte Böden, Bachufer.
Verbreitung: Endemisch in Norditalien: Bergamasker Alpen, Veltlin.

Felsen-Steinbrech *Saxifraga petraea*

Merkmale: Zweijährige, 10–20 cm hohe Pflanze, überall mit feinen, weichen Drüsenhaaren besetzt. Grundblätter in Rosetten, langgestielt, im Umriß halbkreis- bis nierenförmig, 10–30 mm breit, mit 3–5 tief eingeschnittenen, grob gezähnten Lappen; Stengelblätter ähnlich. Stengel zart, schlaff und gebrechlich, niederliegend bis bogig aufsteigend, vom Grund an verzweigt, mit zahlreichen Blättern. Blütenstiele dünn, dicht-langdrüsig, mehrfach länger als die Blüten. Kronblätter weiß, verkehrt-eiförmig, vorne abgestumpft und leicht ausgerandet, 7–10 mm lang; Kelchblätter eiförmig, 2 mm lang.
Blütezeit: Mai bis Juli.
Standort: 200–2000 m; unter Felsen, in Grotten, über Kalk, an regengeschützten Stellen. **Verbreitung:** Südalpen; Comer See bis Julische Alpen; Jugoslawien.

Alpen-Heckenrose *Rosa pendulina*

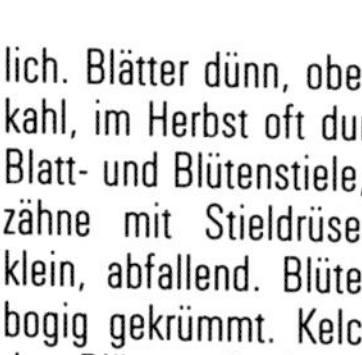

Merkmale: Gedrungener oder eher schlaffer ¼–2 (3) m hoher Strauch. Abstehende Stacheln spärlich, meist nur im unteren Teil. Rinde grün, gelbgrün, selten rötlich. Blätter dünn, oberseits dunkelgrün, meist kahl, im Herbst oft dunkelrot, 7- bis 11zählig. Blatt- und Blütenstiele, Hauptnerven und Blattzähne mit Stieldrüsen besetzt. Hochblätter klein, abfallend. Blüten einzeln, Stiele später bogig gekrümmt. Kelchblätter ungeteilt, nach der Blüte aufrecht stehend, länger als die Kronblätter. Diese rosa bis dunkel-karminrot. Griffel weiß-wollig. Hagebutte eiförmig, hängend, orangerot, meist stieldrüsig, borstig.
Blütezeit: Mai bis Juli, bis August.
Standort: Von etwa 500 bis über 2500 m; meist feuchte Böden, Hochstaudenfluren.
Verbreitung: Gebirge Mittel- und Südeuropas, Spanien, Nordgriechenland, Karpaten.

Steinbrech-
gewächse

Rosen-
gewächse

Gletscher-Petersbart *Geum reptans* ⊗

Merkmale: Halbrosettenstaude, bis 1 m lange, oberirdische, beblätterte, wurzelnde Ausläufer treibend. Meist mehrere Stengel, 1blütig, oft rotbraun, abstehend einfach und drüsig behaart, blühend bis 10 cm, fruchtend bis 25 cm hoch. Grundblätter unterbrochen gefiedert, Endblättchen nicht wesentlich größer, Zähne spitz. Stengelblätter kleiner, fiederteilig. Blüten bis 4 cm im Durchmesser, 6- bis 8zählig, leuchtend gelb. Kelchblätter etwa doppelt so lang wie die Außenkelchblätter, braunrot behaart. Früchtchen zahlreich, dicht behaart, vom bleibenden, bis 3 cm langen, rotbraun und federig behaarten Griffel gekrönt.
Blütezeit: Juli bis August, September.
Standort: Über 2000 m; verbreitet und gesellig auf kalkarmen, immerfeuchten Rohböden.
Verbreitung: Gebirge Mittel- und Südosteuropas, in Deutschland nur in den Allgäuer Alpen.

Gold-Fingerkraut *Potentilla aurea*

P. crantzii

Merkmale: Halbrosettenstaude. Stengel bogig aufsteigend, bis 35 cm hoch, im oberen Teil verzweigt, wenigblütig, wie die Blattstiele anliegend behaart. Grundblätter meist 5zählig gefingert, oberseits glänzend grün, unterseits Nerven und Rand anliegend, seidig glänzend behaart. Blüten goldgelb, am Grund mit dunklerem Fleck. Außenkelch und Kelch gleich lang, Kronblätter doppelt so lang.
Blütezeit: Juni bis September.
Standort: 1400–2600 m, selten bis 3000 m; kalkarme, trockene Böden, verbreitet.
Verbreitung: Gebirge Mittel- und Südeuropas. In Nord-, Mittel- und Südeuropa, bis nach Persien, meist auf Kalk, findet sich das **Zottige Fingerkraut** *(P. crantzii)*, deutlich erkennbar durch die zottige, senkrecht abstehende Behaarung und die breiten und stumpfen Zähne der Teilblättchen.

Berg-Petersbart *Geum montanum* ⊗

Merkmale: Halbrosettenstaude ohne Ausläufer, mit dickem, kriechendem Wurzelstock. Stengel mehrere, unverzweigt, meist 1blütig, abstehend behaart, blühend bis 10 cm, fruchtend bis 35 cm hoch. Grundblätter leierförmig, unterbrochen gefiedert, Endblättchen deutlich größer, Zähne abgerundet. Wenige Stengelblätter, einfach bis 3teilig. Blüten 2–4 cm im Durchmesser, 5(6)zählig. Kelchblätter behaart, etwa doppelt so lang wie die Außenkelchblätter. Kronblätter goldgelb, rundlich. Staub- und Fruchtblätter zahlreich. Griffel am reifen Früchtchen bis 3 cm lang, dicht federig.
Blütezeit: Mai bis August (September).
Standort: (700)1600–3500 m; verbreitet auf frischen, sauren Böden, Wiesen, Weiden, Zwergstrauchgesellschaften.
Verbreitung: Gebirge Mittel- und Südeuropas, von Nordspanien bis zum Balkan.

Kleinstes Fingerkraut *Potentilla brauniana*

Blattunterseiten

P. nivea

Merkmale: Ausdauernde, bis 5 cm hohe Pflanze, rasenbildend. Stengel dünn, niederliegend oder aufsteigend, 1- bis 2blättrig; ebenso wie Kelch, Blatt- und Blütenstiel spärlich behaart und drüsenlos. Grundblätter rosettig, 3zählig gefingert, Blättchen am Rand wenig tief gezähnt, beiderseits frischgrün, oberseits kahl, unterseits am Rand und an den Nerven spärlich striegelhaarig. Blüten meist einzeln, mit 5 den Kelch deutlich überragenden, lebhaft gelben Kronblättern. Kelch aus 5 eiförmigen Kelchblättern und 5 deutlich kürzeren Außenkelchblättern. **Blütezeit:** Juli und August.
Standort: Alpin, meist über 2000 m. In Bayern bis auf 1100 m herab. Nur auf Kalk, in lange schneebedeckten Lagen. Nicht häufig.
Verbreitung: Pyrenäen, Südalpen, Balkan.
Das **Schneefingerkraut** *(P. nivea)* hat unten weißfilzige Blätter.

Vielspaltiges Fingerkraut
Potentilla multifida

Merkmale: Halbrosettenstaude. Wurzelstock kurz verzweigt und dicht mit bräunlichen Blattresten bedeckt. Stengel bogig aufsteigend, bis 25 cm hoch, in der oberen Hälfte verzweigt, wenigblättrig, vielblütig, wie die bis 5 cm langen Blattstiele dicht anliegend behaart. Blätter gefiedert bis fingerteilig, Abschnitte tief fiederschnittig mit herabgebogenem Rand, Oberseite grün, anliegend behaart, Unterseite dicht graufilzig. Blüten 8–15 mm im Durchmesser, Kelch außen, der Außenkelch beidseitig dicht anliegend behaart. Kronblätter gelb, den Kelch überragend, tief ausgerandet.
Blütezeit: Juli bis August.
Standort: 2200–3000 m; besonders unter überhängenden Felsen, selten.
Verbreitung: Arktisch, alpin: Skandinavien, Ural, Pyrenäen, Alpen.

Gletscher-Fingerkraut *Potentilla frigida*

Merkmale: Halbrosettenstaude. Wurzelstock mit rotbraunen Blattresten bedeckt. Ganze Pflanze graugrün, seidig glänzend; zwischen langen, grauen, etwas abstehenden Haaren sitzende, gelbliche Drüsen. Stengel aufsteigend aufrecht, ziemlich dick, 5–10 cm hoch, 1- bis 3blättrig, 1- bis 3(5)blütig. Grundblätter kurz oder lang gestielt, 3zählig. Nebenblätter breit, häutig, rotbraun. Oberstes Stengelblatt oft einfach. Blüten öffnen sich nur halb. Außenkelch deutlich kürzer als die Kelchblätter, diese etwa 5 mm lang, zottig, oft rötlich überlaufen. Kronblätter blaßgelb, selten länger als der Kelch. 20 Staubfäden, sehr kurz. **Blütezeit:** Juli bis August.
Standort: Über 2500–3100 m; kalkarme, trockene Felshänge, Bergwiesen, nicht häufig.
Verbreitung: Pyrenäen, Alpen (Dauphineé – Steiermark), fehlt in Deutschland.

Stengel-Fingerkraut *Potentilla caulescens*

Merkmale: Halbrosettenstaude, bis 30 cm hoch, mehr oder weniger, schief abstehend zottig und drüsig behaart. Drüsenhaare gegliedert. Stengel meist überhängend, beblättert, die Grundblätter überragend. Diese langgestielt, meist 5teilig gefingert, beiderseits grün, Oberseite nicht oder nur spärlich, Unterseite dichter behaart. Blütenstände trugdoldig, vielblütig, Blütenstiele seidig, zottig. Blüten 1,5–2,5 cm im Durchmesser. Außenkelch so lang wie die Kelchblätter. Kronblätter kaum verlängert, weiß, innen oft etwas rötlich. 20 Staubfäden, untere Hälfte oder ganz dicht behaart. Staubbeutel und Griffel gelblich. Reife Früchtchen nur an Spitze und Rücken behaart.
Blütezeit: Juni, Juli bis September.
Standort: Etwa 900–2600 m, auch tiefer; kalkliebend, Felsspalten und -hänge, häufig.
Verbreitung: Alpen, südeuropäische Gebirge.

Clusius-Fingerkraut *Potentilla clusiana*

Merkmale: Halbrosettenstaude mit schwach kriechendem, von schwärzlichen Blattresten bedecktem Wurzelstock. Haare schräg abstehend, zusätzlich gegliederte Drüsenhaare. Stengel aufsteigend aufrecht, 5–10 cm hoch, wenig beblättert, meist 1- bis 3blütig. Grundblätter lang gestielt, 5-, selten 3zählig gefingert, beiderseits grün, am Rand lang gewimpert. Blüten etwa 2 cm im Durchmesser. Kelchblätter lanzettlich-spitz, etwas länger als der schmalere Außenkelch, außen rötlich überlaufen, Rand gewimpert. Kronblätter weiß, breit ausgerandet, deutlich den Kelch überragend. 20 Staubfäden, kahl, oft rot überlaufen. **Blütezeit:** Juni bis August.
Standort: Etwa 1400–2200 m; Kalkfelsen und Schutt, Dolomit.
Verbreitung: Östliche Alpen, Gebirge Westjugoslawiens und Albaniens.

Seealpen-Fingerkraut *Potentilla valderia*

Merkmale: Halbrosettenstaude mit einem dunkelbraun-schwarzen, von Blattresten bedeckten Wurzelstock. Stengel aufsteigend aufrecht, 10–30 (50) cm hoch, mehrblütig, lang abstehend einfach und mit kurzen Drüsenhaaren besetzt. Grundblätter gestielt, 5- bis 7zählig gefingert; Blättchen besonders in der oberen Hälfte gesägt, oberseits grün oder gräulich, unterseits grau-filzig behaart, Nerven etwas hervortretend. Stengelblätter einfacher und kürzer behaart. Außenkelch schmaler und etwa so lang wie die Kelchblätter. Kronblätter weiß, kürzer als der Kelch, 6–7 mm lang. Staubfäden behaart.
Blütezeit: Juli bis August.
Standort: 1300–2400 m; Felsen und steinige Bergwiesen, auf Silikat.
Verbreitung: Französische und italienische Seealpen.

Steinbrech-Fingerkraut *Potentilla saxifraga*

Merkmale: Polsterbildende Halbrosettenstaude, Wurzelstock holzig, etwas verzweigt. Stengel aus der basalen Blattrosette herausragend, 15–20 (30) cm hoch, 5- bis 12blütig, dicht anliegend behaart und reichlich drüsig. Blätter lederig derb, 3- bis 5zählig gefingert, Blättchen an der Spitze mit 3 ungleichen Zähnen, mit herabgebogenem Rand, oberseits grün, unterseits weiß-silbrig behaart, Rand nicht gewimpert. Außenkelch deutlich kürzer als die Kelchzähne. Kronblätter weiß, den Kelch deutlich überragend. Staubfäden kahl. Griffel bleibend, zumindest untere Hälfte behaart. Früchtchen lang behaart.
Blütezeit: Mai bis Juni.
Standort: Meist nicht unterhalb 900 m; kalkliebend; in Felsspalten.
Verbreitung: Italienische und französische Seealpen.

Dolomiten-Fingerkraut *Potentilla nitida*

Merkmale: Polsterbildender Spalierstrauch. Ganze Pflanze dicht anliegend, silbergrau glänzend behaart. Stengel zart, 2–5 cm hoch, die Blätter nicht überragend, 1- bis 2blütig. Blattstiele bis 15 mm lang. Blätter 3-, selten 4- oder 5teilig gefingert, Teilblättchen nur an der Spitze gezähnt. Nebenblätter bald rotbraun und trockenhäutig. Blüten 2–3 cm im Durchmesser. Außenkelch kürzer als die Kelchblätter, diese innen purpurrot. Kronblätter deutlich verlängert, ausgerandet, rot bis weißlich. 20 Staubfäden, kahl, wie die Griffel purpurrot, Staubbeutel dunkel-purpurn. Blütenboden weißzottig. Früchtchen sehr lang behaart. **Blütezeit:** Juli bis September.
Standort: 1200–3100 m; kalkliebend, sonnige, trockene Felsen und Geröll.
Verbreitung: Vor allem Südalpen, auch Südwestalpen und Nordapennin.

Alpengelbling *Sibbaldia procumbens*

Merkmale: Rasenbildende, 3–10 cm hohe Halbrosettenstaude, mehr oder weniger steif und leicht anliegend behaart. Wurzelstock holzig, von Blattresten bedeckt. Stengel niederliegend aufsteigend, beblättert, 6- bis 10blütig endend, Blätter nicht überragend. Grundblätter lang gestielt, 3geteilt, oberseits graugrün, unterseits hellgrün, dichter behaart. Blüten unscheinbar, klein. Kelchblätter breit-lanzettlich, etwas länger als der Außenkelch. Kronblätter gelblich, schmal, kurz, bald abfallend. Blütenboden flach, behaart. Griffel seitenständig.
Blütezeit: Juni bis August (Oktober).
Standort: Meist über 2000 m; saure, feuchte, lang schneebedeckte Böden, nicht häufig.
Verbreitung: Nord-, Mittel- und Südeuropa.
Allgemeines: Vermittelt zwischen *Potentilla* und *Alchemilla*.

Gefalteter Silbermantel *Alchemilla plicatula*

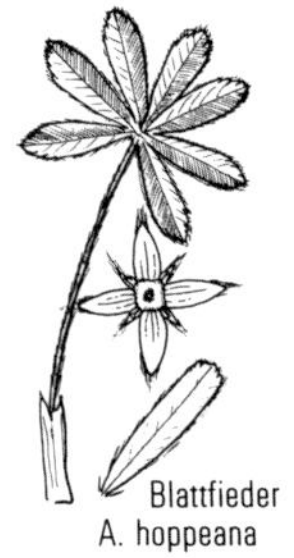

Merkmale: Gehört zur Artengruppe *A. hoppeana*, **Hoppes Frauenmantel**. Blätter 7- bis 9zählig gefingert; Blättchen fast oder ganz frei, nur an der Spitze oder oben gezähnt, oberseits kahl, unterseits anliegend, silbrig glänzend behaart, dichter bei *A. plicatula*, deren Blättchen entlang der Mittelrippe deutlich gefaltet sind. Dicht anliegend behaart sind Stengel, Blatt- und Blütenstiele, Blütenbecher; bei *A. plicatula* Außenkelch mit langen Haarbüscheln.
Blütezeit: Juni bis August.
Standort: Meist auf Kalk, montan bis alpin.
Verbreitung: *A. plicatula*: Süd- und Südmitteleuropa, Spanien, Albanien, Südkarpaten; *A. hoppeana*: Nördliche Kalkalpen.
Allgemeines: Die ungeschlechtliche Vermehrung hat eine große Variabilität zur Folge. Für die Bestimmung wichtig sind die Blattmerkmale, besonders der Sommerblätter.

Fünfblättriger Frauenmantel *Alchemilla pentaphyllea*

Merkmale: Rasenbildende, bis 10 cm hohe Halbrosettenstaude. Stengel mehrere, bis 15 cm lang, niederliegend, karminrot, kahl, an den Knoten Wurzeln und Rosetten treibend. Rosettenblätter lang gestielt, 3- bis 5teilig, seitliche Blättchen nochmals tief geteilt, spärlich behaart. Stengelblätter kleiner und kürzer gestielt. Blüten wenige, meist 4zählig. Blütenstiele aufrecht, etwa doppelt so lang wie der krugförmige, kahle Blütenbecher. Kelchblätter grünlich-gelb, später aufrecht, Außenkelch sehr klein bis fehlend. Kronblätter fehlend. Staubblätter zwischen den Kelchblättern. **Blütezeit**: Juni bis August.
Standort: Meist über 2000 m; auf kalkarmen feuchten Böden, Schneetälchen, verbreitet.
Verbreitung: Westalpen, in den Nordalpen selten, fehlt in Deutschland.

Silberwurz *Dryas octopetala* ⊗

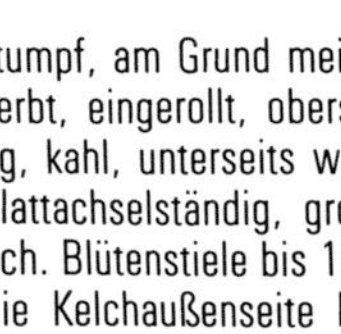

Merkmale: Immergrüner, stark verzweigter Spalierstrauch. Triebe bis 50 cm lang, stellenweise wurzelnd, dunkel berindet. Blätter kurz gestielt, lederig, ovalstumpf, am Grund meist herzförmig, Rand gekerbt, eingerollt, oberseits dunkelgrün, runzelig, kahl, unterseits weißfilzig. Blüten einzeln, blattachselständig, groß, zwittrig oder männlich. Blütenstiele bis 10 cm lang, aufrecht, wie die Kelchaußenseite lang kraus behaart, mit schwarzroten Drüsen besetzt. Kelch und Krone 7- bis 9blättrig. Kronblätter weiß, bis doppelt so lang wie der Kelch. Staub- und Fruchtblätter zahlreich, Griffel bis 3 cm lang, silbrig-federig. **Blütezeit**: Mai, Juni bis Juli, August.
Standort: 1200–2500 m; trockene oder frische Kalkböden, Pionier auf Schutt, gesellig.
Verbreitung: Arktisch-alpin, südlich bis Nordspanien, Mittelitalien, Südbulgarien.

Felsenbirne *Amelanchier ovalis* ⊗

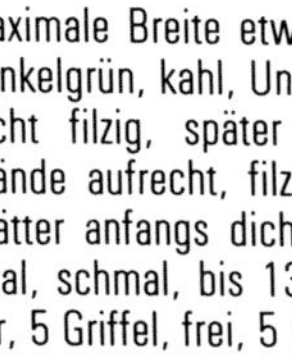

Merkmale: Aufrechter, auch ausladender, bis 3 (5) m hoher Strauch mit schwärzlicher Rinde, junge Zweige filzig. Blätter mehr oder weniger oval, 2,5–5 cm lang, maximale Breite etwa in der Mitte, Oberseite dunkelgrün, kahl, Unterseite der jungen Blätter dicht filzig, später kahl, graugrün. Blütenstände aufrecht, filzig, 3- bis 8blütig. Kelchblätter anfangs dicht filzig. Kronblätter weiß, oval, schmal, bis 13 mm lang. 20 Staubblätter, 5 Griffel, frei, 5 Fruchtblätter. Scheinfrucht bläulich-schwarz, bereift, eßbar.
Blütezeit: April, Mai bis Juli.
Standort: Von der Ebene bis 2000 m; kalkliebend, trockene, steinige, warme Böden, Felshänge- und -spalten, lichte Wälder.
Verbreitung: Süd- und Mitteleuropa, nördlich bis Luxemburg und Südpolen (Nordafrika, Kleinasien, Kaukasus).

Zwergmispel *Cotoneaster integerrimus*

Merkmale: Sommergrüner, aufrechter, selten niederliegender, verzweigter, bis 2 m hoher Strauch. Junge Zweige filzig behaart, später verkahlend. Blätter gestielt, rundlich bis eiförmig, bis 4 cm lang, stumpf, oder an den langen Trieben spitz bis stachelspitzig, Oberseite grün, kahl, Unterseite graufilzig behaart. Blütenstände kahl, trugdoldig, 1- bis 5blütig. Kelchbecher und Kelchblätter rotbraun, kahl oder am Rande behaart. Kronblätter weiß bis rosa, blaurot, länger als der Kelch. 20 Staubblätter, meist 2 Griffel, frei. Scheinfrucht kugelig, 6–8 mm im Durchmesser, rot, kahl. **Blütezeit:** April bis Juni.
Standort: Bis etwa 2800 m; kalkhaltige oder saure, trockene Böden, steiniger Grund, Felsspalten, lichte Wälder; häufig.
Verbreitung: Größte Teile Europas, außer äußerstem Norden und Mittelmeergebiet.

Zwerg-Eberesche *Sorbus chamaemespilus*

Merkmale: Laubwerfender, 1–2 (3) m hoher Strauch; Zweige rotbraun, anfangs leicht behaart, später kahl. Blätter lederig, kurz gestielt, an den Zweigenden dichter stehend, elliptisch, etwa doppelt so lang wie breit, bis etwa 7 cm lang, Rand meist einfach gezähnt, Zähne bis 1 mm lang, Oberseite dunkelgrün, Unterseite blaugrün, selten anfangs etwas behaart. Blüten klein, in dichten, weißfilzigen Doldentrauben stehend. Kelch weißfilzig. Kronblätter rosarot, aufrecht, schmal. Etwa 20 Staubblätter, 2 Griffel. Scheinfrucht rundlich bis eiförmig, wie ein kleiner Apfel, braunrot, dann schwärzlich. **Blütezeit:** Mai bis Juli.
Standort: Bis 2400 m; trockene, meist kalkhaltige Böden, lichte Föhrenwälder, Zwergstrauchbestände, relativ verbreitet.
Verbreitung: Gebirge Mittel- und Südeuropas, Pyrenäen, Balkan, Karpaten.

Alpen-Wundklee
Anthyllis vulneraria ssp. alpestris

Merkmale: Ausdauernde, 5–20 cm hohe Pflanze mit einfachem, anliegend behaartem, niederliegendem bis bogig aufsteigendem Stengel. Grundblätter elliptisch-lanzettlich, gestielt, ungeteilt, kahl; Stengelblätter gefiedert, meist in der unteren Stengelhälfte, oft fehlend; Hochblätter unter Blütenstand fingerartig bis über die Mitte eingeschnitten, meist kürzer als der aufgeblasene, häutige, weißzottig behaarte, 12–18 mm lange Kelch. Krone goldgelb, Schiffchenspitze gleichfarbig, 15–20 mm lang. Hülse vom Kelch eingeschlossen, mit nur einem, 4–6 mm langem Samen.
Blütezeit: Juni bis September.
Standort: Montan bis alpin, 1000–2900 m; trockene, steinige, kalkreiche Böden; häufig.
Verbreitung: Kantabrische Gebirge, Alpen, Jura, Karpaten, Balkan bis Montenegro.

Berg-Wundklee
Anthyllis montana ssp. montana ⊗

Merkmale: Ausdauernde, bis 20 cm hohe, oft polsterrasig wachsende Pflanze. Stengel niederliegend bis bogig aufsteigend, am Grund holzig, vor allem oben dicht behaart. Blätter alle gefiedert, mit 8–20 lanzettlichen, bis 10 mm langen seitlichen Teilblättern und einem Endblatt, beidseits ± behaart; Blattscheide ziemlich lang (beim Alpen-Wundklee kurz), bis zu den untersten Teilblättern reichend. Blütenköpfe bis 30 mm breit, reichblütig, mit kurzgestielten Blüten. Hochblätter handförmig geteilt, wie der Kelch dicht behaart. Krone 12–16 mm lang, rosa bis purpurfarben. **Blütezeit:** Mai bis Juli.
Standort: Montan und subalpin, 500–2400 m; steinige Weiden, Kalkgeröll, Felsen.
Verbreitung: Spanien, SW-Alpen, Jura, Apennin; **ssp.** *jacquinii:* O-Alpen, Karpaten, Balkan.

Alpenklee *Trifolium alpinum*

Merkmale: Ausdauernde, 5–20 cm hohe, kahle Pflanze, ohne Stengel, mit kräftiger, bis 1 m langer, faserumhüllter Wurzel. Blätter alle grundständig, Blattstiel bis 5 cm lang, mit 3 linealisch-lanzettlichen, bis 10 cm langen Teilblättern, ± ganzrandig. Blütenstand kopfig. 3–5 cm Durchmesser, lang gestielt, mit 3–12 großen, gestielten Blüten; Blütenstiele kürzer als die 10nervige, kahle Kelchröhre; Kelchzähne linealisch, zugespitzt, die oberen kürzer als die unteren. Krone 18–25 mm lang, fleischrosa bis purpurrot, angenehm duftend, bis 8mal so lang wie Kelchröhre; die Fahne überragt Schiffchen und Flügel. **Blütezeit:** Juni bis August. **Standort:** 1400–3100 m; Borstgras- und Krummseggenrasen, kalkarme Böden; häufig. **Verbreitung:** Zentral- und Südalpen; von Nordspanien bis Siebenbürgen.

Hügelklee *Trifolium alpestre*

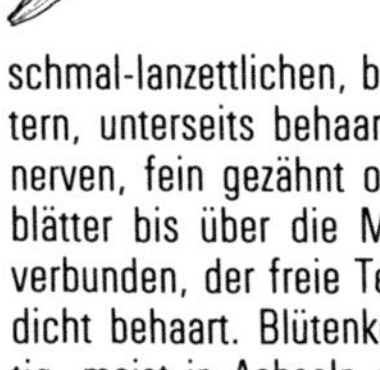

Merkmale: Ausdauernde, 15–40 cm hohe Pflanze mit kräftigem, aufrechtem, meist einfachem, anliegend behaartem Stengel. Blätter ± stengelständig, mit 3 schmal-lanzettlichen, bis 8 cm langen Teilblättern, unterseits behaart, viele bogige Steitennerven, fein gezähnt oder ganzrandig. Nebenblätter bis über die Mitte mit dem Blattstiel verbunden, der freie Teil pfriemlich zugespitzt, dicht behaart. Blütenköpfe dicht- und vielblütig, meist in Achseln der obersten Blätter sitzend. Kelch mit 20nerviger Röhre und pfriemlichen Zipfeln, dicht behaart. Krone 10–15 mm lang, leuchtend purpurrot, Fahne und Schiffchen gleich lang. **Blütezeit:** Juni bis August. **Standort:** Von Tallagen bis 2300 m; trockene Wiesen, lichte Wälder; nicht häufig. **Verbreitung:** Europa; verbreitet im Süden, seltener in Mittel- und Nordeuropa.

Braunklee *Trifolium badium*

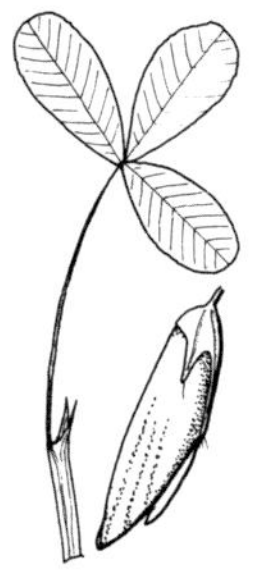

Merkmale: Ausdauernde, 8–25 cm hohe Pflanze, ohne Ausläufer. Stengel niederliegend bis aufsteigend oder aufrecht, meist einfach. Blätter gestielt, die obersten fast gegenständig, stets 3zählig; Teilblätter bis 2 cm lang, elliptisch, abgerundet bis gestutzt, fein gezähnt, ± kahl, mit zahlreichen, paarigen Seitennerven. Nebenblätter lanzettlich, lang mit dem Blattstiel verbunden, der freie Teil doppelt so lang wie breit. Blütenköpfe 20- bis 50blütig, bis 2 cm breit, gestielt, end- oder achselständig; Blütenstiele so lang wie die 5nervige Kelchröhre; Kelchzipfel ungleich lang; Krone 6–9 mm lang, goldgelb, verblüht dunkelbraun, Fahne bis 3mal so lang wie Schiffchen. **Blütezeit:** Juni bis August. **Standort:** Montan bis alpin, 1000–3000 m; Schutt, Wiesen und Weiden; über Kalk; häufig. **Verbreitung:** Nordspanien bis Balkan.

Thals Klee *Trifolium thalii*

Merkmale: Ausdauernde, 5–15 cm hohe Pflanze ohne eigentlichen Stengel. Blätter lang gestielt, 3zählig; Teilblätter bis 2 cm lang, verkehrt-eiförmig bis elliptisch, meist abgerundet, kurz und fein gezähnt, mit 6–10 in Randnähe gegabelten Nerven, schwach glänzend, kahl; Nebenblätter häutig, weißlich, weit hinauf mit Blattstiel verwachsen. Blütenköpfe reichblütig, bis 2 cm breit, auf grundständigen, langen, aufsteigenden bis niederliegenden Stielen. Kelch mit 10nerviger Röhre und ungleichen Zipfeln. Blütenstiele kürzer als Kelchröhre; Krone erst weiß, dann rötlich bis bräunlich. **Blütezeit:** Juli bis August. **Standort:** Subalpin und alpin, 1400–3000 m; alpine Rasen, steinige Weiden, über Kalk. **Verbreitung:** Spanien, Alpen, Jura, Apennin. Beim **Moränenklee** *(Trifolium pallescens)* sind die Blütenstiele länger als die Kelchröhre.

Berg-Esparsette *Onobrychis montana*

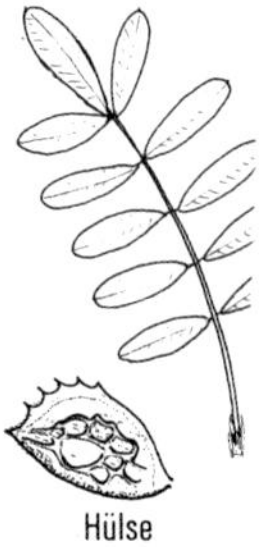

Hülse

Merkmale: Ausdauernde, 10–50 cm hohe, kahle oder schwach behaarte Pflanze mit beblättertem, niederliegend bis bogig aufsteigendem Stengel. Blätter gefiedert, mit 11–15 länglich-eiförmigen, unterseits kurz behaarten Teilblättern, mit aufgesetzter Spitze. Blütenähren anfangs kurz und dicht, später verlängert, gestielt. Blüten 10–15 mm lang, karminrot, mit dunkelroten Nerven; Fahne etwas kürzer als das Schiffchen, Flügel etwa so lang wie der Kelch. Hülse 6–8 mm lang, eiförmig, am Rand mit bis 2 mm langen Zähnen und gezähnten Randleisten. **Blütezeit:** Juni bis August. **Standort:** 1400–2500 m; kalkhaltige Böden. **Verbreitung:** Alpen, Apennin, Karpaten, Balkan. Die ähnliche **Futter-Esparsette** *(O. viciifolia)*: Stengel aufrecht, Blatt mit 13–27 Teilblättern, Fahne ± gleich lang wie Schiffchen.

Rundblättrige Hauhechel *Ononis rotundifolia*

Merkmale: Reich verzweigter, dicht drüsig behaarter, 15–50 cm hoher Halbstrauch ohne Dornen, mit aufrechten, am Grund holzigen Stengeln. Blätter 3zählig; Teilblätter breit-eiförmig bis rundlich, bis 30 mm lang, buchtig gezähnt, das mittlere gestielt, die seitlichen sitzend; Nebenblätter bis 10 mm lang, eiförmig, gezähnt. Blütentrauben 1- bis 3blütig, gestielt, blattachselständig; Blüten nickend, mit 3–6 mm langem Stiel; Krone 15–20 mm, rosa; Fahne länger als das weißliche Schiffchen, mit roten Nerven; Kelch halb so lang wie Krone, Zipfel bis 3mal so lang wie Kelchröhre. **Blütezeit:** Mai bis August. **Standort:** Bis 2000 m; trockene, kalkreiche Böden, Felshänge; zerstreut. **Verbreitung:** Nordspanien, Alpen, Jura, Abruzzen.

Strauchige Hauhechel *Ononis fruticosa*

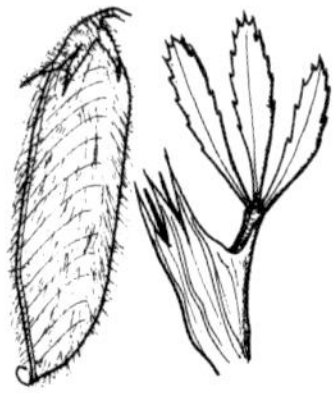

Merkmale: Aufrechter Zwergstrauch, 25–100 cm hoch, ohne Dornen, junge Stengel kurz behaart. Blätter 3zählig, kahl, kurzgestielt oder sitzend; Teilblätter länglich-lanzettlich, spitz, sägezähnig, lederig, 7–25 mm lang; Nebenblätter länger als der Blattstiel, in einer Scheide den Stengel umhüllend. Blütentraube gestielt, in den Blattachseln der oberen Blätter, mit 1–3 Blüten auf 2–5 mm langen Blütenstielen; Blütenstand, Kelch, Fahne und Hülse sind drüsig behaart. Krone 10–20 mm lang, rosa, Fahne länger als Schiffchen, mit roten Nerven, bis 3mal so lang wie der Kelch; Hülse hängend, blasig, behaart, 18–25 mm, 4- bis 6mal so lang wie der Kelch. **Blütezeit:** Juni bis August. **Standort:** Bis 1800 m; trockene, kalkreiche Böden, Felsen. **Verbreitung:** Atlas, spanische Gebirge, Pyrenäen, Südwestalpen.

Mont-Cenis-Hauhechel *Ononis cristata*

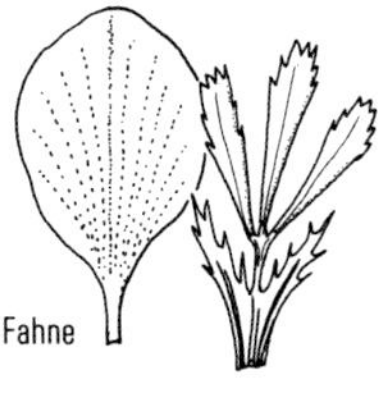

Fahne

Merkmale: Ausdauernde, 5–35 cm hohe, oft rasig wachsende, zerstreut drüsig behaarte Pflanze mit niederliegenden bis aufsteigenden, nur am Grund holzigen Stengeln, ohne Dornen. Teilblätter 5–15 mm lang, länglich-eiförmig, in der oberen Hälfte deutlich gezähnt, lederig, alle fast sitzend; Nebenblätter länger als der Blattstiel, gezähnt, den Stengel scheidenartig umfassend. Blüten einzeln auf langen, blattachselständigen Stielen; Krone 10–15 mm lang, Fahne dunkelrosa mit dunkleren Nerven, länger als die hellrosa oder weißlichen Flügel und Schiffchen; Kelch halb so lang wie Krone. **Blütezeit:** Juni bis September. **Standort:** Bis 2000 m; trockene, kalkreiche Böden, Schutt, Fels, Weiden. **Verbreitung:** Spanische Gebirge, Pyrenäen, Südwestalpen, Apennin, Abruzzen.

Alpen-Süßklee *Hedysarum hedysaroides*

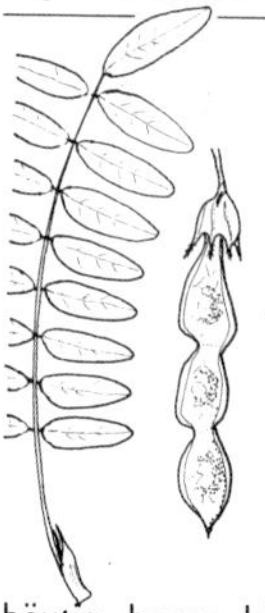

Merkmale: Ausdauernde, 10–30 cm hohe Pflanze mit aufrechtem, einfachem, beblättertem Stengel. Blätter unpaarig gefiedert, die obersten fast gegenständig; Teilblätter in 4–10 Paaren, sitzend, ganzrandig, 10–30 mm lang, 5–15 mm breit, lanzettlich, kurz bespitzt, mit parallelen Seitennerven; Nebenblätter häutig, braun, bis über die Mitte verwachsen. Blüten nickend, zu 10–50 in langgestielter, einseitswendiger Traube. Krone rotviolett, 16–22 mm lang, Schiffchen länger als Flügel und Fahne; Kelch glockig, mit schiefem Schlund und lanzettlichen, ungleich langen Zähnen; Hülse flach, zwischen den Samen eingeschnürt. **Blütezeit**: Juli bis August.
Standort: Subalpin und alpin, 1700–2800 m; kalkhaltige Böden, Rostseggenrasen, Hänge.
Verbreitung: Spanische Gebirge, Pyrenäen, Alpen, Apennin, Karpaten, Sudeten.

Waldwicke *Vicia sylvatica*

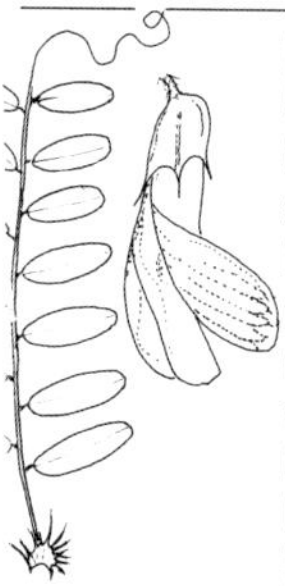

Merkmale: Ausdauernde, 50–200 cm hohe, kahle Pflanze mit niederliegendem oder kletterndem, schlaffem, kantigem, verzweigtem Stengel. Blätter 5–10 cm lang, mit 6–9 Blattpaaren und kräftigen Ranken; Teilblätter 6–18 mm lang, 3–10 mm breit, länglich-eiförmig; Nebenblätter halbmondförmig, mit grannenartigen Zähnen. Blüten 12–18 mm, kurzgestielt, nickend, in 10- bis 20blütigen, einseitigen, gestielten Trauben. Krone weißlich mit blau bis violett geaderter Fahne und meist violetter Schiffchenspitze, Fahne nur wenig länger als Flügel und Schiffchen; Kelch glockig, mit ungleichen, pfriemlichen Zipfeln; Hülse flach. **Blütezeit**: Juni bis August.
Standort: Montan und subalpin, bis 2200 m; Bergwälder, Hochstaudenfluren, Gebüsch.
Verbreitung: Vor allem in den Nordalpen; von Südfrankreich bis zum Balkan, Nordeuropa.

Weißlicher Süßklee *Hedysarum boutignyanum*

Merkmale: Ausdauernde, 20–60 cm hohe Pflanze mit aufrechten oder bogig aufsteigenden Stengeln. Blätter kahl, unpaarig gefiedert, mit drüsig behaartem Blattstiel; Teilblätter in 4–8 Paaren, 10–30 mm lang, 6–18 mm breit, elliptisch bis eiförmig, vorne ausgerandet, in der Ausrandung mit feiner Spitze, parallele Seitennerven zahlreich und deutlich sichtbar; Nebenblätter bis zur Mitte verwachsen. Blüten hängend, kurzgestielt, zahlreich in verlängerter, einseitswendiger Traube, deren Stiel die Blätter überragt. Krone 12–20 mm, weißlich bis cremefarben, manchmal blau geädert.
Blütezeit: Juli bis August.
Standort: Subalpin und alpin, 1500–2800 m; steinige Weiden, Schutthalden, Felshänge.
Verbreitung: Endemische Pflanze der französischen Südwestalpen; nicht häufig.

Esparsetten-Wicke *Vicia onobrychioides*

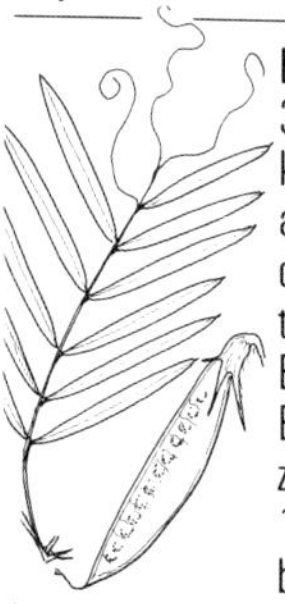

Merkmale: Ausdauernde, 30–100 cm hohe Pflanze, kahl oder kurz behaart, mit aufsteigendem oder kletterndem, verzweigtem und beblättertem, kantigem Stengel. Blätter 3–8 cm lang, mit 4–7 Blattpaaren, am Ende mit verzweigter Ranke; Teilblätter 15–30 mm lang, 2–4 mm breit, linealisch bis länglich-lanzettlich; Nebenblätter spitz, am Grund gezähnt. Blüten 17–24 mm, erst abstehend, später nickend, kurzgestielt, in 4- bis 12blütigen, ± einseitswendigen, lockeren und langgestielten Trauben. Krone lebhaft blauviolett, bis 4mal so lang wie der Kelch; Fahne länger als Flügel und Schiffchen; Kelchzähne ungleich lang; Hülse hängend. **Blütezeit**: Mai bis Juli.
Standort: Vorwiegend montan, bis 1700 m; in warmen Lagen; Trockenrasen, lichte Wälder.
Verbreitung: Vom Mittelmeerraum bis in westalpine Trockentäler (Wallis, Aostatal).

Gelbe Platterbse *Lathyrus occidentalis*

Merkmale: Ausdauernde, 20–80 cm hohe Pflanze mit aufrechtem, zähem, kantigem, ungeflügeltem (bei vielen Platterbsen geflügelt) und verzweigtem Stengel. Blätter 7–16 cm lang, mit grannenartiger Spitze und 3–5 Blattpaaren. Teilblätter 30–70 mm lang, eiförmig bis lanzettlich, fiedernervig, unterseits kurz behaart; Nebenblätter ganzrandig, pfeilförmig. Blüten kurz gestielt, nickend, zu 3–12 in einseitiger, lang gestielter Traube. Krone 15–25 mm lang, hellgelb, beim Verblühen orangebräunlich; Kelch behaart, mit ungleich langen Zähnen. **Blütezeit:** Juni bis August.
Standort: Montan und subalpin, 1000–2000 m; kalkreiche Böden, Wiesen, Hochstauden.
Verbreitung: Pyrenäen, Apennin, Alpen, Jura.
Allgemeines: Bei den Platterbsen ist die Staubfadenröhre vorne gerade abgeschnitten, bei den Wicken schief.

Gletscherlinse *Astragalus frigidus*

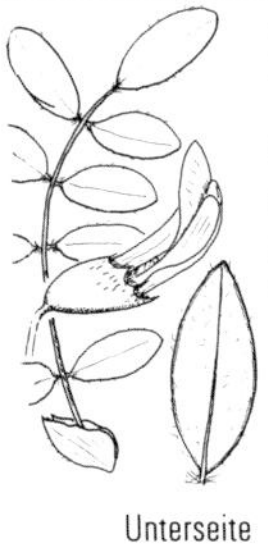

Merkmale: Ausdauernde, 15–40 cm hohe Pflanze mit aufrechtem, kahlem und gerilltem Stengel. Blätter 5–15 cm lang, mit 7–17 Teilblättern, je 15–40 mm lang, 8–15 mm breit, eiförmig bis breit-elliptisch, unterseits behaart; Nebenblätter groß, 5–10 mm breit, eiförmig, blaß, netznervig. Blütenstände mit 5–20 nickenden, gelblich-weißen Blüten in kurzen Trauben, die Blätter wenig überragend. Fahne gefaltet, etwas länger als Flügel und Schiffchen; Kelch röhrig, oft leicht rötlich, anliegend dunkelhaarig, mit schiefem Schlund und kurzen, breiten Zähnen; Hülse deutlich gestielt, nickend, aufgeblasen, bis 35 mm lang, behaart. **Blütezeit:** Juli bis August.
Standort: Subalpin und alpin, 1700–2800 m; frische Böden über Kalk, Rostseggenrasen.
Verbreitung: Alpen, Tatra, Altai, arktisches Europa und Asien.

Nickender Tragant *Astragalus penduliflorus*

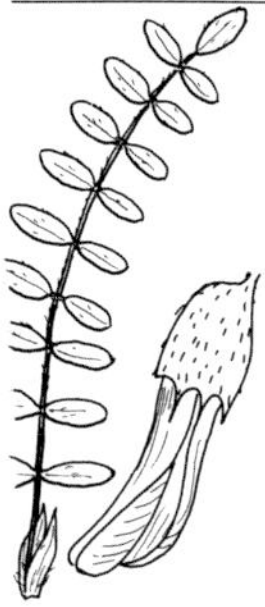

Merkmale: Ausdauernde, 15–50 cm hohe Pflanze mit aufrechtem, anliegend behaartem, verzweigtem Stengel. Blätter bis 10 cm lang, unpaarig gefiedert; Teilblätter in 4–15 Paaren, 5–20 mm lang, elliptisch oder länglich-lanzettlich, zerstreut behaart; Nebenblätter frei, lanzettlich zugespitzt. Blüten 9–13 mm, nickend, in kurzgestielten Trauben; Krone gelb, Fahne etwa so lang wie Flügel und Schiffchen; Kelch glockig, 5–7 mm lang, dunkelhaarig, mit ziemlich kurzen Zipfeln; Hülse im Kelch gestielt, nickend, stark aufgeblasen, bis 30 mm lang, behaart, meist 4samig.
Blütezeit: Juli bis August.
Standort: Subalpin und alpin, 1300–2600 m; eher kalkarme Böden, steinige Rasen, Schutt.
Verbreitung: Pyrenäen, Alpen (selten in den Nördlichen Kalkalpen), Karpaten, Schweden.

Immergrüner Tragant *Astragalus sempervirens*

Merkmale: Niedriger, 5–20 cm hoher Strauch mit niederliegenden, spalierartig ausgebreiteten, holzigen Stengeln, dicht mit den verdornten Blattmittelrippen vorjähriger Blätter besetzt. Blätter paarig gefiedert, mit kräftigem Enddorn; 12–20 Teilblätter, bis 10 mm lang, lanzettlich, locker-seidenhaarig; Nebenblätter lang zugespitzt, etwa bis zur Mitte mit dem Blattstiel verwachsen. Blüten aufrecht, etwa 15 mm lang, zu 3–8 in kurzgestielter Traube, fast in den Blättern versteckt. Krone weißlich bis rosa oder lila; Fahne länger als Flügel oder Schiffchen; Kelch kürzer als Fahne, zottig weißhaarig, mit pfriemlichen Zipfeln. **Blütezeit:** Juni bis August.
Standort: 1000–2700 m; Kalkböden, Schutt.
Verbreitung: Westalpen (östlich bis zum Rätikon), spanische Gebirge, Apennin.

Alpentragant *Astragalus alpinus*

Merkmale: Ausdauernde, bis 30 cm hohe Pflanze, zerstreut mit einfachen, anliegenden, grauen Haaren bedeckt. Stengel niederliegend bis aufsteigend. Blätter oberseits kahl, mit 15–25 elliptischen, stumpfen Blättchen; Nebenblätter häutig, 3–5 mm lang. Blüten abstehend oder nikkend in langgestielten, 5- bis 15blütigen Trauben, Blütenstiele 1–2 mm. Krone weiß-lila mit blauviolettem Schiffchen, Flügel weißlich, ganzrandig, kürzer als Schiffchen; Kelchzipfel fast so lang wie Kelchröhre.
Blütezeit: Juni bis August.
Standort: Subalpin und alpin, bis 3100 m; auf kalkreichen Böden, Rasen, Moränen.
Verbreitung: Alpen, Pyrenäen, Karpaten, Kaukasus, Zentralasien, arktischer Bereich.
Ähnlich ist der **Südliche Tragant** *(A. australis)*: 9–15 Teilblätter, Krone weiß bis gelblich, Flügel länger als das Schiffchen.

Fuchsschwanz-Tragant *Astragalus centralpinus*

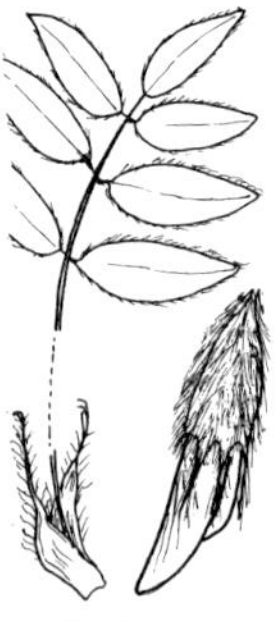

Merkmale: Stattliche, 40–150 cm hohe Pflanze mit bis 1 cm dicken, verzweigten, aufrechten, dicht weißwollig behaarten Stengeln. Blätter unpaarig gefiedert, bis 30 cm lang, mit 20–30 Blattpaaren; Teilblätter 10–50 mm lang, elliptisch bis eiförmig-lanzettlich, oberseits kahl; Nebenblätter frei, bis so lang wie die untersten Teilblätter. Blüten aufrecht, bis zu 80 in ei- bis walzenförmigem, fast ungestieltem Blütenstand. Krone 15–20 mm, gelb, Schiffchen und Flügel gleich lang, kürzer als die Fahne; Kelch weißzottig behaart, Zipfel etwas kürzer als die Kelchröhre.
Blütezeit: Juni bis August.
Standort: Subalpin, 1400–1900 m; auf steinigen Böden in warmen Lagen, Trockenhänge.
Verbreitung: Sehr zerstreut durch die Südwestalpen bis ins Aostatal.

Tiroler Tragant *Astragalus leontinus*

Merkmale: Ausdauernde, 5–20 cm hohe Pflanze mit niederliegendem bis bogig aufsteigendem, beblättertem Stengel; Stengel und Blätter zerstreut anliegend, mit 2teiligen, kompaßnadelartig befestigten Haaren bedeckt. Blätter 5–15 cm lang, unpaarig gefiedert, mit 5–10 Teilblattpaaren; Teilblätter 5–15 mm lang, 2–5 mm breit, eiförmig bis schmal-elliptisch; Nebenblätter eiförmig zugespitzt, am Grund verwachsen, bis fast so lang wie die unteren Teilblätter. Blüten bis 15 mm lang, aufrecht, ± sitzend, in dichten, eiförmigen Köpfchen mit kräftigen, die Blätter überragenden Stielen. Krone violettblau bis rosa, Fahne länger als Schiffchen; Kelch röhrig, anliegend behaart. **Blütezeit:** Juni bis August.
Standort: 1000–2600 m; Schutt, steinige Rasen, über Kalk; nicht häufig.
Verbreitung: Westalpen bis Tirol, Dolomiten.

Stengelloser Tragant *Astragalus exscapus*

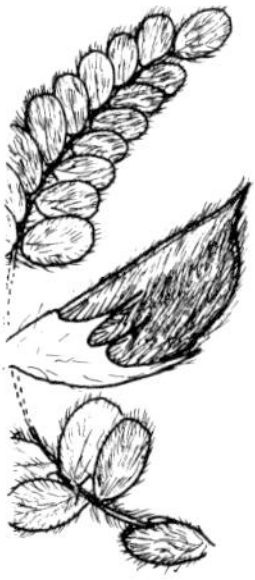

Merkmale: Ausdauernde, niedrige, rosettenartige Pflanze mit kurzem oder fehlendem Stengel, so daß Blätter und Blütenstände grundständig scheinen; dicht mit 2–4 mm langen, abstehenden, weißlichen Haaren bedeckt. Blätter bis 30 cm lang, mit 12–20 Blattpaaren; Teilblätter 10–25 mm lang, 5–10 mm breit, eiförmig bis elliptisch; Nebenblätter häutig, eiförmig. Blütenköpfe 3- bis 9blütig, ± sitzend; Krone 20–30 mm lang, gelb, Fahne länger als Schiffchen; Kelch 12–15 mm, dicht abstehend weißhaarig, Zipfel pfriemlich, etwas kürzer als die Kelchröhre; Hülse ± sitzend, zottig behaart. **Blütezeit:** Mai bis Juli.
Standort: Bis 2200 m; Trockenrasen, Felsensteppe, Föhrenwälder, auf kalkhaltigen Böden.
Verbreitung: Südostspanien, Zentralalpen (zerstreut), Osteuropa.

Berg-Spitzkiel *Oxytropis jacquinii*

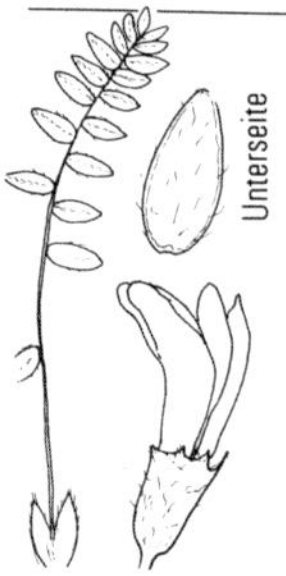

Merkmale: Ausdauernde, 5–25 cm hohe Pflanze mit kurzem, niederliegend-aufsteigendem Stengel. Blätter 5–10 cm lang, unpaarig gefiedert, mit rötlichem Blattstiel; Teilblätter in 12–20 Paaren, 5–14 mm lang, eiförmig bis lanzettlich, beidseits behaart bis kahl; Nebenblätter frei. Blüten aufrecht, zu 5–15 in kopfiger Traube auf langem, anliegend behaartem Stiel. Krone purpurviolett, 10–14 mm lang, Schiffchen mit deutlicher Spitze; Kelch kurzhaarig mit sehr kurzen Zähnen; Hülse aufrecht, gestielt. **Blütezeit:** Juli bis August.
Standort: Subalpin und alpin, 1500–2900 m; über Kalk, in Schutt und lockeren Rasen.
Verbreitung: Ostalpen (bis Savoyen).
Ähnlich ist der **Seidenhaarige Spitzkiel** *(O. halleri):* Blätter und Kelch dicht seidig behaart, Hülse im Kelch dicht seidig behaart, Hülse im Kelch ungestielt.

Drüsiger Spitzkiel *Oxytropis fetida*

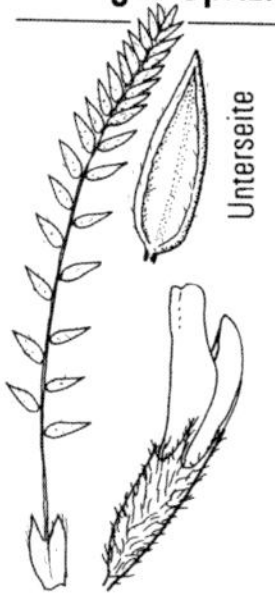

Merkmale: Ausdauernde, 5–15 cm hohe, stengellose Pflanze mit grundständigen Blättern und Blütenständen, dicht drüsenhaarig, mit herbem, unangenehmem Geruch (daher auch Übelriechender Spitzkiel genannt), klebrig. Blätter 4–12 cm lang, unpaarig gefiedert; Teilblätter in 10–25 Paaren, 3–8 mm lang, länglich-lanzettlich, mit nach unten eingerolltem Rand; Nebenblätter bis zur Mitte mit dem Blattstiel verwachsen, länger als die unteren Teilblätter. Blüten milchweiß bis gelblichweiß, zu 3–8 in kurzen Trauben mit behaarten Stielen. Krone 12–24 mm, das bespitzte Schiffchen von den längeren Flügeln oft eingehüllt, überragt von der Fahne; Kelch röhrig, behaart. **Blütezeit:** Juli bis August.
Standort: Subalpin und alpin, 1800–3000 m; über Kalk und Schiefer, in Schutt und Geröll.
Verbreitung: Westalpen, bis ins Engadin.

Feld-Spitzkiel
Oxytropis campestris ssp. campestris

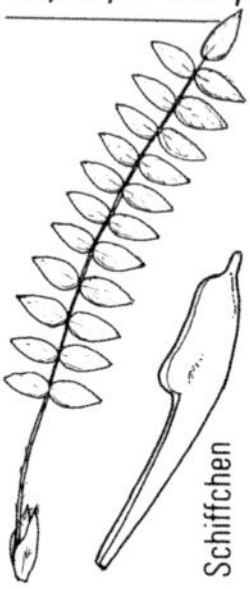

Merkmale: Ausdauernde, 5–20 cm hohe, stengellose Pflanze. Blätter grundständig in Rosetten, unpaarig gefiedert; Teilblätter in 10–15 Paaren, 5–15 mm lang, lanzettlich, spitz, zerstreut behaart; Nebenblätter bis fast zur Mitte mit dem Blattstiel verwachsen. Blüten aufrecht, zu 8–18 in dichtblütigem Kopf auf langem, die Blätter überragendem, behaartem Stiel. Krone 15–20 mm, blaßgelb bis weißlich, oft mit violetten Flecken vorne am bespitzten Schiffchen; Fahne deutlich länger als Flügel und Schiffchen; Kelch röhrig, 7–10 mm lang, behaart, kurzzähnig; Hülse aufrecht. **Blütezeit:** Juni bis August.
Standort: Subalpin und alpin, bis 3000 m; kalkliebend, trockene Rasen, Grate; häufig.
Verbreitung: Süd- und mitteleuropäische Gebirge, Schweden.

Niederliegender Geißklee
Cytisus decumbens

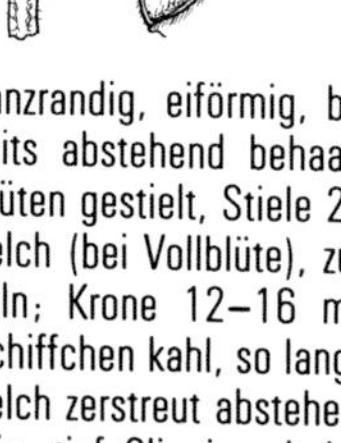

Merkmale: 10–30 cm hoher Strauch mit niederliegenden oder aufsteigenden, verzweigten, leicht kantigen, behaarten Stengeln. Blätter wechselständig, fast sitzend, ganzrandig, eiförmig, bis 20 mm lang, unterseits abstehend behaart, ohne Nebenblätter. Blüten gestielt, Stiele 2–4mal so lang wie der Kelch (bei Vollblüte), zu 1–4 in den Blattachseln; Krone 12–16 mm lang, gelb, Fahne, Schiffchen kahl, so lang wie Fahne und Flügel; Kelch zerstreut abstehend behaart, glockenförmig, tief 2lippig mit kurzen, ungleich langen Zähnen; Hülse 20–40 mm lang, dicht behaart.
Blütezeit: Juni bis Juli.
Standort: Vorwiegend montan, bis 1500 m; über Kalk; steinige Rasen, Waldränder.
Verbreitung: Von den Pyrenäen bis zum Balkan; südlicher Jura, Südalpen, Apennin.

Hufeisen-Klee *Hippocrepis comosa*

Merkmale: Ausdauernde, 5–30 cm hohe, ± kahle Pflanze mit niederliegendem bis aufsteigendem Stengel, am Grund oft holzig. Blätter lang gestielt (nur kurz bei der nebenstehenden Scheiden-Kronwicke), unpaarig gefiedert, mit 3–7 Blattpaaren; Teilblätter fast sitzend, 5–15 mm lang, bis 4 mm breit, verkehrt-eiförmig bis schmallanzettlich, abgerundet, mit kurzer Spitze; Nebenblätter häutig, frei. Blüten kurz gestielt, zu 5–12 in langstieligen, blattachselständigen Dolden; Krone gelb, 8–12 mm lang, bis doppelt so lang wie der 2lippige, bräunliche Kelch, mit dreieckigen, ungleichen Zähnen; Hülse abstehend oder nickend, flach, mit hufeisenförmigen Gliedern. **Blütezeit:** Mai bis September. **Standort:** Vom Tal bis 2800 m; kalkliebend, Mager- und Trockenwiesen, Felshänge. **Verbreitung:** Süd- und Mitteleuropa.

Scheiden-Kronwicke *Coronilla vaginalis*

Merkmale: Ausdauernde, 10–30 cm hohe, kahle Pflanze mit bogig aufsteigendem, am Grund holzigem Stengel. Blätter 2–3 cm lang, kurz gestielt, unpaarig gefiedert, mit 2–6 Blattpaaren; Teilblätter 3–10 mm lang, 2–8 mm breit, verkehrt-eiförmig, blaugrün, bespitzt, mit hellem Knorpelrand; Nebenblätter scheidenartig bis über die Mitte verwachsen, blaß, 3–5 mm lang. Blüten 8–10 mm, nickend, in 3- bis 10blütigen, lang gestielten Dolden, Blütenstiele so lang wie der kreiselförmige, stumpfzähnige Kelch. Krone gelb, oft rot gestreift, Schiffchen kürzer als Fahne und Flügel; Hülsen nickend, 6kantig, an 4 Kanten wellig geflügelt, zwischen den Samen eingeschnürt. **Blütezeit:** Juni bis August. **Standort:** Bis 2200 m, Rasen, Schutt; über Kalk. **Verbreitung:** Alpen, Jura, Apennin, Balkan; Thüringen, Harz.

Strahlenginster *Genista radiata*

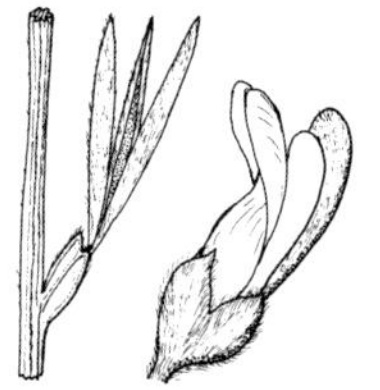

Merkmale: 30–100 cm hoher Strauch ohne Dornen, mit zahlreichen gegen- oder quirlständigen (bei anderen Ginster-Arten stets wechselständig), rutenförmigen, behaarten bis kahlen Zweigen. Blätter gegenständig, 3teilig; Teilblätter 10–20 mm lang, bis 1 mm breit, sehr schmal-lanzettlich, bald abfallend; Nebenblätter häutig, verwachsen. Blüten zu 2–7 in endständigen Köpfen mit kurzen, häutigen Tragblättern; Krone 10–15 mm lang, gelb; Schiffchen behaart, etwas länger als Flügel und Fahne; Kelch behaart, tief 2lippig, Oberlippe 2spaltig, Unterlippe kurz 3teilig; Hülse 10–15 mm lang, am Grund behaart. **Blütezeit:** Juni bis September. **Standort:** Bis 2200 m aufsteigend; kalkreiche Böden, Felshänge, Weiden, lichte Wälder. **Verbreitung:** Südalpen, Apennin, Karpaten, Balkan.

Gewöhnlicher Goldregen *Laburnum anagyroides*

Merkmale: Kleiner Baum oder Strauch, 1,5–7 m hoch, mit hellgrauen Ästen und grünen Zweigen. Zweige, Blattunterseite, Blattstiele und Hülsen dicht mit anliegenden, grauen Haaren bedeckt (beim **Alpen-Goldregen** *[L. alpinum]* meist kahl). Blätter langgestielt, wechselständig, mit 4–10 cm langen, eiförmig bis lanzettlichen, oft kurz stachelspitzigen Teilblättern, meist mit kleineren, 3teiligen, schmal-lanzettlichen Nebenblättern. Blüten zu 10–30 in lockeren, bogig überhängenden, unbeblätterten, blattachselständigen Trauben, etwa 20 mm lang, gestielt, gelb. Hülse 4–8 cm lang, an der oberen Naht verdickt. *Giftig.!* **Blütezeit:** April bis Juni. **Standort:** Bis 2000 m, kalkreiche Böden. **Verbreitung:** West- und Südalpen, Jura, Apennin, Balkan.

Wald-Storchschnabel *Geranium sylvaticum*

Merkmale: Ausdauernde, 30–70 cm hohe Staude mit dikkem Wurzelstock. Stengel aufrecht, kräftig, meist gabelig verzweigt, unten anliegend, oben drüsig behaart, gegenständig beblättert, unterstes Stengelblatt allein. Grundblätter rosettig, langgestielt, bis 15 cm breit, tief 5- bis 7teilig mit unregelmäßig tief kerbig gesägten Lappen, beiderseits kurz anliegend behaart. Blüten zahlreich in einem straußförmigen Gesamtblütenstand. Kronblätter rotviolett, bis 18 mm lang. Kelchblätter bis 12 mm, mit langer Granne, drüsig-zottig. **Blütezeit:** Juni bis August.

Standort: Montan bis subalpin; bis 2500 m ansteigend; auf feuchten, Böden.

Verbreitung: Gebirge Mittel- und Nordeuropas. In den Alpen häufig.

Dem **Blaßblütigen Storchschnabel** *(G. rivulare)* mit weißer Krone fehlen die Drüsenhaare.

Großwurzeliger Storchschnabel *Geranium macrorrhizum*

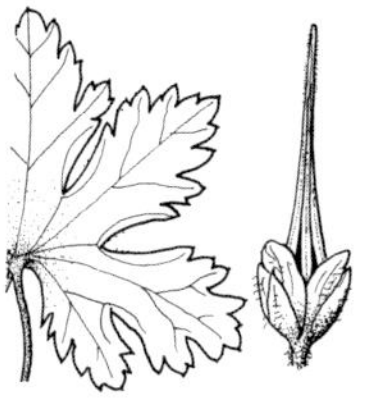

Merkmale: Ausdauernde, 20–40 cm hohe Staude mit bis 10 cm langem Wurzelstock. Stengel aufrecht, überall kurzdrüsig und langhaarig, unter dem Blütenstand mit 2 gegenständigen Blättern, sonst blattlos. Blätter sehr lang gestielt, bis 10 cm im Durchmesser, im Umriß 5- bis 8eckig, tief in 5–7 wenig tief geteilte oder grob kerbig gesägte Lappen gespalten, zerstreut langhaarig und dicht-kurzdrüsig. Nebenblätter spitz-eiförmig, häutig, mattbraun. Blütenstand doldig. 5 leuchtend karminrote Kronblätter bis 18 mm lang, am Grund bebärtet. Kelchblätter rötlich, bis 11 mm lang, lang begrannt. Frucht bis 6 cm lang. **Blütezeit:** Juni bis August.

Standort: 200–1700 m; auf steinigem, kalkreichem Boden, an Felsen in warmen Lagen.

Verbreitung: SW- und S-Alpen, Apennin, Balkan.

Brauner Storchschnabel *Geranium phaeum*

Merkmale: Ausdauernde, 30–60 cm hohe Staude mit schiefem, knorrigem Wurzelstock. Stengel aufrecht, abstehend behaart, wechselständig beblättert. Untere Blätter bis 10 cm breit, im Umriß nierenförmig, etwa zur Hälfte in meist 7 3zipflige, grob kerbsägige Lappen geteilt, oberseits locker angedrückt behaart, unterseits verkahlend. Blattstiel langhaarig, obere Stengelblätter sitzend. Blattfläche bisweilen mit braunem Fleck. Blütenstand 2blütig. 5 braunviolette Kronblätter, bis 15 mm lang, am Grund bärtig. 10 Staubfäden. Kelchblätter bis 7 mm lang, 3nervig, dicht behaart. Frucht bis 2,5 cm lang, behaart.

Blütezeit: Mai bis August.

Standort: In den Alpen ab 1200–2400 m; auf feuchten, nährstoffreichen Böden.

Verbreitung: Süd- und mitteleuropäische Gebirge. Von den Pyrenäen bis zum Balkan.

Silber-Storchschnabel *Geranium argenteum*

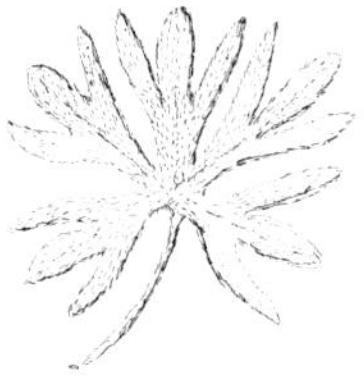

Merkmale: Ausdauernde, 5–20 cm hohe Pflanze mit dickem Wurzelstock. Stengel aufrecht, dicht anliegend behaart, bis auf ein Blattpaar unter dem Blütenstand blattlos. Grundblätter rosettig, langgestielt, im Umriß rundlich und fast bis zum Grund handförmig in 5–7 tief geteilte Blattlappen gegliedert, bis 3 cm im Durchmesser, beiderseits und am Stiel dicht anliegend silbrig behaart. Nebenblätter spitz-eiförmig, rotbraun, bis 1 cm. Blütenstand mit 2 vor dem Aufblühen nikkenden Blüten. Krone hellrosa, dunkel geadert, bis 4 cm breit. 10 Staubblätter. Griffel 5narbig. 5 silbrig behaarte Kelchblätter, 5 1samige, trockene Teilfrüchte mit langem, behaartem Schnabel. **Blütezeit:** Juli bis August.

Standort: Subalpin und alpin; 1700–2200 m; auf kalkreichem Felsschutt und in Felsspalten.

Verbreitung: Südliche Kalkalpen; Apennin.

Klebriger Lein *Linum viscosum*

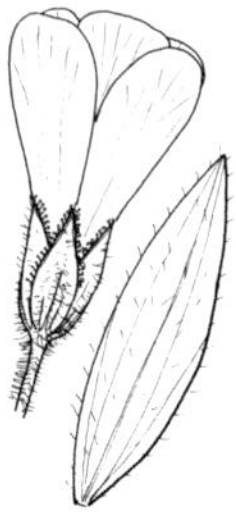

Merkmale: Ausdauernde, 30–60 cm hohe Staude mit kurzem, holzigem Wurzelstock. Stengel mehrere, aufrecht, rund, weich zottig behaart. Blätter wechselständig, sitzend, schmal-elliptisch, 3- bis 5nervig, locker langhaarig und am Rand drüsig. Blüten an den Sproßenden in den Blattachseln gehäuft. Kronblätter eiförmig mit keilförmigem Grund, bis über 2 cm lang, blaß rosa, trichterig ausgebreitet. Zwischen den 5, unten verwachsenen Staubblättern je ein fädiges Anhängsel. 5 dünne Griffel. Frucht eine kugelige, locker behaarte Kapsel. **Blütezeit:** Mai bis Juli.

Standort: Vom Tal bis 1900 m aufsteigend; auf trockenen Wiesen, an Waldrändern.

Verbreitung: Nordhälfte der Iberischen Halbinsel, Apennin, im Alpenbereich zerstreut.

Der **Halbstrauchige Lein** *(L. suffruticosum)* aus den Südalpen hat weiße Blüten.

Alpenlein *Linum alpinum ssp. julicum*

Merkmale: Ausdauernde, 10–30 cm hohe Pflanze mit zahlreichen, aus einem Wurzelstock aufsteigenden, bogigen Stengeln. Blätter wechselständig, zahlreich, die unteren abstehend, die oberen schräg anliegend, lanzettlich, kahl, glattrandig, 1- bis 3nervig. Blüten nach oben in den Blattachseln gehäuft. Kronblätter eiförmig mit keilförmigem, gelbem Grund, bis 1,5 cm lang, tiefblau, trichterig ausgebreitet. 5 Staubblätter, am Grund leicht verwachsen. 5 Griffel. Kelchblätter gleich gestaltet. Frucht, eine kahle, kugelige, stachelspitzige Kapsel. **Blütezeit:** Juni bis August.

Standort: Subalpin bis alpin; 1400–2000 m; auf Felsschutt, an besonnten Felsen; zerstreut.

Verbreitung: In den Südlichen Kalkalpen; westlich bis zum Comer See.

Die typische Unterart *ssp. alpinum* hat ungleiche Kelchblätter.

Krainer Wolfsmilch *Euphorbia carniolica*

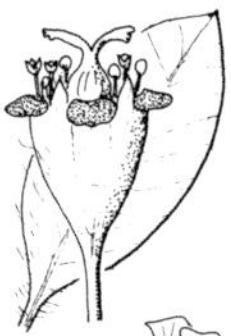

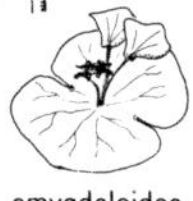

E. amygdaloides

Merkmale: Milchsaft führende, 20–40 cm hohe, mehrstengelige Staude mit holzigem, kriechendem Wurzelstock. Blätter wechselständig, hellgrün, bis 7 cm lang, spitzelliptisch bis lanzettlich, unten locker flaumig behaart. Oberste Blätter unter den Blütenständen zu 2 gegenständig, grünlich bis goldgelb. Gesamtblütenstand 3- bis 5strahlig. Scheinblüten mit 4 breit-elliptischen, braungelben Drüsen und locker langhaarigem Becher, im Innern mit zahlreichen Staubblättern und einem herausragenden, 3griffeligen Fruchtknoten. Frucht außen warzig. **Blütezeit:** April bis Juni.

Standort: Bis auf 1900 m steigend; an sonnigen Abhängen, in Laubwäldern.

Verbreitung: Von Norditalien und Südtirol ostwärts bis Ungarn. In Deutschland fehlend.

Die **Mandelblättrige Wolfsmilch** *(E. amygdaloides)* hat verwachsene oberste Hüllblätter.

Buchs-Kreuzblume *Polygala chamaebuxus*

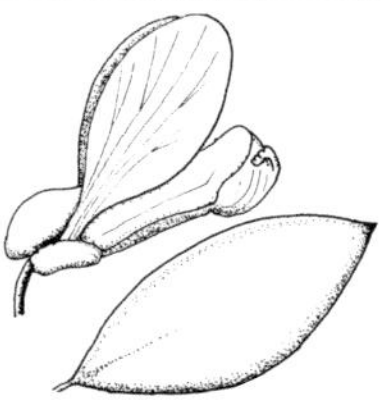

Merkmale: Bis 30 cm hoher, reich verzweigter Zwergstrauch. Blätter immergrün, lederig, linealisch bis eiförmig-elliptisch, bespitzt, kurz gestielt, kahl, mit nach unten umgerolltem Rand. Blüten kurz gestielt in den Blattachseln, schmetterlingsartig. Krone rinnenförmig verwachsen, mit 3 ungleichen, gelben, beim Verblühen bräunlichen Blütenblättern, mittleres mit seitlich zurückgeschlagenem, gezähntem Fortsatz. 8–10 Staubblätter, unten verwachsen. Kelchblätter sehr ungleich, das oberste gespornt, die beiden unteren klein, die beiden seitlichen größer als die Kronblätter, blütenblattartig, weiß oder purpurn. **Blütezeit:** März bis Juli.

Standort: Vom Tal bis über 2000 m; auf rasigen Felshängen, lichten Wäldern; kalkliebend.

Verbreitung: Von den Pyrenäen über die Alpen bis zum Balkan; in den Mittelgebirgen.

Leingewächse

Wolfsmilch-
gewächse

Kreuzblumen-
gewächse

Zwerg-Kreuzdorn *Rhamnus pumilus*

Merkmale: Niederliegender, 5–20 cm hoher, stark verzweigter Zwergstrauch mit faltiger, braungrauer Rinde. Äste stark gebogen, dem Boden angepreßt, jung flaumhaarig. Blätter wechselständig, an den Sproßenden gehäuft, dünn, recht variabel, bis 5 cm lang, elliptisch bis lanzettlich, kurz gestielt, am Rand fein gesägt. Nerven und Blattstiel behaart bis kahl. Blüten klein, unauffällig, meist 4teilig, zu mehreren in den Blattachseln. Auf einem Achsenbecher sitzen die dreieckigen Kelchblätter und die schmalen Kronblätter. 3samige, saftige, blauschwarze, bis 8 mm breite Beere. Blüten oft unvollständig und eingeschlechtig. **Blütezeit:** Mai bis Juli.
Standort: An geeigneten Stellen von 400–3000 m; an Felswänden und -blöcken.
Verbreitung: In den gesamten Alpen, besonders in den Kalkalpen. Pyrenäen, Apennin.

Deutsche Tamariske *Myricaria germanica*

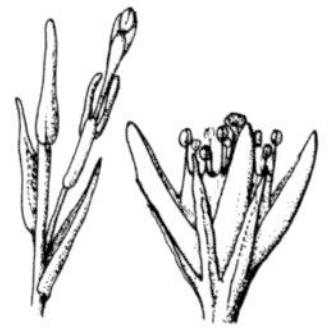

Merkmale: Bis 2 m hoher Strauch mit zahlreichen rutigen Ästen. Diesjährige Zweige gelblich bis rötlich glänzend. Laubblätter sehr klein, schuppenartig, den Zweigen anliegend, 2–5 mm lang, lanzettlich, fleischig, oberseits rinnig, graugrün, drüsig gepunktet. Blütenstände dichtblütige Trauben oder Doppeltrauben. 5 Kronblätter, hellrosa bis weiß, schräg nach oben gerichtet, rinnig, 4 mm lang. 10 Staubblätter, unten kragenartig verwachsen. Kelchblätter schmal, kürzer als die Krone. Kapsel bis 12 mm lang, graugrün bis rötlich, von Kelch und Krone umhüllt. Samen mit federigem Flugorgan.
Blütezeit: Mai bis August.
Standort: Von 2000 m bis in die Ebene; an Kies und Schotterbänken von Flüssen.
Verbreitung: Europäische Gebirge von den Pyrenäen ostwärts; Alpenvorland.

Quirlblättriges Johanniskraut *Hypericum coris*

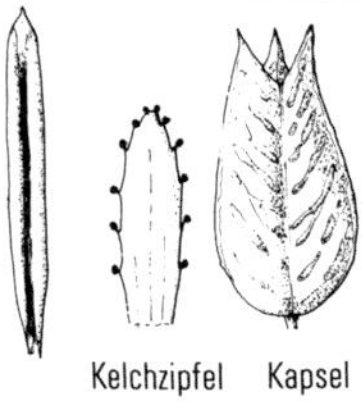

Merkmale: Ausdauernde, 10–40 cm hohe, am Grund verholzte Pflanze mit zahlreichen, sehr dünnen, runden, fein längsrippigen, aufsteigenden Stengeln. Blätter zu 3–5 in Quirlen, sitzend, bis 2 cm lang, nadelig, der Rand nach unten umgerollt, sehr fein durchscheinend punktiert. Blüten in einer lockeren, wenigblütigen Rispe, selten einzeln. Krone gelb, nicht drüsig, mit 5 freien, bis zu 1 cm langen Kronblättern. Staubblätter zahlreich, am Grund zu 3 Bündeln verwachsen. Die 5 Kelchblätter halb so lang wie die Krone, der 8 mm langen, drüsig gestreiften Kapsel, anliegend. **Blütezeit:** Juni bis August.
Standort: Von der Ebene bis auf 2000 m; in trockenen Lagen, auf Kalk, in Felsspalten.
Verbreitung: Seealpen bis Trentiner Dolomiten; lokal in den Schweizer Alpen.

Richers Johanniskraut *Hypericum richeri*

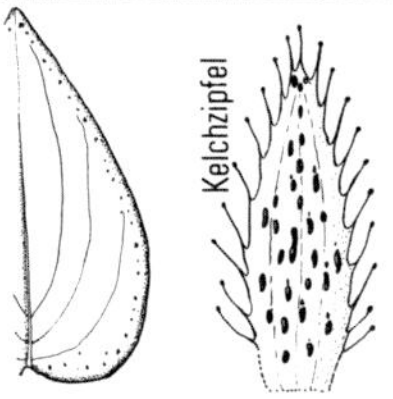

Merkmale: Ausdauernde, 10–60 cm hohe Pflanze mit verholzter, kriechender, ästiger Grundachse und mehreren, bogig aufsteigenden, oben 2kantigen Stengeln. Blätter kreuzgegenständig, sitzend, bis 5,5 cm lang, spitz-eiförmig, unterseits am Rand mit schwarzen, sitzenden Drüsen. Blüten einzeln oder bis zu 10 in dichten, doldigen Rispen. 5 Kronblätter, gelb, bis 2 cm lang, am Rand mit drüsenköpfigen Fransen, auf der Fläche mit schwarzen, sitzenden Drüsen. Etwa 90 Staubblätter, am Grund zu 3 Bündeln verwachsen. 3 Griffel mit roten Narben. 5 Kelchblätter, bis 8 mm lang. Kapsel mit schwarzen bis orangenen Drüsen. **Blütezeit:** Juni bis August.
Standort: 1000–2400 m; felsige Hänge, Gebüsche, steinige Weiden; bevorzugt auf Kalk.
Verbreitung: West- und Südalpen, östlich bis zu den Bergamasker Alpen, Pyrenäen.

Kreuzdorn-
gewächse

Tamarisken-
gewächse

Johannis-
krautgew.

Pfennigblättriges Johanniskraut
Hypericum nummularium

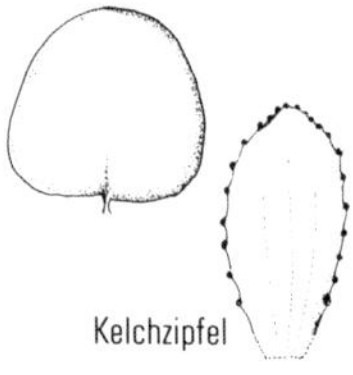

Merkmale: Ausdauernde, 8–30 cm hohe, am Grund verholzte Pflanze mit mehreren, bogig aufsteigenden, sehr dünnen, stielrunden Stengeln. Blätter gegenständig, bis 1,6 cm lang, so lang wie breit, größte Breite unterhalb der Mitte, unterseits und randlich mit gelbbraunen, sitzenden Drüsen. Hochblätter lanzettlich, am Rand schwarz drüsig. Blüten einzeln oder in wenigblütigen Rispen. 5 Kronblätter, gelb, manchmal rot geadert, am Rand gezähnelt und schwarzdrüsig. Staubblätter am Grund zu 3 Bündeln verwachsen. Kelchblätter bis 5 mm lang, Rand schwarzdrüsig. **Blütezeit:** Juli bis August.
Standort: Montan bis subalpin; 1000–2000 m; feuchte Kalkfelsen, steinige Hänge.
Verbreitung: Südwestalpen (Savoyen, Dauphiné), Nordspanien, Pyrenäen.

Gewöhnliches Sonnenröschen
Helianthemum nummularium

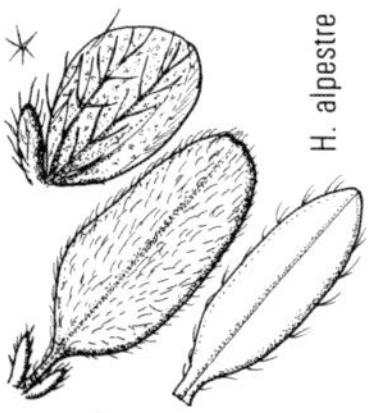

Merkmale: Bis 30 cm hoher Zwergstrauch mit zahlreichen, bogig aufsteigenden Ästen, fast polsterig. Blätter gegenständig, eiförmig bis lanzettlich, stumpf, unterschiedlich behaart bis kahl, kurz gestielt, basal mit 2 Nebenblättern, Blattrand nach unten umgerollt. Blüten sehr vergänglich, traubig in den Blattachseln. Krone bis 3 cm breit, gelb, 5 Kronblätter, verkehrt-eiförmig. Kelch grünlich bis weiß behäutet, aus 3 großen und 2 kleineren eiförmigen, behaarten Kelchblättern. **Blütezeit:** Mai bis September.
Standort: Vom Tal bis über 2500 m; in trockenen Rasen, auf Felsschutt; verbreitet.
Verbreitung: In vielen Formen von Nordafrika, Südeuropa, den Alpen bis nach Kleinasien.
Das **Alpen-Sonnenröschen** *(H. alpestre)* besitzt keine Nebenblätter.

Geflecktes Johanniskraut
Hypericum maculatum

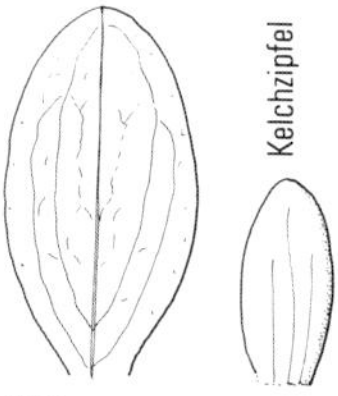

Merkmale: Ausdauernde, bis 60 cm hohe Pflanze mit holziger, kurzer, kriechender, ästiger Grundachse und aufsteigendem 4kantigem Stengel. Stengelblätter sitzend, bis 4 cm lang, schmal- bis breit-eiförmig, unterseits und am Rand ± deutlich schwarzdrüsig, selten durchscheinend punktiert. Blütenstand vielblütig, rispig. 5 goldgelbe Kronblätter, etwa 10 mm lang. Bis zu 100 in 3 Bündel zusammengefaßte Staubblätter. Kelchblätter bis 6 mm lang, auf der Fläche drüsig. **Blütezeit:** Juli bis August.
Standort: 1000–2600 m; nasse Böden, Hochstaudenfluren; ziemlich häufig.
Verbreitung: In weiten Teilen Europas.
Das **gewöhnliche Johanniskraut** *(H. perforatum)* ist ähnlich, sehr variabel und weit verbreitet.

Zweiblütiges Veilchen *Viola biflora*

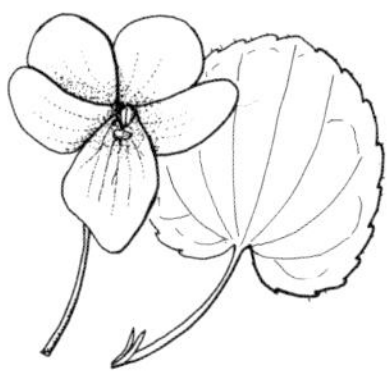

Merkmale: Ausdauernde, 5–20 cm hohe, rasig wachsende Pflanze mit aufrechtem, kahlem, 2- bis 4blättrigem und 1- bis 2blütigem Stengel (Name!). Grundblätter nierenförmig, bis 4 cm breit, kerbrandig, zerstreut behaart, Stengelblätter kleiner, alle Blätter gestielt; Nebenblätter klein, eiförmig bis lanzettlich, ganzrandig, grün, frei. Blütenstiel bis doppelt so lang wie die nächststehenden Blätter; Blüten 15 mm lang, gelb, ohne Duft; seitliche Kronblätter aufwärts gerichtet, wie das unterste Kronblatt mit braunen Strichen; Kelchblätter lanzettlich, 4–6 mm lang, mit kurzem Anhängsel; Sporn kurz, gerade. **Blütezeit:** Mai bis August.
Standort: Bis 3000 m; in luftfeuchten Lagen, in Schutt- und Karfluren, Erlengebüsch; über Kalk. **Verbreitung:** In den Alpen verbreitet; europäische Gebirge, Arktis, Asien.

Johannis-
krautgew.

Zistrosen-
gewächse

Veilchen

Gesporntes Veilchen *Viola calcarata* ⊗

Merkmale: Ausdauernde, 5–10 cm hohe Pflanze mit kurzem, aufrechtem Stengel. Blätter meist in Rosetten, eiförmig bis lanzettlich, gekerbt; Nebenblätter meist gezähnt oder fiederteilig, nicht mit Blattstiel verwachsen, bis 2 cm lang. Blüten meist einzeln, 25–40 mm groß, violett, selten gelb oder weiß; Kelchblätter lanzettlich, 6–7 mm lang, mit großen Anhängseln, Sporn gerade oder aufwärts gebogen, 8–15 mm lang.

Blütezeit: Juni bis August.

Standort: 1500–3000 m; meist auf kalkreichen Böden, in Rasen und Schutt.

Verbreitung: In verschiedenen Unterarten durch die Alpen verbreitet. In den NO-Alpen und Karpaten wächst das **Alpen-Veilchen** *(Viola alpina)* mit grundständigen Blüten; Nebenblätter ganzrandig, zur Hälfte mit dem Blattstiel verwachsen; Sporn 3–4 mm lang.

Dubys Veilchen *Viola dubyana*

Merkmale: Ausdauernde, 10–25 cm hohe, vielstengelige Pflanze, kahl oder kurz behaart. Untere Blätter breit-eiförmig, kerbrandig, die oberen schmal-lanzettlich, in den Stiel verschmälert; Nebenblätter fast so lang wie die Blätter, fingerförmig in 3–7 schmale, linealische Abschnitte geteilt. Blüten 20–25 mm groß, violett; Kronblätter schmal-eiförmig, die seitlichen und das untere Kronblatt mit dunklen Flecken oder Strichen am Grund, das untere Kronblatt mit gelbem Fleck; Sporn kurz, 5–6 mm, gerade, gut halb so lang wie das restliche Kronblatt; Kelchblätter lanzettlich mit kurzen, rundlichen Anhängseln. **Blütezeit:** Mai bis Juli.

Standort: Subalpin und alpin, 1000–2100 m; in Kalkschutt, Magerrasen, Felsspalten.

Verbreitung: Endemisch in den Südlichen Kalkalpen zwischen Comer See und Gardasee.

Valdieri-Veilchen *Viola valderia*

Merkmale: Ausdauernde, 5–10 (20) cm hohe Pflanze, oft lokkerrasig, teilweise dicht und fein behaart. Blätter 15–25 mm, ganzrandig; die unteren rundlich, eiförmig bis länglich, die oberen länglich bis lanzettlich; Nebenblätter den Hauptblättern ähnlich, jedoch kleiner, mit 2–7 ungleichen Abschnitten, der mittlere blattartig. Blüten mit 4–7 cm langem Blütenstiel, Krone hell rötlichviolett, 20 mm groß, unteres Kronblatt länglich-herzförmig. Sporn dünn, 7–10 mm lang, leicht gebogen, etwa so lang wie die lanzettlichen Kelchblätter.

Blütezeit: Juni bis August.

Standort: 1200–2900 m; kalkmeidend, auf Schutt, Fels und steinigen Weiden.

Verbreitung: Endemische Art der Seealpen (Italien und Frankreich), daher wird es auch **Seealpen-Veilchen** genannt.

Pfennigblättriges Veilchen *Viola nummulariifolia*

Merkmale: Ausdauernde, 3–5 cm hohe, kahle Pflanze mit kurzen, niederliegenden Stengeln. Blätter 1–2 cm lang, eiförmig bis rundlich (Name!) oder herzförmig, ganzrandig; Blattstiele so lang wie oder etwas länger als die Blattfläche; Nebenblätter etwa 5 mm lang, länglich bis lanzettlich, spitz, die unteren ganzrandig, die oberen leicht gezähnt. Blüten klein, 10 mm, blaßblau, Blütenstiele bis doppelt so lang wie die Blätter; Kelchblätter eiförmig-lanzettlich, 4–6 mm lang; Sporn dicklich, stumpf, bis 3 mm lang, die Kelchanhängsel überragend. **Blütezeit:** Juli bis September.

Standort: Subalpin und alpin, 1500–2800 m; in Schneetälchen, feuchtem Felsschutt, feuchten, steinigen Weiden, nur auf Silikat; selten.

Verbreitung: Endemisch auf Korsika und in den Seealpen (Frankreich, Italien).

Mont-Cenis-Veilchen *Viola cenisia* ⊗

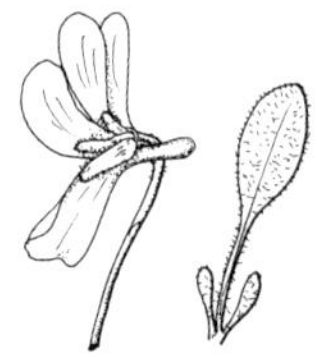

Merkmale: Ausdauernde, 3–10 cm hohe, rasenbildende Pflanze mit kurzem, niederliegendem und vielblättrigem Stengel. Blätter ganzrandig, meist kahl, eiförmig bis länglich, klein; Nebenblätter frei, gestielt, den Blättern ähnlich, jedoch kleiner. Blüten auf 2–4 cm langem Stiel, hellviolett, 20–25 mm lang; seitliche Kronblätter ± waagerecht nach außen gerichtet; Sporn dünn, 5–8 mm lang, etwa so lang wie die Kelchblätter, gerade oder leicht gebogen; Kelchblätter spitz, kahl, mit ganzrandigen Anhängseln, 7–10 mm lang.
Blütezeit: Juni bis September.
Standort: Subalpin und alpin, 1800–2900 m; im beweglichen Kalkgeröll und -schutt.
Verbreitung: Von den Seealpen durch die Westalpen bis nach Graubünden, in den Nordalpen bis zum Mürtschenstock.

Alpen-Seidelbast *Daphne alpina* ⊗

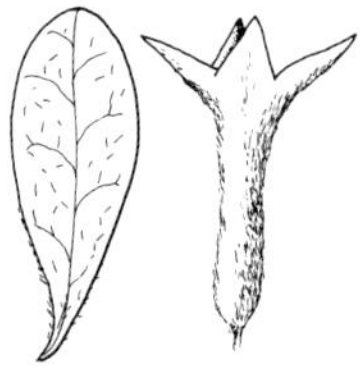

Merkmale: 20–50 cm hoher, reich verzweigter, sommergrüner Strauch mit bogig aufsteigenden Ästen. Blätter an den Zweigenden gehäuft, bis 5 cm lang, verkehrt-eiförmig, stumpf oder mit einem kleinen Spitzchen, jung anliegend behaart, nicht lederig, oberseits graugrün, unten heller. Blüten sehr kurz gestielt, zu 2–10 büschelig in den Achseln der obersten Laubblätter stehend. Blüten weiß, außen dicht anliegend behaart, nach Vanille duftend, Röhre bis 1 cm lang. Kronzipfel fast genau so lang, spitz. Frucht beerenartig, bis 7 mm lang, eiförmig, rot, behaart.
Blütezeit: Mai bis Juni.
Standort: Auf steinigen, kalkreichen Böden, in Felsspalten; wärmeliebend, bis 1900 m.
Verbreitung: Zerstreut in den Alpen, in Deutschland fehlend. Pyrenäen, Jura, Apennin, Balkan.

Comollis Veilchen *Viola comollia*

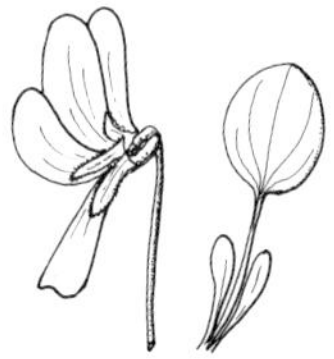

Merkmale: Ausdauernde, bis 10 cm hohe Pflanze, oft in kleinen Rasen, eng mit dem Mont-Cenis-Veilchen verwandt. Blätter ganzrandig, eiförmig bis rundlich, meist kahl, deutlich gestielt; Nebenblätter den Blättern ähnlich, aber kleiner. Blüten 15–25 mm lang; Kelchblätter spitz, besonders im Bereich der Anhängsel am Rand behaart; Kronblätter auf der Oberseite karminrosa bis rotviolett, unterseits gelblich, das untere Kronblatt mit gelbem Fleck, die seitlichen Kronblätter den oberen genähert; Sporn kurz, bis 4 mm, höchstens halb so lang wie der Rest des Kronblattes, stumpf, gekrümmt.
Blütezeit: Juli bis August.
Standort: Vorwiegend alpin, bis 2500 m; im kalkarmen, ruhenden Felsschutt, auf mageren, steinigen Weiden; nicht häufig.
Verbreitung: Endemit der Bergamasker Alpen.

Seidelbast *Daphne mezereum* ⊗

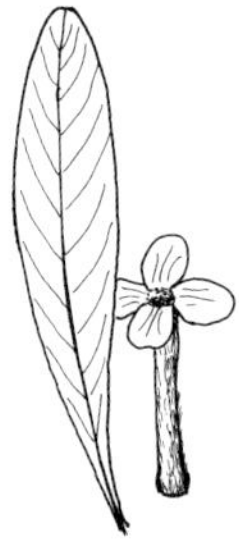

Merkmale: 25–150 cm hoher, sommergrüner Strauch mit rutigen, jung anliegend behaarten, nur an der Spitze beblätterten Zweigen. Blätter bis 14 cm lang, lanzettlich, allmählich in einen kurzen Stiel verschmälert, am Rand kurz behaart, weich, oberseits hellgrün, unterseits blaßgrün. Blüten ungestielt zu 1–4 im oberen Teil der Zweige in den Achseln abgefallener vorjähriger Blätter, ährig angeordnet, meist vor den Blättern erscheinend, duftend. Krone lila, bis 1 cm lang, anliegend seidig behaart, mit 4 etwas kürzeren Zipfeln. Frucht beerenartig, 0,6–1 cm lang, eiförmig, saftig, scharlachrot; *giftig!* **Blütezeit:** April und Mai.
Standort: Vom Tal bis 2500 m; feuchte, nährstoffreiche, meist auch kalkhaltige Böden, Laubwälder, verbreitet, jedoch nicht häufig.
Verbreitung: Von Südengland bis zum Kaukasus; von Ostspanien bis Kleinasien.

Felsen-Seidelbast *Daphne petraea* ⊗

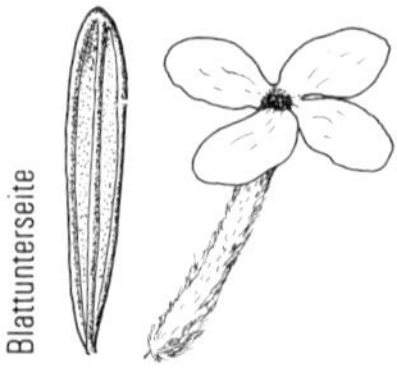

Merkmale: 8–15 cm hoher, reich gabelig verzweigter, rasenbildender Zwergstrauch. Äste graubraun, zwischen den an ihren Enden gehäuften Ästen flaumig behaart. Blätter bis 1,2 cm lang, lanzettlich oder lineal, stumpf, sitzend, derb lederig, oberseits glänzend, unterseits weiß punktiert, mit fast 3kantigem Mittelnerv. Blüten sitzend, zu 3–5, selten bis zu 10, in endständigen, büscheligen Blütenständen, mit 4 mm langen, spatelförmigen, trockenhäutigen, behaarten Hochblättern. Blüten rosa, außen flaumig behaart, mit bis 1,5 cm langer Röhre und 4 kurzen Kronzipfeln. Frucht beerenartig, spärlich behaart. *Giftig!* **Blütezeit:** Juni bis Juli.
Standort: 700–2000 m; Felsritzen in steilen Dolomitwänden, ruhender Schutt; selten.
Verbreitung: Nur in Südtirol vom Nordende des Gardasees bis östlich Brescias.

Steinröschen *Daphne striata* ⊗

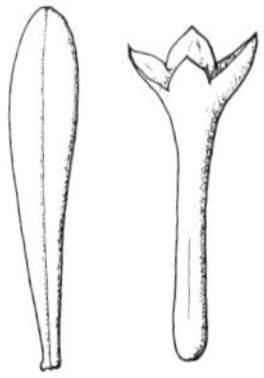

Merkmale: 5–40 cm hoher, ästiger, immergrüner Zwergstrauch mit dünnen, glatten Ästen. Blätter an den Zweigenden gehäuft, bis 2,5 cm lang, schmal-keilförmig, dünn lederig, beiderseits dunkelgrün. Blüten fast sitzend, zu 2–15 in einem büscheligen bis doldigen, entständigen Blütenstand, am Grund mit etwa 5 mm langen, eiförmig-spitzen, trockenhäutigen Hochblättern. Blüten matt rosa, fein gestreift, nach Flieder duftend, Röhre bis 1,5 cm lang, meist kahl. Frucht beerenartig, bis 8 mm lang, orangerot, später braun, kahl. **Blütezeit:** Mai bis August.
Standort: 1000 bis über 2500 m; auf kalkreichen, steinigen, feuchten, sonnigen Böden.
Verbreitung: Cottische Alpen bis Savoyen, vom Gotthard bis zu den Karawanken, Allgäu. Das ähnliche, häufigere **Heideröschen** *(D. cneorum)* ist stärker behaart.

Fleischers Weidenröschen
Epilobium fleischeri

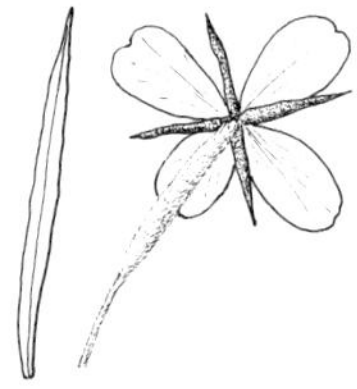

Merkmale: Ausdauernde, 10–40 cm hohe, rasenbildende Pflanze mit unterirdischen Ausläufern und kriechender Grundachse. Zahlreiche Stengel, bogig aufsteigend, dicht wechselständig beblättert, basal etwas holzig, oben meist fein behaart. Blätter bis 4 cm lang, sitzend, lineal-lanzettlich, drüsig gezähnt, dicklich, beidseits gleichfarbig grün. Blüten lang gestielt, zu 5--10 in einer Traube. Krone 4 cm breit, hellpurpurn, mit 4 etwa 1 cm langen Kronblättern. Fruchtknoten unterständig dicht weiß behaart. Die Kelchblätter sind purpurn. Kapsel bis 5 cm lang.
Blütezeit: Juli bis September.
Standort: Vom Tal bis auf 2500 m; Erstbesiedler von Schwemmsand, Kies, Moränen.
Verbreitung: Besonders in den Westalpen häufig, in Deutschland jedoch selten.

Alpen-Weidenröschen
Epilobium anagallidifolium

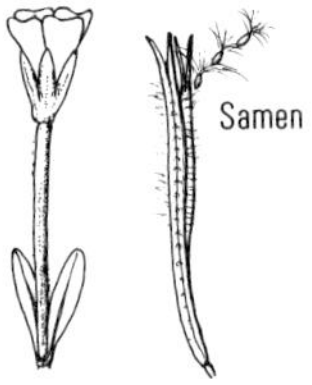

Merkmale: Ausdauernde, 5–20 cm hohe, in Rasen wachsende, zierliche Pflanze mit Ausläufern und kleinem, bogigem Wurzelstock mit zahlreichen, aufsteigenden, kahlen oder locker behaarten Stengeln. Blätter gegenständig, 1–2 cm lang, oval bis rundlich, kurz gestielt, kaum gezähnt, nach oben verschmälert. Blüten einzeln oder bis zu 6 in einer endständigen Traube. Blüte klein, Krone rot, mit 4 bis 6 mm langen Kronblättern, 8 Staubblättern und aufrechtem Griffel mit keulig verwachsener Narbe. Krone und Kelchblätter auf dem Fruchtknoten aufsitzend.
Blütezeit: Juli bis September.
Standort: Bis 2900 m; in Schneetälchen, an überrieselten Felsen; auf Urgestein.
Verbreitung: Nordeuropa bis Sibirien, süd- und südosteuropäische Gebirge; Zentralalpen.

Alpen-Mannstreu *Eryngium alpinum* ⊗

Merkmale: Ausdauernde, kahle, nach oben hin amethystblau gefärbte Pflanze. Stengel aufrecht, dick, gerillt, bis 1 m hoch, in einem meist 3- bis 4strahligen Blütenstand endend. Grundblätter ausdauernd, weich, sehr lang gestielt, ungeteilt, dreieckig-eiförmig, am Grund herzförmig, am Rand unregelmäßig grob gezähnt, Zähne schief, mit borstiger Spitze. Blütenstand rundlich-walzlich, überragt von zahlreichen fiederteiligen, lang weich begrannten Hüllblättern. Hüllchenblätter länger als die Blüten, meist 3spaltig. Kelchblätter mit deutlich dorniger Spitze, länger als die bläulichen, papillösen Kronblätter. Frucht dicht mit spitzen Schuppen bedeckt.
Blütezeit: Juli bis September.
Standort: Über 1500 m; kalkliebend, Hochstaudenfluren, Wiesen, felsige Weiden.
Verbreitung: Jura, Alpen, Nordwestbalkan.

Große Sterndolde *Astrantia major* ⊗

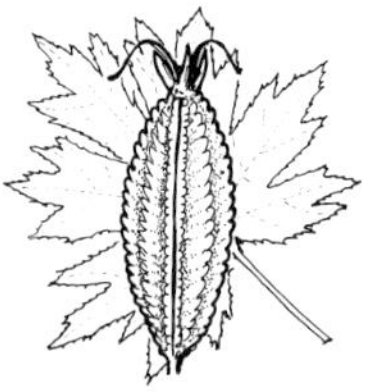

Merkmale: Ausdauernde, robuste, 30–100 cm hohe Pflanze. Stengel kahl, meist einzeln, aufrecht, wenig beblättert, in 3- bis 5strahliger Trugdolde endend. Grundblätter langgestielt, 3- bis 5lappig, einzelne Abschnitte verkehrt-eiförmig, zur Spitze hin 3lappig, der mittlere bis zum Grund frei. Stengelblätter kleiner, nur 3teilig. Dolden mittelgroß, mit zahlreichen, strahlenden, weiß oder rötlich gefärbten, lederigen Hüllblättern, diese am Grund verwachsen, spitz, mit deutlichen Quernerven. Blüten männlich oder zwittrig, die weißlichen Kronblätter lanzettlich. Kelchzähne stachelspitzig.
Blütezeit: Mai, Juni bis August, September.
Standort: Mit Vorliebe auf Kalkböden, in Bergwäldern der montanen und subalpinen Stufe.
Verbreitung: Von Nordwestspanien, Süd- und Mitteleuropa bis zum Kaukasus.

Grüne Schaftdolde *Hacquetia epipactis*

Merkmale: Ausdauernde, kahle, 10–25 cm hohe Pflanze mit einem kurz kriechenden Wurzelstock. 1–2 Stengel, einfach, etwa so lang wie die Blätter. Blätter alle grundständig, glänzend grün, sehr lang gestielt, im Umriß rundlich herzförmig, handförmig 3(–5)teilig, Abschnitte eiförmig-keilig, im oberen Teil gelappt und gezähnt, Zähne in einer Borste endend. Dolden klein, einfach, überragt von 5–6 grünen oder gelblichen, abstehenden, großen, blattähnlichen Hüllblättern. Kelchblätter ziemlich groß und sehr spitz. Kronblätter gelb. Frucht kahl, bei Reife schwarz, etwa 4 mm lang, eiförmig.
Blütezeit: März bis Mai (Juni).
Standort: Bis 1500 m; in lichten Wäldern, Erlengebüschen, schattigen Abhängen; selten.
Verbreitung: Südöstliche Kalkalpen, von Norditalien bis Kroatien, Karpaten.

Kleine Sterndolde *Astrantia minor*

Merkmale: Ausdauernde, zarte, bis 40 cm hohe Pflanze. Stengel kahl, von der Mitte an verzweigt, in 2- bis 4strahliger Trugdolde endend. Grundblätter langgestielt, 5- bis 9spaltig geteilt, Abschnitte schmal-lanzettlich, im oberen Teil tief abstehend gesägt, die drei mittleren bis zum Grund frei. Stengelblätter kleiner und einfacher. 10–20 Hüllblätter, sehr schmal und spitz, etwa so lang wie die Blüten und am Grunde frei. Kelchzähne eiförmig stumpf, stachelspitzig. **Blütezeit:** Juli bis August.
Standort: Bis etwa 2700 m; auf trockenen ± kalkfreien Böden, in lichten Wäldern.
Verbreitung: Pyrenäen, südwestliche Alpen, Nordapennin, nicht in Deutschland.
Die ähnliche **Bayerische Sterndolde** *(A. bavarica)* hat nur bis zu 5teilige Grundblätter; selten in den östlichen Kalkalpen.

Hahnenfuß-Hasenohr
Bupleurum ranunculoides ssp. ranunculoides

Merkmale: Ausdauernde, bis etwa 60 cm hohe, gras- bis blaugrüne Pflanze. Oft mehrere Stengel, aufrecht, am Grund mit nur wenigen Blattresten bedeckt. Grundblätter dicht rosettig, schopfig, deutlich gestielt, 3- bis 5längsnervig, Ränder nicht eingerollt. Stengelblätter eiförmig-spitz, stengelumfassend. Dolden mit 3–15 meist dicken Strahlen. 1–5 Hüllblätter, den oberen Blättern ähnlich. 5–9 Hüllchenblätter, gelblich grün, in Form und Größe veränderlich. Döldchen vielblütig. Kelch fehlend. Kronblätter gelb, manchmal rot überlaufen. Frucht dunkelbraun, länglich-ellipsoid.
Blütezeit: Juli bis August.
Standort: Über 1500 m; kalkliebend, verbreitet, aber nicht häufig. Felsen, steinige Weiden.
Verbreitung: Süd- und Mitteleuropa, Sibirien.

Stern-Hasenohr *Bupleurum stellatum*

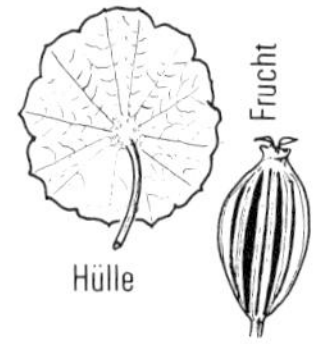

Merkmale: Ausdauernde, kräftige, leuchtendgrüne, 15–40 cm hohe Pflanze. 1 oder mehrere Stengel, oben verzweigt, am Grund dicht mit abgestorbenen Blattresten bedeckt. Grundblätter zahlreich rosettig, aufrecht, grasartig linear-lanzettlich, Stiel kurz, scheidenartig breit geflügelt. 1–2 Stengelblätter, halbstengelumfassend sich verschmälernd, stumpf oder spitz. 3–6 Doldenstrahlen, dicklich, kantig, oft länger als die Hülle. Diese 2–3(4)blättrig, groß, leuchtend grün-gelb, den Stengelblättern ähnlich, doch kürzer und breiter. 8–12 Hüllchenblätter, meist schüsselförmig verwachsen, deutlich länger als die Blüten. Frucht eiförmig-elliptisch, deutlich geflügelt, braun. **Blütezeit:** Juli bis August.
Standort: Von etwa 1700–2600 m; auf kalkarmen, felsigen Unterlagen.
Verbreitung: West- und zentrale Südalpen.

Felsen-Hasenohr *Bupleurum petraeum*

Merkmale: Ausdauernde, 20–50 cm hohe, leuchtendgrüne Pflanze. Stengel meist mehrere, aufrecht, unverzweigt, am Grund mit bräunlichen, zurückgeschlagenen Blattresten bedeckt. Blätter meist grundständig, rosettig, linealisch, grasartig, bis 30 cm lang. Stengelblätter kleiner, breiter, stengelumfassend. Dolden mit 5–15 ungleichen, dicklichen, bis 10 cm langen Strahlen. 3–6 Hüllblätter, linear-lanzettlich. 5–10 Hüllchenblätter, frei oder am Grund leicht verwachsen, in Form und Größe veränderlich. Döldchen vielblütig. Kelch fehlend. Kronblätter gelb. Frucht glänzend braun-schwarz, Hauptrippen gelblich-braun, geflügelt.
Blütezeit: Juli bis August.
Standort: 1300–2200 m, (3000 m), kalkliebend, Polsterseggenrasen, Felsspalten, steinige Orte. **Verbreitung:** Süd- und Ostalpen.

Meisterwurz *Peucedanum ostruthium*

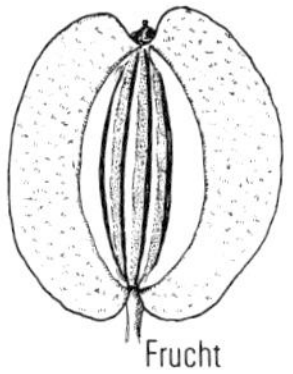

Merkmale: Ausdauernde, oft üppige, stark nach Möhren riechende Pflanze. Stengel aufrecht, 30–100 cm hoch, gerippt, seltener oben verzweigt. Grundblätter langgestielt, etwas derb, im Umriß dreieckig, meist doppelt 3zählig; Teilblättchen gestielt und meist tief 2- bis 3geteilt, Läppchen zugespitzt, unregelmäßig gezähnt. Stengelblätter auf aufgeblasenen Scheiden sitzend. Dolden groß, flach, bis 60strahlig. Hüllblätter nur 1 oder fehlend. Hüllchen wenigblättrig, weichborstig. Kelchsaum undeutlich. Kronblätter weiß oder rötlich. Frucht weiß-gelblich, stark zusammengedrückt, Seitenflügel sehr breit.
Blütezeit: Juni bis August (September).
Standort: Über 1000 m; auf Kalk und Urgestein, häufig; Bergwiesen, Wälder, Schutt.
Verbreitung: Gebirge Mittel- und Südeuropas, häufig aus Kulturen verwildert.

Berg-Bärenklau
Heracleum sphondylium ssp. montanum

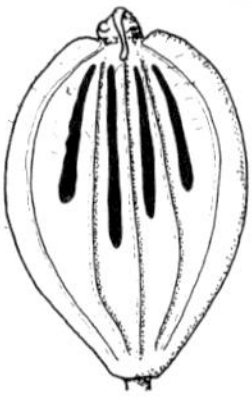

Merkmale: 2- oder mehrjährige, kräftige Pflanze mit aufrechtem, verzweigtem, dicht borstig behaartem Stengel. Grundständige Blätter groß, rundlich, bis 50 cm im Durchmesser, tief handförmig 3-, 5- oder 7teilig, mit zugespitzten, flach gesägten Abschnitten, oberseits grün und kahl, unterseits graugrün und nur an den Nerven dicht borstig behaart. Stengelblätter 3schnittig, mit großer, weitbauchiger Scheide. Dolde am Grund mit 0–3 Hochblättern, 10 cm breit, 15–30 strahlig. Hochblätter der Döldchen zahlreich, kurz behaart. Blüten weiß, selten rosa. Äußere Kronblätter der Randblüten bis zu 1 cm lang. Kelch aus 5 kurzen, dreieckigen Zähnen. **Blütezeit:** Juni bis August.
Standort: Subalpin und alpin, über 1000 m. Nährstoffreiche, feuchte Böden. Häufig.
Verbreitung: Von den Westalpen bis nach Niederösterreich, Jura, Schwarzwald.

Merkblättriger Bärenklau
Heracleum austriacum ssp. siifolium

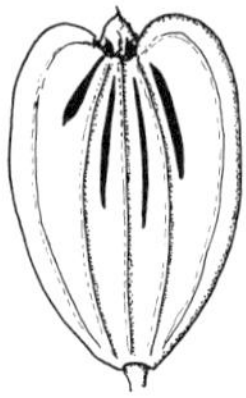

Merkmale: Ausdauernde, zierliche, bis 60 cm hohe Pflanze. Stengel aufrecht, gerillt, nicht dick, im oberen Teil rauh behaart. Grundblätter gestielt, grasgrün, gefiedert. Die 2–3 Fiederpaare sitzend, ungeteilt, am Rand gekerbt oder gesägt, beiderseits rauhhaarig, Endabschnitt größer. Dolden bis 9 cm im Durchmesser, mit 6–13 ungleich langen Strahlen. Hülle und Hüllchen schmal-dreieckig bis linealisch. Randblüten strahlend. Kronblätter rosa oder rötlich, tief ausgerandet.
Blütezeit: Juli bis August (September).
Standort: Kalkliebend, Wiesen, Bergwälder.
Verbreitung: Südostalpen.
Der **Österreichische Bärenklau** *(ssp. austriacum)* kommt in den nordöstlichen Alpen und der Zentralschweiz vor. Seine Blüten sind weiß, die äußeren Kronblätter kleiner.

Glänzendes Laserkraut *Laserpitium nitidum*

Merkmale: Ausdauernde, teilweise steifborstige, 30–70 cm hohe Pflanze. Stengel aufrecht, feingerillt, oben verzweigt. Blätter dicklich, oberseits kahl, unterseits glänzend. Grundblätter langgestielt, im Umriß breit-eiförmig, 3fach gefiedert, Abschnitte gelappt, am Rand dicht gesägt und kurz borstig bewimpert. Obere Blätter auf engen, hautrandigen Scheiden sitzend. Dolden groß, 15–25(35)strahlig. Hüllblätter oft zurückgeschlagen. Hüllchenblätter zahlreich, meist häufig. Kelchzähne klein, Kronblätter weiß. Frucht strohgelb. **Blütezeit:** Juli bis August.
Standort: Kalkliebend, warme, steinige, trokkene Orte, Berghänge, Weiden; selten.
Verbreitung: Comer See bis Gardasee.
Von Spanien bis Italien kommt das **Gallische Laserkraut** *(L. gallicum)* vor. Es ist robuster und stärker verzweigt.

Hallers Laserkraut *Laserpitium halleri*

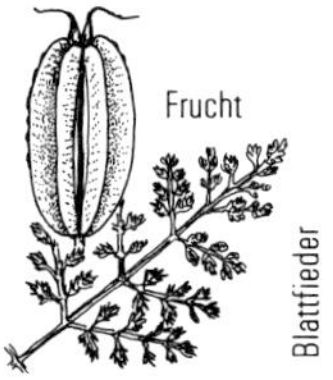

Merkmale: Ausdauernde, mehr oder weniger behaarte, 15–60 cm hohe Pflanze. Stengel aufrecht, rund, feingerillt, einfach oder wenig verzweigt. Grundblätter kurz gestielt, sehr groß, im Umriß dreieckig, bis 50 cm lang, 4- bis 5fach gefiedert, zuletzt in 5–7 schmal-linealische Abschnitte gegliedert. Stengelblätter weniger geteilt, auf den Scheiden sitzend. Dolden halbkugelig, die 15–40 Strahlen innen rauh. Hüllblätter zahlreich, deutlich lanzettlich, Rand häutig bewimpert, Spitze oft 3zähnig. Hüllchenblätter fast ganz häutig. Kelchzähne pfriemlich-lanzettlich. Kronblätter doppelt so lang, weiß oder anfangs rötlich überlaufen. Frucht gelbbraun, Flügel gelblich. **Blütezeit:** Juni bis September.
Standort: 1000 bis über 2500 m; auf Silikat.
Verbreitung: Zerstreut in den Alpen und Voralpen, Korsika.

Berg-Laserkraut *Laserpitium siler*

Breitblättriges L.

Merkmale: Ausdauernde, kahle, 30–100 (180) cm hohe Pflanze. Stengel hoch aufragend, einfach oder oben verzweigt. Blätter etwas lederig, üppig und dicht, im Umriß dreieckig, bis 100 cm lang, 2–4fach gefiedert; Blattfiedern am Rand schmal-knorpelig, glatt oder leicht gewellt. Dolden mit 20–50, innen drüsigen Strahlen. Hüll- und Hüllchenblätter zahlreich, lanzettlich. Kronblätter weiß. Frucht länglich, geflügelt. **Blütezeit:** Juni bis August.
Standort: Sonnige, trockene Felsen, Wiesen.
Verbreitung: Alpen.
In fast ganz Europa verbreitet ist das **Breitblättrige Laserkraut** *(L. latifolium)*: Stark würzig riechend, Blätter unterseits spärlich behaart, Rand knorpelig, gezähnt, gesägt oder kurz bewimpert, Hüllblätter hautrandig, oft blattähnlich, Hüllchen fädig, Fruchtflügel meist gewellt, Rippen anliegend haarig.

Österreichischer Rippensame *Pleurospermum austriacum*

Hüllblatt

Merkmale: Zweijährige oder ausdauernde, üppige, bis 2 m hohe Pflanze. Stengel aufrecht, sehr kräftig, hohl, gegenständig verzweigt, Kanten kurz rauh behaart. Blätter groß, glänzend dunkelgrün, im Umriß dreieckig-eiförmig, 2- bis 3fach gefiedert, Abschnitte eiförmig, gefiedert, am Rand kerbig gesägt, mit knorpeliger Spitze, unterseits an Nerven und Rand spärlich behaart. Dolden 12–20(40)strahlig, Enddolde sehr groß. Hüllblätter zahlreich und oft zurückgeschlagen, Hüllchenblätter mit häutigem Rand. Kelch klein. Kronblätter weiß, rundlich, innen drüsig.
Blütezeit: Juni bis August (September).
Standort: Bis 2000 m; feuchte Wälder, Hochstaudenfluren, Bachschluchten.
Verbreitung: Mittel- und Osteuropa, bis in die südwestlichen Alpen, vereinzelt in Schweden.

Striemensame *Molopospermum peloponnesiacum*

Merkmale: Ausdauernde, üppige, robuste, fast kahle Pflanze. Stengel aufrecht, dick, 1–2 m hoch. Grund- und untere Stengelblätter bis etwa 1 m lang, gestielt, 2- bis 4fach fiederschnittig. Dolden vielstrahlig, groß. Seitendolden gegenständig oder quirlig angeordnet. 6–9 Hüll- und Hüllchenblätter, ungleich, oft blattähnlich, lang zugespitzt, breit-hautrandig. Kelchzähne rundlich, undeutlich. Kronblätter weiß, abfallend.
Blütezeit: Mai bis Juli (August).
Standort: Bis 2000 m ansteigend; felsige, grasige Abhänge, Wälder.
Verbreitung: Pyrenäen, Südalpen.
Ähnlich ist die aromatische, weichhaarige **Süßdolde** *(Myrrhis odorata)*: Hüllblätter fehlen, Frucht geschnäbelt, borstig behaart; Pyrenäen, Alpen, im Apennin bis zum Westbalkan.

Alpen-Augenwurz *Athamanta cretensis*

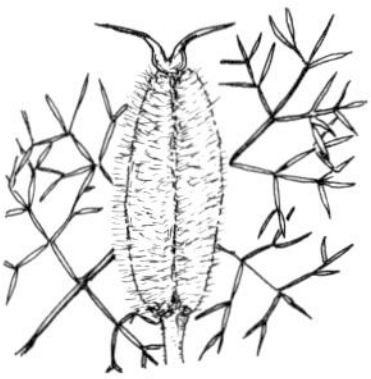

Merkmale: Ausdauernde, 10–40 (60) cm hohe, behaarte doch im unteren Teil verkahlende, stark würzig riechende Pflanze. Stengel meist mehrere, aufrecht oder aufsteigend, im unteren Teil verzweigt und beblättert, oben zottig behaart. Blätter grau- bis grasgrün, im Umriß dreieckig länglich, 3- bis 5fach gegliedert, mit schmalen, linealischen Abschnitten, flaumig bis zottig behaart. Stengelblätter weniger zerteilt, auf breiten Scheiden sitzend. Dolden flach, mit 5–15 dicken, lang zottigen Strahlen. Bis höchstens 5 Hüllblätter, eines oft blattartig. Hüllchenblätter zahlreicher, schmal. Blüten alle zwittrig. Kronblätter weiß, tief ausgerandet, außen borstig.
Blütezeit: Mai bis (August) September.
Verbreitung: Bis 2500 m; kalkliebend, auf Felsen, Geröll.
Verbreitung: Südostspanien bis zum Balkan.

Alpen-Mutterwurz *Ligusticum mutellina*

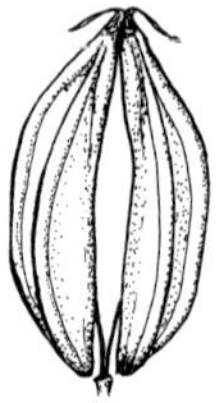

Merkmale: Ausdauernde, kahle, 10–50 (80) cm hohe Pflanze. Stengel aufrecht, einfach oder mit 1–2 Blättern und Seitenzweigen, am Grund dicht grobfaserig. Grundblätter langgestielt, grasgrün, weich, dreieckig im Umriß, bis 10 cm lang, 2- bis 3fach gefiedert; Fiedern linear-lanzettlich, stachelspitzig, am Rand ganz, spärlich gesägt bis eingeschnitten. Dolden 7–10(15)strahlig. Bis zu 2 Hüllblätter, klein, abstehend. 3 bis viele Hüllchenblätter, lanzettlich, hautrandig, etwa so lang wie die Blütenstiele. Kronblätter weiß, rötlich bis purpur. Frucht eiförmig-länglich, kahl, bräunlich mit helleren Rippen.

Blütezeit: Juni bis August (September).

Standort: Über 1500 m; häufig in den Alpen, auf Kalk und Urgestein, auf frischen Fett- und Magerwiesen.

Verbreitung: Gebirge Mittel- und Südeuropas, von Frankreich bis in die Karpaten.

Zwerg-Mutterwurz *Ligusticum mutellinoides*

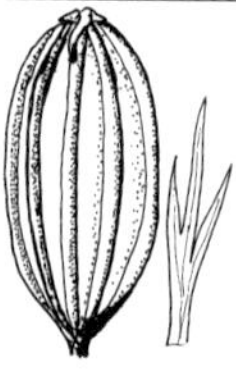
Hüllblatt

Merkmale: Ausdauernde, fast kahle, bis 30 cm hohe Pflanze. Stengel aufrecht, einfach mit höchstens 1–2 Blättern. Grundblätter kurz oder länger gestielt, grasgrün, weich, eiförmig im Umriß, 2- bis 3fach gefiedert; Fiedern dicht gedrängt, schmal-eiförmig bis linealisch, spitz. Dolden 8- bis 20strahlig. Hülle und Hüllchen 5– bis 10blättrig. Kronblätter weiß oder rötlich. Frucht ellipsoidisch, manchmal zwischen den Rippen kurz, steif behaart.

Blütezeit: Juli bis August.

Standort: Bis 3300 m; kalkmeidend; Wiesen, Schutthalden.

Verbreitung: Alpen, Karpaten.

Im Französischen Jura und in den Südwestalpen wächst die **Steckenkraut-Mutterwurz** *(L. ferulaceum)*: bis 60 cm hoch, vom Grund an verzweigt, Blätter bis 4fach gefiedert, Hülle abwärts gebogen, Kronblätter gelblich-weiß.

Einblütiges Wintergrün *Moneses uniflora*

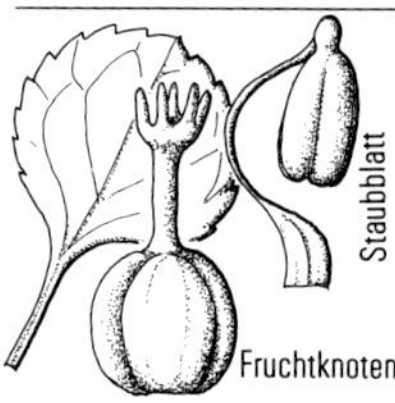

Merkmale: Ausdauernde, 5–15 cm hohe immergrüne Pflanze. Stengel kahl, einblütig und mit einem schuppenförmigen Hochblatt. Laubblätter meist rosettig, rundlich bis sehr breit-eiförmig, bis 1,5 cm lang, mit kurzer Spitze, kurz gesägt, lederig, oberseits dunkel-, unterseits mattgrün. Blattnerven deutlich erkennbar. Blüte am Ende des Sprosses, groß, bis 2,5 cm breit, nickend. 5 Kronblätter, eiförmig, bis 12 mm lang, vorne bewimpert, weiß, selten etwas rötlich. 5 Staubblätter, S-förmig gebogen, unten verbreitert, Staubbeutel mit Hörnchen. 5 Kelchblätter eiförmig, bewimpert, gelblich. Kapsel aufrecht, bis 8 mm lang. **Blütezeit:** Mai bis August.

Standort: Vom Tal bis 2000 m; in bodensauren Nadelwäldern, im Moos, im Schatten.

Verbreitung: In fast ganz Europa an geeigneten Standorten. Asien, Nordamerika, Grönland.

Einseitswendiges Wintergrün *Orthilia secunda* ⊗

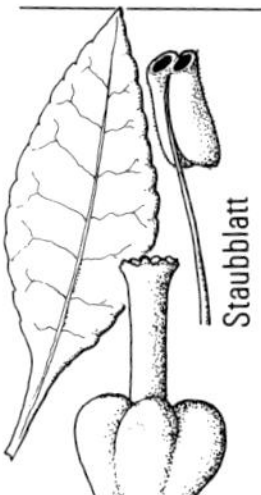

Fruchtknoten

Merkmale: Ausdauernde, 10–30 cm hohe Pflanze mit kriechender, stark verzweigter Achse. Stengel bogig aufsteigend, unten verzweigt, 2kantig, mit schuppenförmigen Blättern. Blätter immergrün, rosettig, schmal-eiförmig, bis 3,5 cm lang, gekerbt, gestielt, lederig, oberseits leuchtend grün, unterseits bleichgrün. Blüten bis zu 30 in dichter, einseitswendiger Traube. Kronblätter bis 5 mm lang, gewölbt, gelblich-grün. Kelchblätter bewimpert, viel kürzer als die Kronblätter. Griffel dick, mit 5 sehr kurzen Narbenlappen. Kapsel kugelig, bis 4 mm groß, zuerst basal aufspringend.

Blütezeit: Juni bis Juli, Nachblüte im Herbst.

Standort: Vom Tal bis 2000 m; auf Humus, in Nadelwäldern und Zwergstrauchgebüschen.

Verbreitung: In fast ganz Europa an geeigneten Standorten. Nordasien, Nordamerika.

Dolden-
blütler

Wintergrün-
gewächse

Rostrote Alpenrose

Rhododendron ferrugineum ⊗

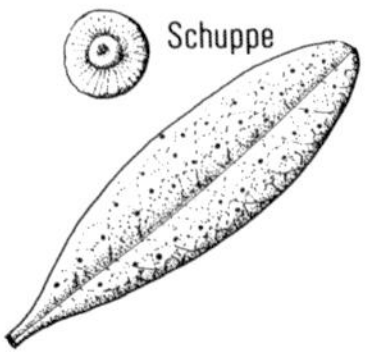

Merkmale: Bis 1,5 m hoher Strauch mit kräftigen, aufrechten Ästen. Blätter an den Zweigenden gehäuft, immergrün, derb-lederig, bis 4 cm lang, schmal-elliptisch, mit nach unten gerolltem Rand, kahl. Oberseite dunkelgrün, Unterseite sehr dicht mit anfangs gelbgrünen, später rostbraunen Drüsenschuppen besetzt. Blüten in einer 6- bis 12blütigen, doldigen Traube. Krone leuchtend dunkel-rosarot bis purpurn, bis 15 mm lang, trichterig-glockig, bis zur Hälfte 5teilig, innen kurzhaarig. 10 behaarte Staubblätter. Kelch 5zipfelig, randlich bewimpert.

Blütezeit: Juni bis Juli.

Standort: 1500–2800 m; auf Silikat und sauren, feuchten, tiefgründigen Böden; häufig.

Verbreitung: In den Alpen, Alpenvorland, Pyrenäen, Jura, Nordapennin.

Behaarte Alpenrose

Rhododendron hirsutum ⊗

Merkmale: Niedriger, bis 1 m hoher, reich verzweigter Strauch mit kurzen, gleichmäßig und dicht beblätterten Zweigen. Blätter immergrün, bis 3 cm lang, elliptisch, Rand nicht umgerollt, aber verdickt, etwas gekerbt und abstehend lang borstig behaart. Beide Blattseiten grün und nur zerstreut mit rundlichen Drüsenschuppen. Blüten in 3- bis 10blütigen Doldentrauben. Krone rosa, bis 15 mm lang, trichterig-glockig, innen behaart, mit 5 etwas ungleichen Kronzipfeln. Kelch 2–4 mm lang, 5teilig, abstehend bewimpert. **Blütezeit:** Juni bis August.

Standort: 600–2600 m; stets auf Kalk! Auf lange schneebedecktem Felsschutt, in lichten Wäldern; stellenweise häufig.

Verbreitung: Östliche und mittlere Alpen. Abwechselnd mit der rostroten Alpenrose.

Zwerg-Alpenrose

Rhodothamnus chamaecistus ⊗

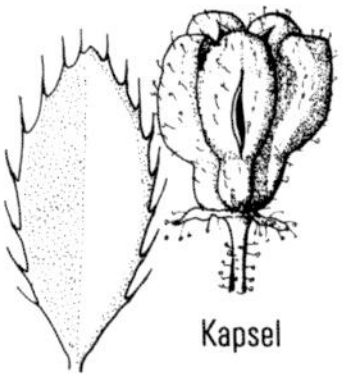

Merkmale: Bis 30 cm hoher, zierlicher Strauch mit aufrechten Ästen. Blätter wechselständig, an den Zweigenden gehäuft, immergrün, derb, bis 1,5 cm lang, elliptisch bis lanzettlich, spitz. Blattrand flach, weit gesägt, borstig bewimpert. Beide Blattseiten grün und glänzend. Blüten zu 1–3 auf langen, drüsigen Stielen. Krone rosarot, radförmig ausgebreitet, bis 3 cm breit, bis zum Grund 5teilig. 10 schwarzbraune Staubbeutel mit am Grund behaarten Staubfäden. 5 drüsig bewimperte Kelchblätter. Frucht, eine harte, kugelige, vielsamige Kapsel. **Blütezeit:** Mai bis Juli.

Standort: 1000–2400 m; an sonnigen Felsschutthalden, in Felsspalten, in Latschen- und Almrauschgebüschen; auf Kalk; zerstreut.

Verbreitung: Östliche Alpen. Vom Comer See und vom Allgäu bis zu den Karawanken.

Gemsheide (Alpenazalee)

Loiseleuria procumbens

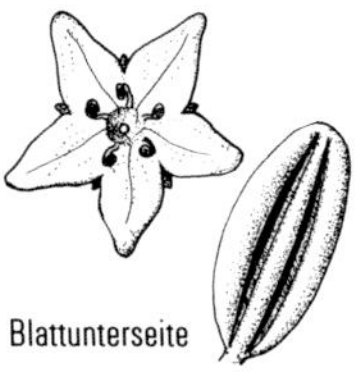

Merkmale: Niedriger, reich verzweigter, teppichbildender Spalierstrauch mit dicht beblätterten, bis 50 cm langen, niederliegenden Zweigen. Blätter meist gegenständig, lederig, immergrün, bis 7 mm lang und 2 mm breit, schmal-elliptisch, mit nach unten eingerolltem Rand und dickem Mittelnerv. Blüten einzeln oder in wenigblütigen Dolden. Blütenstiel unterhalb der Mitte mit 2 kelchartigen Vorblättern. Krone rosa, breitglockig, bis 6 mm breit, offen, tief 5spaltig, abfallend. Die 5 Staubblätter in der Krone angewachsen. 5 dunkelrote kurze Kelchblätter.

Blütezeit: Juni und Juli.

Standort: 1500–3000 m; saure, steinige Böden an exponierten Stellen, Moränen; häufig.

Verbreitung: Gebirge Mitteleuropas, nördliches und arktisches Eurasien und Amerika.

Schneeheide *Erica herbacea (= carnea)* ⊗

Merkmale: Bis 30 cm hoher, niederliegender, reich verzweigter, ausgebreiteter Zwergstrauch mit dünnen, bogig aufsteigenden Ästchen. Blätter in dichten, 4zähligen Quirlen, immergrün, bis 10 mm lang und 1,2 mm breit, nadelig, mit hellem, knorpeligem, umgerolltem Rand und unterseits einer Längsfurche. Blüten nickend, in vielblütiger, einseitswendiger Traube. Blütenstiele in der Mitte mit 3 kleinen Vorblättern. Krone rosa bis rot, bis 7 mm lang, schmal-glockig, vorne 4zähnig, mit dunklen, herausragenden Staubblättern. 3 rötliche, trockenhäutige Kelchblätter. Kapsel vielsamig.
Blütezeit: Je nach Lage März bis Juni.
Standort: Vom Tal bis 2700 m; auf Kalk und Silikat, trockenen, steinigen Böden.
Verbreitung: Alpen, von den Seealpen nach Osten, Tatra, Apennin. Auch im Alpenvorland.

Heidekraut, Besenheide *Calluna vulgaris*

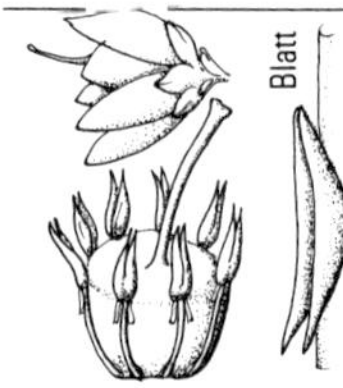

Merkmale: 10–100 cm hoher Halbstrauch mit niederliegenden, wurzelnden Sprossen und bogig aufsteigenden, dünnen, graubraunen, reichverzweigten Stämmchen mit dicht aufrecht stehenden Ästchen. Blätter 4zeilig, dachziegelig deckend, bis 3,5 mm lang und 0,6 mm breit, bootförmig, lanzettlich, spitz, nach oben eingerollt, unten mit Längsfurche, sitzend, am Grund mit 2 spitzen, abwärts gerichteten Öhrchen. Blüten in dichter, Traube, hellviolett bis rosa, nickend, bis 4 mm lang, basal mit kelchartigen Hochblättern. Krone bis zur Mitte 4teilig, mit 8 2spitzigen Staubblättern. 4 Kelchblätter doppelt so lang wie die Krone, frei, wie die Krone gefärbt. Kapsel vielsamig. **Blütezeit**: Juli bis September.
Standort: Vom Flachland bis 2700 m; auf sauren, nährstoffarmen Böden; häufig.
Verbreitung: In Europa weit verbreitet.

Immergrüne Bärentraube
Arctostaphylos uva-ursi

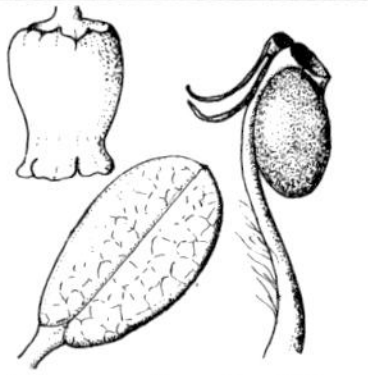

Merkmale: Niederliegender, sparrig verzweigter, teppichbildender Spalierstrauch mit 30–100 cm langen Ästen. Blätter immergrün, lederig, bis 3 cm lang und 1,5 cm breit, verkehrt-eiförmig, oberseits glänzend, unterseits matt, mit hellem, jung kraus behaartem Rand. Blüten zu 3–10 in einer überhängenden, endständigen Traube. Krone weiß bis blaßrosa, bis 6 mm lang, krugförmig, mit 5 kurzen, nach außen gebogenen Zipfeln, abfallend, innen die 10 Staubblätter. Kelch 5teilig, viel kürzer als die Krone. Beere scharlachrot.
Blütezeit: März bis Juli.
Standort: Vom Tal bis 2700 m; trockene, sandige bis felsige, eher kalkhaltige Böden.
Verbreitung: Europa, in den Alpen häufig.
Die **Alpen-Bärentraube** *(A. alpinus)* ist sommergrün und hat blauschwarze Beeren.

Krähenbeere *Empetrum nigrum*

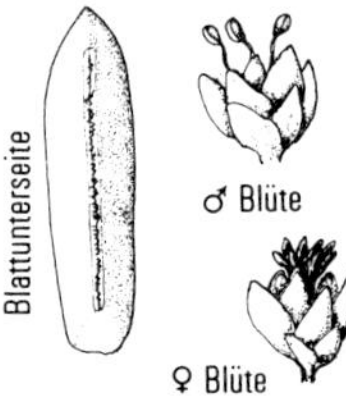

Merkmale: Bis 45 cm hoher, weit kriechender und teppichbildender, reich verzweigter, dicht beblätterter, immergrüner Strauch. Junge Zweige fein drüsig behaart. Blätter wechselständig, oberseits glänzend, unterseits weiß, bis 5,5 mm lang und 2 mm breit, durch nach unten eingerollten Rand nadelig, unterseits mit einer Längsfurche. Blüten einzeln in den Blattachseln, hell- bis dunkelrot, mit 3 freien, eiförmigen, bis 3 mm langen Kronblättern und 3 dunkelroten Staubblättern. Fruchtknoten oberständig, mit 6–9 Narbenlappen. An einer Pflanze zwittrige, männliche und weibliche Blüten. Beere schwarz, glänzend, eßbar. **Blütezeit**: Mai bis Juni.
Standort: Meist ab 1700–3000 m; in Hochmooren, Zwergstrauchheiden; häufig.
Verbreitung: In Europa weit verbreitet. Gesamte Alpen, Pyrenäen, Jura, Balkanhalbinsel.

Heidekraut-
gewächse

Heidekraut-
gewächse

Krähenbeeren-
gewächse

Hallers Primel *Primula halleri* ⊗

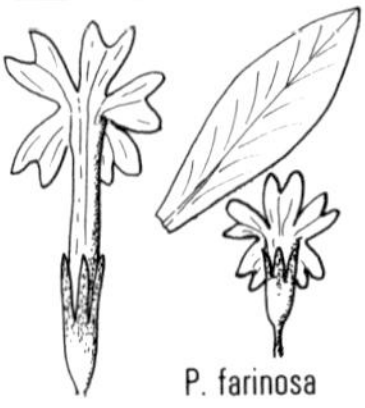

Merkmale: Ausdauernde, 10–30 cm hohe Pflanze mit grundständigen Blättern und kräftigem, oben mehlig bepudertem Stengel, der eine mehrblütige Dolde trägt. Blätter jung nach rückwärts eingerollt, länglich-eiförmig, kerbrandig, oberseits grün, runzelig, unterseits weißlich-mehlig bedeckt. Blüten an 4–15 mm langen Stielen; Tragblätter gleich lang, pfriemlich; Krone rosalila, mit gelbem Schlund, 5lappig, 15–20 mm breit; Kronröhre bis 3mal so lang wie der Kelch.
Blütezeit: Juni bis Juli.
Standort: Subalpin und alpin, bis 2900 m; Rasen, Felsspalten, Schutt, kalkhaltige Böden.
Verbreitung: Alpen (zerstreut, vor allem südliche und östliche Teile), Karpaten, Balkan.
Ähnlich, aber kleiner ist die häufigere **Mehlprimel** *(Primula farinosa)*: Kelch ± so lang wie Kronröhre, Krone 8–15 mm breit.

Klebrige Primel *Primula glutinosa* ⊗

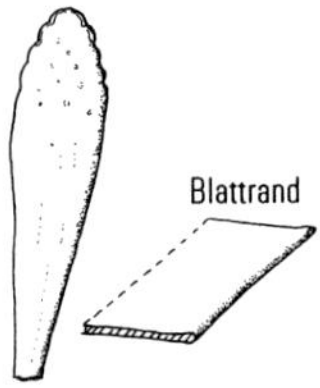

Merkmale: Ausdauernde, 2–10 cm hohe, oft rasig wachsende Pflanze, scheinbar kahl, jedoch überall klebrig von zahlreichen, kurzen Drüsenhaaren. Blätter grundständig, bis 6 cm lang, länglich-spatelig, allmählich in den Stiel verschmälert, in der oberen Hälfte fein-spitzzähnig, jung gegen die Oberseite eingerollt. Stengel die Blüten überragend, mit 2- bis 7blütiger Dolde. Blüten fast sitzend, Tragblätter 7–11 mm lang, breit-eiförmig, rotbraun wie die Kelche, diese oft überragend. Krone dunkelblau bis violett, am Schlund mit dunklerem Ring, 10–16 mm breit; Kronsaum trichterförmig, mit tief ausgerandeten Lappen; Kelch etwa so lang wie die Kronröhre. **Blütezeit:** Juni bis August.
Standort: Subalpin und alpin, 1600–3100 m; auf kalkarmen Böden, Rasen, Schutt.
Verbreitung: Unterengadin bis Steiermark.

Aurikel *Primula auricula* ⊗

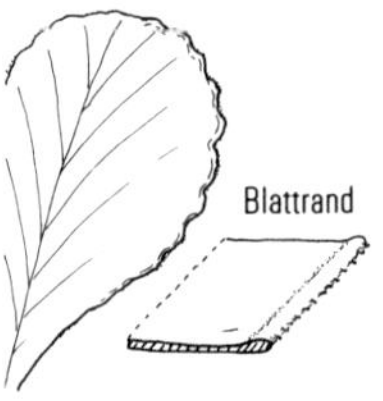

Merkmale: Ausdauernde, 5–25 cm hohe, meist mehlig bestäubte Pflanze mit kurzen, farblosen Drüsen, daher auch kahl erscheinend. Blätter grundständig, fleischig, mit knorpeligem Rand, eiförmig bis länglich-lanzettlich, ganzrandig oder entfernt gezähnt, jung gegen die Oberseite eingerollt. Stengel kräftig, mit einseitswendiger, vielblütiger Dolde. Blütenstiele 5–25 mm, länger als die breit-eiförmigen Tragblätter. Krone bis 25 mm breit, leuchtend gelb, duftend, mit trichterförmig ausgebreiteten Kronlappen; Kelch glockenförmig, höchstens halb so lang wie die Kronröhre. **Blütezeit:** April bis Juni.
Standort: Von Tallagen bis 2900 m; steinige Rasen, Felsspalten, Schutt; auf Kalk.
Verbreitung: In verschiedenen Formen durch die Alpen, selten im Vorland; Jura, Schwarzwald, Apennin, Karpaten, Balkan.

Gewelltrandige Primel *Primula marginata*

Merkmale: Ausdauernde, 5–12 cm hohe Pflanze mit mehlig bestäubtem Stengel. Blätter grundständig, verkehrt-eiförmig bis elliptisch, oft mehlig, ausgeprägt stumpfzähnig, weißmehlig berandet. Blüten an 3–20 mm langen Stielen in 3- bis 15blütigen, aufwärts gerichteten Dolden; Tragblätter häutig, breit-eiförmig, bis 10 mm lang. Krone rosaviolett bis blaulila, duftend, am Schlund mit weißmehligem Ring, bis 20 mm breit, mit leicht ausgerandeten Kronlappen; Kronröhre etwa 3mal so lang wie der 2–6 mm lange, mehlig bepuderte Kelch; Kelchzähne kurz, eiförmig.
Blütezeit: Mai bis Juli.
Standort: Montan bis alpin, 500–2600 m; Felsspalten, Kalk und kalkhaltiger Schiefer.
Verbreitung: Endemische Pflanze der Südwestalpen (Italien und Frankreich).

Breitblättrige Primel *Primula latifolia* ⊗

Blattrand

Merkmale: Ausdauernde, 5–15 cm hohe Pflanze mit klebrigen, drüsenhaarigen Stengeln und Blättern. Blätter grundständig, 5–15 cm lang und 1–5 cm breit, ohne Mehlstaub und Knorpelrand, verkehrt-eiförmig, in den Stiel verschmälert, meist ungleich stumpf gezähnt, besonders in der oberen Blatthälfte. Blüten zahlreich, nickend, an 5–15 mm langen Stielen in einseitswendiger Dolde; Tragblätter häutig, kürzer als die Blütenstiele, breit-eiförmig. Krone rot- bis blauviolett, duftend, mehlig im Schlund, bis 15 mm breit; Kronsaum trichterförmig, mit leicht ausgerandeten Lappen, Kronröhre bis 3mal so lang wie der Kelch. **Blütezeit:** Juni bis August.
Standort: Vorwiegend alpin, 1800–3000 m; Felsspalten, Felsschutt; über Silikat.
Verbreitung: Pyrenäen, Seealpen bis Aostatal, Unterengadin, Veltlin, Bergamasker Alpen.

Behaarte Primel *Primula hirsuta* ⊗

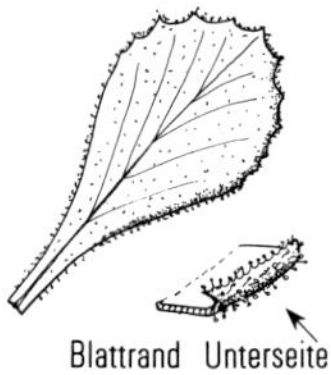

Blattrand Unterseite

Merkmale: Ausdauernde, bis 10 cm hohe Pflanze, dicht mit klebrigen, hellen, 0,1–0,4 mm langen Drüsenhaaren besetzt. Blätter grundständig, verkehrt-eiförmig bis rundlich, meist rasch in den Stiel verschmälert, ± grob gezähnt, jung gegen die Oberseite eingerollt. Stengel bis 7 cm lang, kräftig, meist kürzer als die Blätter, mit ein- bis mehrblütiger Dolde. Blütenstiele 3–15 mm, kürzer bis fast so lang wie der Stengel; Tragblätter 1–3 mm lang, eiförmig. Krone rosa bis purpurrot, selten weiß, mit weißem Schlund, 15–25 mm breit, mit ausgerandeten Lappen; Kelch 3–7 mm lang, glockig, mit dreieckigen, abstehenden Zipfeln. **Blütezeit:** April bis Juni.
Standort: Bis über 3000 m; steinige Rasen, Felsspalten, Schutt; über Silikat.
Verbreitung: Von den Grajischen Alpen bis zu den Hohen Tauern; Pyrenäen.

Zottige Primel *Primula villosa* ⊗

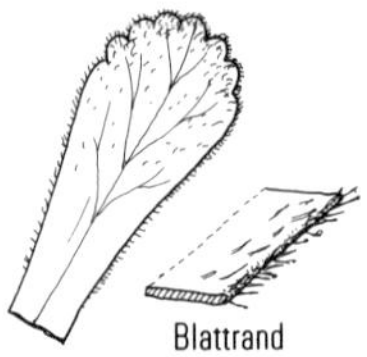

Blattrand

Merkmale: Ausdauernde, 5–15 cm hohe Pflanze, deren Stengel und Blätter dicht mit klebrigen, rotköpfigen, bis 1 mm langen Drüsenhaaren besetzt sind. Blätter grundständig, 2–15 cm lang, 1–4 cm breit, schmal- bis breit-eiförmig, gegen die Spitze meist schwach gezähnt, fleischig. 2–5 gestielte Blüten in endständiger Dolde; Tragblätter grün oder häutig, breit-eiförmig, kürzer als die Blütenstiele. Krone 15–30 mm breit, rosa bis lila, mit weißem Schlund und trichterförmig ausgebreiteten, ausgerandeten Kronlappen; Kronröhre 8–12 mm lang, 2- bis 3mal so lang wie der Kelch; Kelchzähne kurz dreieckig.
Blütezeit: April bis Juni.
Standort: Vorwiegend subalpin, 1500–2200 m; steinige Rasen, Felsen; über Silikat.
Verbreitung: Norische Alpen (Kärnten und Steiermark), Südwestalpen (Cottische Alpen).

Inntaler Primel *Primula daonensis* ⊗

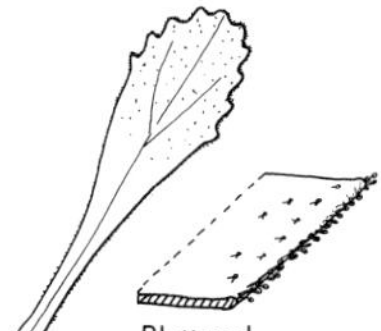

Blattrand

Merkmale: Ausdauernde, bis 10 cm hohe, drüsenhaarige Pflanze, die eng mit der nebenstehenden **Behaarten Primel** verwandt ist. Gemeinsame Merkmale: Blätter grundständig, beiderseits drüsig behaart, jung gegen die Oberseite eingerollt; Tragblätter 1–3 mm lang, eiförmig; Krone rosa bis purpurn, mit weißem Schlund und trichterförmig ausgebreiteten, ausgerandeten Kronlappen; Kronröhre außen drüsig behaart. Unterschiede: Die Inntaler Primel hat rote Drüsen, der Schaft ist meist länger als die Blätter; Blütenstiele 2–6 mm, Kelch bis 4 mm lang, Kelchzähne kürzer, bis 1,5 mm lang, stumpf.
Blütezeit: Juni bis Juli.
Standort: Vorwiegend alpin, 1600–2800 m; saure Böden, Rasen, Schutt, Silikatfelsen.
Verbreitung: Bergamasker Alpen über Adamello und Judikarien bis zum Ortlergebiet.

Prachtprimel *Primula spectabilis* ⊗

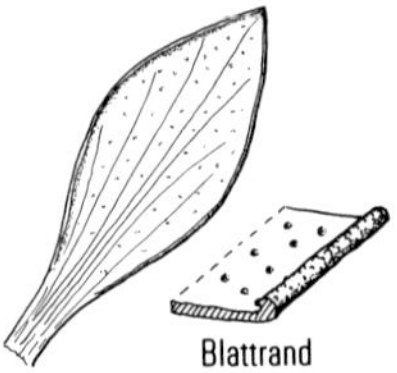

Merkmale: Ausdauernde, bis 20 cm hohe, kahl aussehende Pflanze, jedoch Blätter und Kelch mit sehr kleinen, farblosen Drüsenhaaren besetzt. Blätter grundständig, jung gegen die Oberseite eingerollt, glänzend, dicklich, mit weißem Knorpelrand, lanzettlich bis ei- oder rautenförmig, ganzrandig. Blüten 20–30 mm breit, auf 5–15 mm langen Stielen in 2- bis 7blütigen Dolden; Tragblätter linealisch, meist kürzer als die Blütenstiele. Krone rosa- bis violettrot, mit weißem Schlund und ausgerandeten, flach ausgebreiteten Kronlappen; Kelch röhrig-trichterig, rötlich überlaufen, mit kurzen Zipfeln, kürzer als Kronröhre. **Blütezeit:** Mai bis Juli.
Standort: Montan bis alpin, 600–2500 m; steinige Rasen, Felsen; nur auf Kalk.
Verbreitung: Endemische Art der Südalpen (Brenta-Gruppe, Judikarien, Vicentiner Alpen).

Piemonteser Primel *Primula pedemontana* ⊗

Merkmale: Ausdauernde, bis 15 cm hohe Pflanze, die der **Behaarten Primel** nahesteht. Blätter grundständig, bis 5 cm lang und 3 cm breit, allmählich in den Stiel verschmälert, auf den Flächen ± kahl, nur am Rand mit kurzen, roten Drüsenhaaren besetzt, meist ganzrandig, selten schwach gezähnt. Stengel drüsig behaart, kräftig, bis doppelt so lang wie die Blätter. Blüten 20–25 mm breit, dunkelrosa bis purpurrot, an 2–12 mm langen Stielen in wenigblütigen Dolden; Krone mit ausgebreiteten und ausgerandeten Lappen sowie weißem Schlund; Kronröhre außen drüsenhaarig; Kelch mit kurzen Zipfeln. **Blütezeit:** Mai bis Juli.
Standort: Subalpin und alpin, 1400–3000 m; kalkarme Böden, Rasen, Schutt, Felsspalten.
Verbreitung: Grajische und Cottische Alpen.

Meergrüne Primel *Primula glaucescens* ⊗

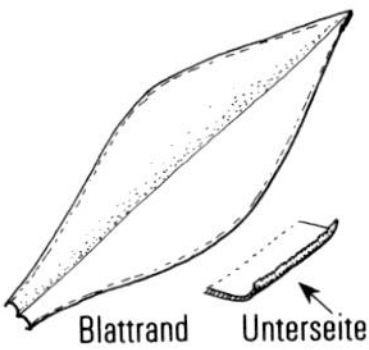

Merkmale: Ausdauernde, 5–15 cm hohe, vollkommen kahle Pflanze. Blätter grundständig, bis 8 cm lang und 2 cm breit, lanzettlich, spitz, ganzrandig, meergrün, glänzend, mit knorpeligem, kahlem Rand, jung nach oben eingerollt. Stengel die Blätter deutlich überragend, mit 2- bis 5blütiger, aufrechter Dolde. Tragblätter schmal-lanzettlich, 5–20 mm lang, länger als die Blütenstiele, manchmal bis zur Kelchspitze reichend; Kelch 7–15 mm lang, röhrig, meist rotbräunlich, bis zur Mitte geteilt, Zähne meist spitz; Krone 20–30 mm breit, rosa, purpurn oder hellviolett, mit ausgerandeten Kronlappen.
Blütezeit: Mai bis Juli.
Standort: Montan bis alpin, 500–2400 m; steinige Rasen, schattige Felsen; auf Kalk.
Verbreitung: Südalpen, vom Comer See durch die Bergamasker Alpen bis nach Judikarien.

Wulfens Primel *Primula wulfeniana* ⊗

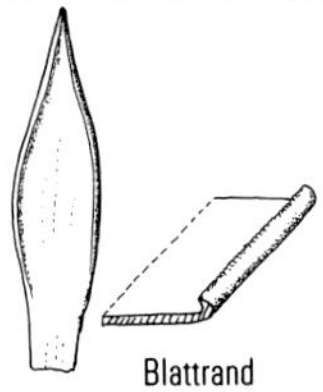

Merkmale: Ausdauernde, 2–10 cm hohe, scheinbar kahle Pflanze, aber Blattrand und Kelch dicht mit sehr kurzen Drüsenhaaren bedeckt. Blätter grundständig, 2–4 cm lang und bis 1 cm breit, eiförmig bis lanzettlich, zugespitzt, dunkelgrün, glänzend, steif, nicht klebrig, mit ungezähntem, knorpeligem, jung eingerolltem Rand. Stengel kahl, die Blätter überragend, mit 1–3 gestielten Blüten; Tragblätter linealisch, 4–10 mm lang, meist länger als die Blütenstiele, aber höchstens bis zur Kelchmitte reichend, rötlich wie der röhrige, 6–12 mm lange Kelch; kurze Kelchzähne; Krone 25–30 mm breit, hellrot bis lila, mit ausgerandeten Lappen.
Blütezeit: Mai bis Juli.
Standort: Subalpin und alpin, 1200–2200 m; steinige Rasen, Schutt, Fels; über Kalk.
Verbreitung: Südostalpen.

Clusius-Primel *Primula clusiana*

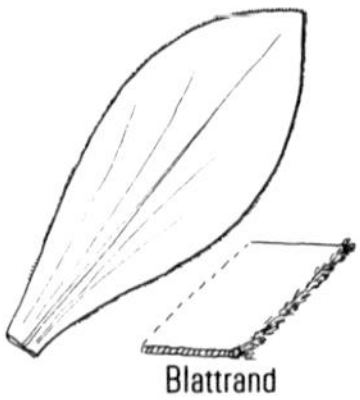

Merkmale: Ausdauernde, 2–10 cm hohe Pflanze, dicht mit kurzen, farblosen Drüsenhaaren besetzt. Blätter grundständig, länglich-eiförmig, ganzrandig, oberseits glänzend, hellgrün, kahl, unterseits graugrün, mit schmalem, drüsenhaarigem Knorpelrand. Stengel kräftig, mit 2–5 gestielten Blüten; Tragblätter schmal-lanzettlich, höchstens bis zur Kelchmitte reichend, länger als die Blütenstiele. Kelch 8–15 mm lang, röhrig-glockig, nicht bis zur Mitte geteilt; Krone 20–35 mm breit, rosarot bis lila, mit weißem Schlund und weit ausgebreiteten, tief ausgerandeten Kronlappen. **Blütezeit:** Mai bis Juli.
Standort: 600–2200 m; magere Rasen, Schneetälchen, Schutt, Fels; über Kalk.
Verbreitung: Endemisch in den Nordostalpen (Berchtesgadener Alpen bis Wiener Schneeberg, Niedere Tauern).

Ganzblättrige Primel *Primula integrifolia* ⊗

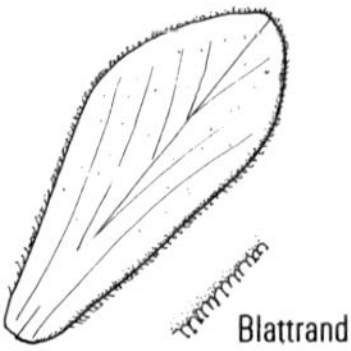

Merkmale: Ausdauernde, 1–5 cm hohe Pflanze, dicht mit bis 0,75 mm langen, farblosen Drüsenhaaren besetzt, besonders an Blattrand, Stengel, Trag- und Kelchblättern, trotzdem kaum klebrig. Blätter ganzrandig oder wellig verbogen, weich, grasgrün, eiförmig, abgerundet oder spitz, oft ungestielt. Stengel kurz, etwa so lang wie die Blätter, mit 1–3 sitzenden oder kurz gestielten Blüten; Tragblätter 5–10 mm lang, schmal-lanzettlich; Krone 15–25 mm breit, rosa- bis rotviolett, mit eingeschnittenen Kronlappen; Schlund zottig von weißlichen Drüsenhaaren; Kelch rötlich, mit kurzen, stumpfen Zähnen.
Blütezeit: Mai bis August.
Standort: Meist alpin, 1900–2700 m; kalkarme, feuchte Böden, Schneetälchen, Mulden.
Verbreitung: Vom Arlberg und Tonale westwärts bis Savoyen; Pyrenäen.

Südtiroler Primel *Primula tyrolensis* ⊗

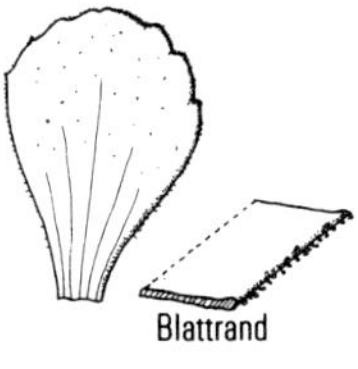

Merkmale: Ausdauernde, bis 5 cm hohe Pflanze, dicht bedeckt mit klebrigen, farblosen, bis 0,4 mm langen Drüsenhaaren. Blätter grundständig, rundlich bis eiförmig, rasch in den Stiel verschmälert, in der vorderen Hälfte feingezähnt, fleischig. Stengel so lang wie die Blätter, mit 1–2 fast sitzenden Blüten; Tragblätter bis 8 mm, schmal-lanzettlich. Krone rosa- bis karminrot, 15–25 mm breit, mit weißem, drüsenhaarigem Schlund und ausgerandeten Kronlappen; Kelch bis 8 mm, bis zur Mitte eingeschnitten, mit eiförmigen Zähnen. **Blütezeit:** Mai bis Juli.
Standort: 1000–2300 m; Kalkfels.
Verbreitung: Südost-Dolomiten.
Ähnlich ist die in den Seealpen wachsende **Allionis Primel** *(P. allionii)*: Blätter allmählich in den Stiel verschmälert, Stengel nur bis 8 mm hoch, Tragblätter 1–3 mm, breit-eiförmig.

Zwergprimel *Primula minima* ⊗

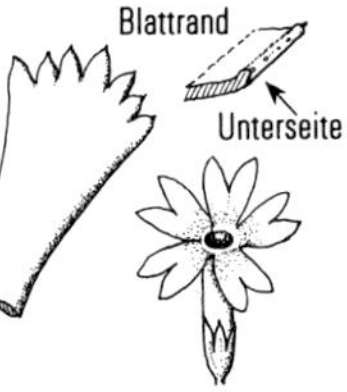

Merkmale: Ausdauernde, bis 4 cm hohe, oft rasig wachsende Pflanze, scheinbar kahl, jedoch Blätter, Tragblätter, Blütenstiele und Kelch mit winzigen, farblosen Drüsenhaaren besetzt. Blätter in kleinen, gedrängten Rosetten, 15 mm lang, keilförmig, vorne gestutzt, mit großen, zugespitzten Knorpelzähnen, glänzend, meist ohne Stiel. Stengel 2–8 mm, kürzer als die Blätter, meist 1blütig; 1–2 Tragblätter, 3–7 mm lang, lanzettlich; Krone leuchtend rot, 15–30 mm breit, mit weißem, drüsenhaarigem Schlund und keilförmigen, tief eingeschnittenen Kronlappen; Kelch 5–8 mm lang, Zähne eiförmig, stumpf, mit aufgesetzter Spitze. **Blütezeit:** Juni bis Juli.
Standort: Subalpin und alpin, 1500–3000 m; kalkarme Böden, Schneetälchen, Fels, Schutt.
Verbreitung: Ostalpen (westwärts bis Bayern, Brenner, Tonale), Sudeten, Karpaten, Balkan.

Goldprimel *Vitaliana primuliflora* ⊗

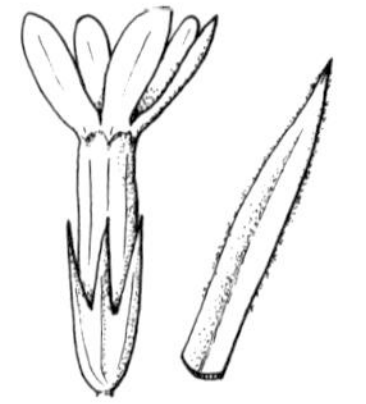

Merkmale: Ausdauernde, niedrige, in lockeren Rasen wachsende Pflanze, bis 5 cm hoch. Blätter in grundständigen Rosetten, linealisch bis schmal-lanzettlich, 3–12 mm lang, bis 2 mm breit, ganzrandig, kahl oder besonders an den Rändern hellgrau von anliegenden Sternhaaren (ebenso an Blütenstielen und Kelch). Blüten einzeln, kurzgestielt, in den Achseln der obersten Rosettenblätter. Krone goldgelb, bis 22 mm breit, mit lanzettlichen, abgerundeten Zipfeln und langer Röhre; Kelch etwa halb so lang wie Kronröhre, bis 10 mm lang, röhrig-glockig, bis zur Mitte geteilt, mit schmal-lanzettlichen Zähnen.
Blütezeit: Mai bis Juli.
Standort: Vorwiegend alpin, bis über 3000 m; kalkarme Böden, Rasen, Ruhschutt, Fels.
Verbreitung: Pyrenäen, Westalpen (Seealpen bis Tessin), Südtirol bis Oberösterreich.

Charpentiers Mannsschild *Androsace brevis* ⊗

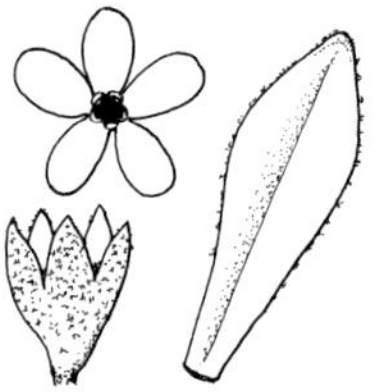

Merkmale: Ausdauernde, niedrige, lokkerrasig wachsende Pflanze, deren Blätter, Blütenstiele und Kelche mit kurzen, 2- bis 3strahligen Gabelhaaren besetzt sind. Blätter in Rosetten, 3–5 mm lang, spatelig bis lanzettlich, vorne stumpf. Blüten einzeln, in den Achseln der Rosettenblätter, diese weit überragend; Blütenstiele 4–23 mm lang, 2- bis 3mal so lang wie die Blätter. Krone rosarot, im Schlund dunkler und mit gelben Höckern, Kronröhre kürzer als die lanzettlichen Kelchzipfel; Kelch 4–5 mm lang, breit-glockig, bis zur Mitte geteilt. **Blütezeit:** Juni bis Juli.
Standort: Vorwiegend alpin, 1700–2600 m; kalkarme Böden, Ruhschutt, Felsspalten.
Verbreitung: Endemische Art der Südalpen westlich und östlich vom Comer See bis in die nördlichen Bergamasker Alpen.

Wulfens Mannsschild *Androsace wulfeniana* ⊗

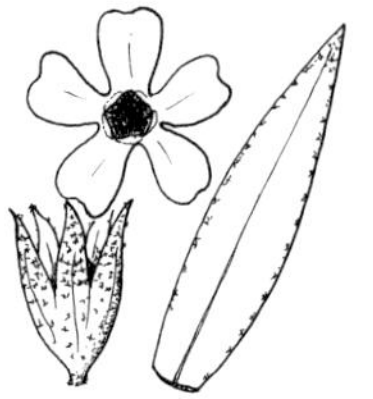

Merkmale: Ausdauernde, niedrige, in lockeren Polstern wachsende Pflanze. Blätter in dichten, halb offenen bis ausgebreiteten Rosetten, 4–7 mm lang, lanzettlich, spitz, schwach gekielt, etwas fleischig, mit 3- bis 5strahligen Sternhaaren. Blüten einzeln, in den Blattachseln der obersten Rosetten, die Blätter überragend, Blütenstiele 4–12 mm lang, bis doppelt so lang wie die Blätter. Krone 10–12 mm breit, dunkelrosa, mit gelbem Schlund, Kronröhre so lang wie die Kelchzipfel, Kronlappen leicht ausgerandet oder gestutzt; Kelch 4–5 mm lang, schmalglockig, kaum bis zur Mitte geteilt, mit 3eckigen, gekielten Zipfeln. **Blütezeit:** Juni bis Juli.
Standort: Alpin, 2000–2600 m; kalkarme Böden, steinige Rasen, Felsen, Schutt; selten.
Verbreitung: Endemisch in den Ostalpen.

Alpen-Mannsschild *Androsace alpina* ⊗

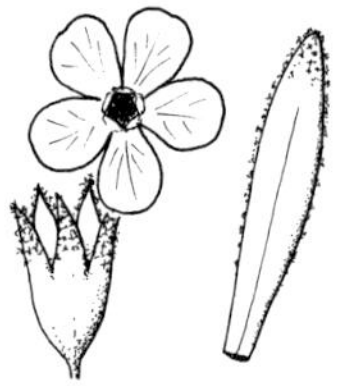

Merkmale: Ausdauernde, niedrige, in lockeren Rasen oder flachen Polstern wachsende Pflanze, mit 2- bis 8strahligen Haaren bedeckt. Blätter in Rosetten, 3–6 mm lang, lanzettlich, stumpflich, nur an Spitze, Rändern und Unterseite behaart. Blüten einzeln, kaum oder nur wenig die Blätter überragend; Blütenstiele 4–8 mm, höchstens doppelt so lang wie die Blätter; Kelch 2,5–3,5 mm lang, bis zur Mitte geteilt, mit schmal-lanzettlichen Zipfeln; Krone 7–9 mm breit, rosa oder weiß, mit gelbem Schlund und meist abgerundeten Lappen, Kronröhre kürzer als die Kelchzipfel. **Blütezeit:** Juni bis August.
Standort: Alpin und nival, bis über 4000 m; feuchte, kalkarme, lange schneebedeckte Böden, ruhender Schutt, seltener Fels; häufig.
Verbreitung: Vor allem in den Zentralalpen, seltener in den Nord- und Südalpen.

Dolomiten-Mannsschild
Androsace hausmannii ⊗

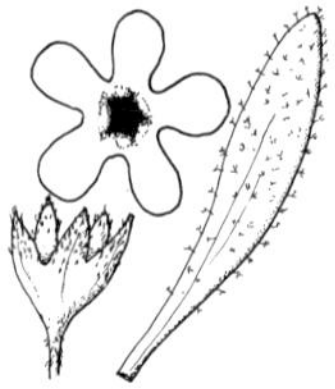

Merkmale: Ausdauernde, in flachen, kleinen Polstern wachsende Pflanze, mit 2- bis 3teiligen, höchstens 0,2 mm langen Haaren bedeckt. Blätter in wenigen, dichten Rosetten, 5–10 mm lang, bis 1,5 mm breit, schmal-lanzettlich, stumpf, am Rand und auf beiden Seiten behaart. Blüten einzeln in den Achseln der obersten Rosettenblätter, die Blätter kaum überragend, auf 1–12 mm langen Stielen; Krone 4–5 mm breit, meist weiß, außen rosa überlaufen, mit gelbem Schlund und oft leicht ausgerandeten Lappen; Kronröhre kürzer als die dreieckigen Kelchzähne; Kelch 3–4 mm lang, bis zur Mitte geteilt. **Blütezeit:** Juni bis August.
Standort: Bis über 3000 m; Kalkfels, Schutt.
Verbreitung: Ostalpen; Presolana bis Steiner Alpen, Berchtesgadener Alpen bis Steiermark.

Schweizer Mannsschild
Androsace helvetica ⊗

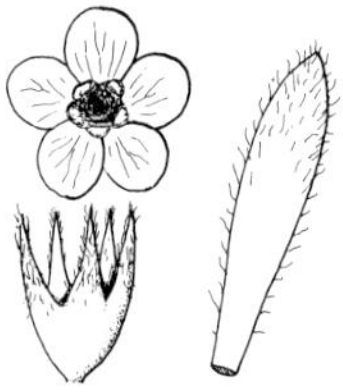

Merkmale: Ausdauernde Pflanze mit Pfahlwurzel, in dichten, harten, halbkugeligen Polstern wachsend, graufilzig von einfachen, bis 0,4 mm langen, abstehenden Haaren. Stengel oben mit lebenden, darunter mit abgestorbenen Blättern dicht dachziegelig beblättert, säulenförmige Triebe bildend. Blätter 2–4 mm lang, bis 1,5 mm breit, schmal-eiförmig. Blüten einzeln, ohne Tragblatt, an sehr kurzen, 1 mm langen Stielen in den obersten Blattachseln, die Blätter nicht überragend; Krone weiß, 4–6 mm breit, mit gelbem Schlund; Kelch 2–3 mm lang, bis über die Hälfte geteilt. **Blütezeit:** Mai bis Juli.
Standort: Vorwiegend alpin, 1500–3700 m; Spalten von Kalkfelsen in sonniger Lage.
Verbreitung: Kalkketten der Nord- und Zentralalpen, seltener in den Südalpen.

Weichhaariger Mannsschild
Androsace pubescens ⊗

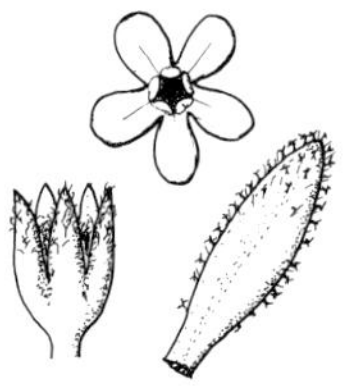

Merkmale: Ausdauernde, niedrige Pflanze, in flachen, lockeren Polstern wachsend, mit weichen, einfachen oder gabeligen, bis 0,4 mm langen Haaren bedeckt. Blätter in Rosetten, 4–10 mm lang, bis 2,5 mm breit, spatelig bis lanzettlich, stumpf, abstehend behaart am Rand und auf beiden Seiten. Blüten einzeln auf bis 5 mm langen Stielen, in den Blattachseln, die Blätter kaum überragend; Krone 4–6 mm breit, weiß, selten rötlich, mit gelbem Schlund und gestutzten oder abgerundeten Lappen; Kronröhre kürzer als die Kelchzähne; Kelch 3–5 mm lang, bis zur Mitte geteilt. **Blütezeit:** Juni bis Juli.
Standort: Alpin, 2000–3700 m; Schutt und Felsspalten, auf Kalk und Kalkschiefer.
Verbreitung: Pyrenäen, Westalpen (Grajische bis Berner Alpen), Ostschweiz (Pizolgruppe).

Vandellis Mannsschild
Androsace vandellii ⊗

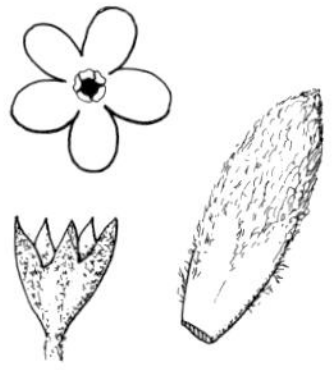

Merkmale: Ausdauernde, in dichten, festen Polstern wachsende Pflanze, dem **Schweizer Mannsschild** (nebenstehend) ähnlich, jedoch dicht weißfilzig von zahlreichen, vielstrahligen, bis 0,2 mm langen Sternhaaren. Stengel unterhalb der ausgebreiteten, endständigen Blätter säulenförmig, dicht dachziegelig besetzt mit steifen, abgestorbenen Blättern. Blätter 2–6 mm lang, lanzettlich, stumpf. Blüten einzeln, an 2–8 mm langen Stielen; Krone weiß, mit gelbem Schlund, 4–6 mm breit; Kelch 2–3 mm, bis zur Mitte geteilt, mit schmalen, stumpfen Zähnen.
Blütezeit: Juni bis August.
Standort: Subalpin und alpin, bis über 3000 m; in Spalten und Ritzen von Silikatfelsen.
Verbreitung: Pyrenäen; in den Alpen zerstreut (Süd- und Zentralalpen, ostwärts bis Südtirol).

Milchweißer Mannsschild
Androsace lactea ⊗

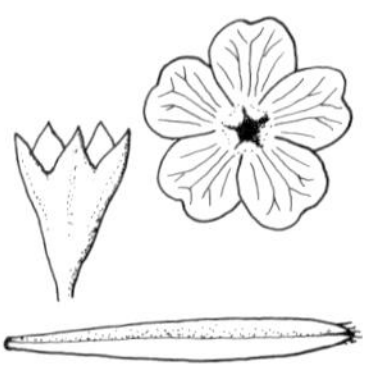

Merkmale: Ausdauernde, 5–15 cm hohe, lockerrasig wachsende, fast kahle Pflanze mit wenigen Blattrosetten. Blätter 8–25 mm lang, 0,5–2 mm breit, linealisch-lanzettlich, ganzrandig, an der Spitze mit einigen 1- bis 3strahligen, bis 0,2 mm langen Haaren. Blüten an 10–40 mm langen Stielen in 1- bis 6blütiger Dolde auf 2–10 cm langen, kahlen Stengeln; Tragblätter linealisch-lanzettlich. Krone 8–12 mm breit, schneeweiß, mit gelbem Schlund und deutlich ausgerandeten Lappen; Kelch kahl, nicht bis zur Mitte geteilt, Kronröhre kürzer als die dreieckigen Kelchzähne. **Blütezeit:** Mai bis August. **Standort:** 700–2400 m; steinige Rasen, Felsen, Schutt; auf Kalk. **Verbreitung:** Alpen (vor allem Nordalpen, ostwärts vom Bregenzer Wald), Jura, Karpaten, Balkan.

Zottiger Mannsschild *Androsace villosa* ⊗

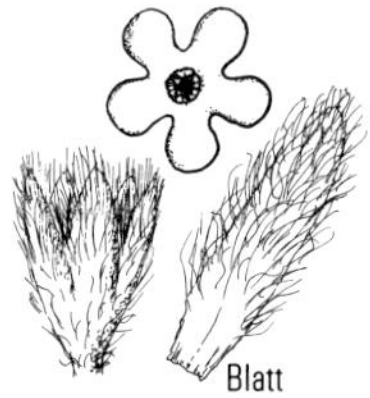

Merkmale: Ausdauernde, 2–10 cm hohe, stark behaarte Pflanze von dicht rasigem Wuchs. Blätter in halbkugeligen Rosetten, 4–8 mm lang, 1,5–3 mm breit, schmal-lanzettlich bis eiförmig, stumpf, oberseits kahl, am Rand und auf der Unterseite mit zahlreichen 1–2 mm langen Seidenhaaren und kurzen Drüsenhaaren, an der Blattspitze oft pinselig gehäuft. Blüten sitzend oder kurz gestielt in mehrblütiger, gedrängter Dolde auf 2–6 cm langem, behaartem Stengel; Tragblätter länger als die Blütenstiele, schmal-lanzettlich; Krone 6–10 mm breit, weiß oder rötlich, mit gelbrotem Schlund; Kelch bis zur Mitte geteilt, behaart. **Blütezeit:** Juni bis Juli.
Standort: Subalpin und alpin, 1200–3000 m; steinige Rasen, Schutt, Fels; über Kalk.
Verbreitung: Spanien, Pyrenäen, W- und SO-Alpen, Jura, Apennin, Karpaten, Balkan.

Zwerg-Mannsschild
Androsace chamaejasme ⊗

Merkmale: Ausdauernde, lockerrasig wachsende, bis 10 cm hohe Pflanze. Blätter in flach ausgebreiteten Rosetten, 5–15 mm lang, bis 4 mm breit, lanzettlich, spitz, ganzrandig, fast kahl; Blattrand, Stengel, Tragblätter und Kelch mit zottig abstehenden, bis 2 mm langen Haaren und kurzen Drüsenhaaren bedeckt. Blüten an 2–15 mm langen Stielen in 3- bis 8blütiger Dolde auf 1–7 cm langem Stengel. Krone 5–10 mm breit, weiß oder rötlich, mit gelbem Schlund und abgerundeten Lappen; Kelch glockig, bis zur Hälfte geteilt. **Blütezeit:** Juni bis August.
Standort: Subalpin und alpin, bis 3000 m; steinige Rasen, Grate, Felsschutt; über Kalk.
Verbreitung: Pyrenäen, Alpen, Karpaten, Kaukasus, Sibirien, Nordamerika.

Stumpfblättriger Mannsschild
Androsace obtusifolia ⊗

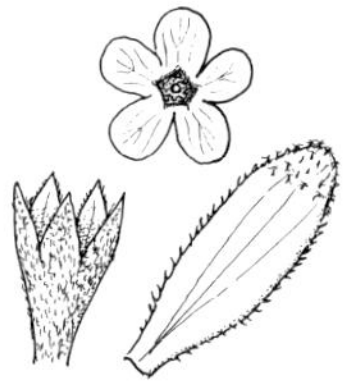

Merkmale: Ausdauernde, bis 10 cm hohe Pflanze, dicht mit sehr kurzen Gabel- oder Sternhaaren bedeckt, Blätter und Tragblätter jedoch meist nur am Rand bewimpert. Blätter in einzelnen oder wenigen, ausgebreiteten Rosetten, 6–25 mm lang, bis 4 mm breit, lanzettlich, mit stumpflicher Spitze. Aus den Blattachseln steigen oft mehrere bis 10 cm hohe Stengel mit mehrblütigen Dolden auf; Blütenstiele 2–15 mm, meist deutlich länger als die schmal-lanzettlichen Tragblätter; Krone 6–9 mm breit, meist weiß, mit gelbem Schlund und rundlichen Lappen; Kelch 3–4 mm, höchstens bis zur Mitte geteilt. **Blütezeit:** Juni bis August.
Standort: 1500–3500 m; kalkarme Böden.
Verbreitung: Alpen (vor allem Silikatgebiete), Apennin, Sudeten, Karpaten, Balkan.

Fleischroter Mannsschild
Androsace carnea ⊗

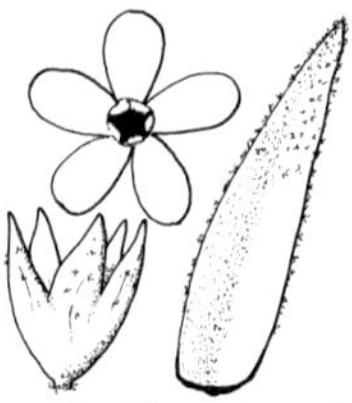

Merkmale: Ausdauernde, bis 8 cm hohe Pflanze, flaumig behaart mit kurzen, mehrstrahligen Sternhaaren, in kleinen Rasen wachsend. Blätter in wenigen Rosetten, 5–20 mm lang, 1–2 mm breit, linealisch-lanzettlich, unterhalb der Mitte am breitesten, ganzrandig, fleischig, schwach gekielt. Blüten an 2–10 mm langen Stielen in mehrblütiger Dolde auf deutlichem, bis 6 cm hohem Stengel; Tragblätter 2–5 mm lang, lanzettlich, so lang oder kürzer als die Blütenstiele; Krone 5–9 mm breit, hell- bis dunkelrosa, selten weiß, mit gelbem Schlund und rundlichen oder leicht ausgerandeten Lappen; Kelch 3–4 mm lang, glockig. **Blütezeit:** Juni bis August.
Standort: Vor allem alpin, bis 3100 m; feuchte, kalkarme Böden, Rasen, Ruhschutt.
Verbreitung: Pyrenäen, W-Alpen bis Simplon.

Kleines Alpenglöckchen *Soldanella pusilla*

Merkmale: Ausdauernde, 2–10 cm hohe, meist 1blütige und kahle Pflanze; junge Stengel, Blatt- und Blütenstiele spärlich mit sitzenden Drüsen besetzt, später verkahlend. Blätter grundständig, dünn, immergrün, lederig, bis 10 mm breit, rundlich, am Grund nierenförmig eingebuchtet, oberseits mit deutlichen Nerven. Blüte nickend, kurz gestielt, mit schmalem Tragblatt; Krone 8–18 mm, eng glockenförmig, rötlich-violett, seltener weiß, höchstens auf ein Viertel zerschlitzt, ohne Schlundschuppen; Griffel kürzer als die Krone (beim **Echten Alpenglöckchen** länger); Staubbeutel an der Spitze ohne Fortsatz, am Grund zugespitzt. **Blütezeit:** Mai bis August.
Standort: Meist alpin, bis 3100 m; feuchte, kalkarme Böden, Schneetälchen, Schutt.
Verbreitung: Zentral- und Ostalpen, Jugoslawien, Apennin, Karpaten, Bulgarien.

Zwerg-Alpenglöckchen *Soldanella minima*

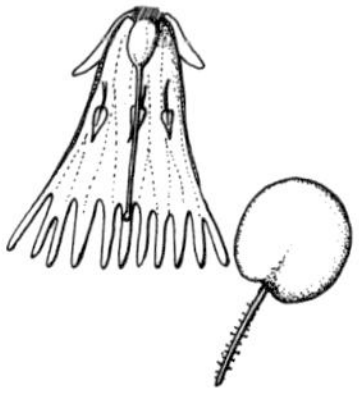

Merkmale: Ausdauernde, 2–10 cm hohe, meist einblütige Pflanze; Stengel, Blatt- und Blütenstiele dicht mit gestielten, bis 0,2 mm langen Drüsen besetzt, kaum verkahlend; Blätter grundständig, höchstens 10 mm breit, lederig, dicklich, rundlich, am Grund nur abgerundet, nicht eingebuchtet, oberseits ohne deutliche Nerven, glatt, Rand oft nach unten umgebogen, Unterseite mit zahlreichen Drüsengrübchen. Krone 8–15 mm lang, blaßlila bis weiß, röhrig bis trichterig-glockenförmig, bis auf ein Drittel zerschlitzt, ohne Schlundschuppen; Griffel kürzer als die Krone; Staubbeutel mit kurzem, dreieckigem Fortsatz. **Blütezeit:** Mai bis Juli.
Standort: Meist alpin, bis 2500 m; feuchte Schneeböden und Rasen, Schutt; über Kalk.
Verbreitung: Südalpen (Veltlin bis Steiner Alpen), im Norden in den Ammergauer Alpen.

Echtes Alpenglöckchen *Soldanella alpina*

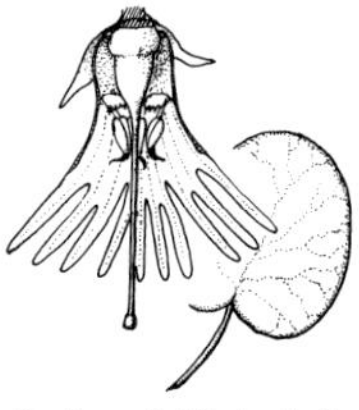

Merkmale: Ausdauernde, 5–15 cm hohe, 2- bis 3blütige, meist kahle Pflanze; junge Blatt- und Blütenstiele spärlich mit sitzenden Drüsen besetzt. Blätter grundständig, dicklich, lederig, immergrün, bis 40 mm breit, rundlich, ± ganzrandig. Stengel aufrecht, blattlos, mit gestielten, meist nickenden Blüten; Krone 8–15 mm lang, trichterförmig, blauviolett, bis zur Mitte oder tiefer zerschlitzt, zwischen den Staubblättern mit kleinen Schlundschuppen, die breiter als lang sind; Kelch fast bis zum Grund geteilt, mit schmalen Zipfeln. **Blütezeit:** April bis Juli.
Standort: Vom Tal bis 3000 m; feuchte, kalkhaltige Böden, Schneetälchen, Rasen; häufig.
Verbreitung: Pyrenäen bis Balkan.
Ähnlich ist das **Berg-Alpenglöckchen** *(S. montana)*: junge Blatt- und Blütenstiele dicht drüsenhaarig; Blätter dünn, gekerbt, größer.

Heilglöckel *Cortusa matthioli* ⊗

Merkmale: Ausdauernde, 20–40 cm hohe Pflanze mit zottig behaarten Blättern und Stengeln sowie drüsig behaarten Tragblättern, Blütenstielen und Kelchen. Blätter grundständig, bis 12 cm breit, langgestielt, rundlich, mit herzförmigem Grund, wenig tief geteilt, unregelmäßig grob gelappt und gezähnt. Stengel blattlos, bis 35 cm hoch, an der Spitze mit vielblütiger Dolde; Blüten nickend, an langen Stielen; Tragblätter deutlich kürzer, lanzettlich, meist gezähnt; Krone hell-karminrot, 10 mm lang, glocken- bis trichterförmig, doppelt so lang wie der Kelch, mit 5 Lappen, vom Griffel überragt; Kelch mit dreieckigen, spitzen Zähnen. **Blütezeit:** Juni bis August.
Standort: Bis 2200 m; Grünerlengebüsch, Hochstaudenfluren, Schutt; auf Kalk.
Verbreitung: Alpen (sehr zerstreut), Karpaten, Siebenbürgen, Ural, asiatische Gebirge.

Tauernblümchen
Lomatogonium carinthiacum

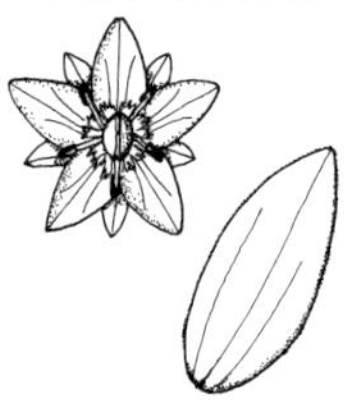

Merkmale: Einjährige, 2–12 cm hohe, kahle Pflanze mit aufrechtem, kantigem, meist verzweigtem Stengel. Blätter eiförmig bis lanzettlich, die unteren kurz gestielt, stumpf, die oberen sitzend, spitz. Blüten einzeln am Zweigende, lang gestielt; Krone und Kelch tief 5teilig; Kelchzipfel breit-lanzettlich, am Grund sackförmig ausgebuchtet, kürzer als die Krone; Krone 10–20 mm, breitglockig bis radförmig ausgebreitet, blaßblau bis weiß; Kronzipfel innen am Grund jeweils mit 2 gefransten Honigtäschchen; Staubblätter kürzer als der Fruchtknoten; kein Griffel, Narben sitzend, an den Nähten des Fruchtknotens herablaufend. **Blütezeit:** August bis Oktober.
Standort: 1400–2700 m; offene, kurze Rasen, Ruhschutt, kiesig-sandige Böden.
Verbreitung: Alpen, Karpaten, Asien.

Alpenveilchen *Cyclamen purpurascens* ⊗

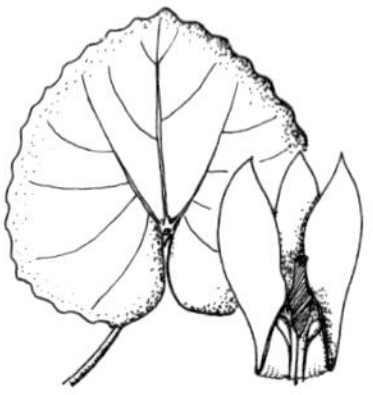

Merkmale: Ausdauernde, 5–15 cm hohe, fast kahle Pflanze mit Erdknolle; Blatt- und Blütenstiele sowie Kelch mit kurzen Haaren bedeckt. Blätter grundständig, immergrün, gestielt, nieren- bis herzförmig, spitz oder rundlich, am Grund mit abgerundeten Lappen, oberseits dunkelgrün mit silbrigen Flecken, unterseits rötlich, am Rand undeutlich stumpf gezähnt. Blütenstiel länger als die Blätter, zur Fruchtzeit spiralig eingerollt, unbeblättert, mit einzelner, nickender und duftender Blüte. Krone karminrot, mit 4–8 mm langer Röhre und 15–25 mm langen, zurückgeschlagenen Lappen. Kelchblätter eiförmig, gezähnt. **Blütezeit:** Juni bis Oktober.
Standort: Von Tallagen bis 2000 m; kalkhaltige Böden in schattigen Lagen, Mischwälder.
Verbreitung: Cevennen, Jura, Alpen (Süd- und Ostalpen), Ungarn, nördlicher Balkan.

Moorenzian *Swertia perennis* ⊗

Merkmale: Ausdauernde, 15–60 cm hohe, kahle Pflanze mit einfachem, aufrechtem, kantigem Stengel. Untere Blätter eiförmig, in den Blattstiel verschmälert, deutliche Nerven, obere Blätter lanzettlich, kleiner, sitzend, stengelumfassend, meist gegenständig. Blüten an geflügelten, kantigen Stielen in lockeren Trauben oder Rispen; Krone 20–30 mm breit, mit kurzer Röhre und 5 sternförmig ausgebreiteten Zipfeln, stahlblau bis trübviolett, dunkler punktiert oder gestreift; Zipfel innen am Grund mit 2 bärtigen, dunkelvioletten Honiggrübchen; Kelch bis fast auf den Grund geteilt, mit 5 schmalen, grünlichen Zipfeln. **Blütezeit:** Juli bis September.
Standort: Bis über 2300 m; Quellmoore, torfige Sumpfwiesen. **Verbreitung:** Pyrenäen, Jura, Alpen und Vorland, bis Mittel- und Norddeutschland, Apennin, Karpaten, Balkan.

Gelber Enzian *Gentiana lutea* ⊗

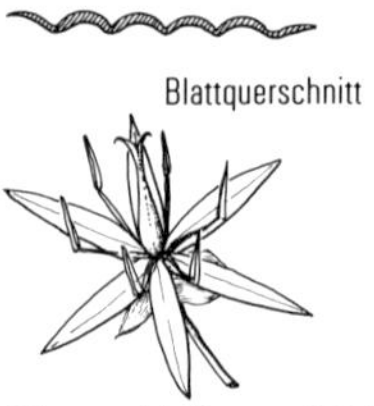

Merkmale: Ausdauernde, 50–140 cm hohe, stattliche, kahle, graugrüne Pflanze mit aufrechtem, einfachem, hohlem Stengel. Blätter kreuzgegenständig (Unterschied zum **Weißen Germer**), bis 15 cm breit und 30 cm lang, breit-lanzettlich, mit 5–7 kräftigen Längsnerven, oben sitzend, unten kurz gestielt. Blüten gestielt, in 3- bis 10blütigen Büscheln am Stengelende und in den Achseln der oberen Blattpaare; Krone weit-trichterförmig, bis fast zum Grund 5- bis 6teilig, mit schmalen, spitzen Zipfeln, 25–35 mm lang, gelb; Staubblätter frei; Narbe nach dem Aufblühen zurückgerollt; Kelch häutig, auf einer Seite bis zum Grund aufgeschlitzt, 2- bis 6zähnig. **Blütezeit:** Juni bis August.
Standort: Vom Tal bis 2500 m; Kalkhaltige Böden, Wiesen, Karfluren, Schutthalden.
Verbreitung: Gebirge Mittel- und Südeuropas.

Punktierter Enzian *Gentiana punctata* ⊗

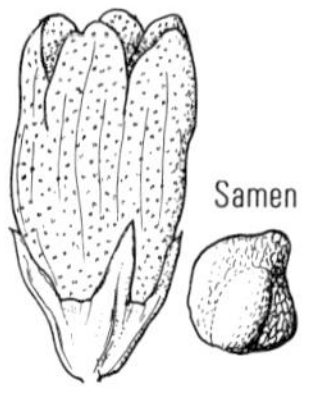

Merkmale: Ausdauernde, 20–60 cm hohe, kahle Pflanze mit einfachem, kräftigem und beblättertem Stengel. Blätter lanzettlich bis eiförmig, zugespitzt, 3–7 cm breit, meist 5nervig, glänzend grün, die unteren gestielt, die oberen sitzend, kreuzgegenständig. Blüten sitzend, zu 1–3 in den Achseln der oberen Blätter oder am Stengelende kopfig gehäuft; Krone glockenförmig, 25–35 mm lang, blaßgelb, mit schwarzbraunen oder dunkelvioletten Punkten, oben mit 5–8 stumpfen, aufrechten Zipfeln; Kelch glockenförmig, fast bis zur Hälfte unregelmäßig 5- bis 8teilig, mit aufrechten, lanzettlichen Zähnen.
Blütezeit: Juni bis September.
Standort: Subalpin und alpin, 1400–3000 m; saure Böden, Rasen, Zwergstrauchgebüsch.
Verbreitung: Alpen (in N-Alpen östlich des Tennengebirges fehlend), Karpaten, Balkan.

Purpurenzian *Gentiana purpurea* ⊗

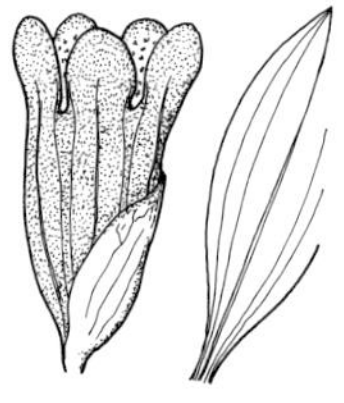

Merkmale: Ausdauernde, bis 60 cm hohe Pflanze mit kräftigen, hohlen Stengeln, dem **Punktierten** wie auch dem **Ungarischen Enzian** ähnlich. Blätter eiförmig bis lanzettlich, 5nervig, die unteren gestielt, die oberen sitzend, glänzend grün. Blüten sitzend, nur in den obersten Blattachseln oder am Stengelende gehäuft; Krone bis 40 mm lang, glockenförmig, nach oben erweitert, 5- bis 8teilig, mit stumpfen, etwa 10 mm langen Zipfeln, purpurrot, mit dunklen Punkten, innen gelblich; Staubblätter verklebt; Kelch häutig, einseitig bis zum Grund aufgeschlitzt, mit 2 Zipfeln. **Blütezeit:** Juli bis September.
Standort: Subalpin und alpin, 1600–2700 m; feuchte, kalkarme Böden, Weiderasen, Karfluren, Grünerlengebüsch, Zwergstrauchheiden.
Verbreitung: Alpen (Grajischen Alpen bis Arlberg), Apennin, Norwegen.

Ungarischer Enzian *Gentiana pannonica* ⊗

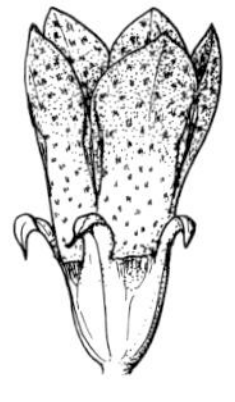

Merkmale: Ausdauernde, bis 60 cm hohe, kahle Pflanze mit aufrechten, kräftigen Stengeln, in vielen Merkmalen dem **Punktierten Enzian** ähnlich. Blätter kreuzgegenständig, 5- bis 7nervig, die unteren elliptisch, gestielt, die oberen lanzettlich, spitz, sitzend. Blüten sitzend, zu mehreren in den oberen Blattachseln oder gehäuft am Stengelende; Krone glockenförmig, 25–50 mm lang, nach oben erweitert, bis zur Mitte 5- bis 9teilig, mit eiförmigen Zipfeln, rotviolett, mit dunklen Punkten, innen gelblich; Kelch glockenförmig, mit 5–8 nach außen gebogenen Zähnen.
Blütezeit: Juli bis September.
Standort: 1300–2300 m; Magerwiesen, Hochstauden- und Karfluren, Moore, Latschengebüsch.
Verbreitung: Ostalpen, westwärts bis Allgäu, Ostschweiz, Bergamasker Alpen.

Schwalbenwurz-Enzian
Gentiana asclepiadea ⊗

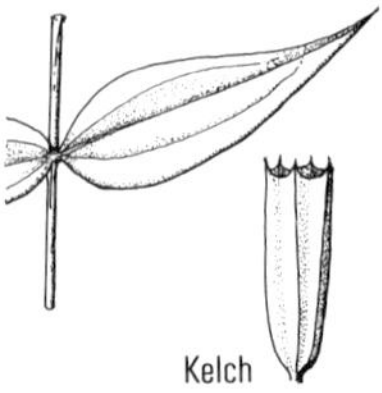

Merkmale: 30–90 cm hohe Staude mit mehreren einfachen, dicht beblätterten und vielblütigen, aufrechten bis überhängenden Stengeln. Blätter allseitswendig oder in 2 Zeilen angeordnet, bis 8 cm lang, lanzettlich, lang zugespitzt, nach oben kleiner werdend, 3- bis 5nervig, ganzrandig. Blüten kurzgestielt zu 1–3 in den Achseln der oberen Blätter; Krone 30–50 mm lang, dunkelblau, innen rotviolett punktiert und mit hellen Längsstreifen, selten hellblau oder weiß, eng-glockenförmig, mit 5 dreieckigen Zipfeln, dazwischen mit stumpfem Zahn; Kelch röhrig, häutig, mit 5 sehr kurzen, schmalen Zipfeln.
Blütezeit: August bis Oktober.
Standort: Vom Tal bis 2200 m; kalkhaltige Böden, feuchte Wiesen, Moore, Wälder.
Verbreitung: Mittel- und Südeuropa.

Stengelloser Enzian *Gentiana clusii* ⊗

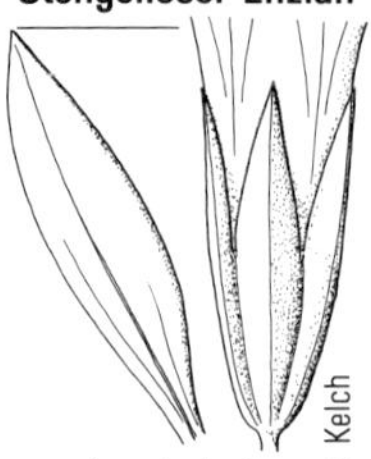

Merkmale: Ausdauernde, bis 10 cm hohe Pflanze mit einfachem, meist kurzem, 1blütigem Stengel. Grundblätter in Rosetten, 3–5 cm lang, lanzettlich, zugespitzt, lederig-steif, meist 3nervig; Stengelblätter kleiner, in 1–3 gegenständigen Paaren. Krone 50–60 mm lang, blau, eng-glockenförmig, innen ohne grüne Punkte oder Streifen, mit 5 kurzen, ausgebreiteten, dreieckigen Kronzipfeln, dazwischen je 1 breiter, stumpfer Zahn; Kelch glockig, mit 5 scharf zugespitzten, lanzettlichen, aufrechten Zähnen, der Krone anliegend, am Rand von Papillen rauh, Buchten zwischen den Zipfeln spitz, meist ohne Verbindungshaut. **Blütezeit:** Mai bis August.
Standort: Montan bis alpin, bis über 2800 m; Flachmoore, Rasen, Schutt, Fels; über Kalk.
Verbreitung: Zentral-, Ost- und Apuanische Alpen, Jura, Schwarzwald, Karpaten, Kroatien.

Breitblättriger Enzian *Gentiana acaulis* ⊗

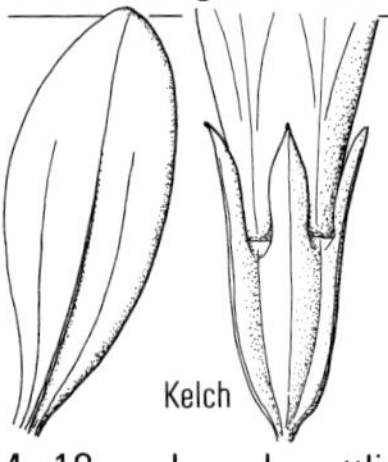

Merkmale: Ausdauernde, bis 10 cm hohe, kahle Pflanze mit kurzem, 1blütigem Stengel, dem **Stengellosen Enzian** sehr ähnlich. Grundblätter in Rosetten, 4–10 cm lang, lanzettlich bis eiförmig, 2- bis 3mal so lang wie breit, oberhalb der Mitte am breitesten, weich, glatt; Stengelblätter kleiner, eiförmig. Krone 50–60 mm lang, eng-glockenförmig, blau, innen mit olivgrünen Flecken und Streifen, mit 5 ausgebreiteten Zipfeln; Kelch glockig, 5zähnig, Buchten zwischen den Zähnen breit, mit weißer Verbindungshaut; Kelchzähne kürzer als die Kelchröhre, kurz zugespitzt oder stumpf, mit glattem Rand, leicht abstehend. **Blütezeit:** Mai bis August.
Standort: Subalpin und alpin, 1200–3000 m; kalkarme, saure Böden, Magerrasen, Wälder.
Verbreitung: Pyrenäen, Alpen (besonders Zentralalpen), Jura, Karpaten, Balkan.

Alpenenzian *Gentiana alpina* ⊗

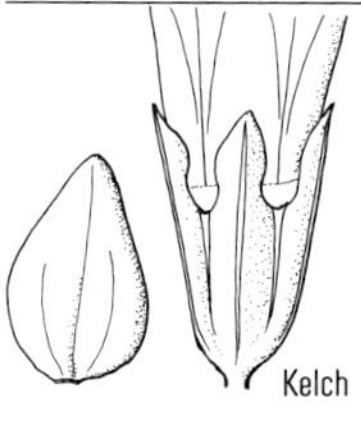

Merkmale: Ausdauernde, bis 8 cm hohe, kahle Pflanze mit 1blütigem, sehr kurzem oder fehlendem Stengel. Grundblätter in Rosetten, 1- bis 3nervig, 10–30 mm lang, breit-lanzettlich, 1- bis 3mal so lang wie breit, größte Breite in der Mitte, kurz zugespitzt, matt gelbgrün, fleischig, lederig-steif; am Stengel meist nur 1 Blattpaar. Krone 30–40 mm lang, eng-glockenförmig, blau, innen heller, mit olivgrünen Streifen und Flekken, mit 5 breiten, kurz zugespitzten Zipfeln; Kelch glockig, 5zähnig, mit breiten Buchten und weißer Verbindungshaut zwischen den kurz zugespitzten, am Rand rauhen Zähnen.
Blütezeit: Juni bis August.
Standort: Alpin, 2000–2600 m; kalkarme Böden, steinige Rasen, magere Weiden.
Verbreitung: Spanische Gebirge, Pyrenäen, West- und Südalpen.

Karawanken-Enzian *Gentiana froelichii* ⊗

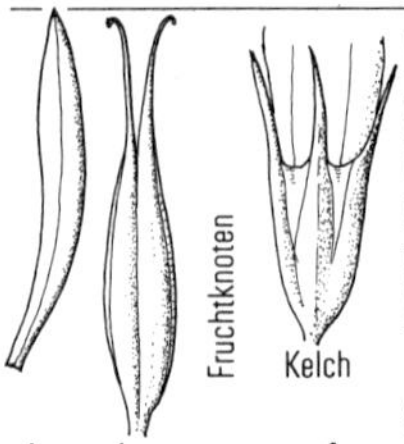

Merkmale: Ausdauernde, 5–10 cm hohe, kahle Pflanze mit kurzem, aufrechtem Stengel. Grundblätter in Rosetten, länglich-lanzettlich, spitz, glänzend, 3nervig, mit ganzem, oft nach oben eingerolltem Rand; Stengelblätter kleiner, meist in 2 Paaren. Krone 30–40 mm lang, hellblau bis blau, ohne Punkte und Streifen, aufrecht, röhrig bis schmal-trichterförmig, mit 5 kurzen, eiförmigen, spitzen Zipfeln, dazwischen je ein zackenförmiger Zahn; Kelch schmal-glockig, grünlich bis bräunlich, oft vom obersten Blattpaar eingehüllt, die schmal-lanzettlichen, spitzen Kelchblätter fast so lang wie die Kelchröhre.
Blütezeit: Juli bis September.
Standort: Subalpin und alpin, 1400–2400 m; Kalkschutt, Polsterseggen-Rasen, an Graten.
Verbreitung: Endemisch in den Karawanken und Steiner Alpen.

Steirischer Enzian *Gentiana frigida* ⊗

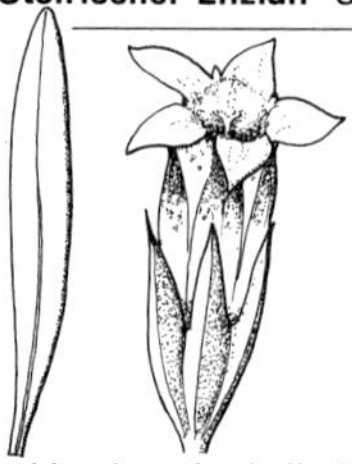

Merkmale: Ausdauernde, 5–10 cm hohe, kahle Pflanze mit aufrechtem, kurzem und einfachem Stengel. Blätter schmal-lanzettlich bis lanzettlich, etwas fleischig, 1nervig, hellgrün; Grundblätter kurz gestielt, Stengelblätter mit scheidigem Grund sitzend. Blüten ungestielt zu 1–3 am Stengelende, 5zählig; Krone 20–40 mm lang, schmalglockenförmig, mit sehr kurzen, eiförmigen Zipfeln, blaßgelb, mit dunklen Streifen und Punkten; Kelch glockenförmig, häutig, mit 5 aufrechten, lanzettlichen, grünen Kelchzähnen, die etwa so lang sind wie die Kelchröhre; Griffel kurz, mit zurückgerollten Narben.
Blütezeit: Juli bis September.
Standort: Alpin, 2000–2500 m; kalkarme Böden, steinige Rasen; selten.
Verbreitung: Steiermark (Niedere Tauern, Eisenerzer Alpen), Karpaten, Bulgarien.

Frühlingsenzian *Gentiana verna* ⊗

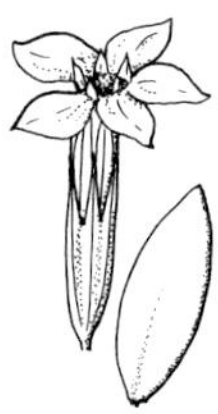

Merkmale: Ausdauernde, bis 15 cm hohe, kahle, in lockeren Rasen wachsende Pflanze mit dicht beblätterten, blütenlosen oder 1blütigen Trieben. Grundblätter in Rosetten, lanzettlich, spitz, am breitesten in der Mitte, bis 3 cm lang, 1- bis 3nervig, deutlich größer als die gegenständigen Stengelblätter. Stengel aufrecht, kantig, kurz, mit 1–3 Blattpaaren, das oberste dicht unterhalb des Kelchs. Krone 20–30 mm breit, tiefblau, mit 3 breit-lanzettlichen Zipfeln, dazwischen je ein 2teiliger Zahn mit weißer Linie; Kelch kürzer als die Kronröhre, an den Kanten schmal geflügelt, 5teilig, mit zugespitzten Zähnen. **Blütezeit:** März bis August.
Standort: Montan bis alpin, bis über 3000 m; kalkreiche Böden, Rasen, Flachmoore, Schutt.
Verbreitung: Alpen und Vorland, Mittelgebirge, Gebirge von Spanien bis zum Balkan und nach Asien.

Bayrischer Enzian *Gentiana bavarica* ⊗

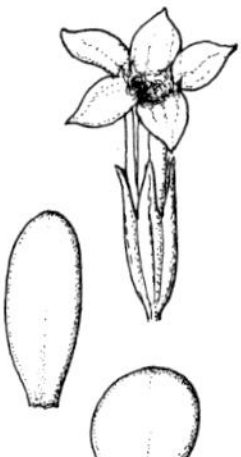

var. subacaulis

Merkmale: Ausdauernde, 5–20 cm hohe, kahle Pflanze mit dicht beblätterten blütenlosen Trieben und aufsteigenden, 1blütigen Stengeln. Blätter fast alle gleich groß, eiförmig bis spatelig, abgerundet, stumpf, oberhalb der Mitte am breitesten, bis 1 cm lang, glänzend; untere Blätter am Stengel gedrängt, aber nicht in Rosetten, Stengelblätter in 3–4 Paaren. Krone 20–30 mm breit, tiefblau, mit hellerer Röhre und 5 stumpfen Zipfeln; Kelch etwa halb so lang wie die Kronröhre, sehr schmal oder nicht geflügelt, fast bis zur Hälfte 5teilig.
Blütezeit: Juli bis September.
Standort: Alpin, 1800–3600 m; feuchte, kalkarme oder kalkhaltige Böden, Schneetälchen, Quellmoore, Feinschutt.
Verbreitung: Nur Alpen. In Hochlagen wächst eine kurzstengelige Form mit fast runden, dicht gedrängten Blättern *(var. subacaulis).*

Schlauchenzian *Gentiana utriculosa* ⊗

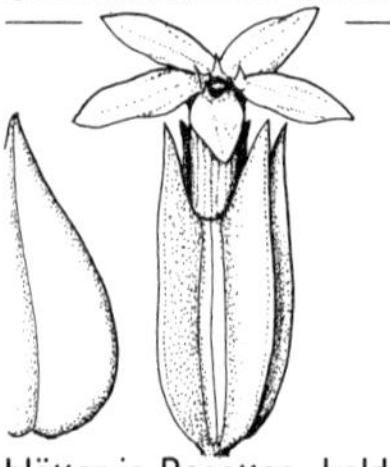

Merkmale: Einjährige, 5–25 cm hohe, kahle Pflanze mit aufrechtem, kantigem, verzweigtem und mehrblütigem Stengel, ohne nichtblühende Triebe. Grundblätter in Rosetten, bald verwelkend, eiförmig; Stengelblätter kleiner, eiförmig bis lanzettlich, stumpf oder spitz, 1- bis 5nervig. Blüten einzeln und kurzgestielt am Ende der Zweige oder Stengel; Krone tiefblau, 15–20 mm breit, mit 15–25 mm langer Röhre und 5 ausgebreiteten, lanzettlichen Zipfeln, dazwischen je ein 2teiliger, aufrechter Zahn; Kelch fast so lang wie die Kronröhre, auffallend erweitert (bei anderen Arten anliegend), Kanten 2–4 mm breit geflügelt. **Blütezeit:** Mai bis August.
Standort: 500–2400 m; kalkhaltige Böden, Flachmoore, Rostseggenrasen, Heidewiesen.
Verbreitung: Alpen und Vorland, Apennin, Balkan.

Schnee-Enzian *Gentiana nivalis* ⊗

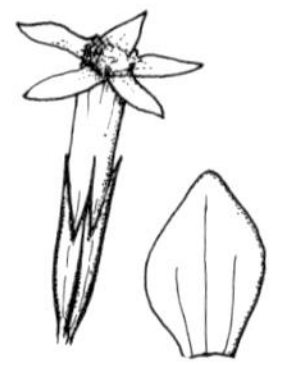

Merkmale: Einjährige, bis 15 cm hohe, zarte Pflanze mit dünnem, vom Grund an verzweigtem, mehrblütigem Stengel, ohne nichtblühende Triebe. Grundblätter in Rosetten, eiförmig, stumpf; Stengelblätter lanzettlich, spitz. Blüten kurz gestielt an den Zweig- und Stengelenden; Krone leuchtend blau, 8–15 mm breit, mit 12–17 mm langer Röhre und 5 sternförmig ausgebreiteten, lanzettlichen Zipfeln; Kelch der Kronröhre anliegend, deutlich kürzer als diese, fast bis zur Hälfte 5teilig, mit schmal-lanzettlichen Zähnen und gekielten, nicht geflügelten Kanten.
Blütezeit: Juni bis August.
Standort: 1600–2900 m; meist auf kalkhaltigen, steinigen Böden, offene Rasen, Grate.
Verbreitung: Pyrenäen, Alpen, Jura, Apennin, Karpaten, Balkan, Kleinasien, Nordeuropa, Grönland, Labrador.

Zwergenzian *Gentianella nana* ⊗

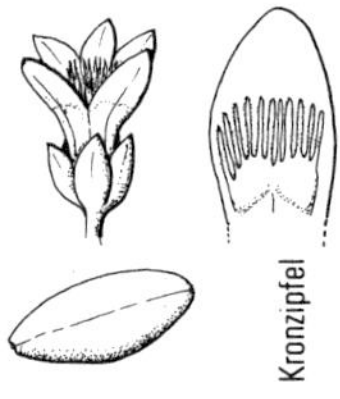

Merkmale: Einjährige, 2–5 cm hohe, kahle Pflanze mit von Grund an verzweigtem Stengel und 1blütigen Ästen. Grundblätter in Rosetten, eiförmig, stumpf, zur Blütezeit oft schon verwelkt; am aufsteigenden Stengel meist nur 1 Blattpaar. Blüten vorwiegend 5zählig, seltener mit 4 Kronzipfeln; Krone hellila bis blauviolett, röhrig-glockig, mit aufgerichteten bis ausgebreiteten, eiförmigen Zipfeln und weißlichen, gefransten Schlundschuppen; Kronröhre kurz und breit, 3–7 mm lang; Kelch etwa so lang wie die Kronröhre, bauchig-glokkig, bis fast zum Grund geteilt, mit breit-eiförmigen Zähnen. **Blütezeit:** Juli bis September.
Standort: Alpin, 2200–2800 m; feuchte, kalkarme Böden, Moränen, Feinschutt, Rasen.
Verbreitung: In den östlichen Zentralalpen zerstreut von Kärnten bis Westtirol und Salzburg.

Zarter Enzian *Gentianella tenella* ⊗

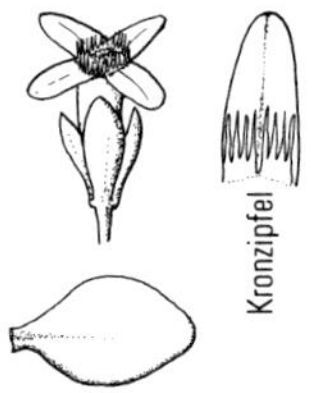

Merkmale: Einjährige, 2–10 cm hohe, zarte Pflanze mit aufrechten oder aufsteigenden Stengeln, meist von Grund an verzweigt, mit langen, blattlosen oder nur unten beblätterten, einblütigen Zweigen. Grundblätter in Rosetten, lanzettlich bis spatelförmig, bald verwelkend; Stengelblätter spitz. Krone blaß bis dunkelblaulila, seltener weiß, mit 4 lanzettlichen, oft nur wenig ausgebreiteten Zipfeln und bärtigem Schlund; Kronröhre etwa so lang wie der tief 4teilige Kelch, bis 4mal so lang wie breit; Kelchzähne lanzettlich, abstehend am Grund sackförmig ausgebuchtet.
Blütezeit: Juli bis September.
Standort: Meist alpin, bis über 3000 m; über Kalk und Silikat; Rasen, Grate, Lägerstellen.
Verbreitung: Alpen (vor allem zentrale Ketten), von Spanien bis zu den Karpaten, asiatische Gebirge mit Himalaja, arktischer Bereich.

Niederliegender Enzian
Gentiana prostrata ⊗

Merkmale: Einjährige, 2–5 cm hohe, kahle Pflanze mit niederliegenden bis aufsteigenden, beblätterten Stengeln, ohne nichtblühende Triebe. Untere Blätter nicht in Rosetten, dicht gedrängt, am Grund kurzscheidig verwachsen, verkehrt-eiförmig, bis 10 mm lang und 5 mm breit, stumpf, fleischig, gekielt, mit knorpeligem Rand, die oberen Blätter schmäler. Blüten einzeln am Stengel- oder Zweigende; Krone hell- bis stahlblau, mit 5 ausgebreiteten, lanzettlichen Zipfeln, dazwischen je 1 fast gleich großer, dreieckiger Zahn; Kelch röhrig, fast so lang wie die Kronröhre, mit lanzettlichen Zähnen und ungeflügelten Kanten. **Blütezeit:** Juli bis August. **Standort:** Alpin, 2000–2800 m; lückige Rasen, Feinschutt. **Verbreitung:** Ostalpen, westwärts bis Graubünden, Asien, Amerika.

Rauher Enzian *Gentianella aspera* ⊗

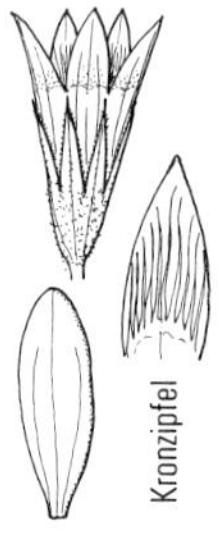

Merkmale: Zweijährige, 5–30 cm hohe Pflanze mit aufrechtem, meist von Grund an verzweigtem Stengel. Grundblätter in Rosetten, zur Blütezeit oft verwelkt; Stengelblätter eiförmig bis lanzettlich, höchstens 4mal so lang wie breit, am Rand rauhhaarig. Blüten am Ende von Stengel und Zweigen, auch in Blattachseln; Krone violett, 5teilig, 30–40 mm lang, mit bärtigem Schlund; Kronzipfel 10–15 mm lang und 5–10 mm breit; Kelch der Kronröhre anliegend, bis über die Mitte 5teilig, mit spitzen Buchten; Kelchzähne lanzettlich, ungleich groß, länger als die Kelchröhre, Rand nach außen umgerollt und von Papillen rauh.
Blütezeit: Mai bis September.
Standort: Montan bis alpin, bis 2500 m; kalkhaltige, steinige Böden, Rasen, Schutt.
Verbreitung: Östliche Kalkalpen, Süd- und Mitteldeutschland, Tschechoslowakei.

Feldenzian *Gentianella campestris* ⊗

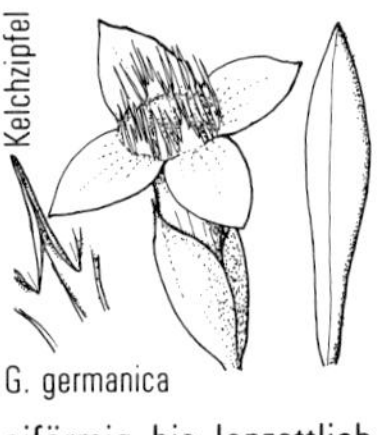

Merkmale: Ein- oder zweijährige, bis 30 cm hohe Pflanze mit aufrechtem, meist verzweigtem Stengel. Grundblätter in Rosetten, ei- bis spatelförmig, Stengelblätter eiförmig bis lanzettlich. Krone violett, 4teilig, 15–30 mm lang, röhrig, mit ausgebreiteten, 6–10 mm langen, eiförmigen Kronzipfeln und bärtigem Schlund; Kelch röhrig, fast bis zum Grund 4teilig, der Kronröhre anliegend; Kelchzipfel länger als die Kronzipfel, ungleich groß, die 2 äußeren breitlanzettlich, umschließen die schmäleren inneren Zipfel, Rand rauh, nicht zurückgerollt. **Blütezeit:** Juli bis Oktober.
Standort: Montan bis alpin, bis über 2500 m; trockene, magere Böden, Weiden, Wegränder.
Verbreitung: Von Nordeuropa über die mitteleuropäischen Gebirge bis nach Südeuropa.
Der **Deutsche Enzian** *(G. germanica)* hat 5zählige Blüten, Kelchbuchten spitz.

Österreichischer Enzian
Gentianella austriaca ⊗

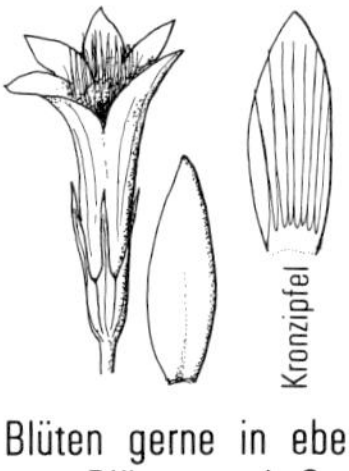

Merkmale: Zweijährige, 5–20 cm hohe, kahle Pflanze mit aufrechtem, meist verzweigtem Stengel. Zweige oft ziemlich lang, schräg aufwärts gerichtet, daher die Blüten gerne in ebensträußigem, doldenartigem Blütenstand. Grundblätter eiförmig, Stengelblätter eiförmig bis länglich-lanzettlich. Krone lebhaft lila, 5teilig, auffallend groß, 25–45 mm lang, glockig bis trichterförmig, mit langbärtigem Schlund; Kelch röhrig-glokkig, bis über die Mitte 5teilig, fast so lang wie die Kronröhre; Kelchzipfel länger als Kelchröhre, schmal-lanzettlich, am Rand flach oder umgerollt, kahl, mit abgerundeten Buchten.
Blütezeit: Juni bis Oktober.
Standort: Vom Tal bis etwa 2000 m aufsteigend; Wiesen, Weiden, Waldränder.
Verbreitung: Südöstliches Mitteleuropa.

Alpen-Grasnelke
Armeria maritima ssp. alpina ⊗

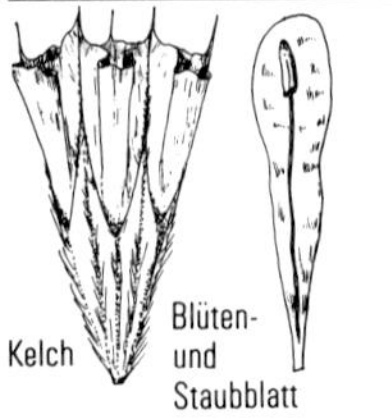

Merkmale: Bis 30 cm hohe, ausdauernde, in dichten Polstern wachsende, vielstengelige Pflanze. Blätter grasartig, bis 8 cm lang, kahl, ganzrandig, stumpf, mit 1–3 parallelen Nerven. Auf einem blattlosen, kahlen Schaft stehen einzelne, kugelige, vielblütige, etwa 3 cm breite, von braunen Hochblättern umgebene Köpfchen. Der Schaft endet oben mit einer häutigen Scheide. Die Blüten stehen in den Achseln weißhäutiger Tragblätter. Sie haben 5 zungenförmige, rosarote Kronblätter. Der Fruchtknoten ist vom Kelch eingeschlossen, oberständig.
Blütezeit: Juni bis September.
Standort: Alpin; 1500–3000 m; steinige Böden, Felsschutt, offene Rasen.
Verbreitung: Mittel- und südeuropäische Gebirge. Nordspanien bis Balkan; nicht häufig.

Himmelsherold *Eritrichum nanum* ⊗

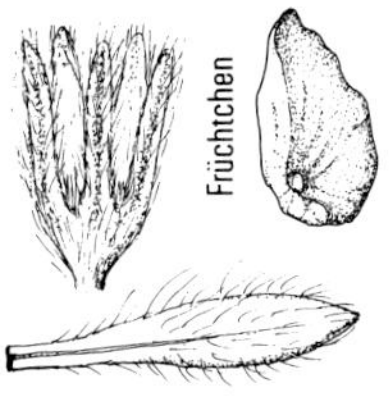

Merkmale: Ausdauernde, 2–7,5 cm hohe, in dichten Polstern wachsende, seidig glänzend behaarte Pflanze mit kräftiger Pfahlwurzel. Stämmchen am Grund verholzt und verzweigt mit zahlreichen, einfachen, beblätterten Stengeln und nicht blühenden Blattrosetten. Blätter schmal-länglich bis spatelförmig, grundständige dicht rosettig. Blütenstand 3–7(10)blütig, einfach oder verzweigt. Blütenstiele bis 3 mm lang. Kelch bis fast zum Grund 5teilig. Krone bis 9 mm im Durchmesser, radförmig, anfangs rosa-purpurn, dann leuchtend blau. Nüßchen eiförmig-dreieckig.
Blütezeit: Juli und August.
Standort: Meist über 2500–3600 m; kalkarmes, saures Gestein, Felsspalten und Schutt, offene steinige Flächen; zerstreut, selten.
Verbreitung: Zentral- und Südostalpen bis südöstliche Karpaten.

Sperrkraut, Himmelsleiter
Polemonium caeruleum

Merkmale: Ausdauernde, 30–100 cm hohe Pflanze. Stengel aufrecht, unverzweigt, kantig, beblättert, mehr oder weniger drüsig, nur im oberen Teil behaart. Blätter wechselständig, bis 40 cm lang, untere gestielt, obere fast sitzend. Blüten zahlreich, blau, selten weiß, kurzgestielt, in endständigen und blattachselständigen Wickeln. Kelch 5zählig, glockig, mit spitzen Zähnen. Krone 5zählig mit trichterförmiger Röhre und schalenförmig ausgebreiteten Kronlappen. 5 Griffel herausragend; 5 Staubfäden am Grund behaart.
Blütezeit: Mai, Juni bis September.
Standort: Von Tallagen bis 2300 m; Felsen, feuchte Wiesen, Bachufer, Hochstaudenfluren.
Verbreitung: Nord- und Mitteleuropa, südlich bis zu den Pyrenäen, Jugoslawien, Rußland; in den Alpen vereinzelt, oft verwildert.

Alpen-Vergißmeinnicht *Myosotis alpestris*

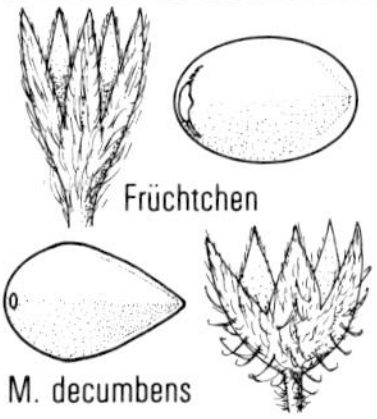

Merkmale: Ausdauernde, rasenförmig wachsende, 5–35 cm hohe Pflanze. Stengel meist mehrere, aufrecht, am Grund rauhhaarig, beblättert. Grundblätter gestielt oder sitzend, Stengelblätter oval bis linealisch. Blütenstand kurz wickelig, dicht anliegend behaart. Kelch nicht abfallend, dicht anliegend behaart, in Frucht oft vergrößert, schmal. Krone hell- bis tief-himmelblau, bis 9 mm im Durchmesser mit 5 gelben Schlundschuppen, Röhre kürzer als der Kelch. Nüßchen schwarz.
Blütezeit: Mai, Juni bis September.
Standort: 1500–3000 m; feuchte Böden; Rasen, Wälder, Schutthalden; verbreitet, häufig.
Verbreitung: Gebirge Europas.
Berg-Vergißmeinnicht *(M. decumbens)*: Fruchtkelche breiter, abfallend und spitzere Nüßchen; häufig in Fettwiesen des mittleren und südlichen Alpenbereichs.

Bleiwurz-
gewächse

Sperrkraut-
gewächse

Rauhblatt-
gewächse

Alpen-Wachsblume *Cerinthe glabra*

C. minor

Merkmale: Zweijährige bis ausdauernde, 15–50 cm hohe Pflanze, kahl. Stengel oft mehrere, aufrecht, dicht beblättert. Blätter grasgrün, unterseits blaugrün, ganzrandig; unten rosettig, länglich-keilförmig, gestielt, Stengelblätter halbstengelumfassend. Blütenstand wickelig, beblättert, Fruchtstand stark verlängert. Kelchzähne stumpf, kahl oder leicht bewimpert. Krone bis doppelt so lang wie der Kelch; Röhre hellgelb mit oben 5 dunkelroten Flecken, Zipfel klein, goldgelb bis gelbgrün, zurückgebogen. Griffel herausragend.
Blütezeit: Juni bis September.
Standort: Bis über 2000 m; nährstoffreiche, feuchte, schattige, nichtsaure Böden, Wiesen.
Verbreitung: Gebirge Mittel- und Südeuropas bis Westasien; Südwestalpen bis Tirol.
Kleine Wachsblume *(C. minor)*: Kronzipfel nicht zurückgebogen, so lang wie die Röhre.

Schmalblättriges Lungenkraut *Pulmonaria angustifolia*

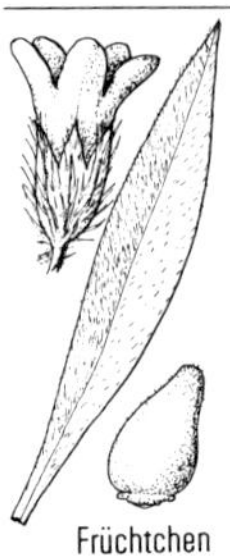
Früchtchen

Merkmale: Ausdauernde, 15–30 cm hohe, rauhhaarige Pflanze; Wurzelstock kriechend, Stengel aufrecht, einfach. Sommerblätter bis 40 cm lang, schmal-lanzettlich in den Stiel verschmälert, nicht gefleckt, gleichmäßig rauhhaarig. Stengelblätter sitzend, mit schmalem Grund. Blütenstand borstig behaart, vereinzelt drüsig. Fruchtkelch nicht vergrößert. Krone trichterförmig, anfangs purpurrot, dann tiefblau, Röhre innen kahl, Schlund mit Haarring.
Blütezeit: April bis Juli.
Standort: Bis 2600 m; tiefgründige, humusreiche Böden, Wälder, Wiesen.
Verbreitung: Südwestalpen; nördliches bis mittleres Osteuropa.
Südalpen-Lungenkraut *(P. australis)*: Sommerblätter mit deutlich unterschiedlich langen Borsten; Südalpen, Nordwestjugoslawien.

Pyramidengünsel *Ajuga pyramidalis*

Hochblatt

Merkmale: Ausdauernde, 15–30 cm hohe, gedrungen pyramidenförmig wachsende Pflanze ohne Ausläufer. Stengel einfach, fast kahl bis wollig behaart. Blätter verkehrt-eiförmig, ganzrandig bis gekerbt, Rosetten zur Blütezeit meist noch vorhanden. Blüten zu 4–8 dicht quirlig übereinander. Tragblätter groß, meist ganzrandig, deutlich länger als die Blüten, nach oben hin bläulich oder violett überlaufen. Krone hell violett-blau, selten rosa oder weiß, Oberlippe sehr kurz; Staubfäden kahl. **Blütezeit:** Juni bis September.
Standort: 1300–2800 m; kalkarme, trokkene, magere Böden; verbreitet.
Verbreitung: Gebirge Europas; Skandinavien, Nordspanien, Norditalien bis zum Balkan.
Genfer Günsel *(A. genevensis)*: untere Blätter verwelkend, obere Tragblätter kürzer als die Blüten, Staubfäden behaart; auf Kalk; Europa.

Berggamander *Teucrium montanum*

Merkmale: Mattenförmig wachsender Zwergstrauch. Stengel niederliegend, 10–25 cm lang, anliegend, weiß, einfach behaart. Blätter lederig, oberseits dunkelgrün, fast kahl, unterseits dicht weißfilzig behaart, mit deutlich hervortretender Mittelrippe; schmal-elliptisch, sitzend, mit umgerolltem Rand. Blüten in endständigen Köpfchen. Tragblätter blattähnlich. Kelch regelmäßig, kahl oder etwas behaart, bis 10 mm lang, Zähne oft borstig. Krone cremefarben, ohne Oberlippe, Unterlippe 5lappig, seitliche Läppchen spatelförmig, am Grund verengt.
Blütezeit: Mai bis August.
Standort: Bis 2400 m; kalkliebend, auf trokkenem, steinigen oder felsigen Grund; Trokkenrasen, Weiden, Felshänge, Felsschutt.
Verbreitung: Gebirge Mittel- und Südeuropas, Pyrenäen, Jura, Alpen, Apennin bis Rußland.

Rauhblatt-
gewächse

Lippen-
blütler

Nesselkönig *Lamium orvala*

Merkmale: Ausdauernde, 40–100 cm hohe, kahl oder nur spärlich behaarte Pflanze, ohne Ausläufer. Stengel aufrecht, einfach. Blätter bis 15 cm lang, dreieckig-oval, unregelmäßig grob gezähnt, gestielt. Blüten in gedrängten Quirlen übereinander stehend. Kelch 5nervig, Zähne etwa so lang oder kürzer als die Röhre. Krone bis 45 mm lang, rosa bis dunkelpurpurn, selten weiß, 2lippig; Kronröhre gerade, länger als der Kelch, Oberlippe gewölbt, nicht geteilt, unregelmäßig gezähnt, mit kurzen dreieckigen Seitenlappen, Unterlippe etwa gleich lang, auch unregelmäßig gezähnt. Staubbeutel kahl. Nüßchen 3kantig, stumpf. **Blütezeit:** Mai bis Juli.
Standort: Bis 1600 m; Hochstaudenfluren, Gebüsche, lichte Wälder.
Verbreitung: Südalpen, von den Julischen bis Bergamasker Alpen, Balkan.

Alpen-Steinquendel *Acinos alpinus*

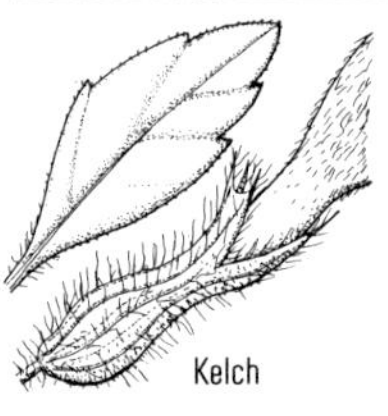

Merkmale: Ausdauernde, 8–45 cm hohe, mehr oder weniger behaarte Pflanze. Stämmchen am Grund verholzt und verzweigt mit dünnen, langen, niederliegenden Zweigen. Blätter kreuzgegenständig, kurzgestielt, oval bis elliptisch, ganzrandig oder im vorderen Teil gezähnt. Blüten in 3- bis 8blütigen Quirlen übereinanderstehend, länger als die Tragblätter. Kelch röhrig, 13nervig, gebogen, in der Mitte verengt, am Grund höckerig, untere Kelchzähne länger. Krone röhrig, bis 12 mm lang, mit 2lippigem Saum, violett mit weißen Zeichnungen auf der 3lappigen Unterlippe. Griffel mit ungleichen Narbenästen.
Blütezeit: Juni bis Oktober.
Standort: Bis 2500 m; trockene Lagen, meist auf Kalk, steinige Rasen, Schutt, Wälder.
Verbreitung: Gebirge Mittel- und Südeuropas bis zum Balkan und Nordafrika.

Großblütige Bergminze *Calamintha grandiflora*

Merkmale: Ausdauernde, 20–60 cm hohe, spärlich behaarte Pflanze, Stengel aufrecht, beblättert. Blätter kreuzgegenständig, gestielt, oval bis länglich-oval, spitz, am Rand grob gesägt oder gezähnt. Blüten gestielt, in 1- bis 5blütigen, gegenständigen Wickeln zu lockeren Trauben zusammengefaßt. Kelch röhrig, 13nervig, fast kahl, 2lippig; Oberlippe 3zähnig, Unterlippe länger, 2zähnig, lang bewimpert, Kelchröhre gerade. Krone dunkelrosa, bis 40 mm lang; Röhre gerade, Kronsaum 2lippig, Oberlippe ausgerandet, Unterlippe 3lappig, Mittellappen am größten. 4 Staubblätter, zusammenneigend, nicht herausragend. **Blütezeit:** Juni bis Oktober.
Standort: Bis 1600 m; Wälder, steinige Orte.
Verbreitung: Süd- und Südmitteleuropa, Nordostspanien; Südalpen bis zum Kaukasus.

Langhaariger Thymian *Thymus praecox ssp. polytrichus*

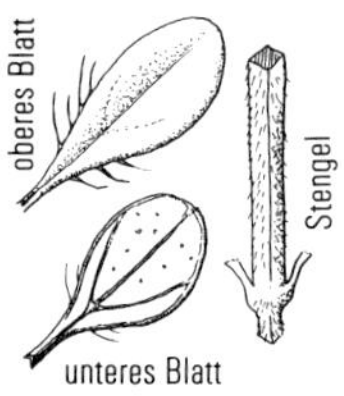

Merkmale: Kriechender, rasenförmig wachsender Zwergstrauch, bis 10 cm hoch. Äste lang, am Grund etwas verholzt, blühend oder nicht blühend. Blütenäste in Reihen stehend, zart, oft nur an 2 Seiten behaart, am Grund mit einem Büschel kleiner Blätter. Blätter etwas derb, rundlich-spatelförmig bis fast herzförmig, am Grund bewimpert; Seitennerven deutlich; obere Stengelblätter größer. Blüten in kopfigen Blütenständen. Tragblätter blattähnlich. Kelch glockig, 2lippig, Oberlippe etwa so lang wie die Röhre und deren Zähne länger als breit. Krone purpurfarben, 2lippig **Blütezeit:** Mai bis September.
Standort: Bis etwa 3000 m; meist auf Kalk, sonnige, trockene Lagen, Wiesen, Felsschutt.
Verbreitung: Gebirge Süd- und Südmitteleuropas, Alpen: Mittel- und Ostalpen.

Pyrenäen-Drachenmaul
Horminum pyrenaicum

Merkmale: Ausdauernde, 10–45 cm hohe Pflanze. Wurzelstock schief oder waagerecht. Stengel aufrecht, unverzweigt, behaart. Blätter fast alle grundständig, lang gestielt, oval bis rundlich, stumpf, am Rand gekerbt und bewimpert, Oberfläche runzelig gewellt. Tragblätter viel kleiner, häutig, spitz, ganzrandig, bewimpert. Blütenquirle meist 2- bis 4blütig in einem einseitswendigen Blütenstand. Kelch 13nervig, mit kahler Röhre, an der Frucht vergrößert. Krone dunkel blauviolett, doppelt so lang wie der Kelch, 2lippig, Oberlippe aufrecht, Unterlippe mit 3 ungleichen Lappen. **Blütezeit:** Juni bis September. **Standort:** 1400–2500 m; nur auf Kalk; trockene, magere Weiden, Geröllhalden, lichte Wälder. **Verbreitung:** Pyrenäen, Südalpen: Luganer See bis Julische Alpen.

Österreichischer Drachenkopf
Dracocephalum austriacum ⊗

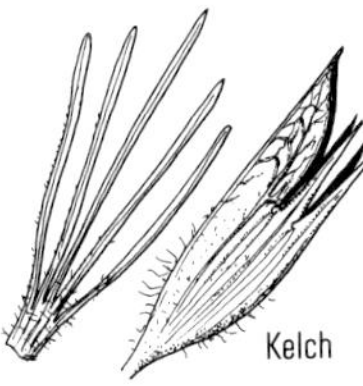

Merkmale: Ausdauernd krautig oder Zwergstrauch, bis 60 cm hoch. Stengel aufrecht oder aufsteigend, einfach, dicht beblättert. Blätter fast bis zur Mitte fiederteilig, mit 3–5 (7) linealischen bis lineal-lanzettlichen, ganzrandigen, etwas behaarten Abschnitten mit eingerolltem Rand. Blütenquirle meist 2- bis 4blütig in einer mehr oder weniger dichten Ähre stehend. Tragblätter 3teilig. Kelch 15nervig, 2lippig, Oberlippe 3zähnig, mittlerer Zahn deutlich breiter. Krone blau-violett, bis 5 cm lang, 2lippig. Oberlippe helmförmig, 2lappig. Staubblätter etwa so lang wie die Krone, unter die Oberlippe gekrümmt. Griffeläste gleich lang. **Blütezeit:** Mai bis Juni. **Standort:** Meist in tieferen Lagen; kalkhaltige, trockene Böden, felsige Hänge, Trockenrasen. **Verbreitung:** Südwest-, Zentral-, Ostalpen.

Berg-Drachenkopf
Dracocephalum ruyschiana ⊗

Merkmale: Ausdauernde, 10–30 cm hohe Pflanze. Stengel aufrecht oder aufsteigend, fast kahl oder kurz behaart. Blätter unzerteilt, kahl, lineal-lanzettlich, stumpf, mit umgerolltem Rand; untere Blätter kurz gestielt, obere sitzend. Blütenquirle 2- bis 6blütig, in dichter, endständiger Traube übereinanderstehend. Tragblätter ungeteilt, oval-lanzettlich. Kelch 15nervig, 2lippig. Blüten bis 28 mm lang, blau bis violett, selten rosa oder weiß. Krone lippig, Oberlippe helmförmig gewölbt, 2lappig; Kronröhre am Grund schmal, am Schlund erweitert. Staubbeutel behaart. **Blütezeit:** Juni bis August, September. **Standort:** 1500–2200 m; trockene, steinige Böden, Bergwiesen, Nadelwälder; selten. **Verbreitung:** Skandinavien, Pyrenäen bis Balkan, Seealpen, Dauphiné bis Tirol.

Alpen-Helmkraut *Scutellaria alpina*

Merkmale: Ausdauernde, 20–40 cm hohe Pflanze, Stengel oft mehrere, aufsteigend, einfach oder verzweigt, ± abstehend behaart. Blätter kahl oder spärlich behaart, meist oval, stumpf, kerbig gesägt, selten fast ganzrandig, untere gestielt, obere sitzend. Blüten gestielt, paarweise in einem dichten 4seitigen Blütenstand. Tragblätter meist rötlich, länger als der Kelch, sitzend, dachziegelig übereinanderstehend. Kelch 2lippig, mit glockiger Röhre und einer aufrechten Rückenschuppe, Lippen ungeteilt, über der Frucht geschlossen. Krone blauviolett mit weißlicher Unterlippe, Röhre lang, aufwärts gebogen, außen ± behaart. **Blütezeit:** Juni bis August. **Standort:** 1500–2500 m; nur auf Kalk; ruhender Felsschutt, Rasen. **Verbreitung:** Pyrenäen, Alpen: Seealpen bis Venezianische Alpen, Apennin.

Lippen-
blütler

Aufrechter Ziest *Stachys recta*

Merkmale: Ausdauernde, aromatisch duftende, 20–100 cm hohe Pflanze, fast kahl bis spärlich rauh behaart, meist drüsenlos. Stengel aufrecht oder aufsteigend, einfach oder verzweigt, beblättert. Blätter grün, ganzrandig bis gekerbt gesägt, untere oval, kurz gestielt, obere oval-länglich, sitzend. Blütenquirle 6- bis 16blütig, erst locker, nach oben dichter in schmalen Blütenständen stehend. Kelch mit 5 gleichen, dreieckigen Zähnen. Krone hellgelb mit purpurroter Zeichnung, außen behaart. **Blütezeit:** Juni bis September.
Standort: Bis 2250 m; trockene, warme Lagen, Ödland, Trockenrasen.
Verbreitung: Europa nördlich bis Belgien und Mittelrußland, Alpen, besonders im Süden.
Fuchsschwanz-Ziest *(St. alopecuros)*: kleiner, Blätter dreieckig, Blütenquirle entfernt stehend, Oberlippe 2lappig, Südeuropa.

Klebriger Salbei *Salvia glutinosa*

Merkmale: Ausdauernde, 50–100 (120) cm hohe Pflanze. Stengel einzeln oder mehrere, aufrecht, einfach oder verzweigt, im unteren Teil behaart, oben drüsig klebrig. Blätter gestielt, behaart, oval, am Grund herz- oder spießförmig, am Rand gezähnt oder gekerbt. Blütenquirle 2- bis 6blütig in einem lockeren, ährigen Blütenstand. Kelch röhrig-glockig, 2lippig mit ungleichen Zähnen, Oberlippe 3zähnig, Unterlippe tief 2zähnig. Krone gelb mit rotbrauner Zeichnung, bis 4 cm lang; Oberlippe sichelförmig gekrümmt, ausgerandet, Unterlippe gerade mit herabgebogenen Mittellappen. 2 Staubblätter.
Blütezeit: Juli bis Oktober.
Standort: Bis 1800 m; meist auf Kalk; Gebüsche, Bergwälder, Hochstaudenfluren.
Verbreitung: Eurasiatisch, in den Alpen verbreitet; Nordspanien bis Mittelrußland.

Alpenwegerich *Plantago alpina*

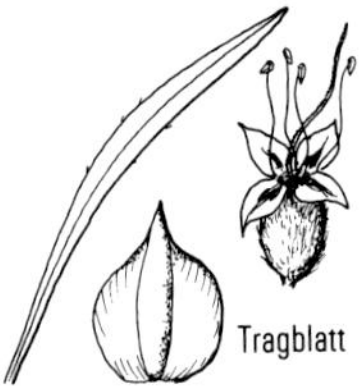

Merkmale: Bis 20 cm hohe, ausdauernde, rosettig beblätterte Pflanze. Blätter linealisch, meist ganzrandig, 1- bis 3nervig, Randnerven dem Blattrand genähert, kahl bis locker borstig. Ähriger Blütenstand auf behaartem, blattlosem Schaft. Blüten unscheinbar, zunächst in weiblichem, dann männlichem Zustand, 4teilig, ihre Tragblätter rundlich, mit zentraler, in eine Spitze verlängerter Schwiele, Rand trockenhäutig. Kelch trokkenhäutig, nur am Grund verwachsen. Kronröhre bauchig, flaumig behaart, Kronzipfel weißlich, abstehend. Staubblätter gelb, weit aus der Blüte ragend. Griffel fädig. Frucht 2- bis 10samig. **Blütezeit:** Mai bis August.
Standort: Über 1000 m; kalkarme, tiefgründige Böden; Schneetälchen, Weiden.
Verbreitung: Gebirge Süd- und Mitteleuropas, nach Osten seltener, sonst häufig.

Bergwegerich *Plantago atrata*

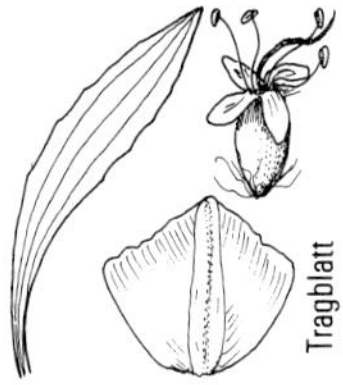

Merkmale: 5–15 cm hohe, ausdauernde, rosettig beblätterte Pflanze. Blätter schmal-lanzettlich, undeutlich gestielt, mit 3–7 kräftigen Längsnerven, ganzrandig oder seicht gezähnt. Blütenstand ährig, aufrecht, blattlos, zur Fruchtzeit niederliegend, länger als die Blätter. Ähren kugelig, dunkel, bis 2,5 cm lang. Blüten unscheinbar, 4teilig, ihre Tragblätter rautenförmig, in der Mitte schwielig, am Rand trockenhäutig, stumpf. Kelchblätter fast nicht verwachsen. Kronröhre bauchig, kahl, Kronzipfel bräunlich, abstehend. Staubblätter gelblich, basal mit der Krone verwachsen. Griffel fädig. Fruchtknoten oberständig, Kapsel 2samig.
Blütezeit: Mai bis August.
Standort: Alpin bis subalpin, auf feuchten, meist kalkhaltigen Böden, auf Wiesen, häufig.
Verbreitung: In allen europäischen Gebirgen.

Großblütiger Fingerhut
Digitalis grandiflora ⊗

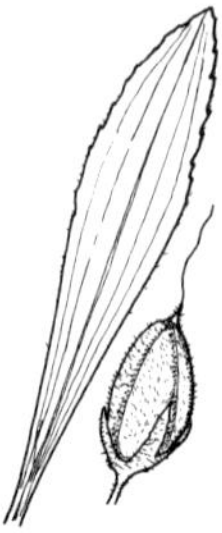

Merkmale: Ausdauernde, 30–100 cm hohe, mehrstengelige Pflanze. Stengel wechselständig beblättert, kraus behaart. Blätter sitzend, bis 20 cm lang, ei-lanzettlich, spitz, flach gesägt, am Rand und unterseits auf den Nerven kraus behaart. Blüten kurz gestielt, in einseitswendiger Traube hängend. Krone blaßgelb, innen hellbraun gezeichnet, glockig-bauchig, außen und am Rand dicht drüsig, bis 4 cm lang, mit kurzem, 2lippigem, schwach zurückgebogenem Rand. Staubblätter die Kronröhre nicht überragend. Kelch bis 1 cm lang, mit 5 schmal-lanzettlichen Zipfeln, diese ebenso wie die Tragblätter drüsig. Kapsel bis 2 cm lang, drüsig. **Blütezeit:** Juni bis September. **Standort:** An Waldrändern, auf Wiesen; bis 2000 m ansteigend; meist auf Kalk.
Verbreitung: Im gesamten Alpengebiet.

Kärntner Kuhtritt *Wulfenia carinthiaca* ⊗

Merkmale: Ausdauernde, bis 40 cm hohe Pflanze mit kriechendem, walzlichem Wurzelstock. Stengel aufrecht, spärlich behaart, mit wenigen grünen, schuppenartigen, gezähnten Blättern. Grundblätter in Rosetten, dunkelgrün, glänzend, bis 17 cm lang, kurz gestielt, verkehrt-eiförmig, grob gekerbt bis gesägt, bisweilen auch fein doppelt gesägt, kahl oder am Stiel und unterseits am Mittelnerv zerstreut behaart. Krone tief-blauviolett, bis 15 mm lang, mit langer Röhre, 2lippig. Oberlippe einfach, kürzer als die 3lappige, innen bärtige Unterlippe. Kelch bis 8 mm lang, tief 5teilig, von der eiförmigen Kapsel überragt.
Blütezeit: Juni bis August.
Standort: 1000–2000 m; Weiden, feuchte, humose Stellen; selten, aber gesellig.
Verbreitung: Kärnten am Gartnerkofel; außerdem Montenegro; bekanntes Tertiärrelikt.

Leberbalsam *Erinus alpinus* ⊗

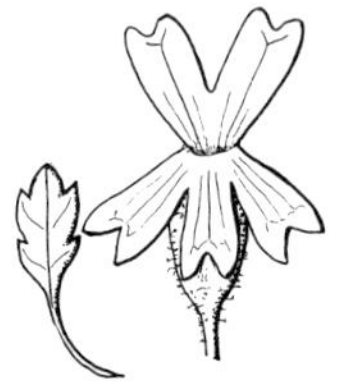

Merkmale: Ausdauernde, 5–20 cm hohe, lockere Rasen bildende Pflanze mit dünner kriechender Sproßachse. Blütentragende Stengel aufrecht aus einer grundständigen Blattrosette entspringend, kraus und drüsig behaart. Blätter wechselständig, untere gestielt, obere sitzend, bis 2 cm lang, spatelig, grob kerbig gesägt, oft zerstreut behaart. Blütenstand anfangs trugdoldig, später traubig. Krone lila, bis 10 mm lang, außen und innen behaart, mit 0,5 cm langer Röhre und 5 Kronzipfeln. 4 Staubblätter in der Röhre eingeschlossen. Kelch bis 5 mm lang, tief 5teilig, drüsig. Frucht, eine eiförmige, 2klappige Kapsel. **Blütezeit:** April bis Juli.
Standort: 1500–2350 m; auf Kalk, an steinigen Grashängen, im Fels; nicht häufig.
Verbreitung: Westliche und mittlere Kalkalpen; Nordspanien, Pyrenäen, Jura, Apennin.

Alpenhelm *Bartsia alpina*

Merkmale: Ausdauernder, krautiger, 5–30 cm hoher Halbschmarotzer mit unterirdisch kriechender Sproßachse. Stengel aufrecht, unverzweigt, stumpf 4kantig, kraus behaart. Blätter kreuzweise gegenständig, sitzend, bis 2 cm lang, eiförmig, kurz behaart, meist dunkelviolett überlaufen. Rand kerbig gesägt, Blüten sehr kurz gestielt, in den Achseln großer Tragblätter in einer endständigen Ähre. Blütenkrone dunkelviolett, bis 22 mm lang, mit helmförmiger, ganzrandiger Oberlippe und flacher, 3lappiger Unterlippe. 4 Staubblätter mit weißwolligen Beuteln. Kelch bis 8 mm lang, außen drüsig-zottig behaart, 4spaltig.
Blütezeit: Mai bis September.
Standort: 900–2950 m; feuchte, basische bis schwachsaure Böden, Weiden; häufig.
Verbreitung: Arktisches Eurasien und Nordamerika. Alpen, Pyrenäen, Jura, Vogesen.

Alpen-Leinkraut *Linaria alpina*

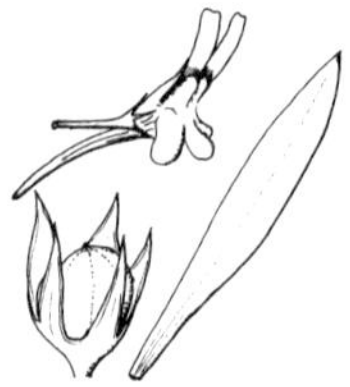

Merkmale: Meist zweijährige bis ausdauernde, kahle, kriechende, lockere Polster bildende, krautige Pflanze. Stengel niederliegend, nur an den Enden 5–15 cm hoch aufsteigend. Blätter zu 3–4 quirlständig, sitzend, bis 2 cm lang, schmal-lanzettlich, dicklich, blaugrün, bereift. Blüten gestielt, in einer kurzen, wenigblütigen Traube mit kleinen Tragblättern. Krone meist lebhaft violett, bis 2 cm lang, mit kurzer, am Grund gespornter und vorn trichteriger Kronröhre. Oberlippe tief 2spaltig, Unterlippe 3teilig, am Grund mit einer safrangelben Wölbung. Sporn so lang wie die übrige Krone.

Blütezeit: Juni bis August, alpin bis Oktober.

Standort: Vom Tal bis 4200 m; auf Geröll, sonne- und kalkliebend; häufig.

Verbreitung: Besonders in den Kalkalpen; Gebirge Spaniens, Balkanhalbinsel, Apennin.

Niederliegendes Leinkraut *Linaria supina*

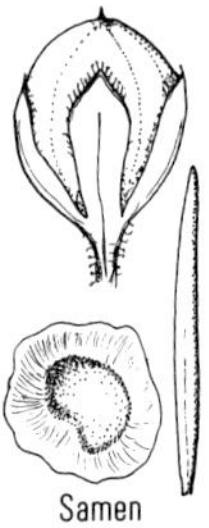

Samen

Merkmale: Ausdauernde, bis zweijährige, selten einjährige, bis 15 cm hohe Pflanze mit bogig aufsteigenden Stengeln. Untere Blätter zu 3–4 quirlständig, obere wechselständig, bis zu 2,4 cm lang, linealisch, häutig berandet. Blüten meist zu 3 am Stengelende, Stiel etwa halb so lang wie der Kelch, drüsig. Krone gelb, insgesamt bis 22 mm lang, mit kurzer, am Grund gespornter Kronröhre, 2lippig. Oberlippe 2geteilt, Zipfel doppelt so lang wie breit, Unterlippe 3lappig, Schlund verschlossen. Sporn mindestens so lang wie die übrige Krone, meist mit feinen rotbraunen Linien. Von den 5 Kelchzipfeln ist der mittlere obere deutlich länger. **Blütezeit:** Mai bis September.

Standort: Bis 2000 m; trockene steinige Rasen, Felsschutt, wärme- und kalkliebend.

Verbreitung: Westalpen. Mittleren Apennin bis Südspanien, Marokko und Südengland.

Gestreiftes Leinkraut *Linaria repens*

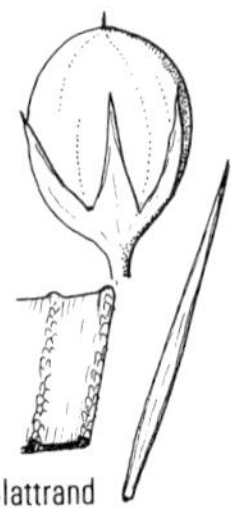

Blattrand

Merkmale: Ausdauernde, 20–80 cm hohe Pflanze mit aufrechtem, verzweigtem, kahlem, blaugrünem Stengel. Untere Blätter zu 4–5 quirlständig, obere wechselständig, bis 4 cm lang, linealisch-lanzettlich, dicklich, bläulichgrün, bereift, mit papillösem Rand und Mittelrippe. Blüten zu 10–30 in lockerer Traube. Krone bis 13 mm lang, bläulich oder gelblich, mit kurzer, am Grund gespornter Kronröhre. Oberlippe dunkelviolett gestreift, in 2 kurze Spitzen geteilt. Unterlippe mit meist gelbem Gaumen, der den Schlund verschließt. Sporn kurz, gerade, spitz, höchstens halb so lang wie die übrige Krone. **Blütezeit:** Juli bis August.

Standort: Vom Tal bis 2000 m; trockene, lokkere, nährstoffreiche, basische Böden; an Waldrändern, Schutthängen, Bahndämmen.

Verbreitung: In weiten Teilen Europas verwildert. Im westlichen Jura und in Ligurien.

Bergamasker Leinkraut *Linaria tonzigii*

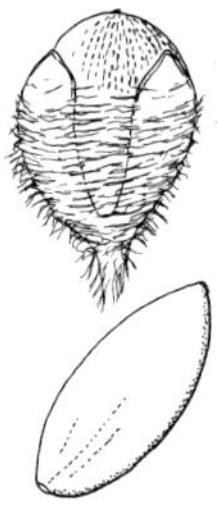

Merkmale: Einjährige bis ausdauernde, im Geröll kriechende, bis 15 cm hohe Pflanze mit bogig aufsteigenden Stengeln. Untere Blätter zu 3 quirlständig, obere wechselständig, bis 20 mm lang, elliptisch bis lanzettlich, sitzend, etwas fleischig. Blüten in endständiger, dichter Traube. Blütenstiel höchstens halb so lang wie der Kelch, zottig weiß behaart. Krone reingelb ohne Muster, bis 27 mm lang, 2lippig, mit kurzer bespornter Kronröhre, Sporn kürzer als die übrige Krone. Oberlippe 2teilig, Zipfel so lang wie breit, Unterlippe 3lappig, durch eine Wölbung verschlossen. 4 Staubblätter und Griffel in der Krone eingeschlossen. Kelchzipfel breit-lanzettlich, dicht weißwollig. **Blütezeit:** Juni bis Juli.

Standort: Subalpin bis alpin; 1600–2500 m; auf beweglichem Felsschutt, nur auf Kalk.

Verbreitung: Nur in den Bergamasker Alpen.

Hoppes Braunwurz *Scrophularia juratensis*

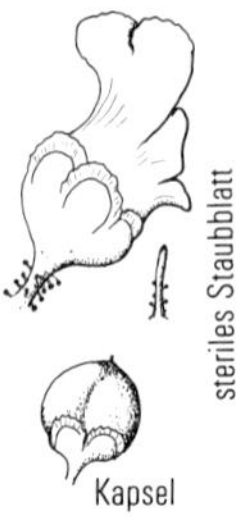

Merkmale: Ausdauernde, bis 50 cm hohe Pflanze mit lockerer Blattrosette und fleischigem Wurzelstock. Grundblätter lang gestielt, doppelt fiederteilig, kahl. Blattfläche im Umriß eiförmig, bis 10 cm lang. Stengelblätter kürzer gestielt und oben sitzend, gegenständig. Blütenstand langgestreckt, unten aus gegenständigen, oben aus wechselständigen, gabelig verzweigten Teilblütenständen. Blüten bis 5 mm lang, rotbraun, Blütenstiele mit gestielten Drüsen. Oberlippe so groß wie die Kronröhre, mit fadenförmigen Fortsatz, 2lappig, Unterlippe einfach, eingerollt. 4 Staubblätter, unterschiedlich lang, 2 herausragend. Kelchzipfel weiß berandet. **Blütezeit:** Juni bis August.
Standort: 1000–2000 m; trockene, sonnige Plätze, Felsschutt, Felsritzen; verbreitet.
Verbreitung: Gebirge Südeuropas und des südlichen Mitteleuropas; Südalpen.

Zwerg-Augentrost *Euphrasia minima*

Merkmale: Einjähriger, 2–10 cm hoher, aufrechter, meist unverzweigter Halbschmarotzer. Stengel kraus behaart, unten gegenständig, oben wechselständig beblättert. Blätter bis 1,5 cm lang, jederseits mit 1–4 stumpfen bis spitzen, stachelspitzigen Zähnen zerstreut behaart. Blüten einzeln in den Achseln der oberen Stengelblätter. Krone bis 7 mm lang, rötlich bis bläulich-violett, mit gelber, 3lappiger Unterlippe. Die 4 Staubblätter in der Krone eingeschlossen. Kelch bis 5 mm lang, bis zur Hälfte 4spaltig, bisweilen außen drüsig. **Blütezeit:** Juli bis September.
Standort: 1200–3300 m; trockene, kalkarme Böden; Wiesen, Zwergstrauchbestände; häufig. **Verbreitung:** In den Alpen und den süd- und mitteleuropäischen Gebirgen. Häufig.
Allgemeines: Weitere Augentrost-Arten im Alpengebiet meist größer und weißblütig.

Gelbes Mänderle *Paederota lutea*

Merkmale: Ausdauernde, 10–35 cm hohe Pflanze mit kurzem Wurzelstock. Stengel aufrecht bis überhängend, spärlich kraus-kurzhaarig. Blätter gegenständig, sitzend, eiförmig, bis 7 cm lang, am Rand unregelmäßig tief gesägt, unterseits an den Nerven zerstreut behaart. Blüten an kurzen, dichtflaumigen Stielen in einer endständigen Traube mit schmalen Tragblättern. Krone zitronengelb, bis 13 mm lang, etwa bis zur Hälfte röhrig verwachsen, 2lippig, mit ungeteilter aufrechter Oberlippe und abgespreizter, kurz 3lappiger Unterlippe. Kronröhre im Schlund schwach behaart. Kelch bis 7 mm lang. Kapsel eiförmig bis 6 mm lang.
Blütezeit: Juni bis August.
Standort: 1000–2500 m; in Spalten von Felswänden; auf Kalk oder Dolomit.
Verbreitung: In den südöstlichen Kalkalpen; von den Vicentiner Alpen bis Krain.

Blaues Mänderle *Paederota bonarota*

Merkmale: Ausdauernde, 8–20 cm hohe, oft überhängend wachsende Pflanze mit kurzem Wurzelstock und mehreren beblätterten und dicht kraushaarigen Stengeln. Blätter gegenständig, sehr kurz gestielt, bis 3,5 cm lang, rundlich-eiförmig, mit 4–10 groben, nach vorne gerichteten Sägezähnen. Blüten an kurzen, behaarten Stielen in einer dichten, vielblütigen Traube mit schmalen Tragblättern. Krone blau-violett, bis 13 mm lang, zur Hälfte röhrig verwachsen, 2lippig, mit meist ungeteilter, aufrechter Oberlippe und einer tief 3lappigen Unterlippe. Kelch bis 7 mm lang, abstehend behaart. Kapsel kegelförmig, bis 3 mm lang. **Blütezeit:** Juli bis August.
Standort: Vom Tal bis auf 2500 m; Kalk und Dolomitfelsen, Felsspalten; selten.
Verbreitung: Von den Bergamasker zu den Julischen Alpen. Im Norden vereinzelt.

Blattloser Ehrenpreis *Veronica aphylla*

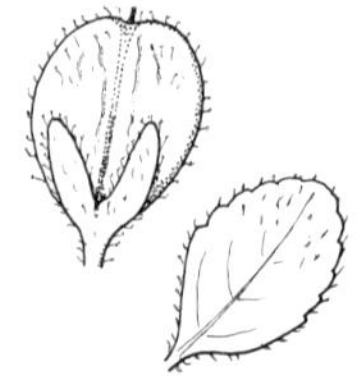

Merkmale: Ausdauerndes, 2–8 cm hohes Pflänzchen mit kriechender, Ausläufer treibender Grundachse. Stengel niederliegend bis aufsteigend, behaart, am Grund rosettig beblättert. Blätter kurz gestielt bis sitzend, bis 2 cm lang, breit-eiförmig, gekerbt bis gesägt, zerstreut behaart. Blüten zu 2–6 in langgestielter Traube, ihre Stiele länger als die schmalen Tragblätter. Krone bis 8 mm breit, flach, Zipfel violett bis tiefblau, dunkel geadert, Schlund und kurze Röhre weiß. Kelch 4teilig wie Tragblätter und Blütenstiele drüsig. Frucht bis 8 mm lang, zerstreut kurzhaarig, mehr als doppelt so lang wie der Kelch, reif blaurot-violett. **Blütezeit:** Juni bis August.
Standort: Zwischen 1500 und 2800 m; auf steinigen Rasen, in Felsspalten; kalkliebend.
Verbreitung: Gebirge, Mittel- und Südeuropas; besonders in den Kalkalpen. Häufig.

Felsen-Ehrenpreis *Veronica fruticans*

Merkmale: Ausdauernde, 5–20 cm hohe Pflanze mit am Grund holzigem, sich in mehrere aufsteigende Äste verzweigendem, gegenständig beblättertem und kraus behaartem Stengel. Blätter bis 2 cm lang, elliptisch bis lanzettlich, kurz gestielt. Rand glatt bis fein gesägt, oft fein gewimpert. Blüten einzeln oder bis zu 10 endständig. Krone azurblau, bis 15 mm breit. Meist 5 Kelchblätter, das mittlere obere deutlich kleiner, bisweilen fehlend, behaart, aber nicht drüsig. Kapsel bis 9 mm lang, drüsenlos.
Blütezeit: Mai bis August.
Standort: 1200–3000 m; steinige Böden, sonnige Felsspalten; oft herabgeschwemmt.
Verbreitung: Alpen, besonders in den Kalkalpen. Gebirge Mittel- und Südeuropas. Häufig.
Der **Halbstrauchige Ehrenpreis** *(V. fruticulosa)* mit rosa Blüten ist oben drüsig behaart.

Alpen-Ehrenpreis *Veronica alpina*

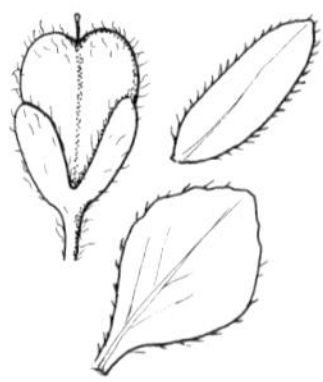
Stengelblatt

Merkmale: Ausdauernde, 2–20 cm hohe Pflanze mit einer dünnen, kriechenden, verzweigten Grundachse und aufrechten, krautigen, kahlen bis abstehend behaarten, unten gegenständig beblätterten Stengeln. Blätter sitzend bis kurz gestielt, bis 3 cm lang, elliptisch bis rundlich, bisweilen gekerbt, meist drüsig bewimpert und locker behaart. 5–20 Blüten in endständiger Traube mit kleinen laubblattähnlichen Tragblättern. Krone blauviolett, bis 7 mm breit, mit sehr kurzer Röhre und ungleich 4teiligem, flachem Rand. Krone wie bei allen Veronica-Arten von 2 Staubblättern und 1 fadenförmigen Griffel überragt. Kapsel bis 8 mm lang. **Blütezeit:** Juni bis August.
Standort: 1500–3400 m; auf feuchten, kalkarmen, lange schneebedeckten Böden; häufig.
Verbreitung: Alpen, außer südlichen Kalkalpen; Nordspanien bis Karpaten.

Maßliebchen-Ehrenpreis *Veronica bellidioides*

Merkmale: Ausdauernde, 5–20 cm hohe Pflanze mit kriechender, dünner, walzlicher Grundachse. Stengel aufrecht, behaart, mit 1–3 Paaren kleiner Blätter. Untere Blätter rosettig, bis 4 cm lang, verkehrt-eiförmig, ± flach gekerbt, etwas fleischig. Blüten zu 3–10 in einer endständigen, doldigen Traube. Krone trüb- bis violettblau, bis 9 mm breit, Zipfel gestutzt. Kelch meist 4teilig, drüsig. Kapsel bis 8 mm lang, drüsig.
Blütezeit: Juni bis August.
Standort: 1400–3100 m; Weiden, Zwergstrauchgehölze, saure Böden, Silikatgestein.
Verbreitung: Zentralalpen; Deutschland: Allgäu und Wetterstein; Pyrenäen, Balkan.
Ebenfalls kalkarme Böden besiedelt in den Westalpen **Allionis Ehrenpreis** *(V. allionii)* mit himmelblauer Krone.

Alpenrachen *Tozzia alpina*

Merkmale: Ausdauernder, krautiger, 15–50 cm hoher Halbschmarotzer mit kurzem, kriechendem Erdsproß. Stengel aufrecht, verzweigt, unten kahl, oben an den Kanten behaart. Blätter gegenständig, sitzend, etwas dicklich, bis 3,5 cm lang, spitz-eiförmig, am Rand mit 1–3 groben Sägezähnen und fein bewimpert. Blüten in kurzen Trauben. Krone satt gelb, bis 1 cm lang, mit langer Röhre und ausgebreitetem, fein behaartem Rand, mit aufrechter 2lappiger Oberlippe und 3lappiger, dunkelbraunrot punktierter Unterlippe sowie 4 kahlen Staubblättern. Kelch bis 3 mm lang, glockig, häutig, grün, 4zähnig mit 2 vorderen, kürzeren Zipfeln. **Blütezeit:** Juni bis September. **Standort:** 800–2400 m; feuchte, nährstoffreiche, kalkhaltige Böden. **Verbreitung:** Kalkalpen; Pyrenäen, Jura, Norditalien, Balkanhalbinsel.

Knolliges Läusekraut *Pedicularis tuberosa*

Merkmale: Ausdauernde, 10–25 cm hohe Pflanze mit walzenförmigem Wurzelstock. Stengel bogenförmig aufsteigend, mit 2- oder 4zeiliger, an der Basis wolliger Behaarung. Rosettige Grundblätter 5 bis 15 cm lang und 1–2 cm breit, fast bis zur Mitte fiederteilig, Abschnitte nochmals ± tief gesägt, Zipfel meist fein gezähnt. Blattstiel langhaarig. Tragblätter laubblattähnlich, lang behaart, kürzer als die Blüten. Krone 14–20 mm lang, blaßgelb. Oberlippe mit schmalem, zur Seite gebogenem und abwärts gerichtetem Schnabel. Unterlippe wenig abstehend, nach rechts gekippt, 3zipfelig. Die längeren Staubblätter flaumig behaart. Kelch bis 10 mm, mit schmalen gezähnten Zipfeln. **Blütezeit:** Juni bis August. **Standort:** 1200–2700 m; auf trockenen, neutralen bis sauren Wiesen und Weiden. **Verbreitung:** Häufig in den Zentral- und Südalpen, selten in den Nordalpen. Pyrenäen.

Grannen-Klappertopf *Rhinanthus aristatus*

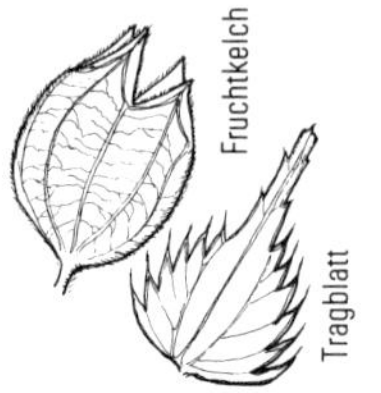

Merkmale: Einjähriger, bis 50 cm hoher, aufrechter Halbschmarotzer. Stengel einfach oder oben verzweigt, fast kahl, schwärzlich gestrichelt und oben rötlich überlaufen. Stengelblätter gegenständig, bis 4 cm lang, lanzettlich, kerbig gezähnt. Blütenstand, eine oben dichte Traube. Tragblätter laubig, mit lang begrannten Zähnen. Krone gelb, bis 2 cm lang, mit aufwärts gebogener Röhre. Oberlippe mit 2 bläulichen Zähnen, Unterlippe 3zipfelig, abstehend. Schlund offen. Die 4 Kelchzähne am Rand bewimpert. Kapsel trockenhäutig, flach, vom Kelch eingeschlossen. **Blütezeit:** Juni bis Oktober.
Standort: 1000–2000 m; Rasen, Felsschutt.
Verbreitung: Gesamte Alpen. Häufig.
Allgemeines: Die Bestimmung weiterer ähnlicher Arten in den Alpen wird durch jahreszeitlich unterschiedliche Formen erschwert.

Aufsteigendes Läusekraut *Pedicularis ascendens*

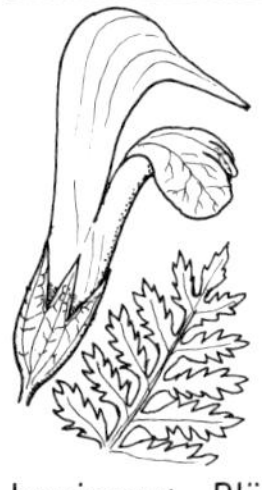

Merkmale: Ausdauernde, 15–30 cm hohe Pflanze mit walzlichem Wurzelstock und bogig aufsteigendem, kahlem bis behaartem Stengel. Grundständige Blätter gestielt, bis 10 cm lang, einfach fiederteilig, mit tief gezähnten Abschnitten. Tragblätter sitzend, bewimpert. Blüten sehr kurz gestielt. Krone hellgelb, bis 16 mm lang. Oberlippe in einen geraden, schief abwärts gerichteten Schnabel verschmälert. Unterlippe in 3 gleich große Lappen geteilt. Die beiden längeren Staubfäden behaart. Kelch mit zugespitzten, meist ganzrandigen Zipfeln. **Blütezeit:** Juli bis August.
Standort: Meist subalpin; 1800–2300 m; auf steinigen, kalkreichen Bergwiesen.
Verbreitung: Westliche Kalkalpen bis Bergamasker Alpen, Nordapennin. Das ähnliche **Verlängerte Läusekraut** *(P. elongata)* in den Dolomiten hat gezähnte Kelchzipfel.

Beblättertes Läusekraut *Pedicularis foliosa*

Merkmale: Ausdauernde, 15–70 cm hohe Pflanze mit meist mehreren, aufrechten, kahlen oder locker behaarten Stengeln. Grundblätter rosettig, mit langem, behaartem Blattstiel, 10–25 cm lang, im Umriß breit-lanzettlich, einfach gefiedert, mit tief gesägten, stachelspitzigen Fiedern, kahl oder unterseits etwas behaart; Blütenstand, eine vielblütige Traube. Blütenstiele rötlich-flaumig behaart. Krone 20–28 mm lang, schwefelgelb. Oberlippe vorn abgerundet, filzig behaart. Unterlippe abgespreizt, kahl, 3lappig. Längere Staubfäden oben dicht bärtig. Kelch 8–10 mm lang, an den Nerven und kurzen Zähnen zottig behaart, von der sehr harten Frucht kaum überragt. **Blütezeit**: Juni bis August.

Standort: 1500–2400 m; feuchte lockere Böden; Hochstaudenfluren, Bachränder.

Verbreitung: Alpen, besonders in den Nördlichen Kalkalpen. Pyrenäen, Apennin, Balkan.

Schopfiges Läusekraut *Pedicularis comosa*

Merkmale: Ausdauernde, 10–50 cm hohe Staude mit spindelig bis knollig verdickten Wurzeln und aufrechtem, unten dicht, oben zerstreut behaartem Stengel. Untere Blätter rosettig, 8–25 cm lang, einfach gefiedert. Fiedern entfernt, fiederteilig mit unregelmäßig gesägten, stachelspitzigen Zipfeln. Tragblätter laubblattähnlich, kürzer als die Blüte. Krone 18–30 cm lang, schwefelgelb. Oberlippe kaum geschnäbelt, mit 2 spitzen Zähnen. Unterlippe 3lappig, kaum abstehend. Kelch bis 12 mm lang, mit 5 deutlichen, dunklen Nerven. Kelchzipfel breit, ganzrandig, randlich und innen kurz behaart, Frucht fast doppelt so lang wie der Kelch.

Blütezeit: Juli bis August.

Standort: Auf subalpinen Wiesen und Weiden, 1500–2000 m; nicht häufig.

Verbreitung: West- und Südalpen bis Savoyen und Südtirol; südeuropäische Gebirge.

Buntes Läusekraut *Pedicularis oederi*

Merkmale: Ausdauernde, 5–20 cm hohe Pflanze mit kurzem, knollig verdicktem Wurzelstock und aufrechtem, unten kahlem, oben behaartem Stengel. Blätter gestielt, 3–8 cm lang, fiederteilig, mit gekerbten bis gesägten, eiförmigen Abschnitten. Tragblätter tief gekerbt-gesägt bis fast ganzrandig, locker behaart, Blüten der Achse der kurzen Traube fast angedrückt. Krone 16–26 mm lang, hellgelb, oben purpurn gefleckt. Oberlippe stumpf. Unterlippe abgespreizt, sehr breit, mit kleinerem Mittellappen. Kelch 8–14 mm lang, an den Nerven zottig, oberster Zipfel kleiner. Frucht doppelt so lang wie der Kelch, schmal-elliptisch, schief geschnäbelt. **Blütezeit**: Juni bis August.

Standort: 1500–2500 m; auf feuchten, kalkhaltigen Rasen, in Zwergstrauchgebüschen.

Verbreitung: Arktisch-alpin; auch in Asien und Amerika; verbreitet, aber nicht häufig.

Gestutztes Läusekraut *Pedicularis recutita*

Merkmale: Ausdauernde, 20–60 cm hohe Pflanze mit ziemlich dickem, langem Wurzelstock und meist mehreren, aufrechten, kahlen Stengeln. Grundständige Blätter rosettig, gestielt, 6–30 cm lang und mindestens 2 cm breit, fast bis zur Mitte fiederteilig; Fiedern tief gesägt bis gekerbt. Untere Tragblätter fiederspaltig, obere bisweilen ungeteilt. Blütenstand, eine 30- bis 70blütige, dichte Traube. Krone 12–17 mm lang, hell-gelbgrün und unterschiedlich stark dunkel-braunrot überlaufen. Helmförmige Oberlippe ungeschnäbelt und zahnlos. Kelch bis 8 mm lang, Zähne ungleich, am Rand bewimpert. Frucht länger als Kelch, schieftropfenförmig, spitz. **Blütezeit**: Juni bis August.

Standort: Zwischen 1300 und 2500 m; auf feuchten, lehmigen Böden, an Bachrändern.

Verbreitung: In den Alpen nicht sehr häufig; von Niederösterreich bis Savoyen.

Quirlblättriges Läusekraut
Pedicularis verticillata

Merkmale: Ausdauernde, bis 30 cm hohe, wenigstengelige Pflanze. Stengel oft rötlich, unverzweigt, locker bis 2zeilig behaart. Blätter mit dicht behaartem Blattstiel, tief-fiederteilig mit unregelmäßig kerbig gesägten Abschnitten, am Rand und unterseits zerstreut behaart, bis 10 cm lang, am Stengel zu 3–4 in Quirlen. Tragblätter kürzer als die Blüten. Blüten meist purpurrot, Krone bis 18 mm lang. Oberlippe zahnlos, mit dunkler Spitze. Unterlippe abstehend, 3zipfelig. Kelch bis 6 mm lang, 5zähnig, aufgeblasen, an den Nerven langhaarig. Frucht doppelt so lang wie der Kelch. **Blütezeit:** Juni bis August.
Standort: Subalpin bis alpin; 900–2800 m; auf feuchten, kalkhaltigen Böden. **Verbreitung:** Kalkalpen, Pyrenäen, Apennin, Balkan. **Allgemeines:** Unverwechselbar durch die Blattquirle.

Gedrehtblütiges Läusekraut
Pedicularis gyroflexa

Merkmale: Ausdauernde, bis 30 cm hohe, mehrstengelige Staude. Stengel aufsteigend bis aufrecht, allseits dicht behaart. Blätter wechselständig, 10–20 cm lang, einfach gefiedert mit tief-fiederteiligen Abschnitten und unregelmäßig gesägten Zipfeln. Blattrand schwach nach unten umgerollt, Blattstiel samthaarig. Blüten leuchtend rosarot. Krone bis 32 mm lang. Oberlippe mit ziemlich breitem, 2–3 mm langem Schnabel. Unterlippe abgespreizt, so lang wie die Oberlippe. Längere Staubblätter bebärtet. Kelchzipfel randlich und innen behaart, laubblattähnlich. Frucht so lang wie Kelch, schief-eiförmig, bespitzt. **Blütezeit:** Juni bis August.
Standort: Subalpin bis alpin; 1500–2800 m; auf steinigen, kalkreichen, humosen Böden.
Verbreitung: Südwestliche Alpen bis Südschweiz und Südtirol; Pyrenäen und Abruzzen.

Rosafarbenes Läusekraut
Pedicularis rosea ssp. allionii

Merkmale: Ausdauernde, 3–20 cm hohe Pflanze mit aufrechtem, unten kahlem, oben dicht weiß behaartem dunklem Stengel. Blätter 3–9 cm lang, langgestielt, kahl, einfach gefiedert. Fiedern schmal, nochmals bis fast zur Mitte fiederteilig. Tragblätter tief-fiederspaltig, sehr dicht weißwollig. Blütenstand wenigblütig. Krone intensiv rosarot oder hellpurpurn, bis 18 mm lang. Oberlippe ungeschnäbelt. Unterlippe 3lappig, wenig abstehend. 2 von 4 Staubblättern bärtig behaart. Kelch bis 12 mm lang, außen dicht weißwollig, Kelchzipfel ganzrandig. Frucht länger als der Kelch. **Blütezeit:** Ende Juni bis August.
Standort: 2300–2900 m; auf kalkhaltigem Schutt und grasigen Hängen; nicht häufig.
Verbreitung: Südwestalpen und Pyrenäen. Die typische Unterart *P. rosea ssp. rosea* mit ganzrandigen Tragblättern lebt östlicher.

Fleischrotes Läusekraut
Pedicularis rostratospicata

Merkmale: Ausdauernde Pflanze mit walzlichem, mit länglichen Schuppen besetztem Wurzelstock. Stengel 15–45 cm hoch, aufsteigend bis aufrecht, unten kahl, oben zerstreut wollig-zottig behaart. Blätter 8–20 cm lang, einfach fiederteilig. Fiedern nicht sehr tief gezähnt oder gelappt. Blattstiel behaart, sonst meist kahl. Tragblätter spinnwebig behaart, die oberen ungeteilt. Blütenstand 8- bis 14blütig, ziemlich langgestreckt. Blüten rosa, selten weiß. Krone bis 16 mm lang. Oberlippe in einen bis 5 mm langen Schnabel verschmälert. 3lappige Unterlippe stark nach rechts gekippt. Kelch bis 22 mm lang, 10nervig, außen spinnwebig, Zipfel ganzrandig bis gezähnt, dicht bewimpert. **Blütezeit:** Juli bis August.
Standort: Alpin, bis 2700 m; steinige, kalkreiche, oft grasige Böden; selten.
Verbreitung: Seealpen bis Karawanken.

Geschnäbeltes Läusekraut
Pedicularis rostratocapitata

Merkmale: Ausdauernde, 8–20 cm hohe Pflanze mit kurzem Wurzelstock und meist mehreren, bogig aufsteigenden, zerstreut behaarten Stengeln. Blätter 3–10 cm lang, gestielt, meist kahl, einfach gefiedert, mit fiederteiligen, stachelspitzigen Abschnitten, etwas kraus und bisweilen kalkig verkrustet. Blüten hell-purpurn, selten weiß. Krone bis 25 mm lang. Oberlippe mit langem, schmalem Schnabel. Unterlippe nach rechts gekippt, Rand fein gesägt bis bewimpert. Kelch bis 12 mm lang, rötlich, unregelmäßig 5teilig, mit gekerbten Zipfeln, Ränder und Nerven kurz bewimpert. Frucht länger als der Kelch.
Blütezeit: Juni bis August.
Standort: 1800–2500 m; auf kalkreichen, steinigen, oft grasigen Böden; nicht häufig.
Verbreitung: Ostkarpaten und Ostalpen; bis Graubünden und Bergamasker Alpen.

Farnblättriges Läusekraut
Pedicularis asplenifolia

Merkmale: Ausdauernde, 2–8 cm hohe Pflanze mit in der Blattrosette entspringendem, aufrechtem, unverzweigtem, unten fast kahlem, oben behaartem Stengel. Blätter 2–4 cm lang, mit oft behaartem Blattstiel, einfach fiederteilig, mit gezähnten bis gebuchteten Abschnitten. Tragblätter verbreitert, fiederspaltig, lang rötlich-wollig behaart, viel kürzer als die Blüten. Blütenstand 3- bis 5blütig. Krone 13–18 mm lang, intensiv rosarot. Helmförmige Oberlippe mit an der Spitze fein gezähneltem Schnabel. Unterlippe abgespreizt, stark nach rechts gekippt. Kelch 8–10 mm lang, dicht rötlich-zottig behaart, mit 5 Nerven und dünnhäutigen Zwischenfeldern.
Blütezeit: Juli bis August.
Standort: Alpin, selten unter 2500 m; auf feuchtem, feinem Schutt, kalkliebend. Selten.
Verbreitung: Ostalpen bis zur Steiermark.

Mont-Cenis-Läusekraut *Pedicularis cenisia*

Merkmale: Ausdauernde, 7–30 cm hohe Pflanze mit oft mehreren, bogig aufsteigenden, behaarten Stengeln. Untere Blätter rosettig, 3–16 cm lang, 1–1,5 cm breit, einfach gefiedert, Fiedern tief gesägt, leicht stachelspitzig. Blattstiel und obere Blätter behaart. Tragblätter fiederspaltig, kürzer als die Blüten. Blütenstand kopfig, wenigblütig, Blüten fast sitzend. Krone 16–18 mm lang, intensiv rosarot. Oberlippe in einem schmalen Schnabel endend. Unterlippe abstehend, breit, ungleich 3lappig. Kelch 7–9 mm lang, außen dicht weißwollig behaart. Kelchzipfel bis 4 mm lang, 4 davon laubblattartig fiederteilig, der oberste kleiner, meist ungeteilt und ± dreieckig.
Blütezeit: Juni bis August.
Standort: Zwischen 1500 und 2600 m; steinige, lockere, rasige Böden; nicht häufig.
Verbreitung: Westalpen; im Osten bis ins Aostatal; nördlicher Apennin.

Kerners Läusekraut *Pedicularis kerneri*

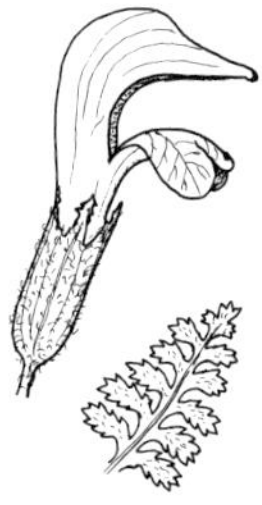

Merkmale: Ausdauernde, krautige, 5–15 cm hohe Pflanze mit kurzem, walzlichem Wurzelstock und aufsteigendem Stengel. Rosettige Grundblätter bis 7 cm lang und 1 cm breit, lang gestielt, einfach gefiedert; Fiedern tief gezähnt und stachelspitzig. Tragblätter des wenig- bis 1blütigen Blütenstands fiederteilig. Krone bis 20 mm lang, hell-purpurrot, selten weiß. Oberlippe in einen etwa 2 mm langen Schnabel vorgezogen. Unterlippe mit 3 sehr breiten Lappen, nach rechts gekippt. 2 Staubblätter dicht flaumig. Kelch bis 9 mm lang, meist flaumig, Zipfel gezähnt. Kapsel doppelt so lang wie der Kelch. **Blütezeit:** Juli bis August.
Standort: Alpin bis über 3200 m; auf steinigen Wiesen, im Schutt; kalkmeidend.
Verbreitung: Pyrenäen bis Hohe Tauern.
Allgemeines: Alle Läusekräuter sind Halbschmarotzer.

Nacktstengelige Kugelblume
Globularia nudicaulis

Merkmale: Ausdauernde, krautige, bis 30 cm hohe, rosettig beblätterte Pflanze mit kurzem, holzigem Wurzelstock ohne oberirdische Ausläufer. Grundblätter bis 15 cm lang und 3 cm breit, vorne stumpf bis spitz, schmal-eiförmig, allmählich in den Stiel verschmälert. Blüten in Köpfchen von bis zu 3 cm Durchmesser, einzeln am Ende blattloser oder von bis zu 3 Schuppenblättern besetzter Stengel. Köpfchen mit kleinen, lanzettlichen Hüllblättern. Krone blaßblau, bis 12 mm lang, Oberlippe mit 2 reduzierten, Unterlippe mit 3 schmalen, bandförmigen Zipfeln. Kelch nur auf den Nerven behaart. **Blütezeit:** Mai bis Juli.
Standort: Meist über 1500 m; trockene Rasen, Zwergstrauchbestände; kalkliebend.
Verbreitung: Südwest- und Mitteleuropäische Gebirge; Pyrenäen, Alpen; häufig.

Kriechende Kugelblume *Globularia repens*

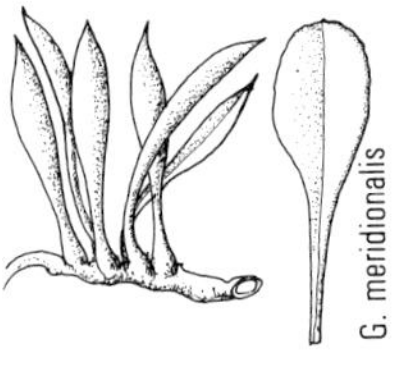

Merkmale: Ausdauernde, nur bis 3 cm hohe, kriechende, stark verzweigte, zu dichten Rasen vereinigte, holzige Pflanze. Blätter bis 2 cm lang und bis 3 mm breit, schmal-lanzettlich und sitzend oder verkehrteiförmig und lang gestielt. Blüten in sehr kurz gestielten, von lanzettlichen, bewimperten Hochblättern umgebenen Köpfchen. Krone blaßviolett, bis 6 mm lang, mit 3 breiteren oberen und 2 kürzeren, unteren Zipfeln. Kelch bis 3 mm lang, mit kurzer, dicht behaarter Röhre und doppelt so langen, schmalen, spitzen Kelchzipfeln. **Blütezeit:** Mai bis Juli.
Standort: Bis 2200 m; auf trockenen, steinigen Hängen, an Felsen; kalkliebend.
Verbreitung: Seealpen; Pyrenäen und kantabrische Küstengebirge (Picos de Europa).
Die **Südliche Kugelblume** *(G. meridionalis)* ist kräftiger und besiedelt die Südostalpen.

Herzblättrige Kugelblume
Globularia cordifolia

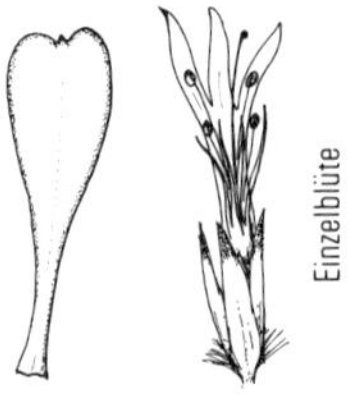

Merkmale: Ausdauernder, 3–10 cm hoher Spalierstrauch mit langer kriechender Sproßachse. Stark verzweigt, rasenbildend, immergrün. Blätter spatelförmig, bis 4 cm lang und 1 cm breit, lederartig, vorne eingekerbt. Blüten in Köpfchen von 1–2 cm Durchmesser, einzeln am Ende von blattlosen oder mit 2 Schuppenblättern besetzten, 1–10 cm langen Stengeln. Blüten blaß blaulila, Krone bis 8 mm lang, 2lippig, am Grund röhrig. Staubblätter in der Röhre angewachsen. Kelch mit 5 schmalen Zipfeln, diese so lang wie die Kelchröhre. Frucht, eine etwa 2 mm lange Nuß. **Blütezeit:** Mai bis September.
Standort: Vom Tal bis 2000 m; Felsspalten, Schutt, trockene Rasen; kalkliebend.
Verbreitung: Süd- und mitteleuropäische Gebirge; von Nordspanien bis zum Balkan.

Nordisches Moosglöckchen
Linnaea borealis

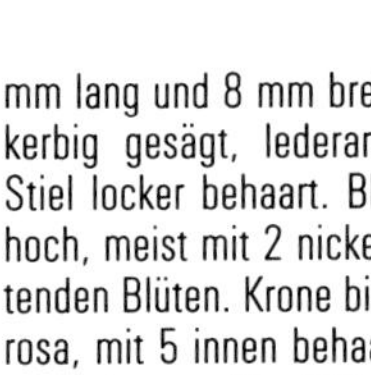

Merkmale: Zierliches Sträuchlein mit dünnen, bis 4 m langen kriechenden, verzweigten, verholzten und drüsig behaarten Stengeln. Blätter gegenständig, bis 14 mm lang und 8 mm breit, breit-eiförmig, vorne kerbig gesägt, lederartig, oberseits und am Stiel locker behaart. Blütenstengel bis 15 cm hoch, meist mit 2 nickenden, nach Vanille duftenden Blüten. Krone bis 10 mm lang, weiß bis rosa, mit 5 innen behaarten Zipfeln und 4 eingewachsenen Staubblättern. Fruchtknoten drüsig behaart und von 4 kelchähnlichen Hochblättern teilweise umschlossen. Frucht eine Beere. **Blütezeit:** Juli bis August.
Standort: 1200–2200 m; in Nadelwäldern; auf Felsen und Moospolstern.
Verbreitung: Besonders in den kalkfreien Zentralalpen; Nord- und Osteuropa, Nordamerika.

Kugelblumen-
gewächse

Kugelblumen-
gewächse

Geißblatt-
gewächse

Alpen-Fettkraut *Pinguicula alpina* ⊗

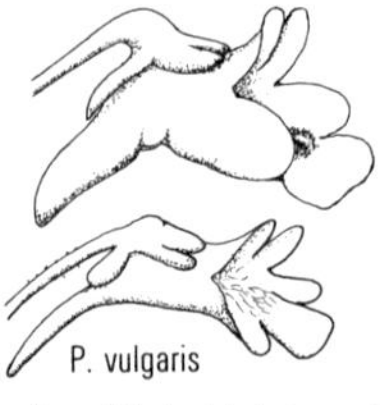

Merkmale: Ausdauernde, 3–15 cm hohe, insektenfangende Pflanze. 5–8 Blätter in einer dem Boden angedrückten Rosette, bis 5 cm lang, elliptisch, gelbgrün, drüsig-klebrig, mit nach oben eingerolltem Rand. Blüten einzeln. Krone bis 21 mm lang, weiß, mit gelblich-grünlichem Sporn. Oberlippe mit 2 breit gerundeten Lappen, Unterlippe ungleich 3lappig, in der Mitte gelb gefleckt. Kelch grün, wenig drüsig, 2lippig. Kapsel bis 9 mm lang, elliptisch spitz, doppelt so lang wie der Kelch. **Blütezeit:** April bis Juli. **Standort:** 400–2700 m; zeitweise feuchte Rasen, Hang- und Flachmoore; auf Kalk. **Verbreitung:** Seealpen bis Wiener Schneeberg; Eiszeitrelikt im Bodenseegebiet und bayerischen Alpenvorland. Bisweilen häufig. Das **Echte Fettkraut** *(P. vulgaris)* hat eine violette Krone. Es existieren Bastarde der Arten.

Großblütiges Fettkraut *Pinguicula grandiflora* ⊗

Merkmale: Ausdauernde, 3–23 cm hohe, insektenfangende Pflanze. Blätter zu 5–8 in grundständiger, flach ausgebreiteter Rosette, bis 5 cm lang, schmal-eiförmig, leicht nach oben eingerollt, drüsig behaart. Blüten einzeln am Ende aufrechter, blattloser, drüsig behaarter Stengel. Krone tiefviolett, selten rosa, bis 4 cm lang, mit langem, geradem, rotem Sporn, 2lippig. Oberlippe 2lappig und stark zurückgebogen, Unterlippe ungleich 3lappig, im Schlund weiß bebärtet. Kelch 5teilig, 2lippig, drüsig. Frucht, eine kegelförmige Kapsel, bis 6 mm lang, den Kelch überragend. **Blütezeit:** April bis August. **Standort:** 600–2400 m; nasse, bemooste Felsen, Flachmoore, auf Kalk oder Urgestein. **Verbreitung:** Westalpen (Savoyen, Dauphiné); Schweizer Jura. Nicht häufig.

Ungleichblättriges Labkraut *Galium anisophyllon*

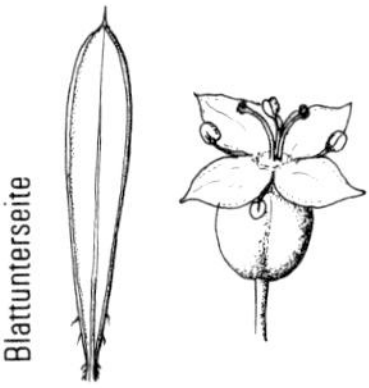

Merkmale: Ausdauernde 5–20 cm hohe, durch kurze Ausläufer rasige Bestände bildende Pflanze. Stengel am Grund fadenförmig, aufsteigend, 4kantig, verzweigt, in Abständen von etwa 3 cm quirlig beblättert. Blätter bis 15 mm lang und 2 mm breit, verkehrt-eiförmig bis verkehrt-lanzettlich, mit langer, durchsichtiger Spitze und meist nach unten eingerolltem, kurz behaartem Rand. Blüten zu wenigen in lockeren Trugdolden, die weit aus den oberen Blattquirlen herausragen. Blütenkrone weiß bis gelblich-weiß, bis 4 mm breit, Kelch undeutlich. Frucht glatt, in 2 Hälften zerfallend. **Blütezeit:** Juli bis September. **Standort:** Über 1000 m; auf kalk- und nährstoffreichen, steinigen Wiesen, in Felsspalten. **Verbreitung:** Gebirge Mittel- und Südeuropas, Alpen. Häufig.

Schweizer Labkraut *Galium megalospermum (= helveticum)*

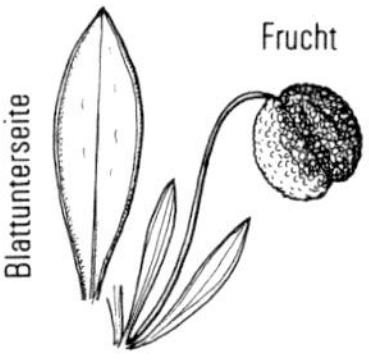

Merkmale: Ausdauernde, 2–5 cm hohe, selten größere, kriechende und dichte Rasen bildende Pflanze. Stengel scharf 4kantig, unverzweigt, glatt. Abstand zwischen den Blattquirlen bis 2 cm. Blätter bis 11 mm lang und 2 mm breit, verkehrt ei-lanzettlich bis spatelig, kurz zugespitzt, dicklich, am Rand locker kurzborstig. Blüten in wenigblütigen Trugdolden, die nur wenig aus den oberen Blattquirlen hervortreten. Krone gelbgrünlich bis weiß, ausgebreitet bis 4 mm breit, mit 4 eiförmigen, spitzen Zipfeln. Frucht kugelig, bis 2,5 mm lang, in 2 Hälften zerfallend, sehr fein gekörnt. **Blütezeit:** Juli bis August. **Standort:** 2000–2900 m; kalkreicher Feinschutt, schattige Lagen; nicht häufig. **Verbreitung:** Westliche und nördliche Kalkalpen; vereinzelt Zentral- und Südalpen.

Glänzende Skabiose *Scabiosa lucida*

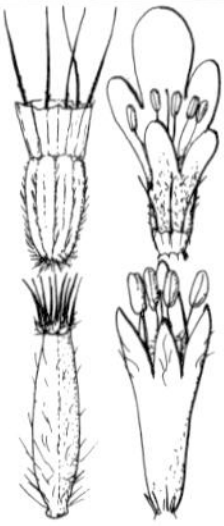

Knautia sylvatica

Merkmale: Ausdauernde, bis 40 cm hohe, fast kahle Pflanze. Stengel einfach, mit endständigem Blütenköpfchen. Blätter gegenständig, untere gestielt mit gekerbtem Rand, obere fiederspaltig mit schmalen Abschnitten, nur schwach behaart. Köpfchen bis 3 cm breit, außen von Hüllblättern umgeben, innen mit zahlreichen kleinen, 5teiligen Blüten. Randliche Blüten vergrößert, innere mit 3 längeren und 2 kürzeren blauvioletten Zipfeln. Kelch mit 5, die Knospe überragenden, dunklen Borsten, eingehüllt von einem häutigen Außenkelch. Fruchtknoten unterständig, behaart.
Blütezeit: Juni bis September.
Standort: 1000–2300 m; alpine und subalpine Rasen, Felsschutt; kalkliebend.
Verbreitung: In den Alpen verbreitet.
Allgemeines: Die ähnliche Gattung *Knautia* ist durch eine 4zählige Krone unterschieden.

Alpen-Schuppenkopf *Cephalaria alpina*

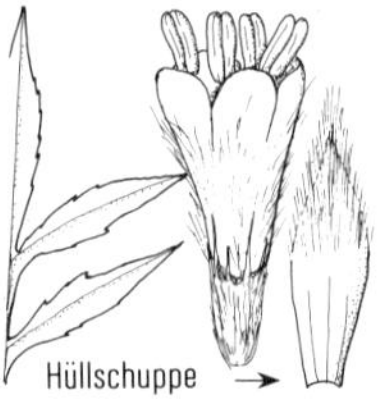

Merkmale: Ausdauernde, bis 1 m hohe, verzweigte Pflanze. Stengel kantig, besonders unten dicht behaart. Blätter gegenständig, untere gestielt, gezähnt, obere fiederteilig, alle besonders auf der Unterseite dicht behaart. Blüten in endständigen Köpfchen. Diese lang gestielt, kugelig, von mehreren Hüllblattreihen umgeben. Köpfchenboden mit dicht behaarten Spreublättern. Blütenkrone gelblich-weiß, 4zipfelig, außen behaart. Kelch aufwärts gebogen, mit deutlichen Zähnen; Außenkelch mit 8 pfriemlichen Zähnen. Fruchtknoten unterständig, Frucht 4kantig, gefurcht. **Blütezeit:** Juli bis September.
Standort: 1000–1500 m; nährstoffreiche Böden, Gebüsche und Schutt; kalkliebend.
Verbreitung: West- und Südalpen; nach Osten bis zum Arlberg; Apennin, Schweizer Jura; fehlt in Deutschland.

Bergbaldrian *Valeriana montana*

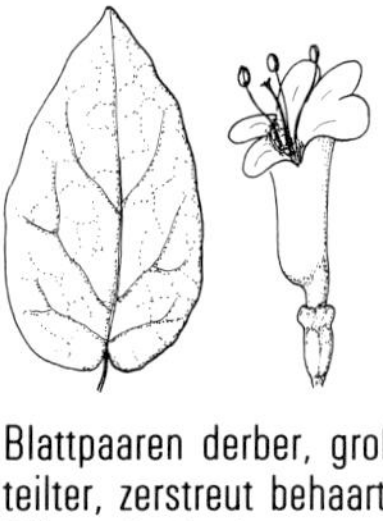

Merkmale: Ausdauernde, 10–60 cm hohe Staude mit einem schiefen, ästigen, walzlichen Wurzelstock. Stengel aufrecht, hohl, kahl oder behaart, mit 3–8 Blattpaaren derber, großer, glänzender, ungeteilter, zerstreut behaarter oder kahler Blätter. Blätter der Laubsprosse aufrecht, rosettig, lang gestielt, eiförmig. Die untersten Blätter der blühenden Sprosse am kleinsten, die mittleren am größten, über 10 cm lang, die obersten wieder kleiner und fast sitzend. Blüten in endständiger, dichter Trugdolde. Krone hell-lila bis weiß, bis 5 mm lang, 5lappig und 2lippig. Früchte bis 4 mm lang, von fiedrigen Borsten gekrönt.
Blütezeit: April bis August.
Standort: 500–2500 m; Felsspalten, Gerölle, mäßig feuchte, steinige Böden; häufig.
Verbreitung: Alpen, nordspanische Gebirge, Apennin, Jura, Karpaten, Balkan.

Dreischnittiger Baldrian *Valeriana tripteris*

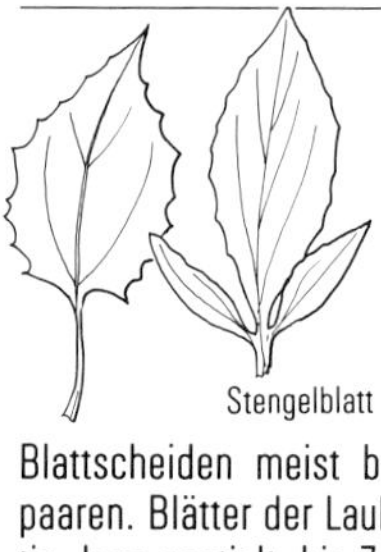

Stengelblatt

Merkmale: Ausdauernde, 10–60 cm hohe Pflanze mit schiefem, walzenförmigem, ästigem Wurzelstock. Stengel aufrecht, markig, besonders unterhalb der Blattscheiden meist behaart, mit 2–3 Blattpaaren. Blätter der Laubsprosse aufrecht rosettig, lang gestielt, bis 7 cm lang, herz-eiförmig, entfernt grob gezähnt. Unterste Blätter der blühenden Stengel eiförmig, kurzgestielt, bis 2 cm lang, die übrigen ungleich 3schnittig, grob gezähnt. Blüten in einer endständigen Trugdolde. Krone weiß bis hellrosa, 2–5 mm lang. Früchte bis 4 mm lang.
Blütezeit: April bis August.
Standort: Vom Tal bis 2500 m; steinige, kalk- oder silikathaltige Böden; Felsschutt.
Verbreitung: Alpen. Südeuropäische Gebirge von Spanien bis zum Balkan. Häufig.
Allgemeines: Alle Baldrianarten riechen stark.

Karden-
gewächse

Baldrian-
gewächse

Verlängerter Baldrian *Valeriana elongata*

Stengelblatt

Merkmale: Ausdauernde, 5–25 cm hohe Pflanze mit schiefem, walzenförmigem Wurzelstock und mehreren aufrechten, gefurchten Stengeln mit 1–2 Blattpaaren. Alle Blätter ungeteilt. Grundständige Blätter lang gestielt, eiförmig, meist ganzrandig, bis 5,5 cm lang. Stengelblätter kurz gestielt, eiförmig bis fast dreieckig, entfernt grob gesägt. Blüten in kurzgestielten, gegenständigen, wenigblütigen Trugdolden, die zusammen eine Rispe bilden. Blütenkrone braunrosa, zuletzt grünbraun, trichterförmig, bis 2,5 mm lang, Frucht 3 mm lang, mit einem Kranz fiederiger Borsten, die aus dem unscheinbaren Kelch entstehen.
Blütezeit: Juni bis August.
Standort: Meist zwischen 1700 und 2200 m; Felsspalten und Felsschutt, stets auf Kalk.
Verbreitung: In den Ostalpen; vom Toten Gebirge, und den Dolomiten ostwärts. Selten.

Zwergbaldrian *Valeriana supina*

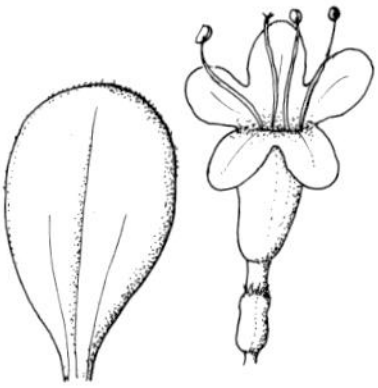

Merkmale: Ausdauernde, bis 15 cm hohe, stark verzweigte, mit holziger Sproßachse kriechende, rasenbildende Pflanze. Stengel kurzhaarig, mit 1–2 Blattpaaren bis zum Blütenstand. Alle Blätter ungeteilt und dicklich. Grundblätter bis 2,5 cm lang und 1 cm breit, spatelig. Stengelblätter meist kleiner. Blüten in endständigen, wenig-blütigen, von schmal lanzettlichen, bewimperten Hochblättern umgebenen lockeren Köpfchen. Krone intensiv rosa bis weißlichrosa, bis 5 mm lang. Kelch zur Fruchtzeit mit 10–20, bis 12 mm langen, gefiederten Borsten, die die 4 mm lange, kahle, nußartige Frucht krönen. **Blütezeit:** Juli bis August.
Standort: 1500–2700 m; Kalk, Dolomit.
Verbreitung: Ostalpen. Von der Steiermark bis nach Graubünden; fehlt in Ober- und Niederösterreich. Ziemlich selten.

Echter Speik *Valeriana celtica ssp.norica* ⊗

Merkmale: Ausdauernde, bis 15 cm hohe Pflanze. Stengel zu mehreren aufrecht mit 1–2 Blattpaaren. Grundblätter 3–12 mm breit, 3- bis 6mal so lang wie breit, 5nervig. Stengelblätter kleiner, schmal-eiförmig. Blütenstand länglich, aus 2–6 quirligen, in Etagen stehenden Teilblütenständen. Blütenkrone 3–4 mm lang, unten gelblich, oben rötlich, mit stumpfen Zipfeln. Weibliche Blüten kleiner und mit spitzen Zipfeln. Früchte 3–3,5 mm lang, kahl.
Blütezeit: Juni bis August.
Standort: Alpin, 2000 bis über 3300 m; schattige, kalkarme Böden, Rasen.
Verbreitung: Vom Dachstein und den südlichen Tauern ostwärts. Nur in den Cottischen, Grajischen und Penninischen Alpen wächst die andere Unterart *(V. celtica ssp. celtica)* mit bis 8 mm breiten, 3nervigen Blättern.

Felsschutt-Baldrian *Valeriana saliunca*

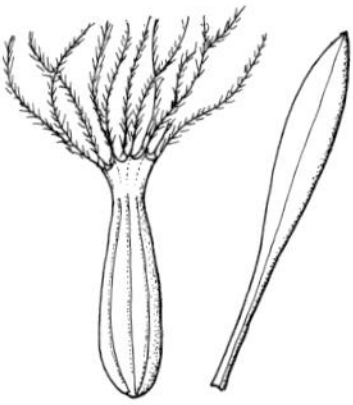

Merkmale: Ausdauernde, bis 15 cm hohe Pflanze, mit wenigen bis zahlreichen Trieben, die aus einem von nur wenigen schwarzen Blattresten umhüllten Wurzelstock ausschlagen. Stengel aufrecht, mit höchstens einem Blattpaar unter dem Blütenstand, kahl. Grundblätter rosettig, bis 5 mm lang und 1 cm breit, gestielt, verkehrt-eiförmig bis spatelig, Stengelblätter kleiner, selten am Rand behaart und mit wenigen Zähnen. Blüten zu wenigen in einem kopfigen, von lanzettlichen, bewimperten Hochblättern umgebenen Blütenstand. Krone bis 5 mm lang, schmutzig-rosa, mit 5 zungenförmigen Zipfeln. Frucht schmaleiförmig, gerippt. **Blütezeit:** Juli bis August.
Standort: 1800–2600 m; auf felsigen, steinigen, kalkreichen Böden; selten.
Verbreitung: Westalpen, östlich bis ins Berner Oberland und Südtirol; Pyrenäen, Abruzzen.

Felsenbaldrian *Valeriana saxatilis*

Merkmale: Ausdauernde, bis 30 cm hohe, eher zarte Pflanze. Wurzelstock von den Fasern der vorjährigen Blätter schopfig umgeben. Stengel aufrecht, mit höchstens einem Blattpaar unter dem Blütenstand, kahl. Alle Blätter ungeteilt. Grundblätter sehr langgestielt, elliptisch bis schmalverkehrt-eiförmig, bis 14 cm lang und 2 cm breit. Rand bewimpert, bisweilen weit gekerbt oder gezähnt. Stengelblätter schmaler, kahl. Untere Äste des kegel- bis schirmförmigen Gesamtblütenstands oft herabgerückt. Teilblütenstände wenigblütig. Krone weiß, bis 4 mm lang, 5zipfelig. Weibliche Blüten nur bis 2 mm lang. **Blütezeit:** Mai bis September.
Standort: Oft im Tal, sonst 1100–2500 m; auf Kalk, Felsspalten, Geröll, steinigen Wiesen.
Verbreitung: Ostalpen; westlich bis zum Vierwaldstätter See und dem Tessin; Balkan.

Schmalblättrige Spornblume
Centranthus angustifolius

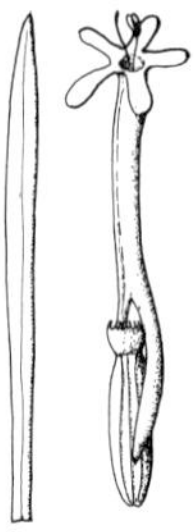

Merkmale: Ausdauernde, bis 70 cm hohe Pflanze mit kurzem, ästigem Wurzelstock. Stengel aufrecht, mit zahlreichen Blattpaaren. Blätter sitzend, bis 10 cm lang und 0,6 cm breit, selten breiter, schmal-lanzettlich. Blüten in dichten, 3spaltigen Trugdolden. Krone rosa, verwachsen, mit einer 7–12 mm langen, am Grund gespornten Röhre und 5 ausgebreiteten, bis 3 mm langen Zipfeln und nur einem Staubblatt. Sporn deutlich kürzer als die Röhre. Kelch zur Blütezeit nur ein ringförmiger Wulst, zur Fruchtzeit mit 10–25 federig behaarten Borsten. **Blütezeit:** Juli bis August.
Standort: Steigt bis 1600 m; in sonnigen Lagen, auf Felsen und Kalkgeröll.
Verbreitung: Pyrenäen, Südfrankreich, Jura; Westalpen bis Piemont und Savoyen; Abruzzen; fehlt in Deutschland völlig.

Ährige Glockenblume
Campanula spicata ⊗

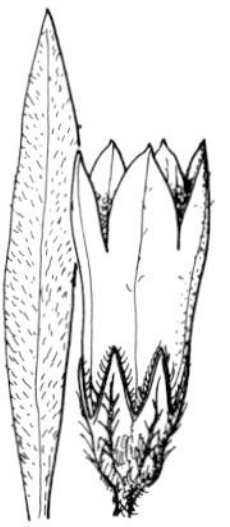

Merkmale: Zweijährige, 15–80 cm hohe, rauhhaarige Pflanze mit einfachem, aufrechtem Stengel. Grundblätter schmal-lanzettlich, am Rand wellig, in den Stiel verschmälert; Stengelblätter mit abgerundetem Grund fast stengelumfassend sitzend. Blüten zahlreich, in einer langen, ± dichten Ähre, blauviolett, 15–25 mm lang, glockig bis trichterförmig, meist zu mehreren in den Blattwinkeln sitzend; Kelch mit stumpfen Buchten, ohne Anhängsel; Kelchzipfel lanzettlich, behaart, etwa ⅓ der Blütenlänge. **Blütezeit:** Juni bis August.
Standort: Vorwiegend montan, von Tallagen bis über 2000 m; auf trockenen, steinigen Böden; Steilhänge, Felsen, Schutthalden, felsige Trockensteppen; zerstreut bis häufig.
Verbreitung: Süd- und Zentralalpen, Apennin, Abruzzen, Balkanhalbinsel.

Strauß-Glockenblume
Campanula thyrsoides ⊗

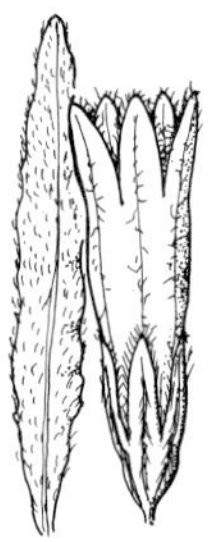

Merkmale: Zweijährige, 10–50 cm hohe, rauhhaarige Pflanze mit einfachem, aufrechtem, kantigem, vor allem unten dicht beblättertem Stengel. Blätter stark steifhaarig, ganzrandig, meist stark gewellt; Grundblätter länglich-lanzettlich, gegen den Grund verschmälert, Stengelblätter schmal-lanzettlich bis zungenförmig, spitz, sitzend, den Stengel halbumfassend. Die zahlreichen blaßgelben Blüten sitzen zu 1–3 in den Blattachseln und bilden eine dichte, unverzweigte Ähre; Krone glockig bis trichterförmig, wollig behaart, 15–25 mm lang; Kelch mit spitzen Buchten, Zipfel lanzettlich, behaart. **Blütezeit:** Juni bis August.
Standort: Subalpin und alpin, 1500–2600 m; kalkhaltige, steinige, mäßig feuchte Bergwiesen und Felsbänder in sonnigen Lagen.
Verbreitung: Alpen, Jura, Balkanhalbinsel.

Baldrian-
gewächse

Glockenblu-
mengewächse

Felsen-Glockenblume *Campanula petraea*

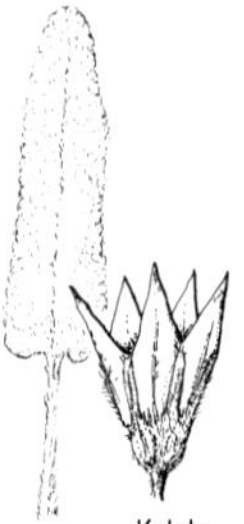
Kelch

Merkmale: Ausdauernde, schwach behaarte Pflanze mit verholzter Stengelbasis. Stengel 10–45 cm lang, einfach oder buschig-verzweigt, bogig aufsteigend, aber auch hängend, ziemlich brüchig. Blätter eiförmig-lanzettlich, die unteren gestielt, gekerbt; die oberen sitzend, länglich-lanzettlich, unterseits weißfilzig. Blüten blaßgelb, glockig, bis 12 mm lang, samtig behaart, mit weit herausragendem Griffel, in dichten kugelig-kopfigen Blütenständen am Stengel- bzw. Zweigende. Kelch zottig behaart, mit linealischen, stumpflichen Zähnen, etwa halb so lang wie die Krone.
Blütezeit: August bis September.
Standort: Vorwiegend montan, bis 1300 m; in Spalten senkrechter Kalkfelsen und Mauerritzen; selten.
Verbreitung: Endemit der Süd- und Südwestalpen (Brescia, Verona, Nizza).

Bärtige Glockenblume *Campanula barbata*

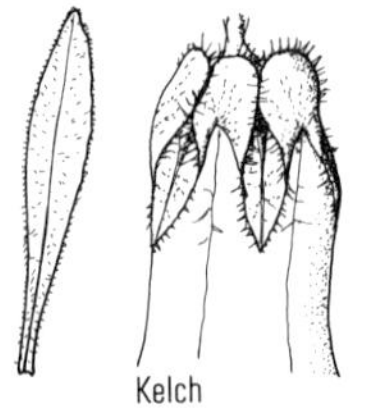
Kelch

Merkmale: Ausdauernde, 10–40 cm hohe Pflanze mit aufrechtem, unverzweigtem, rauhhaarigem Stengel. Blätter vor allem in grundständiger Rosette, länglich, behaart, oft ganzrandig, in den Stiel verschmälert. Blüten kurz gestielt, nickend, in einseitswendiger, wenigblütiger Traube; Krone glokkig, 15–30 mm lang, blaß-blaulila bis blau, selten weiß, Zipfel innen lang bärtig behaart; Kelchzipfel schmal-dreieckig, höchstens halb so lang wie die Krone, mit zurückgeschlagenen Anhängseln in den Kelchbuchten; Griffel mit 3 Narben. **Blütezeit:** Juni bis August.
Standort: Subalpin und alpin, seltener montan, bis 3000 m; über Kalk und Silikat, jedoch stets auf versauerten Böden, in Rasen, Zwergstrauchbeständen, Grünerlengebüschen.
Verbreitung: Durch die ganzen Alpen verbreitet, Sudeten, Karpaten, südliches Norwegen.

Alpen-Glockenblume *Campanula alpina*

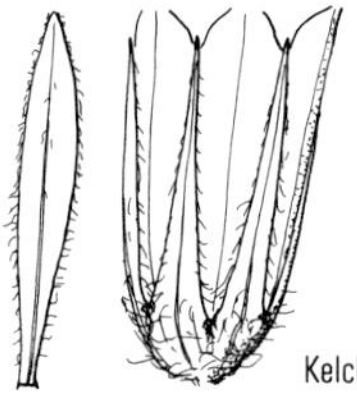
Kelch

Merkmale: Ausdauernde, 5–20 cm hohe, behaarte Pflanze mit aufrechtem Stengel. Blätter vor allem in grundständiger Rosette, schmal-lanzettlich; die oberen Stengelblätter linealisch, spitz, ganzrandig. Blüten meist in ± reichblütiger, oft bis zum Stengelgrund reichender Traube, nickend, mit ziemlich langen, zottigen Stielen; Krone glockig, 15–25 mm, blaßblau bis lila, mit innen zottig bewimperten Zipfeln; Kelch wollig-zottig, mit linealischen Zipfeln, die fast die Blütenlänge erreichen, und sehr kleinen, zurückgeschlagenen Anhängseln in den Kelchbuchten. **Blütezeit:** Juli bis August.
Standort: Subalpin und alpin, 1250–2400 m; kalkmeidend; in lockeren, steinigen Weiden, an Felsen; stellenweise häufig.
Verbreitung: Ostalpen, Karpaten, Balkanhalbinsel.

Allionis Glockenblume *Campanula alpestris*

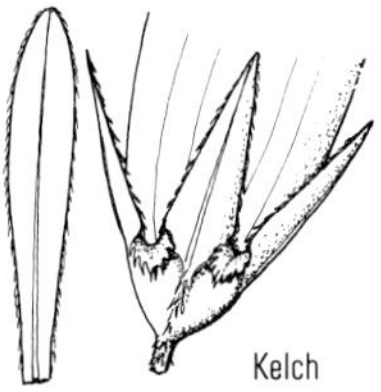
Kelch

Merkmale: Ausdauernde, 5–15 cm hohe, zerstreut behaarte Pflanze mit aufrechtem Stengel, einzeln oder in kleinen Gruppen wachsend. Grundblätter in Rosetten, schmal-lanzettlich, ganzrandig bis schwach gezähnt, stumpf; Stengelblätter linealisch. Blüten meist einzeln, aufrecht oder geneigt; Krone glockig, 3–4 cm lang, blaß- bis tief-violettblau, kahl oder auf den Nerven außen kurz behaart; Kelchzipfel halb so lang wie die Krone, rauhhaarig, linealisch, in den Kelchbuchten mit zurückgeschlagenem, herzförmigem Anhängsel.
Blütezeit: Juni bis August.
Standort: Subalpin und alpin, 1400–2800 m; auf Kalk und kalkhaltigem Schiefer, in steinigen Rasen, Felsschutt und Felsgrus.
Verbreitung: Endemisch in den West- und Südwestalpen (nur Italien und Frankreich).

Lombardische Glockenblume
Campanula elatinoides

Merkmale: Ausdauernde, 10–30 cm hohe, dicht behaarte Pflanze mit einem oder mehreren schief aufsteigenden Stengeln. Blätter herzförmig, grob und scharf gezähnt, vor allem Grundblätter lang gestielt. Blüten in dichtgedrängtem, ± allseitswendigem Blütenstand; Blütenstiele höchstens so lang wie die schmal-lanzettlichen, dicht weißfilzig behaarten Kelchzipfel; Kelchbuchten spitz, ohne Anhängsel; Krone stern- bis trichterförmig ausgebreitet, bis 2 cm breit, blau, mit weit herausragendem, 3narbigem Griffel.
Blütezeit: August bis September.
Standort: Vorwiegend montan, jedoch bis 1900 m aufsteigend; Felsüberhänge, Mauern, auf Kalk und Dolomit; nicht häufig.
Verbreitung: Südliche Bergamasker Alpen zwischen Comer See und Gardasee.

Dolomiten-Glockenblume
Campanula morettiana

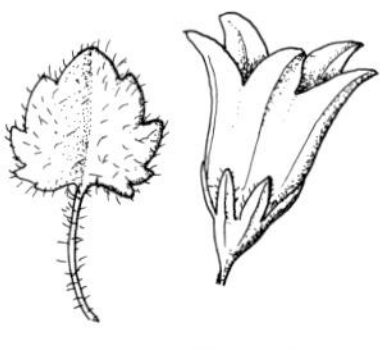

Merkmale: Ausdauernde, 3–8 cm hohe, in flachen Rasen und Polstern wachsende Pflanze. Stengel kurz, aufsteigend, meist 1blütig. Blätter, Blattstiele und Kelch fast borstig behaart. Grundblätter breit-oval bis herzförmig, gezähnt, langgestielt, Stengelblätter oval, in den Stiel verschmälert, die obersten sitzend. Blüten endständig, 20–30 mm lang, glockig-trichterig, blau- bis rotviolett, selten weiß, mit kurzen, dreieckigen Zipfeln; Kelch in den Buchten ohne Anhängsel, mit lanzettlichen, meist abstehenden Zipfeln.
Blütezeit: August bis September.
Standort: Subalpin und alpin, 1500–2300 m; in Ritzen und Spalten senkrechter oder überhängender Kalkfelsen; nicht häufig.
Verbreitung: Die Art kommt nur in den Dolomiten vor (Endemit).

Mont-Cenis-Glockenblume
Campanula cenisia

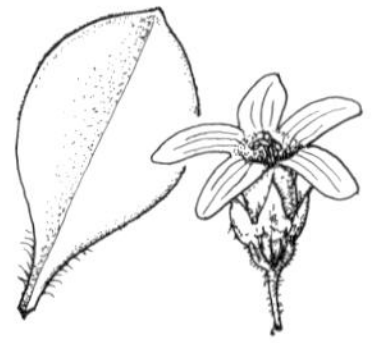

Standort: **Merkmale:** Ausdauernde, 1–5 cm hohe Pflanze, in lockeren Rasen wachsend, mit zahlreichen nichtblühenden Trieben, die Blattrosetten bilden. Stengel bogig aufsteigend, unten kahl, oben behaart, bis unter die Blüte beblättert. Blätter fleischig, ganzrandig, Rosettenblätter oval, Stengelblätter breit-lanzettlich. Blüten einzeln am Stengelende, aufrecht, sternförmig ausgebreitet, hellblau, bis 15 mm breit, mit eiförmigen, zugespitzten Kronzipfeln; Kelch behaart, mit lanzettlichen Zipfeln, fast so lang wie die Krone; Kelchbuchten stumpf, ohne Anhängsel.
Blütezeit: Juli bis September.
Standort: Alpin, bis 3600 m; Felsbänder, Felsschutt, Moränen, oft über Kalkschiefer.
Verbreitung: Westalpenpflanze, nach Osten bis Tirol, nicht in Deutschland.

Insubrische Glockenblume
Campanula raineri

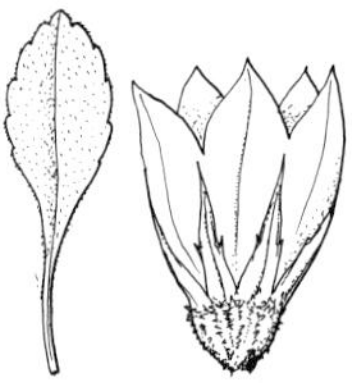

Merkmale: Ausdauernde, bis 10 cm hohe, in lockeren Rasen wachsende Pflanze; mehrstengelig, mit bogig aufsteigenden, kurzhaarigen, meist 1blütigen, bis unter die Blüte beblätterten Stengeln. Blätter oval, 1–2 cm breit, deutlich und stumpf gezähnt, kurz gestielt. Blüten endständig, aufrecht 3–4 cm breit, hellblau, weit-glockenförmig. Kelchzähne breit-lanzettlich, kurz behaart, gezähnt, zugespitzt, etwa halb so lang wie die Krone; Buchten zwischen den Kelchzähnen spitz, ohne Anhängsel.
Blütezeit: August bis September.
Standort: Subalpin und alpin, 1000–2300 m, meist über 1500 m; in Felsspalten und Felsschutt, nur über Kalk und Dolomit.
Verbreitung: Endemit der italienischen Südalpen zwischen Luganer See und Judikarien.

Zierliche Glockenblume
Campanula cochlearifolia

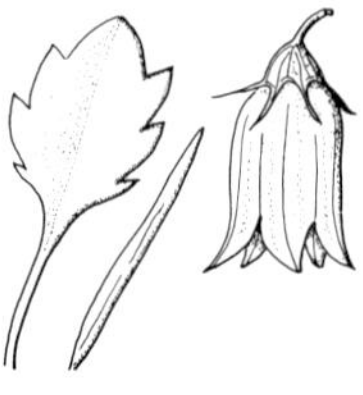

Merkmale: Ausdauernde, 5–20 cm hohe, oft rasenbildende Pflanze mit bogig aufsteigenden Stengeln, unten behaart und dicht beblättert, oben kahl und entfernt beblättert. Grundblätter eiförmig, grob gezähnt, lang gestielt; Stengelblätter länglich, leicht gezähnt, die obersten linealisch. Blüten einzeln oder in wenigblütigen, lockeren Trauben, nickend, glockig, bis 20 mm lang, hell-blaulila; Kelch kahl, mit sehr schmalen Zipfeln; Kelchbuchten stumpf, ohne Anhängsel. **Blütezeit:** Juni bis September.
Standort: Montan bis alpin, bis 3000 m; feuchter, meist kalkhaltiger Schutt, Geröllhalden, Felsspalten, Bachgeschiebe, Rasen.
Verbreitung: Von den Pyrenäen über die Alpen bis zur Balkanhalbinsel; vor allem in den Kalkgebieten verbreitet und häufig.

Ausgeschnittene Glockenblume
Campanula exscisa

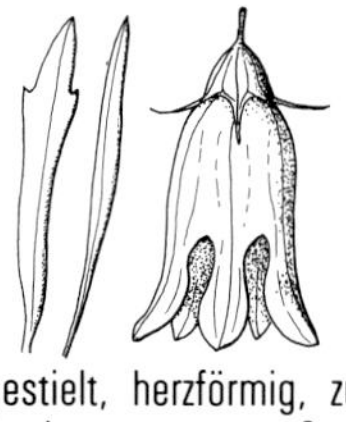

Merkmale: Ausdauernde, 5–15 cm hohe, in lockeren Rasen wachsende Pflanze. Stengel bogig aufsteigend, einfach, unten kurz behaart. Grundblätter gestielt, herzförmig, zur Blütezeit meist vertrocknet; untere Stengelblätter lanzettlich, stumpf, obere linealisch, spitz. Blüten meist einzeln am Stengelende, nickend, hell-blauviolett, schmal-glockenförmig, 10–20 mm lang; Blütenzipfel eiförmig, mit ausgerundeten Buchten (Name!); Kelchzipfel fast linealisch, kahl, abstehend, mit runden Buchten, ohne Anhängsel. **Blütezeit:** Juli bis August.
Standort: Subalpin und alpin, vor allem zwischen 1800–2300 m; in Felsspalten, Schutt, Geröll, auf Silikat. Örtlich häufig.
Verbreitung: Endemische Art der Westalpen; von den Grajischen bis in die Tessiner Alpen.

Zoys' Glockenblume *Campanula zoysii* ⊗

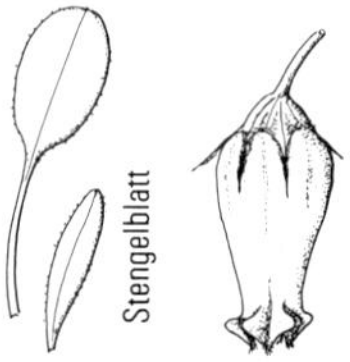

Merkmale: Ausdauernde, 2–10 cm hohe, kahle, zierliche, oft in kleinen Rasen oder Polstern wachsende Pflanze mit einfachem, aufsteigendem Stengel und ganzrandigen Blättern. Grundblätter oval bis rundlich, gestielt; Stengelblätter lanzettlich bis linealisch, fast sitzend. Blüten gestielt, einzeln oder in wenigblütiger Traube, meist nickend; Krone hell-blauviolett, krugförmig, 15–20 mm lang, am Grund bauchig, oben an der Mündung zusammengezogen, durch gefaltete Kronzipfel fast verschlossen; Kelchzipfel grannenartig, abstehend.
Blütezeit: Juli bis August.
Standort: Subalpin und alpin, 1500–2300 m, herabgeschwemmt auch in tieferen Lagen; Kalkfels und -schutt; nicht häufig.
Verbreitung: Endemische Art der Südostalpen (Julische Alpen, Karawanken, Steiner Alpen).

Rautenblättrige Glockenblume
Campanula rhomboidalis

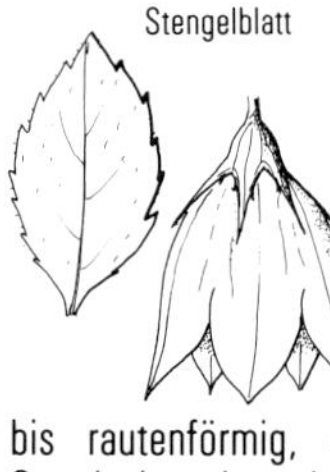

Merkmale: Ausdauernde, 25–70 cm hohe Pflanze mit einfachem, schwachkantigem, aufrechtem und dicht beblättertem Stengel. Stengelblätter zahlreich, ei- bis rautenförmig, spitz, mit abgerundetem Grund sitzend, grob gezähnt. Blüten lang gestielt, in einer meist einseitswendigen Traube, nickend, weit-glockig, 12–20 mm lang, blauviolett, mit breit-dreieckigen Zipfeln; Kelch mit fast linealischen Zipfeln, kahl, kürzer als die halbe Blütenlänge, Kelchbuchten stumpf, ohne Anhängsel. **Blütezeit:** Juni bis August.
Standort: Vorwiegend montan und subalpin, bis 2300 m aufsteigend, selten höher; kalkhaltige, feuchte Wiesen und Weiden.
Verbreitung: Pyrenäen, Jura, Westalpen, nach Osten bis ins Vorder- und Hinterrheingebiet.

Witaseks Glockenblume
Campanula witasekiana

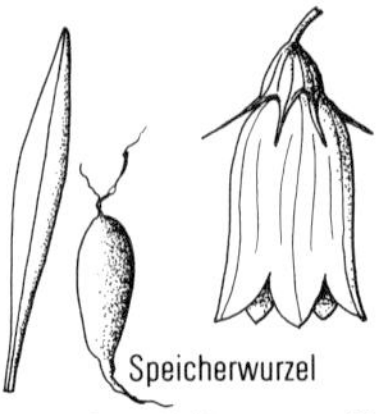

Merkmale: Ausdauernde, bis 40 cm hohe Pflanze mit rübchenförmigen Seitenwurzeln und aufrechtem, kantigem Stengel, meist bis zum Blütenstand beblättert. Grundblätter rundlich bis nierenförmig, zur Blütezeit verschwunden; Stengelblätter schmal- bis breit-lanzettlich, ungestielt, ganzrandig, ± kahl. Blüten an dünnen Stielen in meist lockerem, mehrblütigem Blütenstand, nickend wie die Blütenknospen; Krone blau bis blauviolett, 12–16 mm lang, glockig bis trichterförmig; Kelch ohne Anhängsel, mit schmaldreieckigen bis pfriemlichen Zipfeln.
Blütezeit: Juli bis August.
Standort: Bis 1800 m; Bergwiesen, steinige Weiden; vereinzelt oder in kleinen Gruppen.
Verbreitung: Ost- und Südostalpen (östlich der Etsch bis Wiener Schneeberg), Balkan.

Scheuchzers Glockenblume
Campanula scheuchzeri

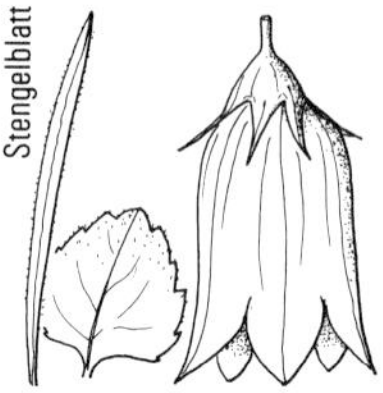

Merkmale: Ausdauernde, 5–40 cm hohe, lockerrasig wachsende Pflanze mit aufrechtem Stengel. Grundblätter lang gestielt, rundlich; Stengelblätter lanzettlich. Blüten einzeln, endständig oder in wenigblütiger, lockerer Traube, aufrecht oder leicht nickend, glockig, 15–25 mm lang, blauviolett; Knospen nickend; Kelch ohne Anhängsel, mit schmalen Zipfeln. **Blütezeit:** Juni bis September. **Standort:** Bis 3400 m, auf leicht sauren Böden (Schutt, Rasen, Zwergsträucher).
Verbreitung: In den Alpen verbreitet; Pyrenäen, Jura, Schwarzwald, Apennin, Balkan.
Nur in den nordöstlichen Kalkalpen wächst in Felsspalten und -schutt zwischen 1500 und 2200 m die **Dunkle Glockenblume** *(Campanula pulla)* mit nickenden, dunkel-violetten Blüten und eiförmigen, gekerbten Blättern.

Dolomiten-Teufelskralle *Phyteuma sieberi*

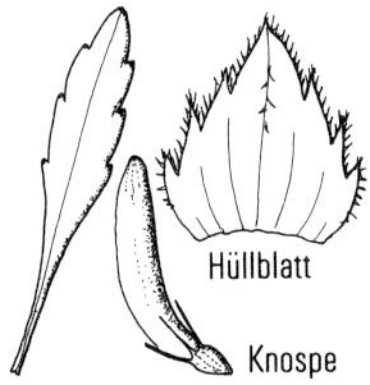

Merkmale: Ausdauernde, 5–25 cm hohe Pflanze mit gestielten, eiförmig-lanzettlichen, gezähnten Grundblättern und kleinen, sitzenden, oberen Stengelblättern. Blüten blau, 10–15 mm lang, in endständigem, kugelig-kopfigem Blütenstand mit großen, breit-eiförmig zugespitzten, gesägten und bewimperten Hüllblättern, die fast so lang wie der Blütenkopf sind und diesem anliegen.
Blütezeit: Juni bis September.
Standort: Subalpin und alpin, 1600–2600 m; an Kalk- und Dolomitfelsen, in Schutt und steinigen Wiesen; ziemlich häufig.
Verbreitung: Südliche Kalkalpen vom Comer See bis in die Südostalpen.
An Felsen in den Westalpen und Pyrenäen wächst **Charmeils Teufelskralle** *(Ph. charmelii)* mit rundlich-herzförmigen Grundblättern und schmal-lanzettlichen Hüllblättern.

Kugelige Teufelskralle *Phyteuma orbiculare*

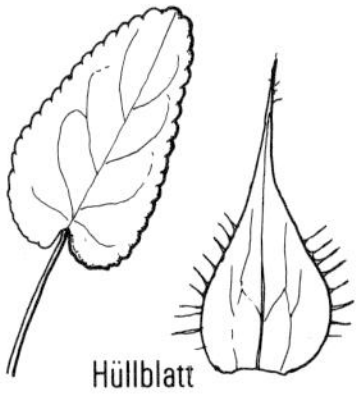

Merkmale: Ausdauernde, bis 50 cm hohe Pflanze. Grundblätter gestielt, eiförmig bis lanzettlich, mit abgerundetem oder herzförmigem Grund, gezähnt; Stengelblätter ähnlich, schmäler, die oberen sitzend. Blüten 10–15 mm lang, in kugeligen Köpfen, blauviolett; Hüllblätter eiförmig-lanzettlich, lang zugespitzt, 2- bis 4mal so lang wie breit, ganzrandig oder fein gezähnt, kahl oder behaart.
Blütezeit: Mai bis Oktober.
Standort: Montan bis alpin, bis 2600 m: kalkreiche Böden, Magerwiesen, Weiden; häufig.
Verbreitung: Pyrenäen, Alpen, Mittelgebirge, Apennin, Balkan, Karpaten, Rumänien, Polen.
An Kalkfelsen der Seealpen wächst die **Herzblättrige Teufelskralle** *(Ph. cordatum)* mit hellblauen Blütenköpfen; obere Stengelblätter herzförmig und gestielt.

Ziestblättrige Teufelskralle
Phyteuma betonicifolium

Merkmale: Ausdauernde, 20–70 cm hohe Pflanze mit aufrechtem, einfachem Stengel. Grundständige Blätter lang gestielt, spitz, am Grund herzförmig oder abgerundet, stumpf gezähnt; die oberen Stengelblätter schmal-lanzettlich, sitzend, klein. Blüten in einer eiförmig-zylindrischen Ähre; Hüllblätter schmal-lanzettlich; Krone 7–12 mm, hell-blauviolett, vor dem Aufblühen gerade; Griffel herausragend, mit meist 3 Narben.
Blütezeit: Juni bis August.
Standort: Vor allem subalpin und alpin, bis 2700 m; auf leicht sauren Böden, in Wiesen, Weiden, Gebüschen; ziemlich häufig.
Verbreitung: Nur in den Alpen. – Auf frischen Böden wächst **Hallers Teufelskralle** *(Ph. ovatum)* mit schwarzviolettem Blütenstand und grob doppelt gezähnten Blättern.

Armblütige Teufelskralle
Phyteuma globulariifolium

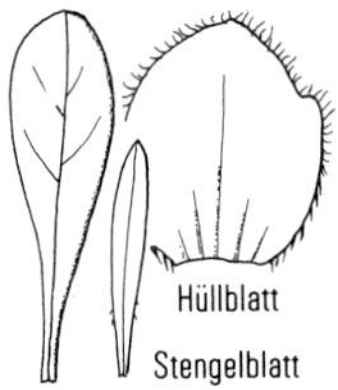

Merkmale: Ausdauernde, bis 5 cm hohe, kahle, oft in kleinen Rasen wachsende Pflanze mit aufrechtem, schwach beblättertem Stengel. Grundblätter bis 1,5 cm, in Rosetten, schmal-eiförmig oder lanzettlich, in den Stiel verschmälert, am breitesten oberhalb der Mitte, ganzrandig oder vorne gezähnt; Stengelblätter ähnlich, kleiner; Blüten in 2- bis 7blütigem Köpfchen, in Knospe gekrümmt; Hüllblätter rundlich bis eiförmig-lanzettlich, gewimpert, etwa so lang wie der Blütenkopf. Krone 10 mm, blauviolett; Griffel mit 3 Narben. **Blütezeit:** Juli bis September.
Standort: Alpin, oberhalb 2000 m, bis 3500 m; auf sauren Böden in exponierten Lagen; Krummseggenrasen, Schutt, Silikatfelsspalten.
Verbreitung: Nur in den Pyrenäen und Alpen (besonders Zentral- und Südalpen).

Halbkugelige Teufelskralle
Phyteuma hemisphaericum

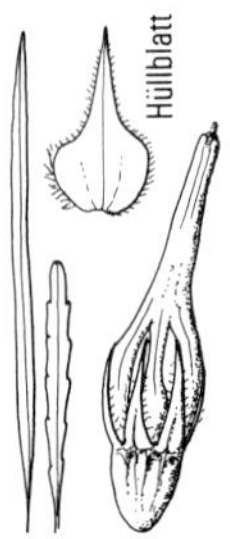

Merkmale: Ausdauernde, 5–30 cm hohe, kahle, oft in kleinen Horsten wachsende Pflanze mit aufrechtem, beblättertem Stengel. Grundblätter 1–2 mm breit, grasartig, meist ganzrandig, Stengelblätter linealisch. Blüten in endständigem, vielblütigem Kopf, ungestielt. Hüllblätter eiförmig zugespitzt, etwa so lang wie der Blütenkopf, meist ganzrandig. Krone röhrig wie bei anderen Teufelskrallen, 10–15 mm, blauviolett, mit 5 bandförmigen Zipfeln, zuerst an Spitze und Grund verwachsen, später oben frei; Griffel behaart, die Krone überragend, mit 3 Narben; 5 schmal-lanzettliche Kelchzipfel.
Blütezeit: Juli bis September.
Standort: 1800–3000 m; auf sauren, steinigen Böden, Rasen und Fels.
Verbreitung: Durch die Alpen verbreitet; Apennin, Pyrenäen, Spanien.

Verwechselte Teufelskralle
Phyteuma confusum

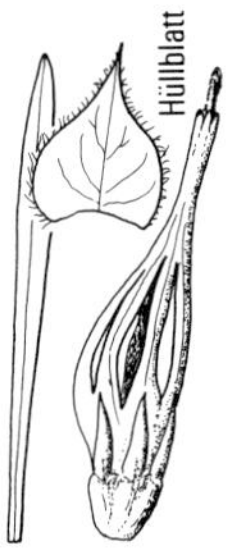

Merkmale: Ausdauernde, bis 15 cm hohe, kahle Pflanze mit aufrechtem, 1- bis 2blättrigem Stengel, vereinzelt oder in kleinen Gruppen wachsend. Grundblätter 2–5 cm lang, linealisch bis schmal-spatelförmig, im vorderen Drittel am breitesten, vorne stumpf bis leicht gezähnt. Blüten in endständigem, 5- bis vielblütigem Köpfchen; Kronröhre blauviolett. Hüllblätter rundlich bis eiförmig zugespitzt, bewimpert.
Blütezeit: Juli bis September.
Standort: 1600–2800 m; auf kalkarmen Böden, Weiden, steinigen Rasen.
Verbreitung: Östliche Zentralalpen (Österreich), Ostkarpaten, nördlicher Balkan.
Allgemeines: In tieferen Lagen ähnelt sie der **Halbkugeligen Teufelskralle**, höher oben der **Armblütigen Teufelskralle**; die Pflanze wurde daher oft falsch bestimmt.

Rätische Teufelskralle
Phyteuma hedraianthifolium

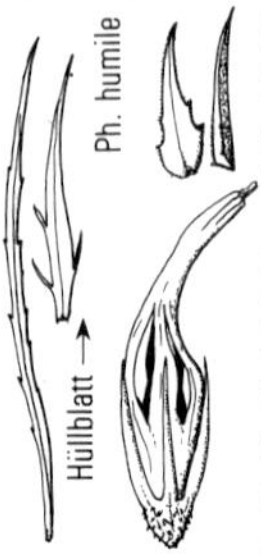

Merkmale: Ausdauernde, 2–20 cm hohe, kahle Pflanze, eng mit der **Halbkugeligen Teufelskralle** *(Phyteuma hemisphaericum)* verwandt. Blätter linealisch, 1,5–3 mm breit, entfernt, aber scharf gezähnt; Hüllblätter bis doppelt so lang wie der Blütenkopf, aus schmalem Grund lang zugespitzt, scharf gezähnt. Blüten in Knospe ± gerade; Kelchzipfel 5–8 mm, kurz behaart. **Blütezeit:** Juli bis August.
Standort: Meist alpin, 1800–3100 m; an Silikatfels; selten.
Verbreitung: Endemisch in den Zentral- und Südalpen (Bergell bis Adamello).
Ähnlich ist die im Monte-Rosa-Gebiet und zerstreut in den Südwestalpen wachsende **Niedrige Teufelskralle** *(Phyteuma humile)*; Hüllblätter 4- bis 7mal so lang wie breit, etwas länger als der Blütenkopf.

Schopfige Teufelskralle
Physoplexis comosa ⊗

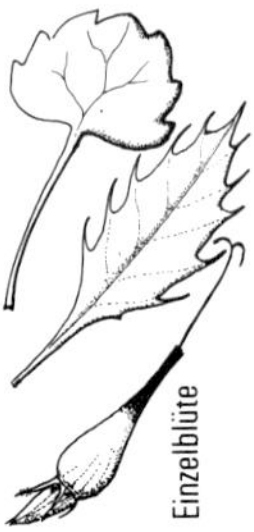

Merkmale: Ausdauernde, 5–15 cm hohe, kahle Pflanze mit oft gebogenen Stengeln. Blätter glänzend dunkelgrün bis blaugrün, nierenförmig bis länglich-elliptisch, grob gezähnt, gestielt. Blüten zu 8–20, kurz gestielt, in endständigem, halbkugeligem Blütenstand; Krone 15–20 mm lang, mit fast ganz verwachsenen Zipfeln, unten bauchig und blaßviolett, gegen die Spitze zu in einen dunkelvioletten Schnabel auslaufend, den der 2narbige Griffel weit überragt. Kelch mit 5 schmal-lanzettlichen Zipfeln. **Blütezeit:** Juni bis August.
Standort: Montan und subalpin, bis über 2000 m; vereinzelt oder in kleinen Gruppen an feuchten, schattigen Felsen, in Ritzen und Spalten, nur auf Kalk und Dolomit.
Verbreitung: Endemische Art der Südalpen vom Comer See bis in die Julischen Alpen.

Alpen-Pestwurz *Petasites paradoxus*

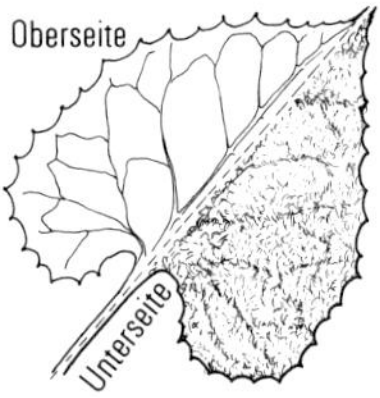

Merkmale: Ausdauernde, krautige Pflanze mit oben verdicktem Wurzelstock. Stengel zur Blütezeit 30 cm, zur Fruchtzeit 60 cm hoch, einfach, am Grund weißfilzig, oben drüsig, mit rotbraun-violett überlaufenen Schuppenblättern. Die Grundblätter erscheinen nach der Blüte; Blattspreite bis 20 cm breit, dreieckig-herzförmig. Unterseite und Nerven weißfilzig. Köpfchen etwa 1 cm im Durchmesser, in dichten bis verlängerten Trauben. Blüten rötlich bis rötlich-weiß. Blütenboden nackt. Früchte mit 10 mm langer weißer Haarkrone.
Blütezeit: März bis Juni, selten bis August.
Standort: Bis über 2000 m; nur auf Kalk, Geröll; lichte Wälder, Schluchten; häufig.
Verbreitung: Gebirge Mittel und Südeuropas.
Weiße Pestwurz *(P. albus)*: Blüten gelblichweiß, Hüllblätter gelblich, Grundblätter rundlich bis nierenförmig, unterseits graufilzig.

Alpen-Brandlattich *Homogyne alpina*

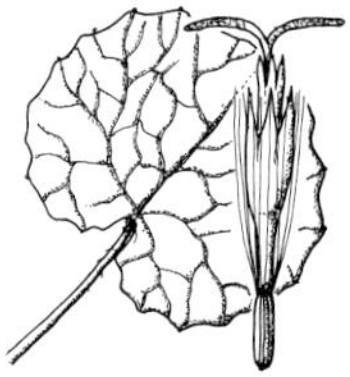

Merkmale: Ausdauernde, 10–40 cm hohe Pflanze mit kriechendem, wollig-schuppigem Wurzelstock. Stengel aufrecht, einköpfig, häufig rotbraun, silbrig-wollig behaart, dann verkahlend, mit meist 2 kleinen Schuppenblättern. Blätter grundständig, lang gestielt, lederig-derb, glänzend dunkelgrün, unterseits heller; Spreite herznierenförmig. Köpfchen bis 25 mm im Durchmesser. Hüllblätter 1reihig, braunrot überlaufen, am Grund wollig behaart. Blüten rötlich mit purpurnen Zipfeln, länger als die Hülle. Früchte mit langer Haarkrone. **Blütezeit:** Mai bis August. **Standort:** 500 bis über 3000 m; feuchte, moosige, humose Böden; Nadelwälder, Gebüsche, Zwergstrauchheiden; verbreitet.
Verbreitung: Gebirge Südmitteleuropas.
Zweifarbiger Brandlattich *(H. discolor)*: Blätter unterseits weißfilzig.

Glockenblumengewächse

Korbblütler

Alpen-Goldrute *Solidago virgaurea*

Merkmale: Ausdauernde, 20–120 cm hohe Pflanze mit knotigem Wurzelstock. Stengel aufrecht, gerillt, locker beblättert, unterer Teil kahl. Blätter schwach behaart, groß, oval bis lanzettlich, mit nach vorne gerichteten Zähnen gesägt; untere mit meist geflügeltem Blattstiel, oberste sitzend. Köpfchen in dichtem, allseitswendigen Blütenstand. Hüllschuppen länglich, spitz, mehrreihig, dicht dachig angeordnet. Köpfchenboden grubig, nackt. Blüten gelb, Röhrenblüten zwittrig, 5–12 Zungenblüten, ausgebreitet, viel länger als die Röhrenblüten. Früchtchen kurz behaart, mit Haarkrone.

Blütezeit: Juli bis Oktober.

Standort: Bis 2800 m; Rasen, Heiden, Felsschutt, lichte Wälder, Gebüsche; meist häufig.

Verbreitung: Eurosibirien, Nordamerika, Nordafrika, Zentralspanien, Alpen bis Balkan.

Grauer Alpendost *Adenostyles alliariae*

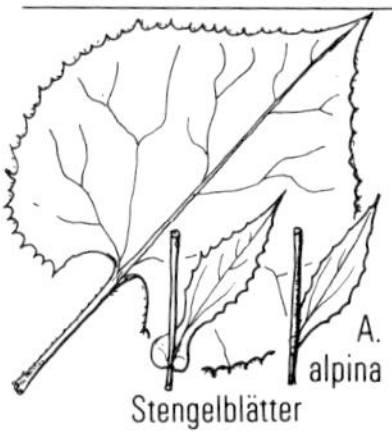

Merkmale: Ausdauernd, 60–200 cm hoch. Stengel aufrecht, kräftig. Blätter mattgrün, unterseits filzig, Behaarung abwischbar; unregelmäßig grob gezähnt, Zähne länger als breit; grundständige Blätter bis 50 cm breit, oberste sitzend, stengelumfassend oder gestielt und geöhrt, stengelumfassend. Köpfchen in dichten Doldentrauben, 3- bis 6blütig. 3–6 Hüllschuppen, an der Spitze bewimpert, oft purpurn überlaufen. Blüten blaßrot, selten weiß, röhrenförmig. Früchtchen 10rippig, kahl mit mehrreihiger Haarkrone.

Blütezeit: Juni bis September.

Standort: Bis über 2000 m; feuchte, nährstoffreiche, oft kalkarme Böden; häufig.

Verbreitung: Gebirge Mittel- und Südeuropas.

Kahler Alpendost *(A. alpina)*: Blätter unterseits fast kahl, regelmäßig gezähnt, Blattstiele nicht geöhrt; auf Kalk; Alpen, Korsika, Balkan.

Weißfilziger Alpendost *Adenostyles leucophylla*

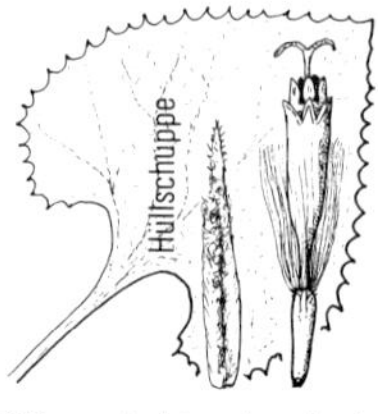

Merkmale: Ausdauernde 10–40 (50) cm hohe Pflanze mit knotigem Wurzelstock. Stengel aufrecht, rundlich, filzig behaart; Behaarung teilweise abwischbar. Blätter kahl oder locker behaart, unterseits dicht-filzig; Behaarung teilweise abwischbar, herz- bis nierenförmig, regelmäßig gezähnt. Zähne etwa so lang wie breit; alle Blätter gestielt, oberste oft mit kleinen Öhrchen stengelumfassend. Blüten in gedrungenen, 12- bis 24blütigen Doldentrauben. Meist 8 Hüllschuppen, stumpf, filzig behaart, oft purpurn überlaufen. Blüten intensiver rot als die der anderen Arten. **Blütezeit:** Juli bis August.

Standort: 1900–3100 m; steinige, kalkarme bis schwach saure Böden, Felsschutt; selten.

Verbreitung: Westalpen, Seealpen bis Rätische Alpen; fehlt in Deutschland.

Edelweiß *Leontopodium alpinum* ⊗

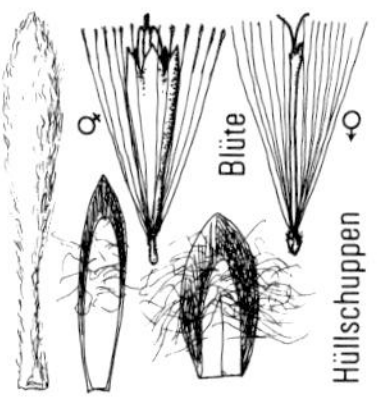

Merkmale: Ausdauernd, einhäusig, 5–15 cm hoch, ohne Ausläufer. Stengel einfach, wollig-filzig behaart. Blätter länglich-lanzettlich, ganzrandig, besonders unterseits dicht weißfilzig behaart; grundständige Blätter rosettig. 1–10 Köpfchen, in doldenartig gehäuftem Blütenstand zusammenstehend und von 5–15 großen, weißfilzigen, sternförmig angeordneten Blättern umgeben, eine Scheinblüte bildend. Hüllschuppen dachig, außen spinnwebig-wollig, braunrandig. Blüten gelblich-weiß, alle röhrenförmig, randständige fädlich, weiblich, innere zwittrig, oder einzelne Köpfchen nur weiblich oder nur zwittrig.

Blütezeit: Juli bis September.

Standort: Über 1500–3400 m; sonnige, steinige, meist kalkreiche Böden, meist Südlagen.

Verbreitung: Mittel- und südeuropäische Gebirge, Pyrenäen, Alpen, Karpaten, Balkan.

Norwegisches Ruhrkraut
Gnaphalium norvegicum

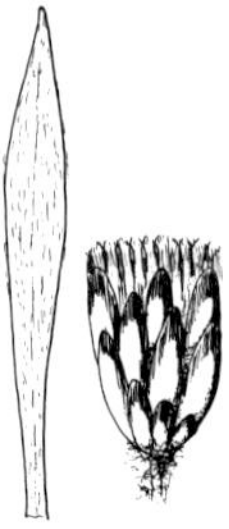

Merkmale: Ausdauernde, 10–30 cm hohe Pflanze. Stengel steif, einfach, beblättert. Blätter lanzettlich, 3nervig, grün, locker seidig-wollig, unterseits dicht graufilzig behaart; mittlere Stengelblätter länger als die grundständigen und die oberen. Köpfchen in gedrungener, beblätterter Ähre stehend, unterste Blätter des Blütenstandes etwa so lang wie dieser. Hüllschuppen mit schwarzbraun-häutigem Rand. Blüten hellbräunlich, fädliche Randblüten mehrreihig. **Blütezeit:** Juli bis September.
Standort: 1000–2800 m; kalkarme, etwas feuchte, schattige Lagen; nicht häufig.
Verbreitung: Eurosibirien bis Nordamerika.
Wald-Ruhrkraut *(G. sylvaticum)*: Stengel kräftig, bis 50 cm hoch, Blätter 1nervig, oberseits fast kahl, untere Blütenstandsblätter kürzer, Hüllschuppenrand oft zerschlitzt.

Hoppes Ruhrkraut *Gnaphalium hoppeanum*

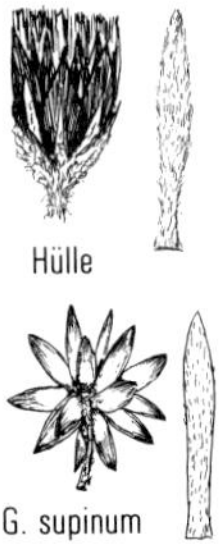

Merkmale: Ausdauernde, bis 10 cm hohe, nicht rasenbildende Pflanze, Stengel meist mehrere, dünn, einfach, wenig beblättert. Blätter besonders unterseits dicht filzig behaart, lanzettlich, ganzrandig, 1nervig. Wenige Köpfchen, 5–7 mm lang, in endständiger, am Grund beblätterter Ähre. Hüllschuppen dachig, mit braunschwarzem Rand. Blüten bräunlich, röhrenförmig, innere zwittrig, randliche weiblich, 1reihig, mit fädlicher Krone. Früchtchen mit weißer Haarkrone.
Blütezeit: Juli bis August.
Standort: 1500–2650 m; nur auf kalkigen, steinigen, feuchten Böden; selten.
Verbreitung: Gebirge Mittel- und Südeuropas.
Zwerg-Ruhrkraut *(G. supinum)*: rasenbildend, Blütenstand locker, Hüllschuppen braunhautrandig, zur Fruchtzeit sternförmig ausgebreitet, Blätter kleiner; Arktisch-alpin.

Karpaten-Katzenpfötchen
Antennaria carpatica

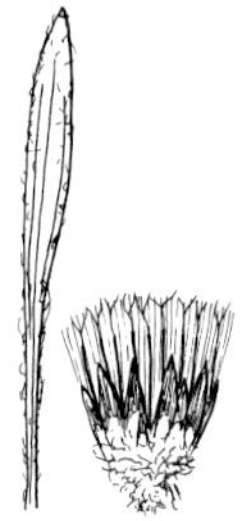

Merkmale: Ausdauernd, 5–20 cm hoch, zweihäusig ohne Ausläufer. Stengel aufrecht, beblättert, wollig behaart. Blätter besonders auf der Unterseite filzig behaart, am Grund verschmälert. 2–6 Köpfchen, endständig gehäuft, bis 9 mm lang. Hüllschuppen dicht dachig, äußere spinnwebig behaart, im oberen Teil trockenhäutig, braun mit hellerem Rand. Innere Hüllschuppen der weiblichen Köpfchen oft länger, farblos-durchsichtig, die der männlichen weißrandig, kürzer als die Blüten. Blüten gelblich, weibliche mit fädlicher Krone. Haarkrone der weiblichen Blüten am Grund verwachsen, mehrreihig, die der männlichen rötlich, frei.
Blütezeit: Juni bis August.
Standort: 1500–3100 m; trockene, oft windexponierte, kalkarme Böden; selten.
Verbreitung: Gebirge Mittel- und Südeuropas.

Gemeines Katzenpfötchen *Antennaria dioica*

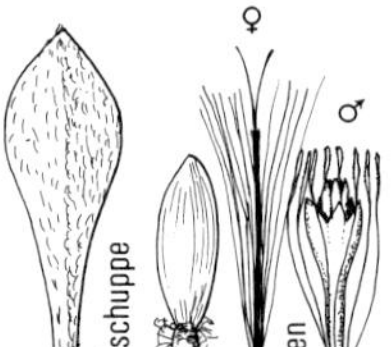

Merkmale: Ausdauernde, 5–30 cm hohe zweihäusige Pflanze; Wurzelstock kriechend, wurzelnde Blattrosetten treibend. Stengel aufrecht, beblättert, seidig-wollig behaart. Blätter grün, fast kahl, unterseits seidig-filzig, grundständige spatelförmig, Stengelblätter lanzettlich, sitzend. 3–12 Köpfchen, nahstehend. Hüllschuppen spinnwebig, im oberen Teil trockenhäutig. Innere Hüllschuppen der weiblichen Blüten dunkelrot, selten weiß, oft länger als die weiß bis purpurroten Blüten; die der männlichen weiß, kürzer als die Blüten, diese weißlich-gelb, Haarkrone der weiblichen Blüten weiß, die der männlichen rötlich weiß. **Blütezeit:** Mai bis August.
Standort: Ebene bis 3000 m; trockene, kalkarme, auch windexponierte Böden; häufig.
Verbreitung: Eurosibirisch-Nordamerikanisch, im Süden nur in Gebirgen.

Echte Edelraute *Artemisia mutellina* ⊗

Merkmale: Kurzrasige Halbrosettenstaude oder Halbstrauch, 10–30 cm hoch, aromatisch duftend, silbrig glänzend, anliegend seidig behaart. Wurzelstock kurz reich verzweigt, mit blühenden und nichtblühenden Sprossen. Stengel dünn, aufsteigend bis aufrecht, beblättert. Blätter gestielt; grundständige doppelt 3teilig mit schmalen, oft 3spaltigen Zipfeln; Stengelblätter fingerig, 3- bis 5teilig, oberste ungeteilt. Köpfchen rundlich, 3–5 mm im Durchmesser, untere gestielt, in einer unten lockeren, nach oben gehäuften, beblätterten Traube. Innere Hüllblätter mit dunkelbraunem Hautrand. Blüten gelb.
Blütezeit: Juli bis September.
Standort: 1300–3200 m; meist neutrale Böden, sonnige Lagen, Fels, Schutt; selten.
Verbreitung: Gebirge des westlichen Süd- und Mitteleuropa, Pyrenäen, Alpen, Apennin.

Ährige Edelraute *Artemisia genipi* ⊗

Merkmale: Kurzrasige Halbrosettenstaude, 5–15 cm hoch, kaum aromatisch duftend, silbrig-seidig behaart, mit kräftiger Pfahlwurzel. Stengel aufsteigend bis aufrecht, unverzweigt. Grundblätter rosettig, handförmig, 3teilig mit geteilten Abschnitten; Stengelblätter kurz gestielt bis sitzend, länglich, einfach gefiedert, oberste ganzrandig. Köpfchen fast kugelig, aufrecht, in endständiger, anfangs nickender, dichter, später aufrecht lockerer Ähre. Hüllblätter graufilzig mit schwarzbraunem Hautrand. Blüten gelb. Frucht ± behaart. **Blütezeit:** Juli bis September.
Standort: 2000–3800 m; meist auf kalkhaltigem Schiefer, Felsschutt; selten.
Verbreitung: Zentralalpen, Pyrenäen.
Die **Glänzende Edelraute** *(A. nitida)* der Südostalpen hat größere, nickende, einseitswendige Köpfchen.

Gletscher-Edelraute *Artemisia glacialis* ⊗

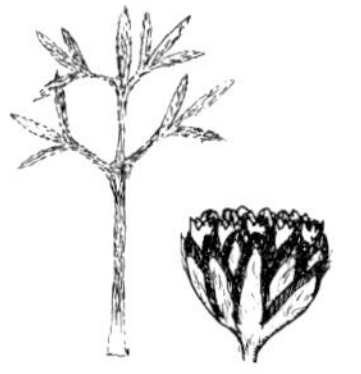

Merkmale: Rasenbildender Halbstrauch, 5–15 cm hoch, ± dicht weiß bis gelblich-weiß behaart, mit kräftiger Pfahlwurzel, zahlreichen Rosetten und blühenden Trieben. Stengel aufsteigend bis aufrecht, filzig-seidig behaart, wenig beblättert. Blätter gestielt, grau-weiß, filzig-seidig; untere rosettig angeordnet, 3fach 3spaltig mit kurzen Abschnitten; am Stengel weniger geteilt, die Zipfel fingerig bis ungeteilt. Köpfchen kugelig, bis 6 mm im Durchmesser, 30- bis 40blütig, bis auf die untersten zu einem fast kugeligen Blütenstand zusammengedrängt. Hüllblätter eiförmig, mit braunem Hautrand, seidig-filzig. Blüten goldgelb, Blütenkrone kahl.
Blütezeit: Juli, August.
Standort: Etwa 2000–3200 m; exponierte Windlagen, Silikatschutt.
Verbreitung: Westalpen, Ostpyrenäen.

Schwarzer Beifuß *Artemisia atrata* ⊗

Merkmale: Fast geruchlos, 10–30 cm hohe Halbrosettenstaude mit einem mehrköpfigen, nicht kriechenden Wurzelstock. Stengel aufrecht, nicht verholzend, oft rot überlaufen, unten kahl, oben kurz flaumig behaart. Blätter grün, kahl oder spärlich behaart, nach oben hin kürzer gestielt, doppelt fiederteilig, mit schmalen, spitzen Abschnitten. Köpfchen kugelig, etwa 7 mm im Durchmesser, nickend, kurz gestielt, in einer meist einfachen, einseitswendigen, engen Traube stehend. Hüllblätter grün, mit breitem, schwarzbraunem Hautrand. Blüten gelb, alle röhrenförmig, die inneren zwittrig, die randständigen weiblich. Krone an der Spitze behaart. **Blütezeit:** Juli, August.
Standort: 1800–2400 m; kalkhaltiger, eher trockener Grund, Felsspalten, Rasenhänge.
Verbreitung: Westalpen, Südtirol; selten.

Einköpfiges Berufskraut *Erigeron uniflorus*

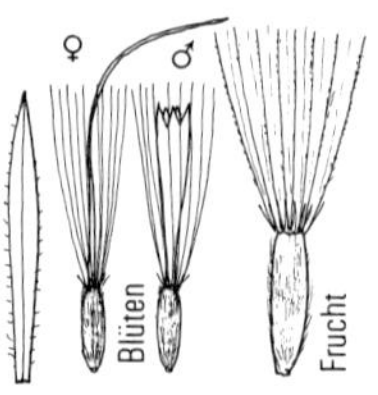

Merkmale: Ausdauernde, 2–20 cm hohe Pflanze mit mehrköpfigem Wurzelstock. Stengel ± aufrecht, 1köpfig, im oberen Teil lang behaart, ohne Drüsen. Blätter dicklich, fast kahl, am Rand bewimpert, ganzrandig; untere oval-zungenförmig, in einen langen Stiel verschmälert, stumpf oder leicht ausgerandet, obere lanzettlich, sitzend. Hüllschuppen dachig, lanzettlich, aufrecht oder leicht abstehend, weiß, wollig behaart, oft purpurn überlaufen. Röhrenblüten zwittrig, gelb mit oft rötlicher Spitze. Zungenblüten weiblich, schmal-lineal, weiß, rosa oder lila. Ohne Fadenblüten. Haarkrone doppelt so lang wie das Früchtchen. **Blütezeit:** Juni bis September.
Standort: 1600 bis über 3500 m; windexponierte Lagen, kalkarme bis schwach saure, grasige, steinige Böden; in den Alpen häufig.
Verbreitung: Arktisch-alpin.

Alpen-Berufskraut *Erigeron alpinus*

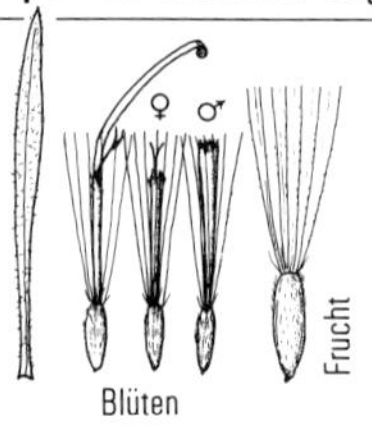

Merkmale: Ausdauernde, 2–30 cm hohe Pflanze mit knotigem, schiefem Wurzelstock, Stengel meist grün, 1–5, aufrecht oder bogig aufsteigend, 1- bis 5-, selten 10köpfig, am Grund abstehend behaart, nicht drüsig. Blätter behaart, lanzettlich, ganzrandig, am Grund verschmälert; grundständige mehr zungenförmig, kurz gestielt, oberste sitzend. Köpfchen bis 3 cm im Durchmesser, vielblütig. Hüllschuppen dachig, meist grün, wenig behaart, zugespitzt. Röhrenblüten zwittrig, gelb, Spitze oft purpurrot. Zungenblüten weiblich, strahlend, rosa oder purpurrot, Hülle deutlich überragend. Zwischen Röhren- und Zungenblüten dünne weiße Fadenblüten.
Blütezeit: Juli bis September.
Standort: Etwa 1500–2500 m; steinige, kalkarme Böden, Wiesen, lichte Wälder; häufig.
Verbreitung: Gebirge Mittel- und Südeuropas.

Alpenaster *Aster alpinus* ⊗

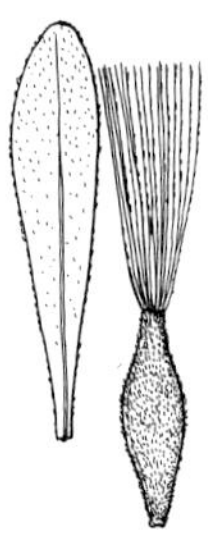

Merkmale: Ausdauernd, 5–20 cm hohe Pflanze. Stengel aufrecht oder aufsteigend, fast immer 1köpfig, behaart. Blätter behaart, ganzrandig, grundständige länglich-spatelförmig, stumpf, in den Stiel verschmälert, zur Blütezeit vorhanden, Stengelblätter spitz, sitzend. Köpfchen bis 4,5 cm im Durchmesser. Hüllschuppen lanzettlich, mehrreihig mit bewimpertem Rand. Röhrenblüten goldgelb, zwittrig, Zungenblüten weiblich, 1reihig, viel länger als die Hülle, blauviolett, seltener rosa oder weiß. Köpfchenboden grubig. Früchtchen abstehend behaart, Haarkrone borstig.
Blütezeit: Juli bis August, September.
Standort: 1400–3100 m; warme, steinige, oft kalkreiche Böden; Weiden, Abhänge, Felsbänder; ziemlich häufig, gesellig.
Verbreitung: Arktisch-alpin, Pyrenäen bis Balkan, Karpaten, Asien und Nordamerika.

Alpen-Maßliebchen *Aster bellidiastrum*

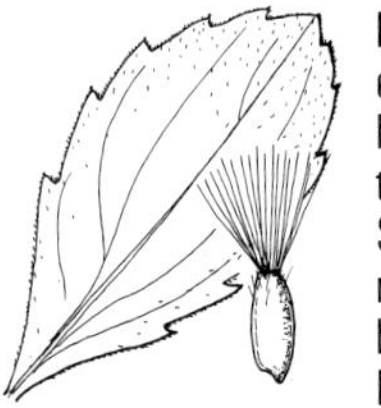

Merkmale: Ausdauernde 5–25 (35) cm hohe Pflanze mit knotigem Wurzelstock. Stengel glatt rund, nicht hohl, 1köpfig, blattlos, behaart. Blätter rosettig stehend, oval, in einen schmal geflügelten Stiel verschmälert, besonders im vorderen Teil grob gezähnt, oberseits spärlich, unterseits dichter behaart. Köpfchen aufrecht, bis 4 cm im Durchmesser, mit halbkugeliger Hülle. Hüllschuppen in 2 Reihen angeordnet, fast gleich groß, lang zugespitzt, oft rötlich überlaufen. Röhrenblüten zwittrig, gelb, Zungenblüten weiblich, doppelt so lang, bis zu 50, weiß oder außen rötlich. Früchtchen zusammengedrückt, Haarkrone rauh. **Blütezeit:** April bis September. **Standort:** Bis über 2800 m; meist kalkhaltige, feuchte Böden; Rasen, lichte Wälder.
Verbreitung: Gebirge des östlichen Mittel- und Südeuropa, Jura, Alpen bis Balkan.

Alpen-Wucherblume
Leucanthemopsis alpina

Merkmale: Ausdauernde, 5–15 cm hohe, rasenbildende Pflanze mit einem vielverzweigten Wurzelstock und nicht blühenden Blattbüscheln. Stengel aufrecht oder aufsteigend, 1köpfig, nur im unteren Teil beblättert. Blätter grau-grünlich, kahl; grundständige Blätter gestielt, verkehrt-eiförmig, kammförmig fiederteilig, Stengelblätter linealisch, ganzrandig oder an der Spitze 3zähnig. Köpfchen 10–40 mm im Durchmesser. Hülle halbkugelig, Hüllschuppen grün, mit breitem, schwarzbraunem Hautrand. Zungenblüten weiß, oft rötlich verfärbend. Röhrenblüten goldgelb. Früchte mit einem glockenförmigen Hautkrönchen. **Blütezeit:** Juli, August.
Standort: Etwa 1800–3800 m; kalkarme, leicht feuchte Böden; Geröll, Schneetälchen.
Verbreitung: Westalpen, Pyrenäen.

Hallers Wucherblume
Leucanthemum atratum ssp. halleri

Merkmale: Ausdauernde, 10–40 cm hohe Pflanze mit knotigem Wurzelstock. Stengel meist mehrere, aufrecht, kahl, 1köpfig, beblättert. Blätter dunkelgrün, etwas fleischig, brüchig; untere gestielt, keilförmig-spatelig, jederseits mit 5–7 groben, vorwärts gerichteten Zähnen (oder fiederspaltig); mittlere und obere Blätter sitzend, schmal-lanzettlich, mit schmalen, nach auswärts gebogenen Sägezähnen. Köpfchen 3–6 (9) cm im Durchmesser. Hüllschuppen grün mit schwarzem Hautrand. Zungenblüten weiß, länger als die Hülle. Röhrenblüten goldgelb. Früchte mit unregelmäßig gezähntem Krönchen. **Blütezeit:** Juli bis September.
Standort: 1500 bis etwa 2800 m; kalkreicher, ruhender Schutt.
Verbreitung: Ostalpen, Oberösterreich.

Dolomiten-Schafgarbe *Achillea oxyloba*

Merkmale: Ausdauernde, rasenbildende, 8–20 (30) cm hohe Pflanze, mit weit kriechendem, verzweigtem Wurzelstock und nicht blühenden Rosetten. Stengel bogig aufsteigend bis aufrecht, meist 1köpfig, im unteren Teil beblättert, oben mehr oder weniger dicht behaart. Blätter dunkelgrün, spärlich behaart, im Umriß länglich, tief fiederspaltig, die schmalen Abschnitte ganz oder 3- bis 5zipfelig; untere kurz gestielt, am Stengel sitzend. Köpfchen im Durchmesser bis 28 mm. Hüllblätter gleich groß, länglich-stumpf mit breitem, schwarzem Hautrand. 13–18 Zungenblüten, breit-lineal, weiß. Röhrenblüten gelblichweiß. **Blütezeit:** Juni bis September.
Standort: 1600–2800 m; kalkreiche, steinige Böden, Felsen, Schutt.
Verbreitung: Südostalpen; vom Ortler bis Kärnten.

Steinraute *Achillea clavenae*

Merkmale: Ausdauernde, weiß seidig-filzig behaarte, 10–25 (40) cm hohe Pflanze mit einem kriechenden, verzweigten, holzigen Wurzelstock und nichtblühenden Rosetten. Stengel aufrecht, unverzweigt, in 3- bis vielköpfiger Trugdolde endend. Blätter beiderseits anliegend behaart, ziemlich tief und unregelmäßig fiederspaltig, 3–6 Abschnitte auf jeder Seite, ganzrandig, gezähnt oder 2- bis 5spaltig; Grundblätter lang gestielt, Stengelblätter kleiner und sitzend. Köpfchen lang gestielt, bis 18 mm im Durchmesser. Äußere Hüllblätter spitz, innere stumpf, schwarz berandet. Zungenblüten weiß, 5–9, Zunge so lang oder länger als die Hülle.
Blütezeit: Juni bis September.
Standort: 1500–2500 m; kalkreiche Felsen, Schutthalden, steinige Wiesen; verbreitet.
Verbreitung: Gebirge Süd- und Mitteleuropas.

Westalpen-Schafgarbe *Achillea erba-rotta*

Merkmale: Ausdauernde, 5–25 cm hohe Pflanze. Wurzelstock verzweigt und weit kriechend, sterile Blattrosetten treibend, aromatisch duftend; beim Zerreiben der Blätter intensiver Moschusgeruch, Stengel aufrecht, einfach, beblättert, mit wenig- bis mehrköpfigem Blütenstand. Die Blätter im Unterschied zu der sehr ähnlichen **Moschus Schafgarbe** *(A. moschata)* hellgrün, meist unzerteilt, nur vorne, selten auch am Rand gezähnt, selten auch schwach fiederteilig, dann der geflügelte Mittelnerv breiter als die Abschnitte. Köpfchen bis 15 mm im Durchmesser. Zungenblüten weiß, Zunge länger als die Hülle, Röhrenblüten hellgelb-weißlich.
Blütezeit: Juli bis September.
Standort: 1500–3000 m; kalkarme Rasen.
Verbreitung: Südwestalpen: Seealpen bis Cottische und Grajische Alpen.

Moschus-Schafgarbe *Achillea moschata*

Merkmale: Ausdauernde, 5–20 cm hohe Pflanze von aromatischem Geruch. Wurzelstock kriechend und weitverzweigt, mit sterilen Blattrosetten. Stengel aufrecht, nicht verzweigt, spärlich weich behaart, im oberen Teil auch drüsig. Blätter grün, drüsig punktiert, kahl bis spärlich behaart, untere gestielt, obere sitzend; Blattspreite im Umriß länglich, tief-fiederteilig bis zum geflügelten Mittelnerv, Abschnitte kammförmig angeordnet, schmal, ganzrandig oder seltener 2- bis 3spaltig. Köpfchen lang gestielt, bis 14 mm im Durchmesser, in Doldentrauben stehend. Hülle glockig, Hüllblätter gekielt, spitz, die äußeren stumpf, grün und schwarzbraun häutig berandet. 6–8 Zungenblüten, weiß, Röhrenblüten gelblich. **Blütezeit:** Juli bis August, September. **Standort:** 1800–2700 m, saure Böden. **Verbreitung:** Ostalpen (Savoyen bis Steiermark).

Schwarze Schafgarbe *Achillea atrata*

Merkmale: Ausdauernde, fast geruchlose, 10–30 cm hohe Pflanze mit stark verzweigtem Wurzelstock. Stengel aufrecht oder aufsteigend, unverzweigt, beblättert, im oberen Teil weich behaart. Grundblätter gestielt, obere sitzend; im Umriß länglich, spärlich behaart, nicht deutlich punktiert, tief fiederspaltig, die 6–12 schmalen Abschnitte 3- bis 5spaltig, Mittelnerv geflügelt. Doldentraube endständig, 3- bis 15köpfig, Köpfchen im Durchmesser bis 18 mm. Hüllblätter stumpf, grün, mit breitem, schwarzem Hautrand, spärlich behaart. 7–12 Zungenblüten, weiß, Zunge länger als die Hülle; Röhrenblüten weißlich, Spreublätter kahl mit schwärzlicher Spitze. **Blütezeit:** Juli bis September. **Standort:** 1600–2400 m; kalkreiche, feuchte, steinige Böden, Schutthalden; häufig. **Verbreitung:** Nord- und Südalpen.

Zwerg-Schafgarbe *Achillea nana*

Merkmale: Ausdauernde, 5–15 (20) cm hohe, dicht grau-wollig behaarte Pflanze, intensiv riechend (Bocksgeruch). Wurzelstock dünn, verzweigt und weit kriechend, sterile Blattrosetten, treibend. Stengel aufrecht, nicht verzweigt. Blätter drüsig punktiert, im Umriß länglich, tief-fiederspaltig, beidseits je 6–12 Abschnitte, diese ganzrandig oder 2- bis 5spaltig mit spitzen Zähnen; untere Blätter gestielt, obere weniger geteilt, kurz gestielt bis sitzend. Doldentraube endständig, 5- bis 20köpfig, dicht halbkugelförmig. Köpfchen kurz gestielt. Hüllblätter mit schwarzem Hautrand. 6–8 Zungenblüten, weiß, Zunge etwa so lang wie breit. Röhrenblüten schmutzig-weiß. **Blütezeit:** Juni bis September. **Standort:** Über 2000 m, selten tiefer; kalkarme bis kalkfreie, feuchte, steinige Böden. **Verbreitung:** Westalpen; Seealpen bis Ortler.

Großblättrige Schafgarbe
Achillea macrophylla

Merkmale: Ausdauernde, 30–100 cm hohe Pflanze mit kriechendem Wurzelstock. Stengel aufrecht, meist unverzweigt, in einer 6- bis vielköpfigen Doldentraube endend. Blätter dunkelgrün, unterseits bläulich-grün, kahl bis zerstreut behaart; Blattspreite im Umriß eiförmig, tief fiederteilig, 6–8 Abschnitte je Seite, grob und unregelmäßig gezähnt; Grundblätter gestielt, obere sitzend. Köpfchen bis 13 mm im Durchmesser. Hüllschuppen stumpf, spärlich weich behaart, Hautrand schmal, dunkelbraun. 5 (8) weiße Zungenblüten, Zunge länger als die Hülle. Röhrenblüten weißlich.
Blütezeit: Juli bis September.
Standort: 1200 bis etwa 2000 m; feuchte, humusreiche Böden, Halbschatten, Hochstaudenfluren, Schluchten, unter Felsen; häufig.
Verbreitung: West- und Südalpen, Apennin.

Berg-Kreuzkraut *Senecio subalpinus*

Merkmale: Ausdauernde, 30–70 cm hohe, dem **Alpenkreuzkraut** *(S. cordatus)* ähnliche Pflanze. Wurzelstock knotig. Die Blätter kleiner, etwa so lang wie breit, beiderseits grasgrün, unterseits heller, kahl oder schwach behaart. Blattstiele der oberen Blätter mit schmal-lanzettlichen, fiederartig stehenden Zipfeln oder auch am Stengel herablaufend mit stengelumfassenden Öhrchen. Köpfchen bei beiden Arten langgestielt und ebensträußig. Blüten dottergelb. Haarkrone 3mal so lang. **Blütezeit**: Juli bis September. **Standort**: Schon unter 900–1600 m; feuchte, nährstoffreiche Böden, Lichtungen, Hochstaudenfluren, Bachläufe, Moore.
Verbreitung: Ostalpen bis zum Balkan und den Karpaten; Deutschland: nur im Bayrischen Wald; Vogesen: aus Kulturen verwildert; vertritt *S. cordatus* auf dem Balkan.

Alpen-Kreuzkraut *Senecio cordatus*

Merkmale: Ausdauernde, 30–100 (120) cm hohe Pflanze. Wurzelstock mit Fasern bedeckt. Stengel kräftig, aufrecht, deutlich kantig, regelmäßig beblättert, im oberen Teil ebensträußig verzweigt. Blätter groß, dunkelgrün, unterseits graufilzig; dreieckig bis oval-eiförmig, grob unregelmäßig, einfach bis doppelt gezähnt; Blattstiele nicht geöhrt und meist ohne Anhängsel. Köpfchen recht lang gestielt, bis 4 cm im Durchmesser. Hülle becherförmig, bräunlich-grün, spinnwebig behaart; Außenhüllschuppen kürzer, oft am Stiel herabgedrückt. Blüten goldorangegelb, Zungenblüten 1,5 cm lang. Haarkrone lang, gelblich. **Blütezeit**: Juli bis September.
Standort: 400 bis über 2000 m; feuchte, nährstoffreiche Lehm- und Tonböden, meist auf Kalk, Viehweiden; verbreitet, herdenweise.
Verbreitung: Ostalpen, Alpenvorland.

Fuchs-Kreuzkraut
Senecio nemorensis ssp. fuchsii

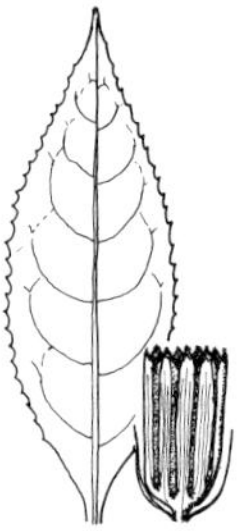

Merkmale: Ausdauernde, kräftige, schlanke, bis 2 m hohe Pflanze. Wurzelstock dünn, kurze Ausläufer treibend. Stengel aufrecht, oft braunrot überlaufen, gleichmäßig beblättert, im obersten Teil verzweigt. Blätter kräftig grün, unterseits heller, schmal-lanzettlich, scharf und spitz gesägt, auch die oberen deutlich gestielt. Köpfchen zahlreich, doldenähnlich stehend, dünn gestielt. Hülle zylindrisch, grün, Hüllschuppen an der Spitze häutig, braun, von wenigen, schmalen Außenhüllblättern umgeben. Blüten gelb, schwach duftend, mit langer weißgelblicher Haarkrone.
Blütezeit: Juli bis September (November).
Standort: Bis 2000 m; feuchte, halbschattige, nährstoffreiche Böden, Wälder; häufig.
Verbreitung: Mitteleuropäische Gebirge, Mittelfrankreich, Apennin bis Balkan.

Gemswurz-Kreuzkraut *Senecio doronicum*

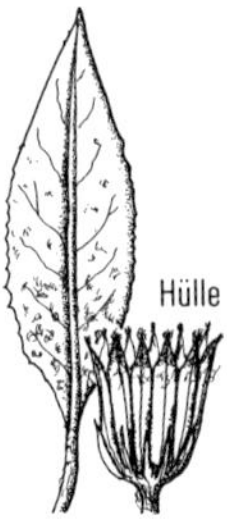

Merkmale: Ausdauernde, 20–50 (60) cm hohe, ± spinnwebig-wollig behaarte Pflanze mit kurzem Wurzelstock. Stengel aufrecht, kräftig, wenigbeblättert, 1- bis 7köpfig. Blätter derb, besonders auf der Unterseite dicht grau-filzig; untere rundlich bis lanzettlich in den Stiel verschmälert, unregelmäßig grob gezähnt, obere lineal-lanzettlich, am Grund verschmälert, stengelumfassend. Köpfchen langgestielt, bis 6 cm im Durchmesser. Hüllschuppen mit dicht bärtiger Spitze, die äußeren kürzer als die Hülle. Blüten dunkelorangegelb. 10–12 Früchtchen, rippig, mit weißer langer Haarkrone. **Blütezeit:** Juli bis August.
Standort: 1000–3000 m; meist kalkhaltige, lockere, steinige Böden, sonnige Hänge, Felsschutt, Zwergstrauchheiden; häufig.
Verbreitung: Gebirge Süd- und Mitteleuropas, Spanien bis Karpaten.

Krainer Kreuzkraut
Senecio incanus ssp. carniolicus

Merkmale: Ausdauernde, 5–15 cm hohe Pflanze. Stengel aufsteigend bis aufrecht, wenig beblättert, mehrköpfig. Blätter seidig-graufilzig behaart, später oft verkahlend und grün; die unteren in langen Stiel verschmälert, fast ganzrandig oder eingeschnitten gelappt, obere sitzend und leicht fiederteilig, Abschnitte selten gezähnt. 3–15 Köpfchen, 1–2 cm im Durchmesser. Hüllschuppen 1reihig, lang rot bespitzt, Außenhüllschuppen am Stiel herabgedrückt. Blüten leuchtend dottergelb. **Blütezeit:** Juli bis September.
Standort: 1800 bis über 3000 m; kalkarme, lockere, etwas saure Böden; verbreitet.
Verbreitung: Ostalpen bis Karpaten.
Das **Graue Kreuzkraut** *(ssp. incanus)* der Westalpen und des Apennin ist dicht weißfilzig behaart, die Blätter sind tief fiederteilig.

Eberreisblättriges Kreuzkraut
Senecio abrotanifolius

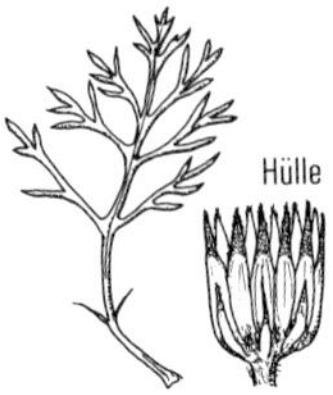

Merkmale: Ausdauernde bis halbstrauchige, 10–40 cm hohe Pflanze mit kriechendem, verzweigtem Wurzelstock. Stengel aufsteigend, kantig, beblättert, mehrköpfig. Blätter glänzend dunkelgrün, steif, kahl oder schwach kraus behaart; untere kurz gestielt, 2fach fiederteilig, obere sitzend 1fach fiederteilig, Abschnitte schmal zugespitzt. Hülle glockig, Hüllschuppen lang rot bespitzt, Außenhüllschuppen wenige, kürzer. Blüten dunkelorangegelb, Zungenblüten so lang wie die Hülle mit braunen Streifen. Früchtchen mit doppelt langer, gelblich-weißer, rauhhaariger Haarkrone. **Blütezeit:** Juli bis September.
Standort: Über 1500–2700 m; meist kalkarme, humose, steinige Böden, Felsschutt, trockene Rasen; gesellig.
Verbreitung: Westalpen bis zum Balkan.

Einköpfiges Kreuzkraut
Senecio halleri (= uniflorus)

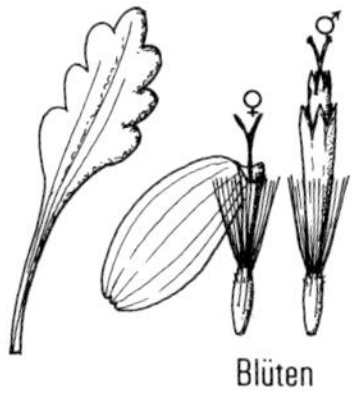

Merkmale: Ausdauernde, dicht weißfilzig behaarte, 5–15 cm hohe Pflanze mit kurzem, verzweigtem Wurzelstock. Stengel aufrecht oder aufsteigend, 1köpfig, nur wenig beblättert. Blätter grau- bis weißfilzig, die unteren rosettig angeordnet, überwinternd, spatelförmig in den langen Stiel verschmälert, stumpf, gezähnt bis fiederteilig, mit stumpfen Abschnitten, oberste schmal, ungeteilt. Köpfchen aufrecht, 2–3 cm im Durchmesser. Hüllschuppen bräunlich, graufilzig, von zahlreichen, gleich langen Außenhüllblättern umgeben. Blüten gold-orangegelb. Früchtchen behaart, Haarkrone doppelt so lang, rauh, etwas abstehend. **Blütezeit:** Juli bis September.
Standort: 1900–3600 m; steinige, kalkarme Böden, Weiden, Fels, Urgestein; selten.
Verbreitung: Westalpen.

Kopfiges Kreuzkraut *Tephroseris capitata*

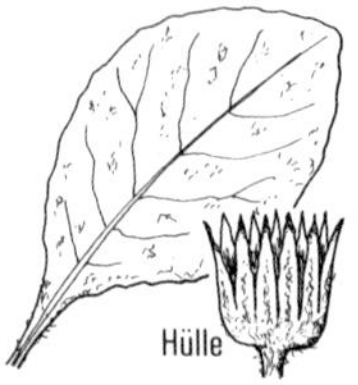

Merkmale: Ausdauernde, 15–40 cm hohe Pflanze. Stengel aufrecht, beblättert, dick und kräftig, meist dicht weiß bis graufilzig wie die Blätter behaart. Grundblätter rosettig, mit oval-lanzettlicher, kurzgestielter, ganzrandiger oder schwach gezähnter Fläche. Stengelblätter sitzend. Köpfchen bis 3 cm im Durchmesser, kurz gestielt, zu einem gedrungenen Blütenstand vereinigt. Hüllschuppen fast gleich lang, 1reihig, vollständig oder in der oberen Hälfte rotbraun. Zungenblüten orange; Zunge mindestens so lang wie die Hülle. Röhrenblüten orangegelb. Früchtchen behaart, deutlich 10rippig. Haarkrone 1reihig. **Blütezeit:** Juli bis August.
Standort: 1800–2500 m, steinige Rasen über Kalk und Silikat.
Verbreitung: Seealpen bis Kärnten, nicht in Deutschland. Südeuropa: Pyrenäen bis Balkan.

Läger-Kreuzkraut *Tephroseris gaudinii*

Merkmale: Ausdauernde, 30–80 cm hohe Pflanze mit kurzem, schiefem Wurzelstock. Stengel kräftig, aufrecht, einfach, beblättert, spinnwebig-filzig bis verkahlend. Blätter beiderseits filzig bis fast kahl, die grundständigen aufgerichtet, mit langgestielter, länglich-ovaler Fläche. Stengelblätter sitzend. Köpfchen bis 4 cm im Durchmesser zu einem gedrungenen, halbkugeligen Blütenstand vereinigt. Hüllschuppen grün oder rot bespitzt, 1reihig, Außenhülle fehlend. Alle Blüten gelb. Zungenblüten schmal-elliptisch. Früchtchen abstehend-kurzhaarig und längsgerippt. Haarkrone 1reihig, gelblich weiß.
Blütezeit: Juni bis August.
Standort: Kalkhaltige, nährstoffreiche, feuchte Böden, Lägerfluren, über 1500 m, selten. **Verbreitung:** Ostalpen, Kärnten bis Comer See.

Großblütige Gemswurz *Doronicum grandiflorum*

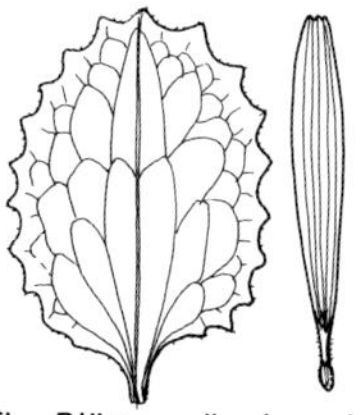

Merkmale: Ausdauernde, 10–50 cm hohe Pflanze. Wurzelstock kräftig, kriechend. Stengel hohl, besonders im oberen Teil behaart und drüsig, 1-, selten 5köpfig. Blätter grün, kurz drüsig und lang zottig behaart; Grundblätter zur Blütezeit vorhanden, mit geflügeltem Blattstiel, eiförmig-stumpf, buchtig gezähnt, am Grund gestutzt oder leicht herzförmig; Stengelblätter nach oben hin kürzer gestielt bis sitzend, herzförmig stengelumfassend, eiförmig-lanzettlich. Köpfchen 4–8 cm im Durchmesser. Hüllschuppen lang zugespitzt, behaart und teilweise auch drüsig. Blüten goldgelb. Früchtchen behaart, 10rippig.
Blütezeit: Juli bis August.
Standort: 1800 bis über 3000 m; kalkreiche Böden; gesellig, in den Alpen häufig.
Verbreitung: Gebirge Süd- und Mitteleuropas.

Clusius' (Zottige) Gemswurz *Doronicum clusii*

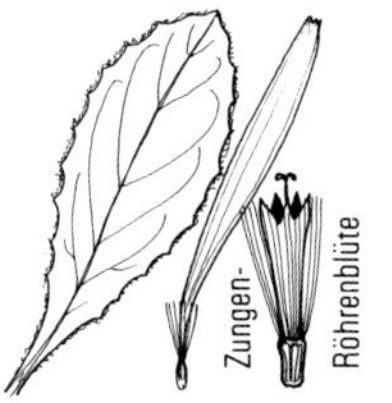

Merkmale: Ausdauernde, krautige, 10–40 cm hohe Pflanze mit kriechendem, geschmacklosem Wurzelstock. Stengel aufsteigend oder aufrecht, meist 1köpfig, im unteren Teil beblättert, besonders oben behaart. Blätter besonders am Rand mit dünnen, krausen Wollhaaren und dickeren, langen, spitzen Haaren besetzt; buchtig gezähnt bis ganzrandig, grundständige nicht herzförmig, mit leicht geflügeltem Stiel, obere halbstengelumfassend, sitzend. Köpfchen bis 6 cm im Durchmesser. Hüllschuppen wie die Blätter behaart. Blüten goldgelb. Früchtchen alle mit Haarkrone. **Blütezeit:** Juli bis September.
Standort: Meist über 2000 m; lang schneebedeckte, kalkarme Böden, Silikatschutt, magere Rasen, Felsspalten; gesellig, nicht häufig.
Verbreitung: Gebirge Mittel- und Südeuropas.

Herzblättrige Gemswurz
Doronicum columnae

Merkmale: Ausdauernde, 15–60 cm hohe Pflanze ohne Ausläufer, Wurzelstock nicht knollig verdickt. Stengel meist aufrecht, wenig beblättert, nur im oberen Teil drüsig behaart, 1-, selten 5köpfig. Blätter fast kahl, grundständige büschelig stehend, zur Blütezeit vorhanden, breit-herzförmig mit langem, schmal geflügeltem Stiel, mittlere und obere länglich, sitzend herzförmig stengelumfassend. Köpfchen bis 6 cm im Durchmesser. Hüllschuppen drüsig-wollig und zottig behaart. Blüten goldgelb. Innere Früchtchen steifhaarig mit Haarkrone, randständige ohne, behaart oder kahl. **Blütezeit**: Mai bis August.
Standort: 1000–2300 m; feuchte, schattige, nährstoffreiche Böden, auf Kalk, lichte Wälder.
Verbreitung: Gebirge Mittel- und Südeuropas, Nordspanien, Apennin, Balkan, Kleinasien.

Arnika *Arnica montana* ⊗

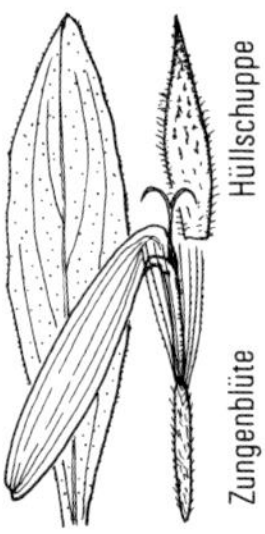

Merkmale: Ausdauernde, aromatisch duftende, 20–60 cm hohe Pflanze, behaart und drüsig, mit einem dicken Wurzelstock. Stengel aufrecht, meist unverzweigt, hohl, gerillt, mit 1–3 gegenständigen, sitzenden Blattpaaren. Blätter hellgrün; grundständige rosettig stehend, derb, oval-lanzettlich, ganzrandig; Stengelblätter spitz. Köpfchen groß, bis 8 cm im Durchmesser, einzeln, selten bis zu 5. Hüllblätter schmal, in 2 Reihen angeordnet; äußere kurz behaart, am Rand manchmal purpurn. Blüten dottergelb, Zungenblüten lang, herausragend. Köpfchenboden behaart. Früchte kurzhaarig, gelbgrün bis schwärzlich, Haarkrone rauhborstig gelblich. **Blütezeit**: Mai bis August.
Standort: Bis etwa 2800 m; kalkmeidend, ungedüngte Böden, Wiesen, Heiden, lichte Nadelwälder, trockene Moore; häufig.
Verbreitung: Europa, bis Südskandinavien.

Gießbach-Gemswurz
Doronicum cataractarum

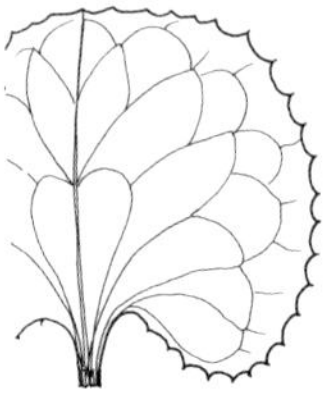

Merkmale: Ausdauernde, stattliche, bis 1,5 m hohe, vielstengelige, horstbildende Pflanze. Stengel aufrecht, kantig, hohl leicht zerbrechlich mit vielen, doldenähnlich angeordneten Blütenköpfen. Grundblätte bis 30 cm lang, herzförmig, lang gestielt, ± gezähnt wie untere Stengelblätter; obere Stengelblätter breit-lanzettlich, sitzend. Köpf 4–10 cm breit; Zungenblüten etwa 2mal s lang wie die lanzettlichen Hüllblätter, außer drüsenhaarig. **Blütezeit**: Juli bis September.
Standort: Im Bereich der Waldgrenze 1600–1900 m, auf Silikat; meist in kleine Gruppen an Bächen, Wasserfällen.
Verbreitung: Endemische Art der Koralpe. In den Ostalpen wächst die ähnlich hochwüchsige **Österreichische Gemswurz** *(D. austriacum)* mit eiförmigen Grundblättern.

Prächtiges Ochsenauge
Telekia speciosissima

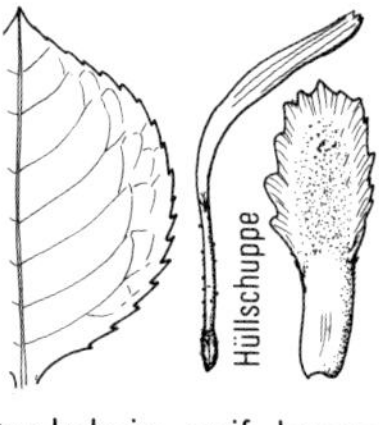

Merkmale: Ausdauernde, 20–50 cm hohe Pflanze mit einem knotigen Wurzelstock. Stengel aufrecht, 1köpfig, behaart, beblätter meist braunrot. Blätter lederig, steif, besonders an den deutliche Nerven unterseits leicht behaart, breit-oval fein gezähnt; untere kurz gestielt, obere sizend, mit herzförmigem Grund halbstengelumfassend. Köpfchen bis 6 cm im Durchmesse unterhalb meist mit einem kleinen Blatt. Hüll halbkugelig, mehrreihig, dachziegelig, Hülschuppen lanzettlich, spitz, fast gleich lang am Grund lederig, äußere mit zurückgebogener, krautiger Spitze. Mit Spreublättern. Zungenblüten goldgelb. **Blütezeit**: Juni bis Juli.
Standort: 400 bis etwa 1800 m; kalkliebend trockene, steinige Lagen, Felsspalten, Hänge
Verbreitung: Bergamasker Alpen.

Echte Alpenscharte *Saussurea alpina*

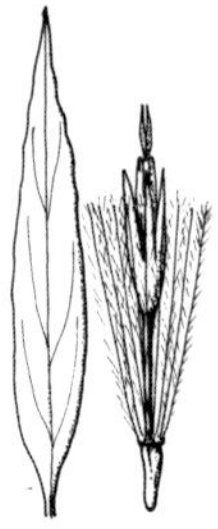

Merkmale: Ausdauernde, 5–40 cm hohe Pflanze ohne Stacheln mit dicht schuppigem Wurzelstock. Stengel dünn, aufrecht, locker-filzig behaart, oft rötlich überlaufen, beblättert. Blätter lanzettlich, bis 6mal länger als breit, mit meist geflügeltem Stiel, obere sitzend, dunkelgrün, unterseits zerstreut filzig behaart mit einigen glänzenden, mehrzelligen Haaren. Köpfchen 5 bis zahlreich, kurz gestielt. Hüllschuppen dachig angeordnet, schwärzlich überlaufen, innere schmäler und länger. Blüten alle röhrenförmig, zwittrig, meist violettrot; Staubbeutel blau. Köpfchenboden borstig. Früchtchen mit doppelt so langer, 2reihiger Haarkrone, innere Reihe federig.

Blütezeit: Juli bis September.

Standort: 1500–3000 m; windexponierte Lagen, humose, meist saure Böden; selten.

Verbreitung: Arktisch-alpin.

Zweifarbige Alpenscharte *Saussurea discolor*

Merkmale: Ausdauernde, 5–35 cm hohe Pflanze mit schwarz schuppigem Wurzelstock. Stengel aufrecht, dünn, 3- bis 8köpfig, dicht filzig behaart, besonders im unteren Teil beblättert. Blätter grün, derb, fast kahl, unterseits dicht weißfilzig, länglich dreieckig, am Grund herzförmig oder gestutzt, geschweift gezähnt, gestielt; obere schmaler, fast ganzrandig, sitzend. Hüllschuppen bräunlich, violett überlaufen mit roter Spitze, äußere kürzer, stumpf, seidig behaart. Blüten stark nach Vanille duftend, hell-violett bis purpurn, Staubbeutel dunkelblau. Früchtchen mit langer Haarkrone. **Blütezeit:** Juli bis September.

Standort: 1400–2800 m; auf Kalk oder auch Granit, Felsspalten, Blaugrasheiden; selten.

Verbreitung: Eurasiatische Gebirge, Nordspanien, Alpen, Ural, Himalaja.

Zwerg-Alpenscharte *Saussurea pygmea*

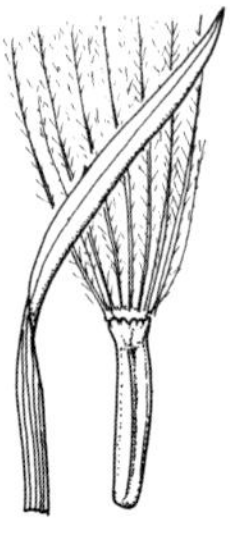

Merkmale: Ausdauernde, 5–20 cm hohe Pflanze. Stengel 1köpfig, beblättert, dicht weiß wollig-zottig. Blätter rauhhaarig, oberseits verkahlend, dunkelgrün, unterseits graugrün, lineal-lanzettlich, zugespitzt mit zurückgerolltem Rand. Köpfchen aufrecht, meist von den Blättern überragt. Hüllschuppen lang zugespitzt, zottig behaart, grün mit braunem Rand, äußere kürzer, oft violett. Blüten blauviolett. Früchtchen mit doppelt so langer Haarkrone.

Blütezeit: Juli bis August.

Standort: Bis 2500 m; selten auf kalkreichen Böden, steinige Rasen, Felsschutt.

Verbreitung: Ostalpen, westliche Karpaten.

Niedere Alpenscharte *(S. depressa)*: bis 10 cm hoch, Stengel dick, meist mehrköpfig, Blätter breit-lanzettlich, unterseits graufilzig mit einigen glänzenden Haaren, Köpfchen überragend; Westalpen, selten.

Berardie *Berardia subacaulis*

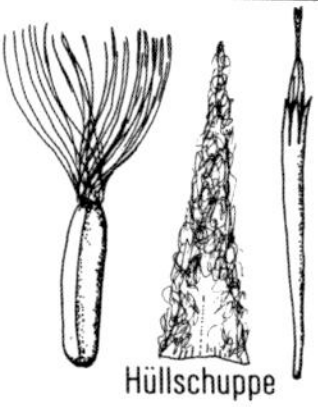

Merkmale: Ausdauernde, 5–15 cm hohe Pflanze mit einem langen Wurzelstock. Stengel sehr kurz, aufrecht oder niederliegend, gefurcht, dicht weißfilzig behaart. Blätter derb, rundlich oder oval, ganzrandig oder spärlich fein gezähnt, gestielt oder sitzend, besonders auf der Unterseite dicht weißfilzig behaart. Köpfchen groß, einzeln. Hülle halbkugelig, bis 7 cm im Durchmesser. Hüllschuppen lang zugespitzt, lanzettlich, weißfilzig behaart. Blüten weißlich bis blaßgelb, alle röhrenförmig und zwittrig. Köpfchenboden ohne Spreublätter, wabenartig gemustert. Früchtchen dünn, kahl, mit rötlicher, schraubig gedrehter, als Ganzes abfallender Haarkrone. **Blütezeit:** Juli bis August.

Standort: 1500–2600 m; Felsen, Felsschutt, Kalkschiefer.

Verbreitung: Südwestalpen.

Riesen-Flockenblume *Leuzea rhapontica*

Merkmale: Ausdauernde, 30–150 cm hohe Pflanze. Stengel kräftig, dick, meist 1köpfig, zum Köpfchen hin verdickt, beblättert, filzig-wollig behaart. Blätter grün, unterseits weiß-grau filzig, bis etwa 60 cm lang und bis 15 cm breit, unregelmäßig gezähnt, am Grund herzförmig, gestielt; obere kleiner, gezähnt, ungeteilt bis fiederteilig, sitzend. Köpfchen sehr groß. Hülle kugelig. Anhängsel der Hüllschuppen fast rund, braunhäutig, eingerissen zerschlitzt. Blüten rosarot bis purpurn, alle röhrenförmig, randständige nicht vergrößert. Früchtchen braun, Haarkrone rötlich, 2reihig, innere Borsten deutlich länger.
Blütezeit: Juli bis September.
Standort: 1400–2500 m; etwas feuchte, meist kalkhaltige Böden, grasige Hänge, Wiesen, Gebüsche, Felsschutt; ziemlich selten.
Verbreitung: Alpen, Seealpen bis Krain.

Federige Flockenblume *Centaurea nervosa*

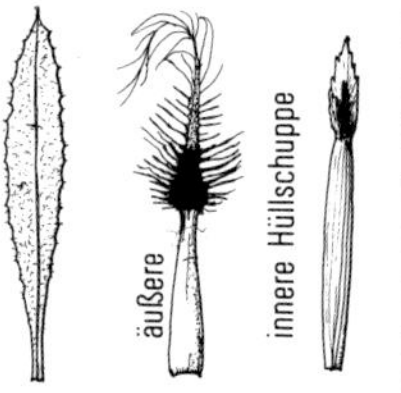

Merkmale: Ausdauernde, 10–40 cm hohe Pflanze, nicht weißfilzig behaart, jedoch rauh von kurzen, mehrzelligen Haaren, oft grau. Stengel aufrecht, steif, meist unverzweigt, bis oben hin beblättert. Blätter grün, lanzettlich, fein bis buchtig gezähnt, die unteren gestielt, obere sitzend mit gestutztem oder abgerundeten Grund. Köpfchen einzeln, endständig. Hülle kugelig, grün. Anhängsel der inneren Hüllschuppen meist ganzrandig, die der äußeren aus dunklem Grund in eine bis 2 cm lange, hellere, federige, zurückgebogene Spitze verlängert, die Hülle überdeckend. Blüten purpurn, die randständigen stark verlängert, strahlend. Haarkrone bis 3 mm lang, gelbviolett. **Blütezeit:** Juli bis August.
Standort: 800–2600 m; feuchte, meist kalkfreie Böden; gesellig.
Verbreitung: Südalpen, Gebirge Osteuropas.

Einköpfige Flockenblume *Centaurea uniflora*

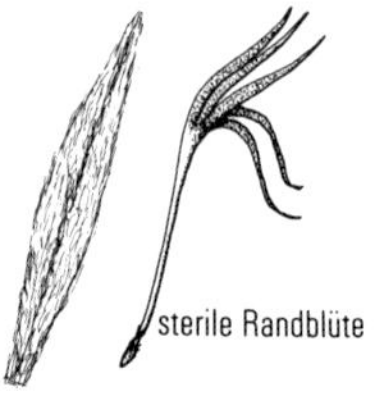

Merkmale: Ausdauernde, 5–40 cm hohe, dicht weißfilzig behaarte und mit kurzen mehrzelligen, rauhen Haaren besetzte Pflanze. Stengel aufrecht, beblättert, 1köpfig. Blätter grüngrau, drüsig punktiert, schmal-lanzettlich, nicht breiter als 1 cm, ganzrandig oder wenig fein gezähnt, obere sitzend. Hülle etwa so lang wie breit, grün, von den Anhängseln der mittleren Hüllschuppen meist verdeckt; diese in eine lange, hellbraune, federige zurückgebogene Spitze verlängert; die der inneren Hüllschuppen ganzrandig. Blüten purpurrot, alle röhrenförmig, leicht 2lippig, randständige vergrößert. Früchte graubraun. **Blütezeit:** Juli bis September.
Standort: Über 1500 m; warme, trockene, nährstoffreiche Böden, Wiesen, Hänge.
Verbreitung: Westalpen: Seealpen bis Isèretal und Grajische Alpen.

Perücken-Flockenblume *Centaurea pseudophrygia*

Merkmale: Ausdauernde 15–40 (100) cm hohe, rauhe, nicht weißfilzige, doch mit mehrzelligen Haaren bedeckte Pflanze, Stengel aufrecht, beblättert, im oberen Teil kurz verzweigt, mehrköpfig. Blätter grün, breit-oval, feingesägt bis ganzrandig, obere mit schmal abgerundetem Grund sitzend, teilweise stengelumfassend. Hülle grün bis braunviolett, von den Anhängseln perückenartig verdeckt; diese schwarzbraun, in eine federige, dünne, zurückgebogene Spitze verlängert. Blüten hellpurpurn, 2lippig, randständige verlängert.
Blütezeit: Juli bis September.
Standort: Bis 2000 m; kalkarme, humose, etwas feuchte, schattige, lehmige Böden, Wiesen, Gebüsche, Wegränder; häufig.
Verbreitung: Mitteleuropa, südliches Skandinavien, bis zum Balkan, Südostkarpaten.

Alpen-Flockenblume *Centaurea alpestris*

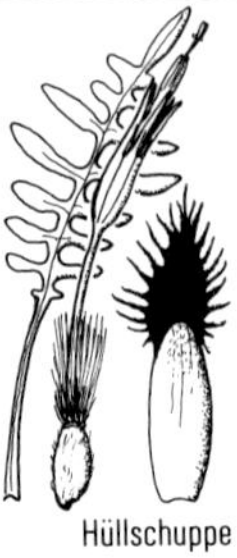

Merkmale: Ausdauernde, 30–50 (100) cm hohe, zerstreut behaarte, rauhe Pflanze. Stengel aufrecht, kantig, meist einfach. Blätter fiederteilig mit ovalen bis länglichen, ganzrandigen bis gezähnt gelappten Abschnitten; untere gestielt, obere sitzend. Hülle rundlich, durch die die Hüllschuppen verdeckenden Anhängsel schwarz; diese eiförmig dreieckig, schwarz mit dunkelbraun gefranstem Rand; Hüllschuppen dachig angeordnet. Köpfchenboden dicht mit Spreublättern besetzt. Blüten purpurrot, alle röhrenförmig, zwittrig, randständige steril, stark vergrößert. Früchte braun, kurz behaart mit mehrreihiger, borstiger Haarkrone. **Blütezeit:** Juni bis September.
Standort: Bis über 2000 m; steinige, meist kalkreiche Böden, Hochstaudenfluren, Bergwiesen, Waldlichtungen, Gebüsche.
Verbreitung: Pyrenäen bis Westkarpaten.

Triumfettis Flockenblume *Centaurea triumfetti*

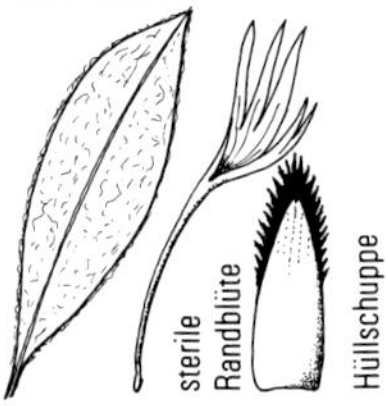

Merkmale: Ausdauernde, 5–60 cm hohe Pflanze mit kurz kriechendem Wurzelstock, weißfilzig behaart, jedoch ohne mehrzellige Haare. Stengel aufsteigend oder aufrecht, meist einfach, beblättert, die Blätter am Stengel deutlich kurz herablaufend. Blätter oval-lanzettlich, deutlich mehrmals länger als breit, untere kurz gestielt. Köpfchen einzeln, endständig, kurz gestielt. Hüllschuppen grün, an der Spitze oft rot überlaufen. Anhängsel der mittleren Hüllschuppen dunkelbraunschwarz oder bleich, regelmäßig kammartig gefranst, Fransen lang. Blüten leuchtend blau, die innersten oft purpurrot, Randblüten strahlend. **Blütezeit:** Mai bis Juli.
Standort: Bis 2000 m; sonnige, meist kalkreiche, humose Böden.
Verbreitung: Gebirge Süd- und Mitteleuropas.

Berg-Flockenblume *Centaurea montana* ⊗

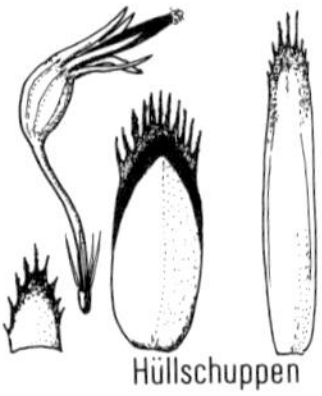

Merkmale: Ausdauernde, 10–80 cm hohe Pflanze mit einem kriechenden, manchmal Ausläufer treibenden Wurzelstock. Stengel aufrecht, meist einfach, beblättert, wie auch die Blätter weißfilzig behaart und mit mehrzelligen Haaren. Blätter oval, ganzrandig, untere buchtig gezähnt, obere sitzend, am Stengel herablaufend. Köpfchen einzeln, bis 5 cm im Durchmesser. Hüllschuppen grün, Anhängsel dreieckig, schwarz, seitlich herablaufend, unregelmäßig, kammartig gefranst, Fransen knapp so lang wie der ungeteilte Rand. Innere Blüten violett, Randblüten blau, strahlend. Früchte gelblich.
Blütezeit: Mai bis August, selten im Herbst.
Standort: Bis 2100 m; meist kalkige, nährstoffreiche, feuchte Böden, Hochstaudenfluren, Gebüschränder; gesellig, häufig.
Verbreitung: Gebirge Mittel- und Südeuropas.

Alpendistel *Carduus defloratus*

Merkmale: Ausdauernde, bis 80 (100) cm hohe Pflanze. Stengel meist bogig aufsteigend, im oberen Teil dicht filzig behaart, einfach oder wenig verzweigt, höchstens mit kleinen Blättern; im unteren Teil dicht beblättert, mit stachelig herablaufenden Blatträndern. Blätter dünn, flach, kahl, grün bis oberseits blaugrün, ungeteilt oder fiederspaltig, stachelig gezähnt, untere breit-gestielt. Köpfchen einzeln, aufrecht, doch zur Blütezeit nickend. Hüllblätter dachig angeordnet, Spitze in einem Stachel endend. Blüten purpurn, alle röhrenförmig, deutlich 2lippig. Früchte mit mehrreihiger, nicht federiger, abfallender Haarkrone.
Blütezeit: Juni bis Oktober.
Standort: Von Tallagen bis 3000 m; nährstoffhaltige, meist kalkige Böden, steinige Hänge, Weiden, lichte Wälder; zerstreut.
Verbreitung: Süd- und Mitteleuropa.

Wollköpfige Kratzdistel *Cirsium eriophorum*

Merkmale: Zweijährige, 50–150 (200) cm hohe Pflanze. Stengel aufrecht, kräftig, verzweigt, wollig-zottig, stachellos. Blätter steif, grün, stachelig behaart, unterseits weißfilzig; fiederteilig mit umgerolltem Rand, Abschnitte gelbdornig endend, oft am Grund mit seitlichen Stacheln; obere sitzend, halbstengelumfassend. Köpfchen einzeln, groß, bis 7 cm breit. Hülle kugelig, dicht spinnwebig weich behaart, Hüllschuppen im oberen Teil verbreitert und in einen langen, steifen Stachel endend, ohne Harzstriemen. Blüten purpur-blauviolett, alle röhrenförmig. Früchte fein längsgestreift mit weißer, feiner Haarkrone. **Blütezeit**: Juli bis September.
Standort: Bis 2100 m; sonnige, steinige, stickstoffreiche, kalkige Böden; nicht häufig.
Verbreitung: Gebirge Europas, England, Pyrenäen, Karpaten, Balkan.

Stachlige Kratzdistel *Cirsium spinosissimum*

Merkmale: Ausdauernde, gelbgrüne, 20–50 (120) cm hohe Pflanze mit knotigem Wurzelstock. Stengel meist mehrere, aufrecht, dick, selten verzweigt, bis oben beblättert. Blätter steif, spärlich behaart, tief buchtig-fiederspaltig, mit stachelig gezähnten Abschnitten; Grundblätter kurz gestielt, obere sitzend, herzförmig stengelumfassend. Köpfchen aufrecht, endständig, mehrere kopfig gehäuft, von zahlreichen, bleichgrünen, lang zugespitzten, stechenden Hochblättern umgeben. Hüllschuppen nicht klebrig, lang stachelspitzig, ohne Harzstriemen. Blüten gelblich-weiß, alle röhrenförmig. Früchte gelblich-braun mit federiger, abfallender Haarkrone.
Blütezeit: Juli bis September.
Standort: 1600 bis über 3000 m; feuchte, steinige, stickstoffreiche Böden; häufig.
Verbreitung: Alpen.

Verschiedenblättrige Kratzdistel *Cirsium helenioides*

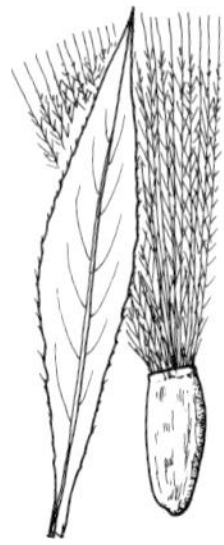

Merkmale: Ausdauernde, 50–150 cm hohe Pflanze mit kriechendem, dünnem, Ausläufer treibendem Wurzelstock. Stengel aufrecht, weißfilzig, wenig bis gar nicht verzweigt. Blätter weich, grün, kahl, unterseits dicht weißfilzig; lanzettlich-spitz, fast ganzrandig oder fiederlappig mit schmalen, vorwärts gerichteten Abschnitten, kaum stechend, obere herzförmig stengelumfassend. Köpfchen meist einzeln, groß, mit braunroter Hülle. Hüllschuppen mit Harzstriemen. Blüten purpurrot.
Blütezeit: Juni bis August, September.
Standort: Bis über 2000 m; feuchte, ungedüngte, meist kalkarme Böden; gesellig.
Verbreitung: Eurosibirisch, Nordalpen selten.
Waldsteins Kratzdistel *(C. waldsteinii)*: Stengel bis 2 m hoch, einfach, oben weißfilzig, Köpfchen gedrängt, nickend; Ostalpen.

Klebrige Kratzdistel *Cirsium erisithales*

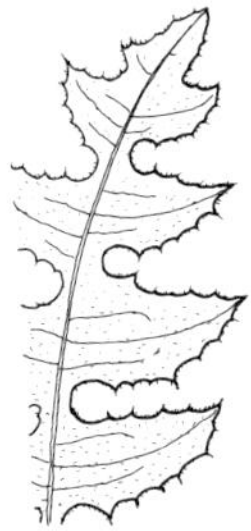

Merkmale: Ausdauernde, 30–150 (200) cm hohe Pflanze. Stengel aufrecht, im oberen Teil klebrig, wenig verzweigt, mit nickenden Köpfchen. Blätter weich, dunkelgrün, fast kahl, tief fiederspaltig, Abschnitte dornig gezähnt; Grundblätter bis 30 cm lang, mit geflügeltem Stiel, obere herzförmig stengelumfassend. Köpfchen zu 1–5, dicht stehend mit bräunlicher Hülle. Hüllschuppen mit ovaler, dunkler Harzdrüse, klebrig, später abspreizend. Blüten zitronengelb, selten purpurn.
Blütezeit: Juli bis September.
Standort: Bis etwa 2000 m; etwas feuchte, nährstoffreiche Böden, meist auf Kalk.
Verbreitung: Jura, Ost- und Südalpen, Osteuropa bis Rußland.
Die **Krainer Kratzdistel** *(C. carniolicum)* mit hellgelben aufrechten Blüten ist braunrot behaart; nur östliche Kalkalpen.

Akanthusblättrige Eberwurz
Carlina acanthifolia ⊗

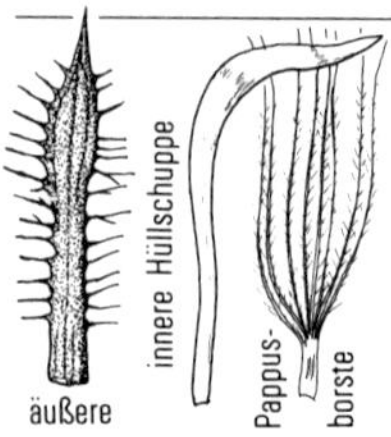

Merkmale: Ausdauernde, bis höchstens 10 cm hohe, stengellose Pflanze mit einem einzelnen sitzenden Köpfchen. Blätter rosettig angeordnet, mit rinnig geflügeltem Blattstiel, wellig, filzig behaart, unterseits grau, bis etwa zur Hälfte fiederteilig, Abschnitte stachelig gezähnt. Blühende Köpfchen bis 15 cm im Durchmesser. Hülle breit-glokkig, äußere Hüllschuppen blattähnlich dornig, innerste linealisch und viel länger, strahlend, gelblich, außen bräunlich. Blüten röhrenförmig, gelblich bis rötlich. Köpfchenboden borstig. **Blütezeit:** Juli bis September.
Standort: Bis 1800 m; warme, trockene, steinige Böden, lichte Wälder.
Verbreitung: Gebirge Mittel- und Südeuropas.
Allgemeines: Die inneren Hüllblätter schließen sich schützend bei schlechtem Wetter.

Grannen-Schwarzwurzel
Scorzonera aristata

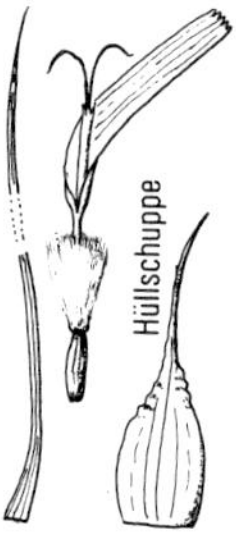

Merkmale: Ausdauernde, 10–50 cm hohe, milchsaftführende Pflanze. Wurzelstock braun, am Hals nicht faserigschopfig. Stengel einzeln oder wenige, etwas fleischig, aufrecht, meist 1köpfig, blattlos oder mit einem Blatt, schwach spinnwebig bis kahl. Blätter lineal bis schmal-lanzettlich, lang zugespitzt, am Grund etwas verbreitert und wollig; alle grundständig. Köpfchen bis 4 cm im Durchmesser. Hülle bis 3 cm lang, mehrreihig, Hüllschuppen dunkelgrün, hellberandet, spitz, äußere mit verlängerter Spitze, mindestens halb so lang wie die inneren. Blüten gelb, außen oft rötlich, alle zungenförmig, viel länger als die Hülle. Haarkrone federig. **Blütezeit:** Juli und August.
Standort: Bis 2300 m; kalkliebend, Berg- und Fettwiesen; gesellig.
Verbreitung: Pyrenäen, Südalpen, Apennin.

Silberdistel *Carlina acaulis* ⊗

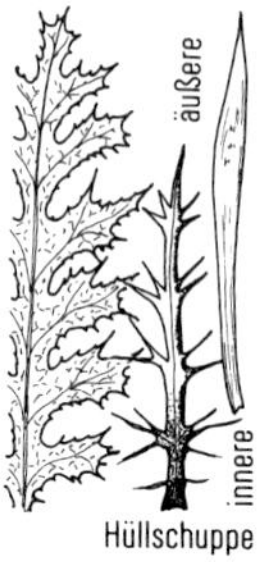

Merkmale: Ausdauernde Pflanze mit dicker, holziger Wurzel, fast stengellos oder Stengel selten bis 40 cm hoch, oft rötlich überlaufen, in der Regel 1köpfig. Blätter meist rosettig angeordnet, fast kahl, bis fast zur Mitte fiederteilig mit buchtig, stachelig gezähnten bis tief geteilten Abschnitten. Blattstiel rinnig und leicht geflügelt. Köpfchen 5–12 cm im Durchmesser, meist in der Blattrosette sitzend. Innerste Hüllschuppen zugespitzt, glänzend silbrig-weiß (selten rosa), außen im unteren Teil gelb-bräunlich. Blüten weißlich-rötlich. Spreublätter an der Spitze keulig verdickt. Früchte mit langer weißer Haarkrone.
Blütezeit: Juli bis September, in milden Jahren Dezember bis Januar.
Standort: Bis 2800 m; magere Wiesen, lichte Wälder, steinige Hänge; häufig.
Verbreitung: Gebirge Mittel- und Südeuropas.

Rosarote Schwarzwurzel
Scorzonera purpurea ssp. rosea

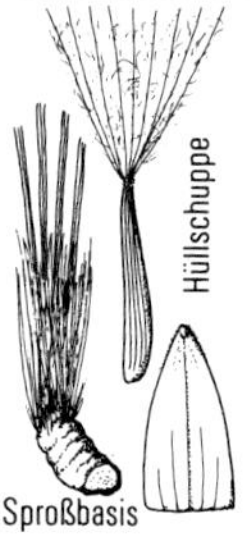

Merkmale: Ausdauernde, 15–50 cm hohe Pflanze mit dickem, oben faserig schopfigem Wurzelstock, anfangs schwach spinnwebig behaart, später verkahlend. Stengel aufrecht, ein- oder wenigköpfig, wenig beblättert. Blätter linealisch, grasartig, flach, nicht oder schwach gekielt, ganzrandig; Grundblätter bis 30 cm lang; Stengelblätter kleiner, sitzend, stengelumfassend. Hülle bis 3 cm lang, schmal-glockig, mehrreihig, regelmäßig dachziegelig, Hüllschuppen häutig berandet. Köpfchenboden kahl, Blüten meist rosa, alle zungenförmig. Früchtchen kahl, 10rippig, mit rauhen Rippen. **Blütezeit:** Juni bis August.
Standort: Etwa 1200–2000 m; kalkliebend, auf trockenen oder feuchten Wiesen.
Verbreitung: Südostalpen: Bergamasker bis Julische Alpen, Apennin, Balkanhalbinsel.

Alpen-Milchlattich *Cicerbita alpina*

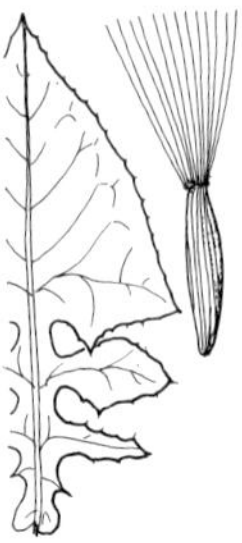

Merkmale: Ausdauernde, 50–250 cm hohe, reichlich Milchsaft führende Pflanze. Stengel aufrecht, hohl, meist einfach, beblättert, im oberen Teil braunrot drüsig behaart. Blätter dünn, dunkelgrün, Unterseite blaugrün, groß, leierförmig geteilt, mit großem, breitem Endabschnitt und wenigen Seitenlappen; grundständige gestielt, obere mit herzförmigem Grund stengelumfassend, weniger zerteilt, kleiner. Viele Köpfchen in einer verlängerten Rispe, 2–3 cm im Durchmesser. Hülle dicht braunrot drüsig, mehrreihig. Blüten hellblau, zungenförmig. Früchtchen länglich, gerippt, ungeschnäbelt. Haarkrone weiß, 2reihig, äußere Reihe kurz. **Blütezeit:** Juli bis August.
Standort: 1000–2200 m; meist auf Kalk, Bergwälder, Hochstaudenfluren; verbreitet.
Verbreitung: Subarktisch-alpin, Nordeuropa, Pyrenäen bis zum Balkan, Karpaten.

Einköpfiges Ferkelkraut *Hypochoeris uniflora*

Merkmale: Ausdauernd, Milchsaft führend, 15–50 (80) cm hoch. Stengel aufrecht, steifhaarig, wenig beblättert, fast immer 1köpfig und unter dem Köpfchen stark (5 mm) verdickt. Blätter grün, etwas steifhaarig, rosettig, ungestielt, länglich-lanzettlich, geschweift gezähnt, nicht gefleckt; Stengelblätter kleiner. Hülle mehrreihig, äußere Hüllschuppen dicht schwarz behaart. Blüten gelb, alle zungenförmig. Köpfchenboden mit Spreublättern. Früchtchen braun. Haarkrone 1reihig, Borsten federig. **Blütezeit:** Juli bis September.
Standort: 1500–2500 m; kalkarme, humose, sonnige Böden, Zwergstrauchheiden, Wiesen, lichte Wälder; gesellig, nicht selten.
Verbreitung: Zentral- und Südalpen (nicht in den Nordalpen östlich des Lech), Sudeten, Karpaten. – Dem **Bergpippau** ähnlich!

Plumiers Milchlattich *Cicerbita plumieri*

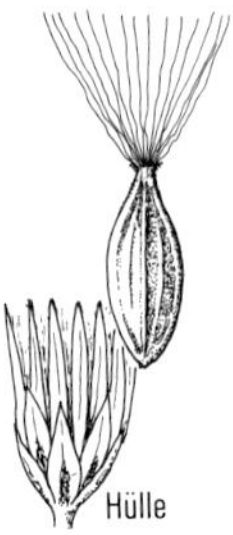

Merkmale: Ausdauernde, 60–130 cm hohe Pflanze. Wurzelstock kurz, nicht kriechend. Stengel aufrecht, kahl, leicht gerillt, im oberen Teil meist verzweigt, üppig beblättert, Blätter kahl, graugrün, leierförmig mit dreieckigen Seitenabschnitten, Endabschnitt groß, dreieckig-länglich, grob gesägt; grundständige gestielt, obere mit herzförmigem Grund stengelumfassend, oberste ungeteilt, lanzettlich. Köpfchen in völlig kahlen, lockeren Ebensträußen. Hülle 2reihig, kahl, violett überlaufen. Köpfchenboden kahl. Blüten blau, alle zungenförmig. Früchtchen elliptisch, breit berandet, an der Spitze deutlich verschmälert. Haarkrone 2reihig, äußere Reihe deutlich kurz.
Blütezeit: Juli bis August.
Standort: Bis etwa 1800 m; meist kalkfreie Böden, Gebüsche, Waldränder, lichte Wälder.
Verbreitung: Pyrenäen, französische Gebirge, West- und Mitteleuropa bis Bulgarien.

Bergpippau *Crepis bocconii (= montana)*

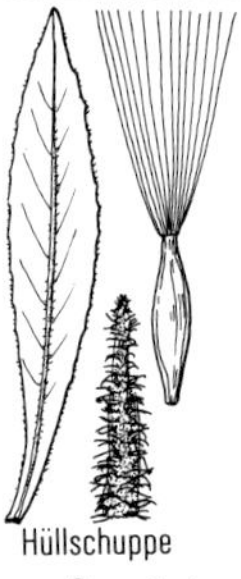

Merkmale: Ausdauernde, kräftige, 20–60 cm hohe Pflanze mit schwärzlicher, holziger Wurzel. Stengel aufrecht, meist 1köpfig, im oberen Teil kraus-weiß behaart, wenig beblättert. Blätter lanzettlich, entfernt gezähnt, nur unterseits an Nerven und Rand behaart; untere rosettig, kurz gestielt, obere mit breitem Grund sitzend bis stengelumfassend. Köpfchen bis 5 cm im Durchmesser. Hülle breitglockenförmig, weiß-kraus behaart, äußere Hüllschuppen kürzer, innerste innen kurz behaart. Köpfchenboden spärlich behaart. Blüten gelb. Haarkrone gelblich-weiß, 3- bis 4reihig.
Blütezeit: Juni bis August.
Standort: 1100–2500 m; kalkliebend, auf feuchten, tiefgründigen Böden; steinige Hänge, Hochstaudenfluren; nicht häufig.
Verbreitung: Gebirge des östlichen Mittel- und Südeuropa; Jura, Alpen bis Balkan.

Schabenkraut-Pippau *Crepis pyrenaica*

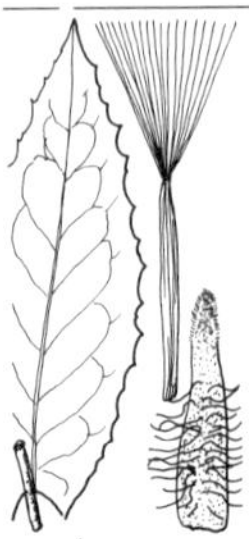

Hüllschuppe

Merkmale: Ausdauernde, 20–60 (80) cm hohe Pflanze mit schwarz-holziger Pfahlwurzel. Stengel aufrecht, dicht beblättert, einfach oder mit bis zu 6 1köpfigen Ästen, abstehend lang gelblich behaart. Blätter beiderseits kurz gelblich behaart, buchtig gezähnt; untere in einen geflügelten Stiel verschmälert, obere mit pfeilförmigem Grund stengelumfassend sitzend. Köpfchen bis etwa 4 cm im Durchmesser. Hüllschuppen schwärzlich lang und kurz weißzottig behaart. Blüten goldgelb, kahl, etwa doppelt so lang wie die Hülle, zungenförmig. Früchtchen 20rippig, Haarkrone weiß. **Blütezeit:** Juni bis September.

Standort: Etwa 800–2200 m; meist kalkreiche, feuchte, nährstoffreiche, auch steinige Böden, Wiesen, Hochstaudenfluren; häufig.

Verbreitung: Gebirge Mittel- und Südeuropas, von Spanien bis zum Balkan.

Dürrwurzblättriger Pippau *Crepis conyzifolia*

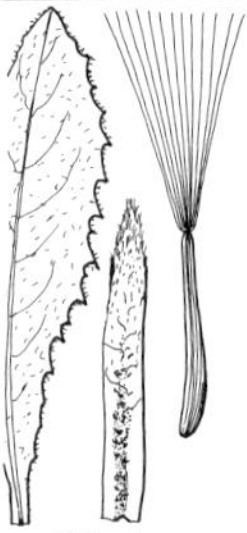

Hüllschuppe

Merkmale: Ausdauernde, 20–60 cm hohe Pflanze. Wurzel schwarz-holzig. Stengel aufrecht, drüsig behaart, im oberen Teil verzweigt, 1- bis 9köpfig, wenig beblättert. Blätter grün, beiderseits drüsig behaart, oval-lanzettlich, schmal-buchtig gezähnt bis selten fiederteilig; grundständige zur Blütezeit vorhanden, in den geflügelten Stiel verschmälert, obere sitzend mit pfeilförmigem Grund stengelumfassend. Hülle weit-glockig, schwärzlich drüsig behaart, mehrreihig, nicht dachig, äußere Hüllschuppen kürzer, innerste innen kurz behaart. Blüten gold- bis orangegelb. Haarkrone 2- bis 4reihig, weiß.

Blütezeit: Juli bis September.

Standort: Bis 3000 m; etwas feuchte, kalk- und nährstoffarme Böden, sonnige Lagen.

Verbreitung: Gebirge Europas und Asiens.

Goldpippau *Crepis aurea*

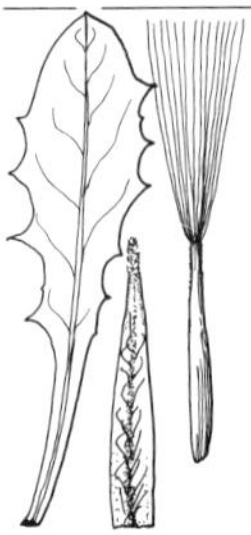

Hüllschuppe

Merkmale: Ausdauernde, 5–30 cm hohe, milchsaftführende Pflanze. Stengel aufrecht, meist 1köpfig, blattlos oder mit 1–2 kleinen Blättern, im oberen Teil wie die Hülle dicht schwarz behaart. Blätter rosettig, kahl, länglich verkehrt-eiförmig, geschweift-gezähnt bis fiederteilig, in einen geflügelten Stiel verschmälert. Hülle glockenförmig, innerste Hüllschuppen mit kahler Innenseite. Köpfchenboden kurz behaart. Blüten orangegelb bis bräunlich-feuerrot, alle zungenförmig, Blütenröhre außen behaart. Haarkrone 2reihig, weiß.

Blütezeit: Mai bis September.

Standort: 1200–2900 m, selten tiefer; etwas feuchte, nährstoffreiche, meist neutrale bis schwach saure Böden, Fettwiesen, rasige Hänge; häufig.

Verbreitung: Gebirge des östlichen Mittel- und Südeuropa, Jura, Alpen bis Kleinasien.

Zwergpippau *Crepis pygmaea*

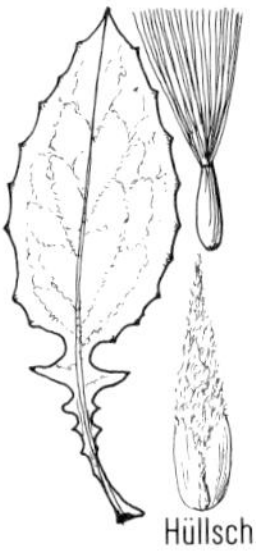

Hüllsch.

Merkmale: Ausdauernde, 4–15 cm hohe Pflanze. Stengel bogig aufsteigend, meist verzweigt und 1köpfig, entfernt beblättert. Blätter etwas weißfilzig, oft violett überlaufen, oval, am Grund gestutzt oder herzförmig, unregelmäßig gezähnt, mit langem, geflügelten Stiel. Hülle glockig, 10–15 mm, graufilzig. Blüten alle zungenförmig, gelb, 15 mm lang, die äußeren auf der Außenseite oft rötlich überlaufen. Früchte 4–6 mm lang, nach oben verschmälert, 20- bis 25rippig. Pappusborsten weiß, biegsam, in 2–4 Reihen.

Blütezeit: Juni bis August.

Standort: Subalpin und alpin, von 1500 bis knapp 3000 m; auf mäßig feuchtem, fast ruhendem, kalkreichem Schutt; nicht häufig.

Verbreitung: Von den Südwestalpen bis in die Venezianischen Alpen, Abruzzen, Pyrenäen, spanische Gebirge.

Kerners Pippau *Crepis jacquinii ssp. kerneri*

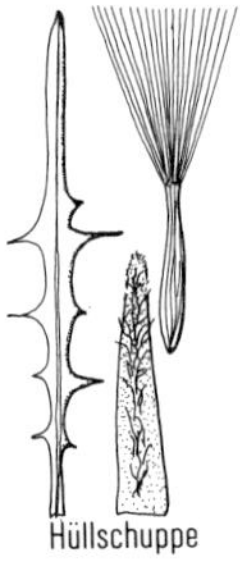

Merkmale: Ausdauernde, 5–30 cm hohe Pflanze mit schwärzlichem Wurzelstock. Stengel aufrecht, beblättert, einfach oder mit bis zu 6 1köpfigen Ästen. Blätter kahl oder spärlich behaart, erste unterste meist ganzrandig, die anderen buchtig gezähnt bis fiederteilig, mit kammförmig abstehenden, schmalen Abschnitten, in einen geflügelten Stiel verschmälert, oberste sitzend. Hülle hellgrün, graufilzig, mit abstehenden schwarzen Haaren, äußere Hüllschuppen etwa halb so lang wie die inneren. Köpfchenboden kahl. Blüten gelb, länger als die Hülle. **Blütezeit:** Juli bis September.
Standort: 1500–3000 m; etwas feuchter Felsschutt, steinige Hänge, Felsen.
Verbreitung: Alpen östlich von Rhein und Comer See, isoliert im Wallis.
Jacquins Pippau *(ssp. jacquinii)* der Nordostalpen ohne schwarze Behaarung.

Rätischer Pippau *Crepis rhaetica*

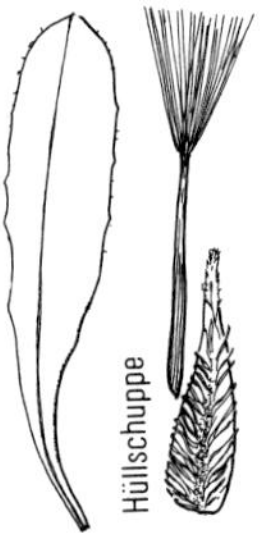

Merkmale: Ausdauernde, meist nur bis 10 cm hohe Pflanze mit einem kurzen, schwärzlichen Wurzelstock. Stengel aufrecht, 1köpfig, im oberen Teil lang gelbgrün behaart und 1–2 Blätter tragend. Blätter kahl, ganzrandig oder leicht gezähnt, in einen kurzen, geflügelten Stiel verschmälert. Hülle glockenförmig, lang, dicht gelbgrün behaart; äußere Hüllschuppen kürzer, innere mit spärlich behaarter Innenseite. Köpfchenboden dicht kurz behaart. Blüten goldgelb, doppelt so lang wie die Hülle.
Blütezeit: Juli bis September.
Standort: 2000 bis über 3000 m; lang schneebedeckter, kalkreicher Silikatschutt, Pionierrasen; selten.
Verbreitung: Südliche Zentralalpen.
Allgemeines: Wird wie der **Steifhaarige Löwenzahn** leicht mit dem **Berg-Löwenzahn** verwechselt.

Triglavpippau *Crepis terglouensis*

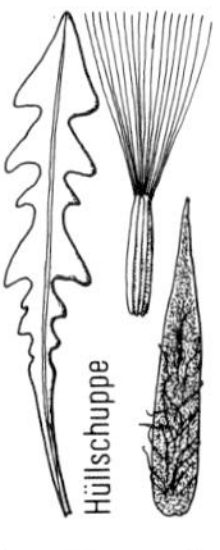

Merkmale: Ausdauernde, oft polsterförmig wachsende 2–10 cm hohe Pflanze mit schwärzlichem Wurzelstock. Stengel oft viele, aufrecht, kaum die Blätter überragend, meist 1köpfig, beblättert, unter dem Köpfchen verdickt. Blätter leuchtend grün, kahl oder behaart, etwas dicklich, oft etwas zurückgebogen, fiederteilig mit breit-dreieckigen Abschnitten; Blattstiel geflügelt, ungezähnt. Köpfchen bis 5 cm im Durchmesser. Hülle halbkugelig, lang schwarz, abstehend behaart, drüsenlos; Hüllschuppen fast gleich lang. Innenseite der innersten und Köpfchenboden kahl. Blüten goldgelb, zungenförmig, etwa doppelt so lang wie die Hülle. Haarkrone 2reihig, weiß.
Blütezeit: Juli bis September.
Standort: Meist über 2000 m; in feinem, ruhendem Schutt, auf Kalk; gesellig, selten.
Verbreitung: Ostalpen, ab Freiburger Alpen.

Berg-Löwenzahn *Leontodon montanus*

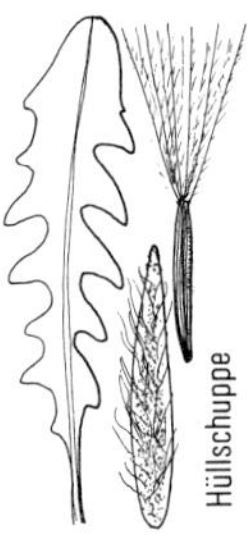

Merkmale: Ausdauernde, 3–12 cm hohe Pflanze. Wurzelstock mit kräftigen Nebenwurzeln. Stengel bogig aufsteigend oder aufrecht, etwa so lang wie die Blattrosette, ohne oder mit bis zu 2 Blattschuppen, fast immer 1köpfig, unter dem Köpfchen verdickt, dicht schwarz, abstehend behaart. Blätter am Boden liegend, fein bis tief-buchtig gezähnt, kahl oder Unterseite einfach behaart. Köpfchen vor dem Erblühen aufrecht. Hüllschuppen weißrandig, dicht, abstehend, lang, schwarz behaart. Köpfchenboden nackt. Blüten gelb, alle zungenförmig, Griffel gelb. Haarkrone weiß, 2reihig, innere Reihe länger, federig.
Blütezeit: Juli bis September.
Standort: 1700–2900 m; etwas feuchte, lang schneebedeckte, immer kalkhaltige Böden, feiner Schutt, Pionierrasen; verbreitet.
Verbreitung: Alpen: ab Seealpen östlich.

Steifhaariger Löwenzahn
Leontodon hispidus

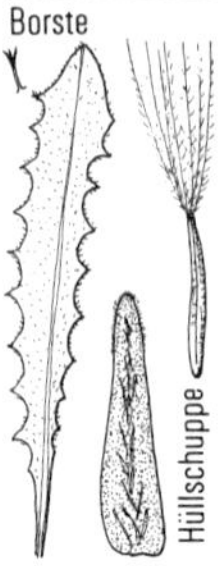

Merkmale: Ausdauernde Pflanze mit Milchsaft, 10–60 cm hoch. Stengel meist aufrecht, die Blattrosette überragend, kahl oder mit Gabelhaaren, meist 1köpfig, unter dem Köpfchen leicht verdickt, mit 0–3 Schuppenblättern; Blätter grün bis graugrün, vielgestaltig, ganzrandig, buchtig gezähnt oder fiederspaltig, undeutlich kurz gestielt. Köpfchen groß, vor dem Erblühen nickend. Hülle am Grund gestutzt, grün bis schwärzlich. Blüten gelb, zungenförmig. **Blütezeit:** Mai, Juni bis Oktober.
Standort: Bis 2700 m; etwas feuchte, nährstoffreiche Böden; verbreitet, häufig.
Verbreitung: Europa, Südskandinavien, von Spanien bis zum Ural, Kaukasus.
Schweizer Löwenzahn *(L. pyrenaicus)*: nur auf sauren Böden, Stengel zart mit schwärzlichen Schuppen, Köpfchen nicht nickend.

Alpen-Kuhblume *Taraxacum apenninum*

Merkmale: Ausdauernde, niedrige, bis 10 cm hohe, reichlich Milchsaft führende Pflanze. Stengel meist mehrere, zart, blattlos, niederliegend, aufsteigend bis aufrecht, die Blätter meist nicht überragend. Blätter alle rosettig ausgebreitet, grün, fast kahl bis spinnwebig behaart, fast ganzrandig bis tief fiederteilig, mit schmalen, spitzen Abschnitten. Köpfchen vielblütig, bis 2 cm im Durchmesser. Hülle röhrenförmig, 2reihig, äußere Hüllschuppen breiter, grün bis dunkelgrün, anliegend, später abstehend. Blüten alle zungenförmig, schmal, kurz, gelb mit einem grauen oder braunen Streifen. Früchtchen bräunlich, Haarkrone weiß. **Blütezeit:** Juli bis Oktober.
Standort: 1400–3300 m; Schneetälchen, Rasen, Schutt, gedüngte Weiden; gesellig.
Verbreitung: Gebirge Mittel- und Südeuropas, Pyrenäen, Apennin, Karpaten.

Kapuzen-Kuhblume *Taraxacum cucullatum*

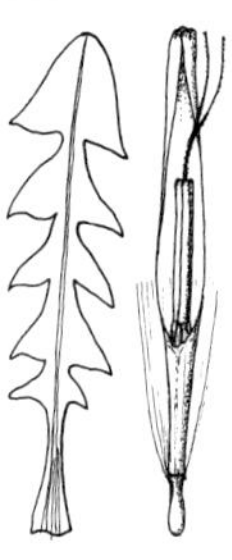

Merkmale: Ausdauernde, 10–30 cm hohe Pflanze. Wurzelstock dick, am Hals nicht wollig behaart. Stengel aufrecht, schaftartig, 1köpfig, blattlos, behaart, die Blätter überragend. Blätter rosettig, glänzend dunkelgrün, behaart, unregelmäßig gezähnt bis gelappt, mit spitzen, dreieckigen Abschnitten; Blattstiel geflügelt. Köpfchen vielblütig, bis 4,5 cm im Durchmesser. Hülle 2reihig, äußere Hüllschuppen dunkelgrün, oft purpurn überlaufen, eiförmig-lanzettlich, schwach hell berandet, locker anliegend. Blüten alle zungenförmig, sehr lang, gelb bis gelbbraun, manchmal purpurn gestreift, Zunge an der Spitze kapuzenförmig. Früchtchen bräunlich, oben kurzstachelig, geschnäbelt. **Blütezeit:** Juli und August.
Standort: Meist über 1400 m; feuchte, kalkarme Schneetälchen; ziemlich häufig.
Verbreitung: Alpen.

Weißliches Habichtskraut
Hieracium intybaceum

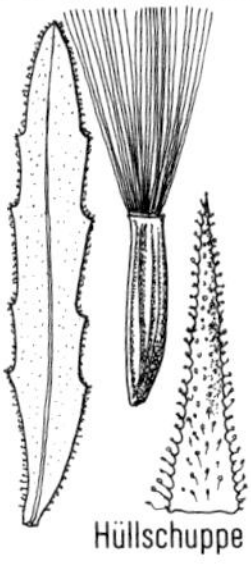

Merkmale: Ausdauernde, 5–40 cm hohe Pflanze, ganz mit langen, gelblichen Drüsenhaaren bedeckt, klebrig und stark riechend, ohne einfache Haare. Stengel gefurcht, einfach oder von unten an verzweigt, mit wenigen 1köpfigen Ästen, beblättert. Blätter gelbgrün, weich, schmal-lanzettlich, unregelmäßig grob gezähnt, sitzend oder halbstengelumfassend, nach oben hin kleiner bis schuppenförmig die Hülle umgebend; Blätter am Stengelgrund oft rosettig dicht stehend. Hüllschuppen drüsig. Köpfchenboden wabenartig mit bewimperten Leisten. Blüten hellgelb, Zähnchen kahl, Griffel gelb bis bräunlich. Früchtchen dunkelbraun.
Blütezeit: Juli bis September.
Standort: 1500 bis etwa 3000 m; nur auf kalkarmen, locker steinigen Böden; häufig.
Verbreitung: Alpen, Vogesen.

Alpen-Habichtskraut *Hieracium alpinum*

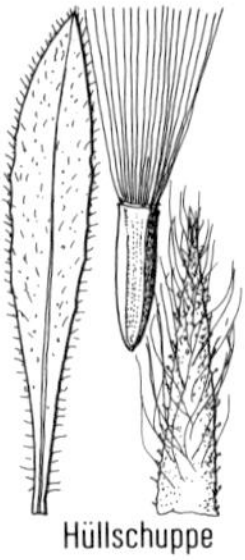

Merkmale: Ausdauernde, 5–25 cm hohe Pflanze, milchsaftführend, ohne Ausläufer. Stengel meist mehrere, aufrecht, meist 1köpfig, ganz mit langen, einfachen, abstehenden, meist dunklen Haaren und kürzeren Drüsen besetzt, Blätter fehlend oder bis zu 3. Grundständige Blätter rosettig, zahlreich, äußere kleiner, lanzettlich, am Grund verschmälert, ganzrandig oder spärlich gezähnt, beiderseits behaart, besonders am Rand drüsig; Stengelblätter sitzend. Hülle fast kugelig, einfach dunkel behaart und mit Drüsen; äußere Hüllschuppen oft abstehend, kürzer und breiter. Köpfchenboden kahl. Blüten gelb.
Blütezeit: Juli bis August.
Standort: 1500 bis über 3000 m; kalkarme bis saure, feuchte, steinige Böden; häufig.
Verbreitung: Arktisch-alpin, Nordeuropa, Vogesen bis Karpaten.

Wolliges Habichtskraut *Hieracium lanatum*

Merkmale: Ausdauernde, 10–50 cm hohe Pflanze, ganz mit langen, federigen Haaren bedeckt, grau oder weiß wollig-filzig. Stengel meist in der oberen Hälfte gabelig verzweigt, wenigköpfig, beblättert. Blätter dick, groß, oval bis lanzettlich, meist ganzrandig oder schwach gezähnt, in einen sehr kurzen Stiel verschmälert bis sitzend; Grundblätter zur Blütezeit meist verwelkt, Stengelblätter nach oben kleiner werdend. Hülle meist drüsenlos. Köpfchenboden kahl. Blüten hellgelb, zungenförmig, oft leicht gewimpert, Griffel gelb. Früchtchen schwarz, Haarkrone schmutzig-weiß, zerbrechlich. **Blütezeit:** Mai bis August.
Standort: Bis 2100 m von Tallagen; trockene, steinige, sehr warme Böden, Felsen, Mauern, Trockenrasen, lichte Kiefernwälder.
Verbreitung: Westalpen; Ligurische Alpen, Jura bis Wallis, Apennin.

Zottiges Habichtskraut *Hieracium villosum*

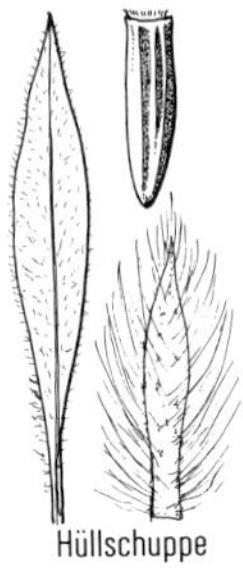

Merkmale: Ausdauernde, kräftige, 10–40 cm hohe Pflanze ohne Ausläufer. Stengel aufrecht, doch nicht immer gerade, 1- bis 4köpfig, 3- bis 8blättrig, lang weiß behaart ohne Drüsen. Blätter grün bis blaugrün, meist weich, besonders unterseits und am Rand behaart, ohne Drüsen, meist ganzrandig und etwas gewellt. Grundblätter am Grund verschmälert, Stengelblätter eiförmig, sitzend oder halbstengelumfassend. Hüllschuppen deutlich spitz, dicht weiß, drüsenlos behaart, äußere blattähnlich, grün, abstehend. Blüten hellgelb, zungenförmig, an den Zähnchen oft bewimpert. Haarkrone schmutzig weiß, brüchig. **Blütezeit:** Juli bis August.
Standort: Selten unter 1200–2700 m; sonnige, kalkreiche, steinige Lagen; häufig.
Verbreitung: Gebirge des östlichen Mittel- und Südeuropa.

Orangerotes Habichtskraut *Hieracium aurantiacum*

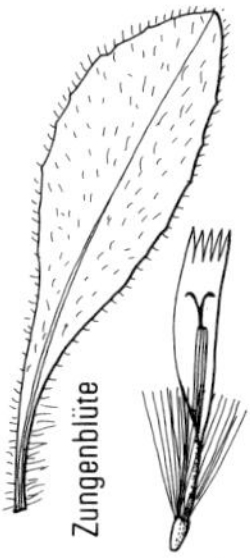

Merkmale: Ausdauernde, 20–40 (60) cm hohe Pflanze mit längeren unterirdischen oder dünnen, zerbrechlichen oberirdischen Ausläufern. Stengel hohl, oft etwas aufsteigend, 2- bis 12köpfig, mit 1–4 Blättern, lang schwärzlich behaart, im oberen Teil drüsig. Blätter grün bis graugrün, dünn, weich, behaart; Grundblätter 2–4 (6), rosettig stehend, zur Blütezeit vorhanden; Stengelblätter nach oben hin schnell kleiner werdend. Köpfchen dicht doldentraubig stehend. Hüllschuppen stumpf, schwärzlich, einfach drüsig und mit Sternhaaren besetzt. Blüten feuerrot bis gelborange, alle zungenförmig. **Blütezeit:** Juni bis August.
Standort: 1500–2600 m; neutrale bis saure, nährstoffarme, tonige Böden, Wiesen, Zwergstrauchheiden; gesellig, ziemlich häufig.
Verbreitung: Arktisch-alpin.

Register

Hinweise auf 80 weitere Arten und Unterarten, die im Bestimmungsteil nicht farbig abgebildet und deshalb nicht ins Register aufgenommen wurden, können unter ihrer jeweiligen Gattung im Text ihnen ähnlicher Arten aufgefunden werden.

Weitere Bände

Säugetiere · Landvögel · Süßwasserfische
Insekten (außer Schmetterlingen) · Schmetterlinge
Bäume · Strauchgehölze · Wildblumen
Pilze · Orchideen · Mineralien